Landesgrenze von 1949

SACHSEN

Historische Landeskunde
Mitteldeutschlands

SACHSEN

Historische Landeskunde
Mitteldeutschlands

Herausgegeben von der Stiftung
Mitteldeutscher
Kulturrat Bonn
durch
Hermann Heckmann

Verlag Weidlich Würzburg

CIP-Titelaufnahme der Deutschen Bibliothek

Historische Landeskunde Mitteldeutschlands /
hrsg. für die Stiftung Mitteldeutscher Kulturrat Bonn
von Hermann Heckmann. – Würzburg : Weidlich
Teilw. hrgs. von d. Stiftung Mitteldt. Kulturrat Bonn
NE: Heckmann, Hermann [Hrsg.];
Stiftung Mitteldeutscher Kulturrat
Sachsen. – 3. Aufl. – 1991
ISBN 3-8035-1346-4

Verantwortlich für die einzelnen
Beiträge sind allein die Autoren.

3. Auflage 1991

Printed in Germany
ISBN 3-8035-1346-4

florentina & st.caspar

HOTELSCHIFFE

Terrassenufer
O - 8010 Dresden
Tel. 4 59 01 69
Fax 4 59 50 36

RECHNUNG-# 15 21-03-93 4-K #0001

GAST/TISCH # 21

1	GL.MÜLLER THURG.	9.50	*9.50
1	CHAVEL ROSE	6.80	*6.80
1	GEF.CHAMPIKOEPFE	9.80	*9.80
1	KANINCHENFILET	14.50	*14.50
1	FILETSTREIFEN	27.50	*27.50
1	LAMMFILET	26.50	*26.50
1	TASSE KAFFEE	2.60	*2.60
1	MINERALWASSER	3.30	*3.30

BAR-TL*100.50

ENTH.MWST. *13.11

VIELEN DANK UND AUFWIEDERSEHEN
ES BEDIENTE SIE KELLNER 4

Unterschrift des Gastes/Kellners

Angaben zum Nachweis der Höhe und der betrieblichen Veranlassung von Bewirtungsaufwendungen (§ 4 Abs. 5 Ziff. 2 EStG).

Tag der Bewirtung	Ort der Bewirtung (genaue Bezeichnung, Anschrift)

Bewirtete Person(en)

Anlaß der Bewirtung

Höhe der Aufwendungen lt. umseitiger Rechnung:

______________________ DM

Ort	Datum	Unterschrift

Diese Rechnung wurde mit einem modernen Restaurant-Abrechnungs-System geschrieben.

INHALT

Vorwort 1

Gerhard Mildenberger, Vor- und Frühgeschichte 5

Walter Schlesinger, Geschichte 9

Albert Herzog zu Sachsen, Das Fürstenhaus 19

Martin Lauckner, Das Staatswappen und die sächsischen Farben 27

Wolfdietrich Kopelke, Militärische Momente sächsischer Geschichte 31

Ulrike Asche-Zeit, Sozialgeschichte 37

Helmut Möller, Siedlungsgeschichte 47

Martin Lauckner, Die Städte – ihre Gründung, ihr Wachsen, ihre Verfassung 61

Walter Sperling, Geographische Grundlagen und Landeskultur 71

Wolfhard Weber, Wirtschaft 93

Franz Helmut Richter, Gesetzgebung, Rechtsprechung und Verwaltung 101

Wilhelm Hoffmann, Kirchen, Freikirchen, Sekten 127

Rudolf Steude, Bildungswesen 135

Sigfried Asche, Ulrike Asche-Zeit, Bildende Kunst und Architektur 153

Friedbert Ficker, Volkskunde 169

Bernhard Sowinski, Sprache 191

Georg Hermanowski, Literatur 197

Klaus Edgar Herfurth, Buchhandel und Pressewesen . . . 203

Isolde Maria Weineck, Musik 211

Eduard Zysno, Medizin 227

Heinz Maegerlein, Sport 233

Martin Lauckner, Zeittafel 238

Verzeichnis der Städte 242
Literatur 244
Autoren 255
Personenverzeichnis 261
Ortsverzeichnis 268
Abbildungsnachweis 272
Stadtwappen
Abbildungen

VORWORT

Als die »Historische Landeskunde Mitteldeutschlands« konzipiert und die Beiträge dafür verfaßt wurden, handelte es sich um eine Rückschau besonderer Art. Der Band »Sachsen«, der nun die dritte Auflage erhalten konnte, erschien 1985 als erster. Ihm folgten die Bände »Thüringen« (1986), »Sachsen-Anhalt« (1986), »Brandenburg« (1988) und »Mecklenburg mit Vorpommern« (1989). Damals existierten diese Länder nicht mehr. Die DDR hatte sie in der ehemaligen sowjetischen Besatzungszone als Staaten im Rechtssinne 1952 durch Auflösung zerstört und durch 14 Bezirke ersetzt. Damit war nicht nur die staatsrechtliche Identität der Länder bewußt ausgelöscht worden, sondern es wurden auch wesentliche kulturelle Zusammenhänge zerrissen. Warum wir sie in einer Landeskunde »Mitteldeutschlands« zusammengefaßt haben, müssen wir erklären; denn weder geographisch noch klimatisch oder sprachlich passen sie in einen gemeinsamen Rahmen. Abgesehen davon, daß es eine einheitliche Definition nie gegeben hat, bezeichnete man bis 1945 nur das Gebiet von Thüringen bis Sachsen als Mitteldeutschland; als Mitte zwischen dem Süden und Norden Deutschlands. Erst seit 1945 ist daraus die Mitte zwischen dem Osten und Westen geworden, zu der Berlin-Brandenburg, Mecklenburg und Vorpommern dazukamen. Unsere Definition war also eine Folge politischer Veränderungen, die sich geographisch aus einer bestimmten Blickrichtung rechtfertigte.

Keiner konnte vorausahnen und noch weniger voraussehen, daß die staatliche Identität dieser Länder heute durch viele glückliche innen und außenpolitische Umstände und politische Anstrengungen wiederhergestellt worden ist. Die am 18. März 1990 demokratisch gewählte Volkskammer in der DDR hat mit dem Ländereinführungsgesetz vom 22. Juli 1990 (GBl. I, Nr. 51, S. 955) die Voraussetzungen für die Neubildung der fünf Länder Brandenburg, Mecklenburg-Vorpommern, Sachsen, Sachsen-Anhalt und Thüringen geschaffen. Mit dem Vertrag vom 31. August 1990 zwischen der Bundesrepublik und der DDR über die Herstellung der Einheit Deutschlands (Gesetz vom 23. September 1990; BGBl. II, S. 885), vollzogen am 3. Oktober 1990, ist nicht nur die DDR als Rechtssubjekt untergegangen, sondern es sind auch diese neuen Länder Bundesländer einer erweiterten Bundesrepublik Deutschland geworden.

Die historische Entwicklung dieser Länder verlief unterschiedlich. Sachsen war bis 1918 Königreich, bis 1933 Freistaat, dann Land; Thüringen bereits seit 1920 Land, Mecklenburg wurde 1934 aus den Großherzogtümern Mecklenburg-Schwerin und -Strelitz zum Land zusammengeschlossen, Brandenburg und Pommern waren preußische Provinzen und Sachsen-Anhalt wurde aus den preußischen Provinzen Halle-Merseburg und Madgeburg, aus dem Lande Anhalt und kleinen braun-

schweigischen und thüringischen Gebietsteilen gebildet. Gemeinsam existierten diese Länder nur vom 21. Juli 1947 bis zur Auflösung durch das »Gesetz über die weitere Demokratisierung des Aufbaus und der Arbeitsweise der staatlichen Organe in den Ländern der DDR« vom 23. Juli 1952, dem an 8. Dezember 1958 das Gesetz über die Auflösung der Länderkammern folgte. Aber im Sprachgebrauch hielt sich die Aufgliederung nach Ländern weiterhin.
Für die Herausgabe einer »Historischen Landeskunde Mitteldeutschlands« hatten wir triftige Gründe; 1985 war es vor allem die zunehmende Unkenntnis in der Bundesrepublik von dem Teil Deutschlands, in den man nicht so ohne weiteres reisen konnte. Wer ihn aus eigener Anschauung nicht mehr kannte, wer keine verwandtschaftlichen, freundschaftlichen oder beruflichen Bindungen zu den dort lebenden Deutschen mehr pflegte, der verlor auch das Interesse an den geistigen, kulturellen und wirtschaftlichen Quellen. Seit Ende 1989 hat sich das glücklicherweise geändert. Die Möglichkeit, die eingangs genannten fünf Länder besuchen zu können, hat auch deren »Historischer Landeskunde« neue Bedeutung verliehen.
Eine »Historische Landeskunde« veranschaulicht, wie interessant und vielseitig Geschichte sein kann. Außer über die großen historischen Ereignisse informiert sie über Geographie und Siedlung, über alle Bereiche der Kultur und Religion, über die Herrscher, deren Verwaltung und Militär, über das Volk und dessen Sprache und Brauchtum, über Medizin und selbst den Sport. Sie bietet Statistiken und vermittelt mit Abbildungen einen Blick auf Land und Leute.
Der Band »Sachsen« zeigt, welche Bedeutung Sachsen für Deutschland besaß und welchen hervorragenden Platz es im steten Wechselspiel des Gebens und Nehmens einnahm, ob wir nun die Rolle der sächsischen Wissenschaft seit dem 16. Jahrhundert, der Architektur im 18. Jahrhundert oder der Wirtschaft im 19. Jahrhundert vor Augen haben. Dresden stellte eine der prächtigsten Residenzen Deutschlands dar, Leipzig seit Jahrhunderten eine der bedeutendsten Handelsmetropolen, das ehemalige Chemnitz eines der wichtigsten Industriezentren. Adel, Bürger und Arbeiter machten sich in gleichem Maße um die Entwicklung des Landes verdient.
Wer an Sachsen denkt, denkt auch an die landschaftliche Schönheit von Vogtland, Erzgebirge, Sächsischer Schweiz und Elbtal, an die Burgen, an die vielen Barockschlösser auf dem Lande – was Wunder, daß Volkstum und Volksbrauch sich hier besonderer Pflege erfreuen und der Heimatschutzgedanke sich so stark wie nirgendwo sonst in Deutschland entwickeln konnte. Unvergessen bleibt die architektonische Schönheit der Altstädte von Zittau, Freiberg, Meißen und Bautzen, freilich auch die Katastrophe von Dresden – in Sachsen spiegelt sich deutsche Vergangenheit hell und dunkel wider.
Dieser Band kann schon wegen seines geringen Umfangs kein Werk von letzter Ausführlichkeit sein und soll seinen Zweck als Überblick erfüllen. Er muß einfach Lücken aufweisen. Mancher Leser wird die Erwähnung bedeutender Staatsmänner, Künstler, Wissenschaftler, Techniker und Ökonomen, vielleicht auch tabellarische Nachweise vermissen, er wird die Abbildung bedeutsamer Bauwerke vergeblich suchen. Die Titel von Standardwerken, die bis ins letzte Detail gehen, wie Wuttkes »Sächsische Volkskunde« oder Kötzschkes »Sächsische Geschichte« findet er in der Literaturauswahl.
Für die Autoren war die Beschränkung auf nur wenige Seiten nicht einfach, da sie ja kaum mehr als nur eine numerische Aufzählung der wichtigsten Fakten erlaub-

te. Eine weitere Schwierigkeit erwuchs aus der geographischen Abgrenzung. Die wechselvolle Geschichte vergrößerte und teilte das Land mehrfach, noch im Jahre 1945 kamen die westlich der Lausitzer Neiße gelegenen Teile der 1815 an Preußen abgetretenen nordöstlichen Oberlausitz wieder hinzu und der Ostteil des Kreises Zittau unter polnische Verwaltung. Auch wenn wir das Land Sachsen in dem Umfang behandeln, den es zur Zeit der Auflösung im Jahre 1952 besaß, läßt die historische Sicht Überschneidungen mit anderen Ländern gar nicht vermeiden. Die Abbildungen sind jedoch so ausgesucht, daß sie den Bereich repräsentieren, der das Land Sachsen in den Grenzen von 1952 zeigt und heute unter „Sachsen" verstanden wird. Auch thematische Überschneidungen lassen sich nicht ausschließen. Der Historiker muß Kunstgeschichte und Wirtschaft streifen, der Geograph die Siedlungsgeschichte. Die Geschichte der Städte ist Bestandteil des gesamten Siedlungswesens. Um möglichst viele Aspekte zu berücksichtigen, die Land und Menschen geprägt haben, wirkten zwanzig Autoren nicht nur von unterschiedlichen Disziplinen, sondern auch mit unterschiedlichen Reflexionen mit. Der Wissenschaftler behandelt sein Thema anders als der Schriftsteller. Das bedeutet manche Schwierigkeit für die einheitliche Erscheinung des Buches, läßt aber in der Gesamtheit dann ein Bild entstehen, das durch die Vielfalt der Betrachtungsweise gewinnt. Chronologisch liegt das Schwergewicht in der Historie. Der Zweite Weltkrieg kommt mit den Zerstörungen durch Bombenangriffe zum Ausdruck, andere Kampfhandlungen fanden nur westlich der Mulde und östlich der Elbe statt. Die Verhältnisse nach der Auflösung des Landes Sachsen in Bezirke sind nur angedeutet. Die seit Ende 1989 eingetretenen Veränderungen finden daher ebenfalls keine Berücksichtigung. Bis auf die Darstellung der Geschichte Sachsens von Walter Schlesinger, die dem von Sigfried Asche 1968 herausgegebenen Band »Sachsen, ein Beitrag zur Geschichte und zum Charakter des Landes« in der Schriftenreihe für Ost-West-Begegnung des Wegweiserverlages Troisdorf entnommen wurde, sind alle Beiträge neu verfaßt worden.

Hermann Heckmann

Gerhard Mildenberger

VOR- UND FRÜHGESCHICHTE

Schon während des *Pleistozäns* (Eiszeitalters) wurde das Gebiet des Landes Sachsen von umherschweifenden Gruppen des Urmenschen aufgesucht. Die Aufenthalte der altsteinzeitlichen (paläolithischen) Jäger und Sammler beschränkten sich natürlich auf die Zeiten, in denen das Gebiet nicht unter einer Eisdecke lag; sie lassen sich durch die hinterlassenen Steinwerkzeuge nachweisen. Wichtig ist die Fundstelle von Markkleeberg südlich von Leipzig, die bisher an die 8000 Artefakte geliefert hat. Hier hielten sich zu Beginn der Saale- (Riß-) Vereisung (vor 200 000 v. Chr.) häufiger Menschengruppen auf, um den als Überrest der vorangegangenen Elster-Eiszeit liegengebliebenen Feuerstein als Rohmaterial für die Werkzeugherstellung zu gewinnen und zu verarbeiten. West- und Mittelsachsen haben auch viele Funde aus der *Mittleren Steinzeit* (Mesolithikum) geliefert.
Eine wirkliche Besiedlung des Landes setzte erst mit Beginn der *Jüngeren Steinzeit* (Neolithikum) ein (Beginn im 5. oder 4. Jahrtausend v. Chr., Ende um 1800 v. Chr.), als Teile Sachsens von Angehörigen der bandkeramischen Kultur aufgesucht wurden. Diese älteste neolithische Kultur Mitteleuropas war auf Grund von Einflüssen und Einströmungen aus dem Vorderen Orient und von der Balkanhalbinsel im mittleren Donaugebiet entstanden und hatte sich über Böhmen nach Mitteldeutschland und donauaufwärts nach Süd- und Westdeutschland verbreitet. Ihre wirtschaftliche Grundlage bildeten nicht mehr Sammeln und Jagen, sondern der Anbau von Kulturpflanzen (vor allem mehrere Weizenarten, Gerste, Lein, Bohnen) und die Haltung und Züchtung von Haustieren (Rind, Schaf, Ziege, Schwein). Das bedingte Seßhaftigkeit in festen Häusern aus Holz und Lehm, wie sie auch in Sachsen ausgegraben werden konnten (Harth bei Zwenkau, Dresden-Nickern). Weitere neue Kulturelemente waren die Keramik, nach deren Verzierung die Bandkeramiker benannt wurden, und geschliffene Steingeräte vorwiegend zur Holzbearbeitung. Wie überall besiedelten die Bandkeramiker auch in Sachsen die für den Ackerbau besonders geeigneten Gebiete mit fruchtbarem Boden (Löß und Geschiebelehme), den Dresdener Elbtalkessel, das Gebiet zwischen Meißen, Riesa und Grimma und die Gegend um Leipzig. Wie schon aus ihrer Herkunft geschlossen werden kann, hatte die sächsische Bandkeramik enge Beziehungen zur böhmischen; in dieser Zeit wurde die wichtige Mittlerrolle Sachsens zwischen Böhmen und Mitteldeutschland zum ersten Male sichtbar.
Die Bandkeramik bildete sich zur Stichbandkermik um. Lebensverhältnisse und Siedlungsgebiet blieben gleich. Dagegen trat die in Thüringen und der Provinz Sachsen reich vertretene Nachfolgekultur der westlichen Bandkeramik, die Rössener Kultur, in Sachsen nur ganz vereinzelt auf. Gering ist auch der Fundniederschlag der Gaterslebener Gruppe, einer mitteldeutschen Untergruppe der mittel-

donauländischen Lengyelkultur, die Einflüssen aus Böhmen ihre Entstehung verdankt.
Die Nachfolgekulturen der Bandkeramik wurden in Mitteldeutschland durch die Trichterbecherkultur abgelöst, die vor allem in Norddeutschland, Polen und Südskandinavien verbreitet war. Ihr Fundniederschlag in Sachsen ist erstaunlich gering. Während ihre älteste Gruppe, die Baalberger, wenigstens noch mit einigen Fundplätzen vertreten ist, beschränken sich jüngere Gruppen mit wenigen Funden auf das Gebiet um Leipzig oder fehlen ganz. Die Gründe sind schwer zu erkennen. Vielleicht liegen Fundlücken vor. Außerdem könnten ältere Gruppen noch eine Zeitlang neben der Trichterbecherkultur fortbestanden haben. Und schließlich gibt es im Gebiet zwischen Dresden und Riesa ein paar Funde der böhmisch-schlesischen Jordansmühler Kultur. Gerade deren Auftreten zeigt, daß es wohl doch einen Rückgang der Besiedlung gegeben hat, der zu neuem Einstrom aus Böhmen führte.
Während der jüngsten Trichterbecherkultur trat in Mitteldeutschland die wohl im Weichselgebiet aus dieser entstandene Kugelamphorenkultur (nach einer charakteristischen Gefäßform benannt) auf; sie nahm auch das bisher besiedelte Gebiet zwischen Dresden und Leipzig ein. Wahrscheinlich ein wenig später wurde Sachsen von den Trägern der schnurkeramischen Kultur besiedelt. Diese trat in verschiedenen Gruppen ziemlich plötzlich in großen Teilen Mitteleuropas auf; während man sie früher auf eine Einwanderung aus dem Osten zurückführte, rechnet man heute eher mit einheimischer Entstehung. Die Schnurkeramiker besiedelten nicht nur das Gebiet der älteren Kulturen, sondern auch die bisher unbewohnte Oberlausitz und bisher siedlungsfreie Gebiete an der mittleren Mulde. Schließlich gibt es einige Funde der ganz am Ende der Jungsteinzeit eingedrungenen Glockenbecherkultur. Für die Kulturen des späten Neolithikums wird eine gegenüber der bandkeramischen Kultur stärkere Bedeutung der Viehzucht angenommen, doch behielt der Ackerbau, wie die Auswahl des Siedlungsraumes und die Funde zeigen, seine Bedeutung.
Schon im mittleren Neolithikum hatte sich vom Orient und vom Karpatengebiet aus die Kenntnis des Kupfers nach Mitteleuropa verbreitet. In Sachsen ist allerdings die Zahl früher Kupferfunde gering. Das änderte sich mit dem Beginn der Bronzezeit (um 1800 v. Chr.), als das Land von den Trägern der Aunjetitzer Kultur eingenommen wurde, die sich in Böhmen-Mähren, Schlesien und Mitteldeutschland aus endneolithischen Gruppen herausgebildet hatte und durch reichen Besitz an Metall, jetzt vorwiegend Bronze, auszeichnete. Ihr Siedlungsgebiet entsprach dem neolithischen: Oberlausitz, Dresdener Elbtal, mittelsächsisches Lößgebiet, Nordwestsachsen. Damit dürfte auch die wirtschaftliche Grundlage ähnlich gewesen sein: Ackerbau kombiniert mit Viehzucht, dazu jetzt Metallbearbeitung. Bronzezeitliche Metallgewinnung konnte in Sachsen noch nicht nachgewiesen werden.
Gegen Ende der frühen Bronzezeit (um 1500) klang die Aunjetitzer Kultur aus, ohne daß Sicheres über den Verbleib der Bevölkerung gesagt werden kann. Die wenigen Funde der folgenden Zeit lassen Einflüsse verschiedener Nachbarkulturen erkennen. Im 13. Jahrhundert bildete sich dann in Sachsen wie auch in Schlesien, Südostbrandenburg und Teilen von Groß- und Kleinpolen die Lausitzer Kultur, die sich bald auch nach Nordböhmen und Nordmähren ausdehnte. Der

Siedlungsraum wurde gegenüber dem neolithisch-frühbronzezeitlichen beträchtlich erweitert. In verschiedenen Gebieten drang man in das Mittelgebirgs-Vorland ein, auch das Vogtland wurde von einer Teilgruppe mit thüringisch-böhmischen Elementen eingenommen. Ob die Ursachen für die Ausweitung mehr in einer Bevölkerungszunahme, in klimatischen oder in wirtschaftlichen Veränderungen zu suchen sind, bleibt unklar. Erstmals wurden in Sachsen jetzt Burgen gebaut, auf Höhen oder im Flachland, befestigt mit Mauern aus Holz, Erde und Steinen. Eine gegliederte Gesellschaft mit einflußreicher Oberschicht war wohl Voraussetzung für diesen Burgenbau.
In der frühen *Eisenzeit* (Hallstattzeit, 700-450 v. Chr.) blieben die Lausitzer im Lande. Die vorher recht einheitliche Kultur hatte sich in Regionalgruppen aufgespalten; für Sachsen wurde die Billendorfer Gruppe bestimmend, die ihren Schwerpunkt an der Elbe und in der Oberlausitz hatte. In der entwickelten Eisenzeit (Latènezeit, 450 – Christi Geburt) klang die Billendorfer Gruppe dann aus.
Für die *Latènezeit* waren starke Einflüsse aus zwei Richtungen kennzeichnend. Einmal wirkte die Latènekultur, die sich im Raum zwischen Ostfrankreich und Böhmen gebildet hatte, auf das sächsische Gebiet ein, wobei es sich im wesentlichen um die Übernahme kultureller Elemente durch die einheimische Bevölkerung handelte. Dagegen waren die Einwirkungen der Jastorfkultur, die sich im Verlaufe der frühen Eisenzeit im mittleren Norddeutschland herausgebildet hatte, wohl auch von Einwanderungen getragen, die sich vor allem längs der Elbe, aber auch an Mulde, Pleiße und Elster nach Sachsen vorschoben. Die Träger der Jastorfkultur drangen bis ins nördliche Böhmen vor, wo es zur Bildung der Bodenbacher Gruppe kam, der man häufig auch die Gruppe des Dresdener Elbtales zugerechnet hat. Vor allem das Handwerk der sächsischen Jastorfgruppe wurde stark von der Latènekultur beeinflußt, wie die einheimische Nachformung von Metallgegenständen und auf der Scheibe gedrehter Keramik zeigt.
In der Latènezeit werden auf Grund der jetzt auch Mitteleuropa einbeziehenden antiken Überlieferung Völker und Stämme erkennbar. Während die Latènekultur von keltischen Stämmen getragen wurde, sieht man in den Trägern der verschiedenen Jastorfgruppen allgemein germanische Stämme. Die Entstehung der sächsischen Gruppen spiegelt daher wohl die Germanisierung Sachsens wider. Ein Stammesname kann allerdings noch nicht genannt werden; die Bewohner Sachsens gehörten wahrscheinlich zur swebischen Stammesgruppe, die im 1. Jahrhundert v. Chr. durch ihr Vordringen nach Ostfrankreich und den Zusammenstoß mit Caesar bekannt wurde. Als dann um Christi Geburt die Nachrichten über das Innere Germaniens genauer wurden, gehörte Sachsen wohl zum Siedlungsgebiet der Hermunduren, die den Raum an der mittleren Elbe und der unteren Saale einnahmen. Da aber im 1. Jahrhundert v. Chr. offensichtlich Bevölkerungsverschiebungen stattgefunden hatten, läßt sich der Name der Hermunduren nicht auf die ältere Gruppe übertragen. Möglicherweise sind diese erst während der Unruhezeit entstanden.
Die Hermunduren waren ein mächtiger Stamm, wie aus der gelegentlich von römischen Schriftstellern überlieferten Beteiligung an den römisch-germanischen und vor allem den innergermanischen Auseinandersetzungen hervorgeht. Sie blieben während der ersten Jahrhunderte n. Chr. im Lande, wo sie vor allem die

Flußtäler und die fruchtbaren Lößgebiete besiedelten. Die Oberlausitz war jetzt wieder unbesiedelt, bis sie um 200 von »ostgermanischen« Einwanderern aus dem schlesisch-brandenburgischen Odergebiet in Besitz genommen wurde. Sie drangen bis zur Elbe vor und vermischten sich hier mit den »elbgermanischen« Hermunduren. Im Verlaufe des 4. Jahrhunderts räumten sie das Land weitgehend, wahrscheinlich sind sie im Rahmen der damaligen Stammesbewegungen (»Völkerwanderung«) nach Westen abgezogen. Man sieht in ihnen vielfach die Burgunder, ohne daß sich diese Gleichsetzung beweisen ließe.
In der gleichen Zeit, zwischen 200 und 400, bildete sich in ganz Mitteldeutschland der Großstamm der Thüringer. Seine Grundlage waren wohl die einheimischen Hermunduren, dazu kamen andere Stammesteile, vor allem aus Norddeutschland. Das mächtige Thüringerreich wird allerdings erst um 500 erwähnt, kurz bevor es 531 von den Franken zerstört wurde. Sachsen gehörte dazu, wie etwa aus der Erwähnung der Abwehr eines awarischen Angriffs »an der Elbe in Thüringen« hervorgeht. Allerdings hatten sich die Entsiedlungsvorgänge inzwischen auch in Mittelsachsen bemerkbar gemacht. Nur der äußerste Westen des Landes war im 5. und 6. Jahrhundert noch einigermaßen dicht besiedelt. Dazu kamen kleinere Siedlergruppen um Riesa und Dresden, sonst scheint das Land weitgehend menschenleer gewesen zu sein. Auch diese Gruppen brachen im Laufe des 6. Jahrhunderts ab.
In das menschenarme Land drangen in der zweiten Hälfte des 6. Jahrhunderts oder um 600 slawische Gruppen aus Böhmen ein. Sie folgten dem Elblauf bis in die Gegend von Magdeburg, erst etwas später drangen sie von der Elbe aus nach Mittel- und Westsachsen vor. Auch aus dem Odergebiet kamen Einwanderer. Schon im frühen 7. Jahrhundert wurden die Sorben im sächsischen Gebiet genannt; später werden mehrere kleine Teilstämme erkennbar. Die weitere Geschichte der slawischen Stämme Sachsens und ihre Auseinandersetzung mit den nach Osten vordringenden Deutschen vollzieht sich dann im Lichte der historischen Überlieferung.

Walter Schlesinger

GESCHICHTE

Das Land, an das man heute denkt, wenn man »Sachsen« sagt, ist ein verhältnismäßig kurzlebiges historisches Gebilde gewesen. Es entstand 1815 als Restgebiet eines vorher mehr als doppelt so großen Territoriums, das von der Werra im Westen bis zu Oder und Queis im Osten, vom Kamm des Erzgebirges im Süden bis zum Spreewald und vor die Tore Magdeburgs im Norden gereicht hatte. Der Wiener Kongreß verwies das Königreich von Napoleons Gnaden in die Grenzen, die es bis 1945 und mit einer Erweiterung um 1815 zu Schlesien geschlagener, aber diesseits der Oder-Neiße-Linie liegender Gebiete, bis zur Auflösung der Länder in der Deutschen Demokratischen Republik 1952 beibehielt. Es umfaßte also den größten Teil des Erzgebirges, das seinen Namen von den für die Geschichte des Landes wichtig gewordenen Silbervorkommen trägt, und seines sich allmählich nach Norden abdachenden Vorlandes, während der Steilabfall des Gebirges nach Süden stets böhmisch gewesen ist; westlich anschließend das nach dem Territorium der Vögte von Weida, der Vorfahren des Fürstenhauses Reuß, benannte sächsische Vogtland; im Osten angrenzend das Elbsandsteingebirge, das als Sächsische Schweiz berühmt geworden ist; in Mittelsachsen das mittelsächsische Bergland und die lößbedeckte, sehr fruchtbare sogenannte Lommatzscher Pflege; östlich der Elbe die Oberlausitz, die erst seit dem 14. Jahrhundert mit diesem Namen bezeichnet wurde, während sie vorher Land Bautzen hieß und der Name Lausitz auf die Niederlausitz beschränkt war; im Norden einen Tieflandstreifen, der nur im Westen als »Leipziger Bucht« sich nach Süden erweitert.

Das Land war seit vorgeschichtlicher Zeit besiedelt, jedoch nicht in seiner ganzen Ausdehnung. Noch heute ist mehr als ein Viertel seiner Fläche mit Wald bedeckt, und in der Frühzeit war dessen Ausdehnung sehr viel größer. Vor allem in die höheren Lagen des Gebirges drang die Siedlung sehr spät vor, z. T. erst im Zusammenhang mit dem Bergbau des Spätmittelalters und der beginnenden Neuzeit. Als altbesiedelte Landschaften hoben sich vor allem das Gebiet um Meißen und Lommatzsch, im Südwesten bis zur Freiberger Mulde reichend, der Elbtalkessel um Dresden, die nördliche Oberlausitz um Bautzen heraus; aber auch das Leipziger Land ist, wie überhaupt der Tieflandstreifen Nordsachsens, in vor- und frühgeschichtlicher Zeit wenigstens locker besiedelt gewesen.

Auf die einzelnen vorgeschichtlichen Perioden kann nicht eingegangen werden. Ein entscheidendes Ereignis war die Räumung des Landes durch die ansässige germanische Bevölkerung im Verlaufe der sogenannten Völkerwanderung und das Nachrücken von Slawen sorbischen Sprachstammes, die im 6. Jahrhundert aus dem böhmischen Raum, östlich der Elbe aber in einer anderen Wanderbewegung von Osten her vorgedrungen zu sein scheinen. Sie besetzten die altbesiedelten Gebiete, erbauten Burgen aus Erde und Holz, deren Spuren sich noch heute

nicht selten im Gelände nachweisen lassen, und wohnten in Kleinsiedlungen, deren lockere Weilerform ebenfalls bis an die Schwelle der Gegenwart teilweise erkennbar geblieben ist. Ackerbau und Viehzucht wurden betrieben, auch in der Form der Waldbienenzucht. Politisch waren die Bewohner der großräumigen Siedlungsgebiete zu Stämmen unter der Herrschaft von Kleinkönigen und Fürsten zusammengefaßt, während ein Gesamtverband der Sorben frühzeitig zerfallen zu sein scheint. Auch ein Adel war vorhanden. Die wichtigsten Stämme waren die Daleminzier in Mittelsachsen und die Milziener in der Oberlausitz. Nichtagrarische Siedlungen frühstädtischen Gepräges, wie sie in Polen und in der Tschechoslowakei bei Burgen aufgedeckt worden sind, haben sich in Sachsen bisher nicht nachweisen lassen. Vor allem im Namenschatz des Landes haben die Slawen ihre Spuren hinterlassen: sehr viele Ortsnamen und auch eine nicht geringe Zahl der Namen kleinerer Flüsse Sachsens sind sorbisch. In der Oberlausitz hat sich in einem geringen Restbestand sorbisch sprechende Bevölkerung bis heute erhalten.
Schon in karolingischer Zeit war östlich der Saale eine Sorbenmark errichtet worden, die Basis mannigfacher Auseinandersetzungen und Kämpfe zwischen Franken und Thüringern auf der einen und den sorbischen Stämmen auf der anderen Seite. Aber erst ein großangelegtes kriegerisches Unternehmen des ersten deutschen Königs aus sächsischem Hause, Heinrichs I. (um 876/919-936), unterwarf diese Stämme der deutschen Herrschaft. 929 wurde die Burg Meißen gegründet und ist seither in deutschem Besitz geblieben. Zwar konnte zunächst Böhmen noch immer politischen Einfluß auch nördlich des Erzgebirgskammes ausüben, doch wurde dieser 950 mit einem Siege Ottos des Großen (912/936-973) zurückgedrängt, und deutsche Markgrafschaften wurden gebildet. Sie treten in Dreizahl 968 bei der Gründung der sorbenländischen Bistümer Meißen, Merseburg und Zeitz im Rahmen der ebenfalls neuerrichteten Magdeburger Kirchenprovinz entgegen, aber nur die Mark Meißen hatte nach mancherlei Schwankungen auf die Dauer Bestand. Meißen war jetzt auch das kirchliche Zentrum des Landes geworden, das zum größten Teil zu diesem Bistum gehörte, während die Diözesen Merseburg und Zeitz (der Sitz wurde um 1030 nach Naumburg verlegt) nur kleinere Teile Sachsens im Nordwesten und Südwesten an sich ziehen konnten.
Die Deutschen bildeten zunächst nur eine dünne Oberschicht von Militär und Priestern. Die sorbischen Burgen wurden teilweise weiterbenutzt, aber auch neue Burgen wurden erbaut, noch immer in Holz-Erde-Konstruktion. Das besiedelte Land war in Burgbezirke eingeteilt (»Burgwarde«), die jeweils 10-20 Dörfer umfaßten. Beim Burgwardmittelpunkt stand häufig auch die Kirche, doch gab es auch abseits davon Missionsstützpunkte, zu denen später sehr große Kirchspiele gehörten; die Dresdner Frauenkirche war ein solcher. Die slawische Bevölkerung wurde dem Christentum gewonnen, wenn auch gewiß vorerst in sehr äußerlicher Form. Von ihren Abgaben, die nicht drückender gewesen sein können als die heute vom Staate erhobenen Steuern, lebte die Kirche und lebten die deutschen Herren, die allerdings auch selbst von ihren Höfen aus Landwirtschaft betrieben. Ein Teil der späteren Rittergüter wurzelt in dieser frühen Zeit.
Die Markgrafen entstammten verschiedenen Geschlechtern, unter denen das der Ekkehardinger hervortrat. Vier der berühmten Standbilder im Westchor des Naumburger Doms halten sein Andenken fest. Ekkehard I. war so mächtig, daß

er nach der deutschen Königskrone greifen konnte, doch wurde er ermordet (1002). An seinen Tod schlossen sich drei Jahrzehnte erbitterter Kämpfe mit den Polen an, die wiederholt in das Land an der mittleren Elbe einfielen, aber schließlich endgültig abgewehrt werden konnten. Auf einige friedliche Jahrzehnte folgte die Kampfzeit des sächsischen Aufstandes gegen Heinrich IV. und des Investiturstreits. Wiprecht von Groitzsch, der Gründer des ersten Klosters auf später sächsischem Boden (Benediktinerkloster Pegau 1096), spielte damals eine bedeutende Rolle in der Reichspolitik, doch setzte sich schließlich in der Mark Meißen das Haus Wettin gegen das Haus Groitzsch durch. Schon 1083 hatte der Wettiner Heinrich von Eilenburg die Mark Meißen erhalten, und seit Markgraf Konrad (vor 1098/1123-1156/1157) ist die Reihe der wettinischen Markgrafen, Kurfürsten und schließlich Könige bis zur Abdankung des letzten Königs Friedrich August III. (1918) nicht mehr unterbrochen worden. Schon Konrad hatte seine Selbständigkeit so zu steigern vermocht, daß er das Gesamtgebiet seiner Herrschaft vor seinem Tode ohne königliche Genehmigung unter seine fünf Söhne teilen konnte. Man wird schon für diese Zeit von wettinischer Landesherrschaft sprechen können.

Das 12. Jahrhundert war in Sachsen die große Zeit der deutschen Ostsiedlung oder, wie man sich zu sagen gewöhnt hat, der Ostdeutschen Kolonisation, obwohl das Wort wenig passend ist. Nachdem das Land zwei Jahrhunderte lang deutscher Herrschaft unterstanden hatte, wurde es nunmehr auch deutsch besiedelt. Aus Altdeutschland zuwandernde Bauern ließen sich zunächst neben den Slawen der altbesiedelten Gebiete nieder, innerhalb deren noch genügend ungenutzter Raum vorhanden war; seit der Mitte des Jahrhunderts nahmen sie auch die Rodung und Urbarmachung bisher unbesiedelten Landes in Angriff. Damals entstanden die großen Angerdörfer des Niederlandes mit ihren planmäßigen Gewannfluren und die langgestreckten Waldhufendörfer des Gebirges und seines Vorlandes. Weite Räume wurden dem Anbau erschlossen; das heutige Landschaftsbild bildete sich wenigstens in seinen Grundzügen heraus. Auch Siedler slawischer Abkunft waren am Rodungs- und Siedlungswerk beteiligt, jedoch kaum im Erzgebirge und seinem engeren Vorland. Die sich auch dort findenden slawischen Orts- und Gewässernamen sind anders zu erklären. Für Vertreibung oder gar Ausrottung slawischer Bevölkerung gibt es in Sachsen keinerlei Anhaltspunkte.

Die Leitung der Ansiedlung lag beim deutschen Adel, der begann, steinerne Hochburgen zu errichten und in deren Umkreis durch Bauernsiedlung Herrschaft gewann und erweiterte. Von Wiprecht von Groitzsch wie von Markgraf Konrads Sohn und Nachfolger Otto dem Reichen (vor 1130/1156-1190) ist Siedlungstätigkeit großen Umfangs überliefert. Hand in Hand mit der bäuerlichen Siedlung oder ihr folgend ging die Gründung von Städten vor sich. Meißen, Leipzig, Chemnitz, Zwickau, Freiberg, Bautzen, auch Pegau, Geithain, Rochlitz, Leisnig und andere kleinere Städte gehören noch dem 12. Jahrhundert an. In der ersten Hälfte des folgenden vermehrte sich die Zahl der Stadtgründungen außerordentlich. Die deutschen Bauern und Bürger brachten weit über das hinaus, was sich in zwei Jahrhunderten deutscher Herrschaft bereits herausgebildet hatte, deutsche Sprache, deutsche Wirtschaftsweise und deutsches Recht ins Land. In einem langdauernden, friedlichen Ausgleichsprozeß, der die Alteingesessenen und die Neuankömmlinge einander immer mehr annäherte, haben schließlich auch jene bis auf die erwähnten geringfügigen Reste die deutsche Sprache angenommen und wurden zu Deutschen. Ein deutscher Neustamm, der obersächsische, bildete sich, und in seinem Rahmen ein eineitlicher Bauernstand als eigentlich tragende Schicht des neuen Sozialgefüges. Der Bürgerstand trat ihm zur Seite. Die politische Leitung lag nach wie vor beim Adel.

Während der langen Regierungszeit Markgraf Heinrichs des Erlauchten (um 1216/1221-1288) festigte und erweiterte sich der wettinische Landesstaat beträchlich, nachdem Pläne Kaiser Heinrichs VI., die Mark Meißen für das Reich einzuziehen (1195), infolge seines frühen Todes (1197) zunichte geworden waren. Die Landgrafschaft Thüringen mit der Pfalzgrafschaft Sachsen und das Pleißenland, das Friedrich Barbarossa als Reichsterritorium organisiert hatte, wurden erworben. Aber erneute Teilung (1265) schon zu Lebzeiten des Vaters schwächte die gesammelte Macht, und Familienstreitigkeiten führten in der Zeit der Könige Adolf von Nassau (um 1250/1290-1298) und Albrecht I. (um 1255/1298-1308) zu einer Existenzkrise, da diese versuchten, die wettinischen Lande ihrer Hausmacht einzuordnen. Dem Markgrafen Friedrich dem Freidigen (1257/1291-1323) gelang es schließlich, sich dieser Angriffe zu erwehren (Schlacht bei Lucka 1306). Die Territorialpolitik Kaiser Karls IV. (1316/1346-1378) umklammerte das wettinische Gebiet an drei Seiten und gewann auch in diesem selbst Boden, blieb aber am Ende ebenfalls erfolglos. 1382 wurde abermals geteilt, und erst 1440 war der Gesamtbesitz wieder in einer Hand vereinigt, aber nur, um 1445 erneut geteilt zu werden. Dasselbe wiederholte sich 1482 und 1485: Wiedervereinigung und Leipziger Teilung folgten einander rasch. Die Teilung von 1485 behielt Geltung für Dauer. Es entstanden die »ernestinische« und die »albertinische« Linie des Hauses Wettin. Der Ernestiner verpflanzten den Namen Sachsen nach Thüringen, wo er in Bezeichnungen wie Sachsen-Weimar oder Sachsen-Coburg-Gotha bis 1918 gleichsam als versteinerter Überrest einer vergangenen Zeit erhalten geblieben ist.

Er hatte eine lange Wanderung hinter sich. Ursprünglich Name eines in Schleswig-Holstein ansässigen Stammes, dann auf den Großstamm ausgedehnt, der in Gesellschaft der Angeln in England Fuß faßte, den Karl der Große dem Frankenreich einverleibte und der den Deutschen das ottonische Königshaus stellte, haftete er am Herzogtum Sachsen, das nach dem Sturz Heinrichs des Löwen geteilt wurde. Die Askanier konnten sich zwar im Ostteil nicht behaupten, behielten aber den sächsischen Herzogtitel bei und übertrugen ihn auf ihre Besitzungen um Lauenburg und um Wittenberg. Mit dem »Herzogtum« Sachsen-Wittenberg war seit der Entstehung des Kurfürstenkollegs im 13. Jahrhundert die Kurwürde verbunden. Nach Aussterben der dortigen Askanier wurde 1423 das Land dem in schwere Kämpfe mit den Hussiten verwickelten Markgrafen Friedrich dem Streitbaren (1370/1381-1428) samt der Kurwürde übertragen. Beides gelangte an Ernst und damit an die Ernestiner, die aber als Folge der Niederlage von Mühlberg (1547) auf die Kurwürde und die Kurlande zugunsten des Albertiners Moritz (1521/1541-1553) verzichten mußten, dessen Landesteil seinen Schwerpunkt im Meißnischen hatte. Zwar hatten die Albertiner schon vorher den Titel Herzog von Sachsen geführt, da er höherwertig war als Markgraf von Meißen, aber indem nun das bis dahin »Meißen« genannte Gebiet mit Sachsen-Wittenberg territorial verbunden wurde, wurde der Name Sachsen dahin übertragen und blieb auch haften, nachdem 1815 die eigentlichen sächsischen Kurlande an Preußen abgetreten worden waren.

Wir haben weit vorgegriffen. Die Schäden, welche die Hussiten dem Lande zufügten, wurden bereits gestreift, und nicht minder bedrohlich war es, daß seit dem späten 13. Jahrhundert die Verpfändungen landesfürstlichen Besitzes immer häufiger und immer umfangreicher geworden waren, wenn sie auch nicht den Umfang erreichten wie in der benachbarten Mark Brandenburg. Aber im 15. Jahrhundert gelang es, die in den Bereich der Landesverwaltung eingedrungene neue Geld- und Kreditwirtschaft geistig und organisatorisch zu bewältigen, so daß eine Konsolidierung eintrat. Am Vorabend der Reformation konnte der wettinische Landesstaat als einer der mächtigsten in Deutschland, als in sich gefestigt und als wirtschaftlich gesund gelten, wozu nicht zuletzt neue reiche Silberfunde beitrugen (Schneeberg, Annaberg), die am Ende des 15. Jahrhunderts das im 12. Jahrhundert fündig gewordene, aber inzwischen erschöpfte Freiberger Silber ergänzten. Auch die schleichende Agrarkrise des Spätmittelalters, die zum Wüstwerden vieler Dörfer vor allem in Nordwestsachsen geführt hatte, war überwunden. Hohen Aufschwung erlebte die städtische Wirtschaft; zumal Leipzig gewann Bedeutung weit über Sachsens Grenzen hinaus. Hier wurde 1409 eine Universität gegründet. Überall war die Ämterverfassung durchgeführt: von einer landesherrlichen Burg aus, die zumeist in einer Stadt lag, als Amtsmittelpunkt wurden die landesherrlichen Rechte im Umkreis wahrgenommen, auch über einen Teil des Adels, während ein anderer Teil, die Besitzer »schriftsässiger« Rittergüter, wie die meisten der seit dem 12. Jahrhundert zahlreich entstandenen Klöster, dem Landesherrn unmittelbar unterstand. Soweit edelfreier Adel nach eigener Landesherrschaft neben den Wettinern gestrebt hatte, war er ausgestorben oder verdrängt. Nur an der Zwickauer Mulde bewahrten die Herren, später Fürsten und Grafen von Schönburg ihre Selbständigkeit bis 1740, und auch die Herrschaft Wildenfels genoß eine gewisse Unabhängigkeit, während den Vögten 1466 ihre Herrschaft Plauen entrissen wurde.

Durch die Reformation Martin Luthers traten die wettinischen Lande für kurze Zeit in den Brennpunkt der europäischen Geschichte; freilich liegt Wittenberg außerhalb der Landesgrenzen von 1815. Der äußere Hergang ist hier nicht darzustellen. Entscheidend war, daß sich der ernestinische Kurfürst Friedrich der Weise (1463/1486-1525), der 1519 hatte Kaiser werden können, aber verzichtete, der Sache Luthers annahm und daß seine Nachfolger diese Linie konsequent einhielten, während der albertinische Herzog Georg der Bärtige (1471/1500-1539) bis zu seinem Tode ein entschlossener Gegner Luthers blieb. Die Reformation wurde also in den beiden Landesteilen zu verschiedener Zeit eingeführt. Vor allem für die Gestaltung der lutherischen Kirchenverfassung sind die in Sachsen gefundenen Lösungen grundlegend geworden. Bedeutungsvoll war es, daß bürgerliche Juristen Einfluß auf die Landesverwaltung, auf die Politik überhaupt und auch auf das kirchliche Leben gewannen. Das Land ist zudem zur Heimat des evangelischen Pfarrhauses und der evangelischen Kirchenmusik geworden, auch sein Schulwesen ist weithin vorbildlich gewesen. In der Oberlausitz, die damals zu Böhmen gehörte, blieb ein Teil der Bevölkerung katholisch. Auch die Klöster Marienstern und Marienthal blieben erhalten, während die anderen Klöster und

Stifte – mit Ausnahme der nunmehr evangelischen Domstifte Meißen und Wurzen – aufgehoben und ihr Besitz eingezogen wurde. Die Territorien der Bischöfe von Meißen, Merseburg und Naumburg, die schon im Spätmittelalter in zunehmende Abhängigkeit von den Wettinern gekommen waren, wurden infolge der Reformation dem Lande gänzlich einverleibt, darunter die bischöflich-meißnischen Herrschaftsbereiche um Wurzen und Stolpen / Bischofswerda.
Ein bedeutender, wenn auch skrupelloser Fürst war der schon genannte Herzog Moritz. Er schlug sich im Schmalkaldischen Krieg auf die Seite Kaiser Karls V. und erlangte Kurwürde und Kurlande, trat dann freilich an die Spitze der Fürstenopposition gegen den katholischen Kaiser und wurde durch einen plötzlichen Angriff, der den Kaiser zum Einlenken nötigte, zum Retter der Sache des deutschen Protestantismus. In den Passauer Verhandlungen wurde zum ersten Male der Weg des Ausgleichs aufgezeigt, der zum Augsburger Religionsfrieden führte. Nicht nur äußerlich war Moritz der Schöpfer des sächsichen Kurstaats, der nunmehr den Umfang erreichte, den er, 1635 um beide Lausitzen vergrößert, bis 1815 behalten sollte. Auch im Inneren sorgte der Herzog für Reformen und Intensivierung der zentralen und lokalen Verwaltung. Diese Bestrebungen setzte sein Nachfolger August (1526/1553-1586) tatkräftig fort. Als »Vater August« war er ein Musterbild des patriarchalischen Landesfürsten lutherischer Prägung, besonders auch in der Verbindung wirtschaftlicher Planung und Fürsorge mit dem Bewußtsein der Verantwortung für das Seelenheil der Untertanen. Solche Haltung führte freilich auch zu Unduldsamkeit und Zwang und zur Enge obrigkeitsstaatlichen Denkens. Nach seinem wirtschaftlichen und politischem Gewicht hätte Sachsen die Führung des deutschen Protestantismus zufallen müssen, doch fehlte es an der nötigen Weitsicht. Das Land geriet in das Schlepptau der Habsburger, und der Versuch des Kanzlers Krell, neue Wege zu beschreiten, endete auf dem Richtplatz.
Der Dreißigjährige Krieg hat Sachsen schwer verheert, brachte aber den Gewinn beider Lausitzen (1635). Die Kriegsschäden wurden verhältnismäßig rasch ausgeglichen, obwohl das Land durch den Krieg fast die Hälfte seiner Bewohner verlor (tatsächlicher Verlust und Geburtenausfall). Die Bevölkerungszahl wird (mit Einschluß der 1945 angegliederten Kreise) bei Kriegsbeginn auf etwa 800.000 zu schätzen sein. Politisch wurde Sachsen von dem benachbarten Brandenburg überflügelt, das schließlich Magdeburg für sich gewinnen konnte (1680) und damit eine überlegene Stellung an der mittleren Elbe errang. Dresden, seit der Zeit Herzog Georgs albertinische Residenz, wuchs im 17. Jahrhundert zu einem Kulturzentrum heran. Die Landesverwaltung geriet wieder ganz in die Hand des Adels, und das Landesfürstentum wandelte sich in Richtung auf den Absolutismus.
Ein absoluter Staat im verfassungsmäßigen Sinne ist Sachsen allerdings niemals gewesen. Die Landstände, die verhältnismäßig spät entgegentraten (erster eigentlicher Landtag 1438 in Leipzig), haben ihren Einfluß niemals gänzlich verloren. Hochfliegende Pläne verfolgte August der Starke (1670/1694-1733), der 1697 die polnische Königskrone gewann und deshalb zum Katholizismus übertrat. Man kann nicht sagen, daß er politisch eine glückliche Hand gehabt habe. Sachsen wurde in Kriege verwickelt, die das Land schwer belasteten; ein Glück war die Verbindung Sachsen-Polen für beide Teile nicht. Sie wurde auch unter Friedrich August II. (1669/1733-1763) aufrechterhalten, der ganz unter dem Einfluß des

allmächtigen Günstlings und Ministers Grafen Brühl stand. Wie der Vater besaß er einen erlesenen künstlerischen Geschmack, von dem die Dresdener Baudenkmäler (Zwinger, Hofkirche, Frauenkirche) und Sammlungen (Gemäldegalerie, Grünes Gewölbe) zeugen, soweit sie erhalten oder wiederhergestellt sind. Das Gedächtnis der Nachwelt hat sich dabei ganz auf August den Starken gerichtet; er gilt als der Typus des sächsischen Barockfürsten.

Sowohl im Zweiten Schlesischen Krieg wie im Siebenjährigen Krieg wählte Brühl die Seite des Verlierers. Sachsen wurde damals zwischen Preußen und Österreich endgültig zu einer Macht zweiten Ranges herabgedrückt. Die Folgen des Krieges sind in der Zeit des »Retablissement« rasch überwunden worden. Ein gemäßigter Merkantilismus hob die Wirtschaftskraft des Landes. Unbestreitbar ist die große kulturelle Leistung Sachsens während des 18. Jahrhunderts. Den Aufschwung, den Leipzig nahm, kennt man aus Goethes Beschreibung. Hier hatte J. S. Bach gewirkt, in Dresden J. A. Hasse. Meißner Porzellan gewann Weltruf. In anderer Weise wirkten die Herrnhuter in die ganze Welt hinaus. Ein gebildetes Bürgertum gewann Einfluß, konnte und wollte aber die überlieferten Ordnungen der Adelsherrschaft nicht beseitigen, sondern paßte sich ihnen an. Das Manufakturwesen blühte auf, die Leipziger Messen nahmen einen gewaltigen Aufschwung, Schulen und Hochschulen wurden gefördert. Die Staatsverwaltung wurde in Richtung auf zunehmende Ressorttrennung umorganisiert und rationalisiert.

Einen tiefen Einschnitt in der Geschichte Sachsens bildet die napoleonische Zeit. Die sächsische Politik wurde nach dem Siebenjährigen Kriege durch Entschluß- und Tatenlosigkeit gekennzeichnet, und dies setzte sich fort, als die Auswirkungen der Französischen Revolution Entschlüsse nötiger machten als je. Die Sachsen verloren mit Preußen die Schlacht bei Jena (1806) und gerieten in völlige Abhängigkeit von Frankreich. Das Erlöschen des Heiligen Römischen Reiches deutscher Nation entzog ihrer Politik Grundlagen und Leitbild. Eintritt in den Rheinbund, Annahme des Königstitels, Stellung von Truppen, Gründung einer sächsischen Sekundogenitur in Polen erfolgten unter französischem Druck. Der Staatsreform in Preußen hatte Sachsen nichts an die Seite zu stellen. Erst spät faßte hier die Freiheitsbewegung Fuß. Die Kämpfe des Jahres 1813 spielten sich zum großen Teil im Lande ab. Während der »Völkerschlacht« bei Leipzig ging endlich ein Teil der sächsischen Truppen zu den gegen Napoleon Verbündeten über. Der König Friedrich August I. (III. als Kurfürst seit 1763, † 1827) geriet in Gefangenschaft. Auf dem Wiener Kongreß (1815) blieb das Schicksal Sachsens lange umkämpft. Es gab Strömungen, die das Land als Ganzes erhalten wollten, sei es in Selbständigkeit oder sei es als Teil Preußens. Schließlich kam es zur Teilung: der ganze Nordteil des Landes mußte an Preußen abgetreten werden und wurde mit anderen Bestandteilen zur preußischen Provinz Sachsen zusammengefügt; selbständig blieb ein Königreich, dessen Umfang der vorliegenden Darstellung zugrundegelegt ist.

In der Folgezeit verbot sich eine selbständige sächsische Außenpolitik von selbst, und auch im Inneren scheute man Reformen. In der Bevölkerung gewann die auf die deutsche Einheit und eine freiheitliche Verfassung gerichtete liberale Bewegung Boden. Unruhen der Jahre 1830 und 1831 wurden unterdrückt, hatten aber den Erlaß einer an süddeutsche Vorbilder angelehnten Verfassung mit Zweikammersystem zur Folge, die den liberalen Wünschen allerdings nur zum Teil entsprach. Weitere Reformmaßnahmen folgten (1832 Städteordnung und Gesetz über Ablösungen und Gemeinheitsteilungen, das die Fronpflicht der Bauern und in der Oberlausitz die Erbuntertänigkeit beseitigte, 1835 Volksschulgesetz und Einrichtung von Kreisdirektionen in Dresden, Leipzig, Zwickau und Bautzen, 1838 Landgemeindeordnung).

Die Vorgänge von 1848/49 hatten im Gegensatz zu denen von 1830/31 revolutionären Charakter. Zu den liberalen Ideen gesellten sich jetzt rein demokratische, in wenigen ersten Ansätzen auch sozialistische. Die Regierung gab den demokratischen Forderungen zunächst nach, schlug aber den Dresdener Maiaufstand mit preußischer Hilfe blutig nieder, löste den Landtag zweimal auf, als seine Zusammensetzung nicht ihren Vorstellungen entsprach, und kehrte schließlich zu dem Wahlsystem des Vormärz zurück. Dieser Staatsstreich leitete eine Periode der Reaktion ein, die durch den Namen des Außenministers, seit 1853 Leiters des Gesamtministeriums Grafen Beust gekennzeichnet wird. Er vertrat den Gedanken der sogenannten Trias, also einer von den deutschen Mittelstaaten gebildeten dritten Kraft zwischen den Großmächten Österreich und Preußen. Erfolg hatte er nicht. 1866 stand Sachsen wieder auf der Seite des Verlierers. Es mußte dem Norddeutschen Bunde beitreten und verlor damit die staatliche Souveränität, die es formal seit 1806, in Wirklichkeit schon seit sehr viel längerer Zeit besessen hatte. 1871 ging das Königreich in dem von Bismarck geschaffenen deutschen Kaiserreich auf, dessen föderale Verfassung die Wahrung einer gewissen Selbständigkeit ermöglichte. Das Land wuchs ohne größere Reibung in die neue Ordnung hinein.

Groß war auch im 19. Jahrhundert die Leistung auf kulturellem Gebiet. Sie erreichte im glanzvollen Jubiläum der Universität Leipzig 1909 einen gewissen Höhepunkt. Aber auch die Bergakademie Freiberg und die Forstakademie Tharandt waren Hochschulen von internationaler Bedeutung. Ihnen traten 1890 die Technische Hochschule Dresden, 1898 die Handelshochschule in Leipzig zur Seite. Hier erlebte die Musikpflege in Gewandhaus und Thomaskirche, in Dresden in der Oper eine neue Blüte. Die Dresdener »Brücke« verhalf einer neuen Richtung der Malerei zum Durchbruch, während von Hellerau eine neue Gesinnung in Baugestaltung und Kunsthandwerk ausging.

In der Zeit des Kampfes um die deutsche Einheit war Sachsen bereits ein ausgeprägter Industriestaat. Die Industrialisierung hatte hier früh begonnen und ging Hand in Hand mit einem rapiden Wachstum der Bevölkerung. Bezeichnend war das Vorherrschen der Betriebe geringer und mittlerer Größe und deren Ansiedlung auch in Dörfern. Selbst Hausindustrie blieb in gewissem Umfang erhalten. Das Verkehrswesen paßte sich der industriellen Entwicklung an. Die erste Eisenbahn zwischen Leipzig und Dresden wurde 1839 eröffnet. Schon 1882 waren zwei Drittel der Bevölkerung in Industrie, Bergbau, Handel und Verkehr beschäftigt, wobei der Textilindustrie der erste Rang zukam. Weltbedeutung hatten die Leipziger Messen, das Leipziger graphische Gewerbe und der Leipziger Rauchwarenhandel.

Die wirtschaftliche und soziale Lage der Industriearbeiterschaft war ausgesprochen schlecht. Die Arbeiterbewegung faßte daher frühzeitig Fuß; Sachsen darf als ihr eigentliches deutsches Heimatland gelten. Schon 1848 war in Leipzig ein »Centralcomité der deutschen Arbeiter« gegründet worden, 1867 wurden Bebel und Schraps als erste sozialistische Abgeordnete in den Wahlkreisen Glauchau-

Meerane und Crimmitschau-Zwickau in den Konstituierenden Norddeutschen Reichstag gewählt, noch vor Gründung der Sozialdemokratischen Partei durch Bebel und Liebknecht, die sich 1865 im Leipziger Arbeiterbildungsverein kennengelernt hatten. In Crimmitschau wurde 1870 die erste sozialdemokratische Tageszeitung gegründet, in Leipzig 1876 der »Vorwärts« als Zentralorgan der Partei. 1903 fielen von 23 sächsischen Reichstagswahlkreisen 22 den Sozialdemokraten zu, und 1904 kam es in Crimmitschau zu einem großen Textilarbeiterstreik, der weithin beachtet wurde. Eine radikale Richtung sammelte sich um die »Leipziger Volkszeitung«.

Der Industrialisierungsprozeß hat das Landschaftsbild Sachsens gründlich umgestaltet. Besonders wurde dies in der Gegend südlich von Leipzig und in der Oberlausitz sichtbar, wo Braunkohlen im Tagebau gewonnen werden, aber auch in den Steinkohlenrevieren von Zwickau, Lugau-Ölsnitz und des Plauenschen Grundes bei Dresden. Die Industriestädte Westsachsens, des Erzgebirges und der südlichen Oberlausitz wurden geprägt von Fabrikschornsteinen, grauen Wohnbezirken der Arbeiter und geschmacklosen Villenvierteln der Unternehmer. Die großen Industriedörfer hoben sich höchst unvorteilhaft von der landschaftsgebundenen Bauweise alter Bauerndörfer ab. Nur wenige Landesteile bewahrten bäuerliche Struktur. Das ungeordnete Durcheinander ist erst relativ spät durch vernünftige Planung korrigiert worden.

Am Ende des Ersten Weltkrieges wurde wie in ganz Deutschland auch in Sachsen die Monarchie durch die republikanische Staatsform ersetzt. Der letzte König Friedrich August III. (1865/1904-1918/1932) hatte sich großer Beliebtheit erfreut, doch ist in Sachsen, anders als etwa in Bayern, keine legitimistische Bewegung entstanden; sie hatte schon nach 1815, anders in Hannover nach 1866, in der Provinz Sachsen gefehlt. In der Weimarer Republik verlor Sachsen weitere Elemente seiner Selbständigkeit (Eisenbahn, Finanzhoheit), nachdem Außenpoltik, Justiz, Post und Militär schon 1871 auf das Reich übertragen worden waren. Versuche des sozialistisch-kommunistischen Kabinetts Zeigner, sich in Gegensatz zur Reichsregierung zu stellen, hatten die Reichsexekution zur Folge (1923). Von der allgemeinen Wirtschaftskrise um 1930 wurde das Land besonders schwer getroffen. Die Arbeitslosigkeit stieg hier wesentlich über den Reichsdurchschnitt an.

Die Reichstagswahl von 1903 und die Wahl zur sächsischen Volkskammer von 1919 brachten den Sozialdemokraten etwa 60 vH der Stimmen. Das hat sich nicht mehr wiederholt, sondern der Anteil sank in der Folgezeit unter die Hälfte der Gesamtzahl der Stimmen, und es muß betont werden, daß es in dem »roten Königreich« stets einen bedeutenden Anteil von Nationalliberalen und Konservativen gegeben hat. Der Nationalsozialismus ist in Sachsen nicht mit Hilfe der Arbeiter, sondern der durch die Inflation verbitterten, einen kommunistischen Umsturz nicht mit Unrecht fürchtenden Kleinbürger emporgekommen. Es ist bezeichnend, daß 1932 die Zahl der sozialdemokratischen Stimmen die der nationalsozialistischen überwog und daß noch 1933 45 vH nationalsozialistischen immerhin 42,7 vH sozialdemokratische gegenüberstanden. In den Rest von reichlich 12 vH teilten sich die sogenannten bürgerlichen Parteien. Die nationalsozialistischen Gesetze von 1933 und 1934 brachten die radikale Beseitigung der Reste staatlicher Selbständigkeit.

Der von Hitler entfesselte Zweite Weltkrieg hat Sachsen schwere Wunden geschlagen, für welche die Zerstörung Dresdens in der Nacht vom 13. zum 14. Februar 1945 stellvertretend für alle anderen genannt sei. Das Land gewann nach 1945 nochmals für kurze Zeit seine Selbständigkeit zurück, verlor sie aber bereits mit der Verwaltungsreform von 1952 bis zur Auflösung der DDR im Jahre 1990. Dem zähen und unverdrossenen Fleiß, mit dem seine Bewohner den Wiederaufbau der Nachkriegszeit unter sehr schwierigen Bedingungen durchgeführt haben, wird niemand die Achtung versagen.

Albert Herzog zu Sachsen

DIE FÜRSTENHÄUSER

Im Gebiet des ehemaligen Landes Sachsen war es in erster Linie das Haus *Wettin*-Albertinische Linie, das die Geschichte und Kultur dieses mitteldeutschen Territoriums weitestgehend geprägt hat. Dieses Fürstenhaus, das wahrscheinlich mainfränkischer Abstammung ist und im Zuge der Ostkolonisation schon im 10. Jahrhundert über die Saale in das eroberte Sorbenland vorgedrungen war, besaß schon im Hochmittelalter als Eigentümer der Burgwarte Wettin, Löbejan, Zörbig und Brehna erhebliche Bedeutung. Als älteste nachweisbare Ahnen dieses Geschlechtes erscheinen in den Urkunden *Dedi* (914-957) und *Dietrich von Buzici* (gest. 982), deren Burg Buzici am östlichen Ufer der Saale an der Einmündung der Bode stand und nach den Forschungen von Willy Posecker in der Gegend von Grimschleben bei Nienburg zu suchen ist. Dedi von Zörbig vererbte diese Burgwarte seinem Sohn *Dietrich II.* (1009-1034), der nach dem Tode seines Onkels Friedrich 1017 Eilenburg und die Grafschaft im Susaligau erbte und im Jahre 1033 noch zusätzlich Markgraf der Lausitz wurde. Ihm folgte ein Jahr später in diesem Amte und den übrigen wettinischen Besitzungen mit Ausnahme von Wettin und Brehna sein ältester Sohn *Dedi II.* (1046-1075). Dagegen erhielten die jüngeren Söhne Thimo und Gero die in unmittelbarer Nähe der Saale liegenden Burgwarte Wettin und Brehna. Vorübergehend verlor Dedi allerdings die Markgrafschaft Lausitz. Doch konnte sein Sohn *Heinrich von Eilenburg* (gest. 1103) dieselbe vom Salierkönig Heinrich V. 1086 wieder zurückerhalten. Drei Jahre später – im Jahre 1089 – bekam Heinrich von Eilenburg zusätzlich die Markgrafschaft Meißen. Den ersten Höhepunkt erreichten die Wettiner unter Konrad dem Großen (vor 1098/1123-1156), der als eigentlicher Begründer der wettinischen Hausmacht in die Geschichte Mitteldeutschlands eingegangen ist. Neben Meißen erhielt er als enger Bundesgenosse der Staufer 1136 die Lausitz, 1144 das Milzenerland, das Gebiet um die Bergbaustadt Zwickau sowie das Erbe von Wiprecht von Groitzsch, dessen Haus 1135 ausstarb, die Mark Merseburg. In der Politik des Reiches erwies er sich als treuer Bundesgenosse Lothar von Supplinburgs und dessen staufischen Nachfolgers Konrad III. Es war daher nur allzu verständlich, daß die Wettiner auch mit den Wittelsbachern, die durch Kaiser Friedrich Barbarossa 1180 in Altenburg mit dem Herzogtum Bayern belehnt wurden, engere verwandschaftliche Beziehungen anknüpften.

Wichtig wurde für die Geschichte der Wettiner besonders das Jahr 1423, betraute doch damals Kaiser Sigismund aus dem Hause Luxemburg am 6. Januar Markgraf *Friedrich IV. den Streitbaren* (1370/1382-1428) mit der Kurwürde. Damit traten die Wettiner fast zur gleichen Zeit wie die brandenburgischen Hohenzollern in das Kollegium der sieben Kurfürsten ein. Diese hatten nach der von Kaiser Karl IV. erlassenen Goldenen Bulle von 1356 den Kaiser zu wählen. Während der

Thronvakanz gewannen sie ferner das Reichsvikariat in den Ländern sächsischen Rechtes, d. h. für Norddeutschland. Diese Wahl zum Kurfürsten bedeutete für das wettinische Herrscherhaus die Landeshoheit, die Befreiung vom Königsgericht und die Unteilbarkeit. Damit waren wichtige Voraussetzungen für eine wirkliche Staatenbildung wenigstens im Kurkreis Wittenberg gegeben. Interessant ist die Tatsache, daß sich der Name Sachsen über die fränkisch-thüringischen Kolonialgebiete östlich der Saale verbreitete, obwohl die dort lebende Bevölkerung nur zum kleinsten Teil dem sächsischen Stamme angehörte.
Wesentlich für die weitere Entwicklung des Gesamthauses Wettin war die verhängnisvolle Leipziger Teilung der wettinischen Erblande zwischen Kurfürst *Ernst von Sachsen* (1441/1464-1486) und seinem jüngeren Bruder Herzog *Albrecht dem Berherzten* (1443/1485-1500) am 26. August 1485. Ernst erhielt neben dem Kurkreis Wittenberg den südlichen Teil der Landgrafschaft Thüringen. Hingegen gehörten zum Herrschaftsbereich Albrechts die Markgrafschaft Meißen und das nördliche Thürigen. Diese zuletzt genannten Gebiete führten fortan den Namen »Herzogtum Sachsen« und besaßen in der Hauptstadt Dresden ihren politischen und kulturellen Mittelpunkt. Seit 1485 regierte in diesem Teil der wettinischen Erblande die nach Albrecht benannte »Albertinische Linie« des Hauses Wettin im Gegensatz zu der nach Ernst benannten »Ernestinischen Linie« . Vielfach sind auch die Bezeichnungen »Ältere Linie« für die Ernestiner und »Jüngere Linie« für die Albertiner gebräuchlich. In den folgenden Ausführungen wollen wir uns ausschließlich mit den Albertinern beschäftigen, während den Ernestinern ein eigener Beitrag im Band »Thüringen» gewidmet werden soll.
Nach dem Tode von Herzog *Georg dem Bärtigen* (1471/1500-1539) führte sein jüngerer Bruder *Heinrich der Fromme* (1473/1539-1541) nach dem Vorbild Kursachsens und unter Luthers persönlicher Leitung auch im Herzogtum Sachsen die Reformation ein. Als Folge der Auseinandersetzungen zwischen den katholischen und evangelischen Reichsständen wurde Herzog *Moritz* (1521/1541-1553) nach der Schlacht bei Mühlberg 1547 und der Aberkennung der Kurwürde seines ernestinischen Vetters *Johann Friedrich* (1503/1532-1547/1554) durch feierliche Belehnung seitens des Kaisers Karl V. am 24. Februar 1548 Kurfürst von Sachsen. Bis zum Ende des 1. Weltkrieges 1918 blieben von 1548 an die albertinischen Wettiner Kurfürsten bzw. seit 1806 Könige von Sachsen. Kurfürst Moritz, der mit den katholischen Habsburgern ein gutes Verhältnis anbahnte und damit eine wichtige Grundlage für die sächsische Außenpolitik der folgenden Jahrhunderte legte, fiel in der Schlacht von Sievershausen im Kampf gegen Markgraf Albrecht Alcibiades von Brandenburg-Kulmbach. Noch heute erinnert die Begräbnisstätte des Kurfürsten Moritz im Freiberger Dom an seine ruhmreichen Taten.
Für die Geschichte der Albertiner wurde Kurfürst *August* (1526/1553-1586) bedeutungsvoll. Entsprechend dem Vorbild seines älteren Bruders Moritz führte er dessen Deutschland- und Reichspolitik in enger Zusammenarbeit mit den katholischen Habsburgern weiter, obwohl er persönlich ein treuer Anhänger der evangelischen Kirche war. Ihm ist es entscheidend zu verdanken, daß am 25. September 1555 der Religionsfriede von Augsburg zustande kam. Dieser sicherte den weltlichen Reichsständen endgültig die Kirchenhoheit (»jus reformandi«) in ihren Territorien zu (»cuius regio eius religio«). Auch mit den ihm zunächst feindlich gesonnenen ernestinischen Wettinern versöhnte sich August durch dänische

und brandenburgische Vermittlung am 11. September 1554. Als Folge der Aussöhnung schloß er mit Johann Friedrich von Sachsen-Weimar den Vertrag von Naumburg ab und trat den Ernestinern die bisher kursächsischen Ämter Altenburg, Arnshaugk, Eisenberg, Herbisleben, Weida und Ziegenrück ab. Als Entschädigung für deren Gebietsverluste von 1547/48 sicherte er ihnen eine Entschädigungszahlung von 100.000 Gulden zu. Innenpolitisch wandte sich August dem orthodoxen Luthertum zu und verfolgte aus diesem Grunde die Anhänger Melanchthons als Krypto-Calvinisten.
Schließlich erwarb er das 1547 verlorene Vogtland für Kursachsen zurück und bildete 1577 daraus den vogtländischen Kreis. 1570 gelang ihm die Erwerbung des Besitzes der durch ihren Kupferreichtum bekannten, aber bereits damals völlig verschuldeten »Vorderortischen Linie« der Grafen von Mansfeld. Schon 1554 konnte er sich gemeinsam mit den Ernestinern die Grafschaft Henneberg aneignen. Ferner gelang ihm die tatsächliche Inbesitznahme, d. h. die Einverleibung der Bistümer Merseburg, Naumburg und Meißen in das kursächsische Territorium. Die Regierungszeit des Kurfürsten August war überdies durch eine weitblickende Förderung von Handel und Industrie gekennzeichnet, weshalb dieser Wettiner vielfach als ein erster früher Vertreter einer freien Marktwirtschaft im modernen Sinne bezeichnet werden kann. Daraufhin verweist auch der ehrende Beiname eines ersten modernen sächsischen »Volkswirtes«. Sein besonderes Augenmerk galt der Förderung der Textilverarbeitung und des Bergbaues. Besonders sorgte er sich auch um das Kirchen- und Schulwesen (Kirchen- und Schulordnung 1580) und legte zugleich den Grundstein der noch heute bestehenden weltberühmten »Dresdner Kunstsammlungen«. Gemeinsam mit seiner für soziale Fragen aufgeschlossenen ersten Gemahlin Anna von Dänemark trat er zusätzlich als Initiator zur Gründung der Dresdner Hofapotheke 1581 auf.
Insgesamt können wir sagen, daß Kurfürst August einer der bedeutendsten Wettiner im ausgehenden 16. Jahrhundert überhaupt war. So ist es verständlich, daß er und seine erste Gemahlin Anna bis heute im Bewußtsein des sächsichen Volkes als »Vater August« und »Mutter Anna« weiterleben. In der Gegenwart wird dem Besucher des Freiberger Domes die hervorragende Stellung der beiden Kurfürsten Moritz und August bewußt, wenn wir die von Johann Maria Nosseni, der aus Lugano im Kanton Tessin stammte, geschaffenen Grabmäler im Chorraum betrachten. Bis 1694 befand sich in diesem berühmten Gotteshaus die Begräbnisstätte der evangelischen Mitglieder des Hauses Wettin-Albertinische Linie.
Für die Entwicklung Sachsens und des Hauses Wettin wurde auch *Johann Georg I.* (1585/1611-1656) wichtig. In seine Regierungszeit fiel vor allem der auch Kursachsen immer wieder unmittelbar bedrohende Dreißigjährige Krieg. Mitten in diese von Schweden und Frankreich in das Reich getragenen Auseinandersetzungen ergab sich 1635 für Johann Georg I. die Aussicht, die bisher unter habsburgischer Herrschaft befindlichen Markgrafschaften Ober- und Niederlausitz durch den Prager Frieden zu gewinnen. Gleichzeitig damit erhielt er für sich und seine Nachfolger die Stellung eines erblichen Reichsfeldherrn an der Spitze eines Teiles des geplanten einheitlichen Reichsheeres.
Im oben genannten Prager Vertrag von 1635 mit der Regierung in Wien verpflichteten sich die Albertiner zum Schutz der katholischen Bewohner der beiden Lau-

sitzen – besonders der katholischen Sorben- sowie der Erhaltung der beiden seit dem Mittelalter ununterbrochen bis heute bestehenden Zisterzienserinnenklöster St. Marienstern bei Kamenz und St. Marienthal bei Ostritz an der Lausitzer Neiße zwischen Görlitz und Zittau. Dieses Versprechen wurde von Johann Georg I. – sein Denkmal steht noch heute am Domplatz in Bautzen – bis zum Ende der Monarchie in Sachsen von den Wettinern getreulich eingehalten. Damit bewiesen die bis 1694 evangelischen Albertiner ihre ökumenische Haltung gegenüber der kleinen katholischen Minderheit in ihren Erblanden. Dieselbe Einsicht bewog auch die seit August dem Starken nunmehr katholischen Kurfürsten und Könige von Sachsen gegenüber der evangelischen Mehrheit der sächsischen Bevölkerung zu einer ähnlichen religiösen Haltung. Ein besonders nachahmenswertes Beispiel für die heutige Zeit lieferte der letzte sächsische König Friedrich August III., der noch bis 1918 als Katholik das nominelle Oberhaupt der evangelisch-lutherischen Landeskirche Sachsens war.

Der Erwerb der beiden Lausitzen stellte aber auch die Grundlage für die später so wichtige sächsische Ostpolitik dar. Diese erreichte bekanntlich mit der Verbindung der Wettiner zu Polen unter August dem Starken und Friedrich August II. einen Höhepunkt der sächsischen, deutschen und europäischen Geschichte.

In diesem Zusammenhang ist auch Kurfürst *Johann Georg III.* von Sachsen (1647/1680-1691) zu erwähnen. Er wurde vor allem durch seine unmittelbare Beteiligung am Entsatz Wiens von der zweiten Belagerung durch die Türken in der Schlacht am Kahlenberg am 12. September 1683 bekannt. Bereits am 4. Juni dieses Jahres schloß er ein Bündnis mit Kaiser Leopold I. ab, womit er die von seinen Vorfahren überkommene Leitlinie der sächsischen Außenpolitik einer engen Zusammenarbeit mit der Donaumonarchie weiterführte. Der Kurfürst persönlich kämpfte sehr tapfer gegen die Türken und befehligte damals den linken Flügel des Entsatzheeres. Später wirkten seine Truppen an der Erstürmung von Ofen (Budapest) 1686 und im Dienste der Venezianer an der Eroberung von Morea (Peleponnes). Noch heute erinnert die Sobieski-Kapelle am Wiener Kahlenberg an die unter maßgeblicher Beteiligung Bayerns, Polens und Sachsens stattgefundene Entscheidungsschlacht, die das christliche Abendland von einer großen aus dem Osten drohenden Gefahr befreite.

Einen Höhepunkt in der Geschichte des Hauses Wettin insgesamt stellte die Regierungszeit *Augusts des Starken* (1670/1694-1733) dar, der als polnischer König *August II.* hieß. Dieser bedeutsamste wettinische Herrscher der Barockzeit wurde am 12. Mai 1670 als zweiter Sohn des Kurfürsten Johann Georg III. und dessen Gemahlin Anna Sophie von Dänemark geboren. Für seine charakterliche Beurteilung ist es wichtig zu wissen, daß er von seinem Vater den Zug zum Soldatentum erbte, während seine dänische Mutter ihm ihre Vorliebe für kulturelle Fragen und Probleme als wertvollste Eigenschaft weitergab. Daraus resultierte auch seine Aufgeschlossenheit für die aus Italien vordringende Barockkultur, deren Anregungen er vor allem auf dem Gebiet der Baukunst und der Musik in seinen beiden Hauptstädten Dresden und Warschau verarbeitete. Dabei kamen ihm offenbar seine engen Verbindungen zum Hause Habsburg zugute.

Das wohl wesentlichste Ereignis der Regierungszeit Augusts des Starken stellte die Wahl zum polnischen König und sein damit im Zusammenhang stehender Übertritt zur katholischen Konfession im Jahre 1697 dar. Obwohl der Wahlausgang zwiespältig war, betrachtete sich Friedrich August als rechtmäßiger polnischer König. Als unmittelbare Folge davon willigte er in ein Bündnis mit dem Zarenreich Peters des Großen ein. Diesem Bündnis ist es einerseits entscheidend zu verdanken, daß der Sachse in Polen sich gegen die Franzosen, die Schweden und die innenpolitische Opposition halten konnte. Andererseits barg es aber bereits den Todeskeim in sich, der schließlich am Ende des 18. Jahrhunderts zur Aufteilung Polens unter die Großmächte Österreich, Preußen und Rußland führte. Zunächst aber bedeutete die Wahl von 1697, daß Sachsen nach dem Vorbild von Preußen und Österreich sich zur dritten deutschen Großmacht entwickelte.

August der Starke vollzog durch seine Konversion auch eine Umorientierung auf politischem Gebiet. Diese äußerte sich – kulturell gesehen – in der Öffnung Sachsens nach dem Süden. Dadurch konnte die aus Italien über Böhmen vordringende Barockkultur dieses protestantische Land voll erfassen. Das galt besonders für die Haupt- und Residenzstadt Dresden, wo im Zeitalter Augusts des Starken und seines Sohnes Friedrich August II. – dem sogenannten Augusteischen Zeitalter – so berühmte Bauwerke wie etwa der Dresdner Zwinger, die Katholische Hofkirche und die bedauerlicherweise 1945 vollkommen zerstörte Dresdner Frauenkirche entstanden. In diesem Zusammenhang ist auch die 1710 in Meißen auf Veranlassung Augusts des Starken gegründete kurfürstlich-königliche – heute staatliche – Porzellanmanufaktur, die den Namen Sachsens in aller Welt bekanntwerden ließ, zu erwähnen. Damals erhielten auch so berühmte Kunstsammlungen wie die Dresdner Gemäldegalerie und das Grüne Gewölbe Weltgeltung. Stellvertretend für viele andere Werke ist besonders der »Hofstaat des Großmoguls Aurang Zeb« – eine Selbstdarstellung und Verherrlichung des Kurfürsten-Königs – von dem aus Biberach a. d. Riß stammenden Dresdner Hofjuwelier Johann Melchior Dinglinger anzuführen. Auch auf musikalischem Gebiet entwickelten sich Dresden und Leipzig dank der Förderung des Hofes und dem bürgerlichen Mäzenatentum zu wichtigen überregionalen Zentren. Diese sind in erster Linie mit den Namen Johann Adolph Hasse und Johann Sebastian Bach untrennbar verbunden.

Unter den negativen Eigenschaften Augusts des Starken ist seine große Schwäche für das weibliche Geschlecht zu erwähnen. Der Kurfürst-König besaß nachweislich zwölf Nebenfrauen. Wenn auch diese vorwiegend auf den Zeitgeist zurückzuführende Charaktereigenschaft der Objektivität halber beachtet werden sollte, so sind doch heute seine kulturellen Taten für die Nachwelt trotz erheblicher Zerstörungen im Zweiten Weltkrieg das, was von seiner Zeit unsterblich ist und bleiben wird.

Sein Sohn und Nachfolger *Friedrich August II.* (1699 / 1733-1763) führte vor allem die politischen und kulturellen Aktivitäten weiter. So leitete er durch seine Krönung am 17. Januar 1734 in Krakau als Augsut III. die zweite Hälfte der »Polnischen Periode Sachsens« ein. Trotz großer Schwierigkeiten konnte sich dieser Wettiner bis zu seinem Tode als König in Polen halten. Erst danach mußte Sachsen auf Polen verzichten und damit seine Großmachtpläne endgültig begraben. Dennoch konnten die Beziehungen des Hauses Wettin-Albertinische Linie zu Polen bis in die Gegenwart herein aufrechterhalten werden. Während der Napoleonischen Zeit zwischen 1806 und 1815 kam es nochmals zu einer sächsisch-polnischen Personalunion insofern, als Friedrich Augusts Enkel, der sächsische

Kurfürst und spätere erste sächsische König *Friedrich August III. (I.) der Gerechte* (1750/1768-1827) von Kaiser Napoleon I. zum Herzog von Warschau bestimmt wurde.
In die Regierungszeit Friedrich Augusts des Gerechten, der seit 1769 mit Maria Amalia Auguste von Pfalz-Zweibrücken verheiratet war, fallen zwei für die Geschichte des Hauses Wettin wichtige Ereignisse, und zwar die Erhebung Kursachsens zum Königreich im Jahre 1806 und als Folge der engen Zusammenarbeit mit dem Frankreich Napoleons I. im Wiener Kongreß 1815 die Abtretung von mehr als der Hälfte des wettinischen Landes an Preußen. Damit war Rest-Sachsen, das mit Ausnahme der Leipziger Tieflandsbucht ein Gebirgsland war, auf eine verstärkte Industrialisierung angewiesen, um die rasch anwachsende Bevölkerung ausreichend ernähren zu können. Das zeigte sich besonders unter den Regierungen der Könige *Friedrich August II.* (1797/1836-1854) und *Johann* (1801/1854-1873). Zusätzlich entwickelte sich Sachsen noch vor der Revolution 1848/49 zu einem Zentrum der deutschen Arbeiterbewegung, womit – geistesgeschichtlich gesehen – bereits damals die Grundlage für das heutige politische System in Mitteldeutschland geschaffen wurde. Aus dieser Entwicklung läßt sich der bis 1918 allgemein geläufige Titel »Rotes Königreich« erklären. Daher resultierte die intensive Beschäftigung von König Johann mit den Fragen der zeitgenössischen Sozial- und Wirtschaftspolitik. Dank seiner gründlichen Ausbildung in den für den Bergbau und den Verkehr zuständigen Abteilungen des sächsischen Innenministeriums und einer schon frühen Tätigkeit als aktives Mitglied der I. Kammer des sächsischen Landtages bis zu seiner Thronbesteigung 1854 erwies er sich als vorzüglicher Kenner dieser schwierigen, aber für die weitere Existenz seines Landes so wichtigen Probleme, ohne deren gründliche Kenntnisse keine Lösungsmöglichkeit für die damals so aktuelle »Soziale Frage« möglich gewesen wäre.
Die beiden Könige, Friedrich August II. und Johann, standen durch ihre Frauen – Marie Leopoldine (1805-1877) und Amalie Auguste (1801-1877), Töchter König Max I. Joseph von Bayern und seiner zweiten Gemahlin Caroline von Baden – mit der pfälzischen Linie des Hauses Wittelsbach in engen verwandtschaftlichen Kontakten. An diese Verbindungen erinnert noch heute die sächsische Königskapelle in Imst/Brennbichl im Tiroler Oberland. Dieses Gotteshaus wurde am 9. August 1855 am Jahrtag des Todes von König Friedrich August II. im Auftrag von Königin-Witwe Marie von Sachsen eingeweiht. Seit dem Jahre 1960 befindet sich unmittelbar an den Chor der Königskapelle anschließend die provisorische Begräbnisstätte des Hauses Wettin-Albertinische Linie mit den Gräbern des am 9. August 1968 verstorbenen Prinzen Friedrich Christian von Sachsen, Herzogs zu Sachsen, Markgrafen von Meißen (1893-1968) und seiner Gemahlin Prinzessin Elisabeth Helene von Sachsen, Herzogin zu Sachsen, Markgräfin von Meißen, geborene Prinzessin von Thurn und Taxis (1903-1976), die ihrem Gatten am 22. Oktober 1976 in die Ewigkeit nachfolgte.
Aus der Ehe des Königs Johann von Sachsen mit Amalie Auguste von Bayern stammten neun Kinder, und zwar drei Söhne und sechs Töchter. Für unseren Zusammenhang sind vor allem die Könige *Albert* (1828/1873-1902), der seit 1853 mit Prinzessin Caroline von Wasa (1833-1904) verheiratet war, sowie *Georg* (1832/1902-1904), dessen Gemahlin seit 11. Mai 1859 Maria Anna von Portugal (1843-1884) war, anzuführen.

Unter den Herrschern aus dem Hause Wettin um die Jahrhundertwende nimmt König Albert deswegen eine wichtige Stellung ein, weil er bereits als Kronprinz in den kriegerischen Auseinandersetzungen mit Dänemark 1864, bei Königgrätz auf der Seite Österreichs 1866 und bei St. Privat im deutsch-französischen Krieg 1870/71 sich als Feldherr besonders auszeichnete. Damit reihte er sich an die Vorbilder der Kurfürsten Moritz und Johann Georg III. Trotzdem kann gesagt werden, daß es sich bei diesem Vertreter der Albertinischen Linie um eine Persönlichkeit handelte, die auch für die Kultur und die Politik aufgeschlossen war. So interessierte sich König Albert für Fragen der wirtschaftlichen Entwicklung seines Landes und der Förderung des kulturellen Lebens, insbesondere der Musik. Damit trat er in die Fußstapfen seines Vaters Johann. Ihm verdankt das Haus Wettin auch die Erwerbung der schlesischen Besitzungen um Schloß Sibyllenort bei Breslau, die bis 1945 zum wirtschaftlichen Wohlergehen seines Hauses wesentlich beitrugen.
Das Erbe seiner Vorfahren setzte der letzte sächsische König *Friedrich August III.* (1865/1904-1918/1932) fort, vereinigte er doch in seiner Person nochmals alle positiven Charaktereigenschafften seines Hauses. Er war ein großer Staatsmann und ein ebenso bedeutender Förderer des Kulturlebens. Diese Eigenschaften wurden noch ergänzt durch eine weithin geschätzte Volkstümlichkeit, die sich beispielsweise darin äußerte, daß ihm maßgebliche Kreise der sächsischen Sozialdemokratie nach der Revolution von 1918 die Rolle eines sächsischen Staatspräsidenten anvertrauen wollten. Noch eindeutiger erwies sich seine Beliebtheit, als er 1932 bei einer Beteiligung von etwa 700.000 Personen in Dresden feierlich beigesetzt wurde.
Nach der Abdankung im Jahre 1918 zog sich Friedrich August nach Schloß Sibyllenort in Schlesien zurück und machte diesen Jagdsitz zum Treffpunkt eines grossen Bekannten- und Freundeskreises. Auch seine zahlreiche Familie, die aus drei Söhnen und drei Töchtern bestand, fand dort ihren natürlichen Mittelpunkt. Daneben pflegte Friedrich August aufgrund seiner Liebe zur Natur auch das Jagderlebnis und war ein bekannter Bergsteiger. Dafür liefern seine zahlreichen Aufenthalte vor dem Ersten Weltkrieg in Südtirol, Kärnten und im Salzburger Land Beweise.
Wenn auch heute die Vertreter des Hauses Wettin-Albertinische Linie als Folge des Zweiten Weltkrieges fern von ihrer angestammten sächsischen Heimat leben, so besteht doch für alle Angehörigen dieses Hauses die schöne Verpflichtung, die Geschichte und Tradition von fast neun Jahrhunderten weiter zu pflegen und damit für die Zukunft zu erhalten. –
Neben den Wettinern spielten als zweites Fürstenhaus in Sachsen die verschiedenen Linien der *Schönburgs* eine Rolle. Ursprünglich war dieses Geschlecht in der Gegend von Naumburg in der Provinz Sachsen beheimatet. Später dehnte es sich in der Markgrafschaft Meißen aus, wo das Haus Schönburg bereits im 11. Jahrhundert mit Geringswalde ein eigenes Hauskloster besaß. Um 1170 finden wir die Schönburgs bereits im Raum von Glauchau und im nahegelegenen Lichtenstein. Schon frühzeitig tauchten sie auch in der Oberlausitz und im benachbarten Böhmen auf, wo sie vor allem im Egerland reichlichen Besitz erwarben. Im 14. und 15. Jahrhundert vermehrten sie ihren Stammbesitz durch den Erwerb der Herrschaften Meerane, Waldenburg und Hartenstein. Im 16. Jahrhundert kamen

- Friedrich I. der Streitbare (1370 – 1428) ∞ Katharina von Braunschweig-Lüneburg (gest. 1442)
  - Friedrich II. der Sanftmütige (1412 / 1428 – 1464) ∞ Margarete von Österreich (1416 – 1486)
    - Ernst der Fromme (1441 / 1464 – 1486) ∞ Elisabeth von Bayern-München (1443 – 1484)
      STIFTER DER ERNESTINISCHEN LINIE
      - Friedrich der Weise (1463 / 1486 – 1525) Kurfürst (unverheiratet)
      - Johann der Beständige (1468 / 1525 – 1532) Kurfürst ∞ 1. Sophie von Mecklenburg (1481 – 1503) 2. Margarete von Anhalt (1494 – 1521)
        - 1. Johann Friedrich der Großmütige (1503 / 1532 – 1554) Kurfürst, der Kurwürde beraubt 1547 ∞ Sibylle von Jülich-Kleve-Berg (1512 – 1554)
          Von diesem Ehepaar stammen alle heutigen Ernestiner ab.
    - Albrecht der Beherzte (1443 / 1485 – 1500) ∞ Sidonie (Zdenka) von Böhmen (1449 – 1510)
      STIFTER DER ALBERTINISCHEN LINIE
      - Georg der Bärtige (1471 / 1500 – 1539) ∞ Barbara von Polen (1478 – 1534)
      - Heinrich V. der Fromme (1473 / 1539 – 1541) ∞ Katharina von Mecklenburg (1487 – 1561)
        - Moritz (1521 / 1541 – 1553) ∞ Agnes von Hessen (1527 – 1555) seit 1547 Kurfürst von Sachsen
        - August (1526 / 1553 – 1586) ∞ 1. Anna von Dänemark (1532 – 1585) 2. Agnes Hedwig von Anhalt (1573 – 1616)
          - 1. Christian I. (1560 / 1586 – 1591) ∞ Sophie von Brandenburg [illegible]

Christian II
(1583 / 1591 – 1611)
∞
Hedwig von Dänemark
(1581 – 1641)

Johann Georg I.
(1585 / 1611 – 1656)
∞
1. Elisabeth von Württemberg
(1584 – 1606)
2. Magdalene Sibylle von Brandenburg
(1587 – 1659)

2. Johann Georg II.
(1613 / 1656 – 1680)
∞
Magdalena von Brandenburg-Bayreuth
(1612 – 1687)

Johann Georg III.
(1647 / 1680 – 1691)
∞
Anna von Dänemark
(1647 – 1717)

Johann Georg IV.
(1668 / 1691 – 1694)
∞
Eleonore von Sachsen-Eisenach
(1662 – 1696)

Friedrich August I. der Starke
(1670 / 1694 – 1733)
∞
Eberhardine von Brandenburg-Bayreuth
(1671 – 1727)
seit 1697 König von Polen

Friedrich August II.
(1696 / 1733 – 1763)
∞
Maria Josepha von Österreich
(1699 – 1757)
seit 1733 König von Polen

Friedrich Christian
(1722 / 1763 – 1763)
∞
Maria Antonia von Bayern
(1724 – 1780)

Franz Xaver
(1730 – 1806)
∞
Klara von Spinucci
(1741 – 1792)
1763 – 1768 Administrator

Clemens Wenzeslaus
(1739 / 1768 – 1802 / 1812)
Kurfürst von Trier

Friedrich August III. (I.)
(1750 / 1763 – 1827)
∞
Amalie von Pfalz-Zweibrücken
(1752 – 1828)
seit 11.12.1806 König von Sachsen
1806 – 1815 Herzog von Warschau

Anton I. der Gütige
(1755 / 1827 – 1836)
∞
1. Charlotte von Sardinien
(1764 – 1782)
2. Maria Theresia von Österreich
(1767 – 1827)

Maximilian
(1759 – 1838)
∞
1. Karoline Maria von Parma
(1770 – 1804)
2. Luise von Etrurien
(1802 – 1851)

Friedrich August II.
(1797 / 1836 – 1854)
∞
1. Karolina Ferdinanda von Österreich
(1801 – 1832)
2. Maria Leopoldine von Bayern
(1805 – 1877)
Mitregent 1830 – 1836

1. Johann
(1801 / 1854 – 1873)
∞
Amalia Auguste von Bayern
(1801 – 1877)

Albert
(1828 / 1873 – 1902)
∞
Karolina von Wasa
(1833 – 1907)

Georg
(1832 / 1902 – 1904)
∞
Maria Anna von Portugal
(1843 – 1884)

Friedrich August III.
(1865 / 1904 – 1918 / 1932)
∞
Luise von Österreich-Toscana
(1870 – 1947)

Georg
(1893 – 1943)
Kronprinz-Jesuit

Friedrich Christian
(1893 – 1968)
∞
Elisabeth Helene von Thurn und Taxis
(1903 – 1976)

Ernst Heinrich
(1896 – 1971)
∞
1. Sophie von Luxemburg
(1902 – 1941)
2. Virginia Dulon
(geb. 1910)

Maria Emanuel
(geb. 1926)
∞
Anastasia von Anhalt
(geb. 1940)

Albert Josef
(geb. 1934)
∞
Elmira Carlen Henke
(geb. 1930)

1. Dedo
(geb. 1922)

1. Timo
(1923 – 1982)

1. Gero
(geb. 1925)

Erläuterungen

(zur Stammtafel Wettiner)

Die jeweiligen Jahreszahlen bedeuten:

Geburtsjahr
Jahr des Regierungsantritts
Jahr des Regierungsendes
Sterbejahr

∞ = verheiratet mit ...

Bei mehrmaligen Eheschließungen sind die Nachkommen vor dem Namen mit arabischen Ziffern versehen.

Regierende Fürsten bzw. Könige sind durchgehend unterstrichen. (__________)

Die jeweiligen Familienchefs nach 1918 sind einfach gestrichelt. (- - - - - - - -)

Entwurf dieses Stammbaum-Auszuges Elmira Herzogin zu Sachsen und Dr. Albert Herzog zu Sachsen.

☆

Änderung oder Veröffentlichung nur mit Zustimmung des Verfassers!

durch Kauf oder Tausch Wechselburg, Rochsburg und Penig hinzu. Die erstgenannten Gebiete unterstanden dem Heiligen Römischen Reich Deutscher Nation oder dem König von Böhmen, während letztere als Lehen zu Kursachsen gehörten. Daraus ergab sich eine äußerst komplizierte lehensrechtliche Stellung, die zu Schwierigkeiten zwischen den Schönburgs und den Albertinischen Wettinern führte. Die unmittelbare Folge davon war, daß es sogar zu einem länger andauernden Prozeß vor dem Reichskammergericht in Wetzlar kam. Erst 1740 konnten die damit verbundenen Streitigkeiten durch einen »Rezeß« beendet werden. Danach traten die Schönburgs ihre bisherige Landeshoheit an die Wettiner ab, behielten aber noch einige Sonderrechte, vor allem eine selbständige Gerichtsbarkeit. Daneben waren Vertreter der verschiedenen Linien des Hauses Schönburg sitz- und stimmberechtigt bis 1918 in der Ersten Kammer des Sächsischen Landtages. Ebenfalls bis zum Ende der Monarchie in Sachsen 1918 blieb für diese Gebiete der Name »Schönburgische Rezeß-Herrschaften« bestehen.
Interessant ist weiterhin, daß die Schönburgischen Lande bezüglich der Industrialisierung schon im 19. Jahrhundert zu den fortschrittlichsten Gebieten des Königreiches Sachsen gehörten. Hier entwickelte sich besonders eine blühende Textilindustrie mit den Zentren Glauchau und Meerane. Entsprechend hatte hier auch bereits vor der Revolution 1848/49 die Arbeiterbewegung Fuß gefaßt. Eine Folge davon war, daß auch noch in der Gegenwart die ehemals Schönburgischen Territorien zu den dichtbesiedelsten Gebieten Mitteldeutschlands überhaupt zählen.

Martin Lauckner

DAS STAATSWAPPEN UND DIE SÄCHSISCHEN FARBEN

Das sächsische Staatswappen hat eine lange Geschichte. Seine Heimat liegt nicht im heutigen Sachsen, sondern weit elbabwärts. Ursprünglich war es das Wappen des alten Herzogtums Sachsen, gemeint ist das an der Unterelbe gelegene Niedersachsen, hatte also mit unserem heutigen Sachsen, dem Obersachsen, überhaupt nichts zu tun. Albrecht der Bär aus dem Hause Askanien führte es als Herzog von Sachsen. Der dritte Herzog aus dem askanischen Hause war Albrecht I. († 1261). Er ist der Stammvater der beiden Linien *Sachsen-Lauenburg* und *Sachsen-Wittenberg*. Der ältere Sohn, Johann von Lauenburg (1261-1286), war der eigentliche Herzog von Sachsen, denn außer dem kleinen und unbedeutenden reichsunmittelbaren Gebiet des Herzogtums Lauenburg an der Elbe hatten er und seine Nachkommen die Lehnhoheit über Holstein, Mecklenburg, die festländischen Gebiete der Fürsten von Rügen und viele Grafschaften Niedersachsens. Der jüngere Sohn Albrecht II. (1261-1298) hatte nur askanisches Erbgut – Sachsen-Wittenberg – und den Herzogstitel von Sachsen.

Die sächsische Kurwürde kam an die Wittenberger Linie. Herzog Rudolf II. (1356-1370) war der erste Kurfürst von Sachsen aus diesem Geschlecht. Mit seinem zweiten Sohn Albrecht III. starb die Linie Sachsen-Wittenberg 1422 im Mannesstamme aus. Hoffnungen, die sich die Lauenburger auf die begehrte Kurwürde gemacht hatten, wurden nicht erfüllt. Vielmehr verlieh der deutsche Kaiser Sigismund die Kur Sachsen zusammen mit dem Herzogtum Sachsen-Wittenberg an den Markgrafen Friedrich den Streitbaren von Meißen. So kam die Kur Sachsen an das Haus Wettin und mit ihr das Gebiet Sachsen-Wittenberg. Damit übernahmen die Wettiner auch das Wappen des Herzogtums Sachsen.

Das Haus Wettin gehörte von nun an zu den ranghöchsten des Deutschen Reiches, zum Kurfürstenkollegium. Wie zu erwarten überstrahlte die neue Kurwürde den bisherigen Rang als Markgrafen von Meißen weit. Im Verlauf des 15. Jahrhunderts sprach man zunehmend von »Sachsen«, wenn man die Markgrafschaft Meißen meinte. Um 1500 hörte man auf, von der terra misnensis zu sprechen. Herzog Georg der Bärtige (1471/1500-1539) war, wie schon sein Vater Albrecht der Beherzte (1443/1485-1500) zuerst Herzog von Sachsen und dann Markgraf von Meißen. Im Zusammenhang damit verdrängte das Wappen des Herzogtums das alte Wappen der Markgrafen von Meißen (ein schwarzer Löwe in goldenem Feld) von dem ersten Platz. Seitdem ist es mit dem heutigen Sachsen ohne Änderung verbunden geblieben.

So ist der Name »Sachsen« die Elbe aufwärts gewandert und mit ihm das »Sächsische Wappen«, erst nach Sachsen-Wittenberg an der mittleren Elbe, dann in die Mark Meißen an die obere Elbe in das heutige (Ober-)Sachsen.

Die askanische Linie Sachsen-Lauenburg, die selbstverständlich dasselbe Wappen führte, blühte noch länger als 200 Jahre. Politisch hatte sie kein Glück. Vom Kaiser übergangen, ohnmächtig protestierend, gelang es ihr auch niemals, ihr kleines Herzogtum durch den Heimfall erledigter Grafschaften zu vergrößern. Die beiden letzten Herzöge von Sachsen-Lauenburg fanden kein Genüge mehr daran, ihr armes kleines Land persönlich zu regieren. Sie suchten und fanden größere Aufgaben im Dienste des Kaisers. Am 29. September 1689 starb der letzte askanische Herzog von Sachsen-Lauenburg, Julius Franz, in seiner Herrschaft Schlackenwerth am Fuße des Erzgebirges. Vom Herzogtum Lauenburg ergriff der Herzog Georg Wilhelm von Braunschweig-Lüneburg in Celle Besitz. In welfischer Hand blieb es bis 1810, in welchem Jahre es zusammen mit den drei Hansestädten und der Elbmündung als *Département Bouches de l'Elbe* dem Kaiserreich Frankreich einverleibt wurde. Nach dem Wiener Kongreß kam Lauenburg 1815 an Preußen, das es im gleichen Jahre im Tausch an den König von Dänemark gab. Mit Holstein wurde Lauenburg im Wiener Frieden 1865 an Österreich abgetreten, das seinerseits Lauenburg im gleichen Jahre in der Konvention von Gastein gegen eine finanzielle Abfindung Preußen überließ. Nun war der König von Preußen zugleich Herzog von Sachsen-Lauenburg bis 1876. Am 1. Juli dieses Jahres wurde Lauenburg in das Königreich Preußen eingegliedert und gehörte seitdem zur preußischen Provinz Schleswig-Holstein. Seit 1945 schließlich bildet es den »Kreis Herzogtum Lauenburg« im deutschen Bundesland Schleswig-Holstein.

Doch nun zum sächsischen Wappen selbst: Dieses zeigt einen neunmal von Schwarz und Gold geteilten Schild mit einem schrägrechts darübergelegten grünen Rautenkranz. Die Zahl der Schildteilungen hat sich im Laufe der Jahrhunderte unterschiedlich verändert. Bisweilen teilte man den Schild auch mit Gold beginnend. So führten es übrigens die ernestinischen Herzogtümer in Thüringen (Sachsen-Weimar-Eisenach, Sachsen-Altenburg usw.) und auch die preußische Provinz Sachsen.

Nachdem Kurfürst Friedrich August III. von Sachsen im Jahre 1806 die Königswürde angenommen hatte, bestimmte er durch Verordnung vom 29. Dezember 1806: »daß die in Unserm Namen ausfertigenden Collegia sich vor der Hand und bis auf weitere Anordnung des Titels usw...., ingleichen ebenfalls vor der Hand, eines Siegels, in welchem Unser bisheriges Herzoglich Sächsisches Wappen der fünf schwarzen Balken im goldenen Felde mit dem durch selbige gezogenen Rautenkranz und der darübergestellten Königlichen Krone, aufgenommen,... bedienen.«

Diese Beschreibung des Wappens ist mangelhaft. Es handelt sich im sächsischen Wappen nicht um Balken in goldenem Felde, vielmehr ist der Schild Schwarz und Gold *geteilt*. Die Verfügung von 1806 ist bis ins Jubiläumsjahr 1889 in Geltung geblieben. Im Jahre der 800-Jahrfeier des Hauses Wettin wurde das *Königlich Sächsische Majestätswappen* eingeführt (Gesetz- u. Verordnungsblatt 1889, Verordnung Nr. 27 vom 7. Juni).

In der *äußeren* Form hatte sich das Wappen im Laufe der Zeit verschiedentlich verändert. In den fünfziger Jahren des 19. Jahrhunderts bekam es einen Hermelinmantel umgelegt und wurde vom Ordensband der Rautenkrone umgeben. Als 1859 neue Eintaler-Stücke geprägt wurden, bestimmte König Johann für diese den Fortfall des Mantels und dafür die Hinzufügung von zwei nach außen blikkenden Löwen als Schildhalter. Die Münzmater dafür schuf der Bildhauer Professor Haehnel. Unter dem Wappen lag ein Spruchband mit der Devise »Providentiae memor« (Der Vorsehung eingedenk). Die königlichen Behörden führten daneben die ältere Form mit dem Hermelinmantel weiter. Erst nach 1873 haben auch die Ministerien und schließlich alle Behörden das Wappen in der neuen Form angenommen. In der Verordnung von 1889 wird es zum ersten Mal erwähnt und bestimmt, »daß es auch ferner wie bisher geführt werden soll, zum Beispiel für Hoflieferanten, auf Etiketten und dergleichen.«

Das eigentliche *Majestätswappen* enthielt die Wappenbilder der einzelnen Gebietsteile und sollte zugleich kundtun, daß der albertinischen Linie des Hauses Sachsen die Anwartschaft auf die Besitzungen der ernestinischen Linie zustehen. Die Verordnung vom 7. Juni 1889 hatte dem Schild folgende Gestalt gegeben:

Zweimal gespalten und dreimal geteilt mit einem Herzschild und gespaltenem Schildfuß. Der Herzschild ruht auf dem 5. und 8. Feld von roter Farbe, ist von Schwarz und Gold neunmal geteilt, mit grünem Rautenkranz schrägrechts belegt und von einer Herzogskrone bedeckt (=Herzogtum Sachsen). Die Tiere des 1., 4. und 7. Feldes sind nach links gekehrt (heraldisch gesehen, also von hinter dem Schild her gesehen). Im 1. Feld in Gold ein schwarzer Löwe (Markgrafschaft Meißen); 2. in Blau ein von Silber und Rot siebenmal geteilter Löwe (Landgrafschaft Thüringen); 3. in Schwarz ein goldener Adler (Pfalz Thüringen); 4. in Blau ein gekrönter goldener Adler (Pfalz Sachsen); 5. rot; 6. in Blau ein von Gold und Silber geteilter Löwe (Herrschaft Pleißen); 7. in Schwarz ein gekrönter goldener Löwe (Vogtland); 8. rot; 9. im goldenen mit roten Herzen bestreuten Felde ein rotgekrönter schwarzer Löwe (Grafschaft Orlamünde); 10. in Gold zwei blaue Pfähle (Landsberg); 11. in Blau eine goldene Mauer mit drei Zinnen (Markgrafschaft Oberlausitz); 12. in Silber drei blaue Querbalken (Herrschaft Eisenberg). Der gespaltene Schildfuß enthält vorn in Silber eine rotbesamte fünfblättrige rote Rose mit grünen Butzen (Burggrafschaft Altenburg); hinten in Gold auf grünem Dreiberg eine schwarze Henne mit rotem Kamm (Grafschaft Henneberg).

Dieses Staatswappen – das kleine und das große Majestätswappen-wurden bis zum Ende des Königreichs Sachsen im November 1918 geführt. Der *Freistaat Sachsen* verzichtete auf ein großes Staatswappen und beseitigte beim kleinen Wappen die Löwen als Schildhalter, Ordensband, Devise und Krone. Übrig blieb der uralte Sachsenschild neunmal geteilt von Schwarz und Gold mit dem schrägrechts darübergelegten grünen Rautenkranz. So blieb das Staatswappen unverändert bis zum Jahre 1934, als unter den Nationalsozialisten zusammen mit allen deutschen Bundesstaaten auch Sachsen seiner Souveränität beraubt wurde. Damals trat das »Hoheitszeichen« des Dritten Reiches an die Stelle des Wappens. Bald nach dem Mai 1945 und ehe die DDR gegründet wurde, erlangte die Republik Sachsen noch einmal eine relative, d. h. von der Besatzungsmacht kontrollierte, Selbständigkeit, in einem Maße, wie seit 1866 nicht mehr. In dieser und der folgenden Zeit bis 1952 wurde wieder das alte sächsische Staatswappen, wie es nach 1918 dargestellt worden war, ausschließlich geführt. Als im Jahre 1952 die Länder innerhalb der inzwischen konstituierten DDR, ihrer Souveränität beraubt und zu Bezirken, d. h. schließlich zu Provinzen – wenn auch nicht dem Namen nach – gemacht wurden, verschwand das sächsische staatliche Hoheitszeichen, das Staatswappen, wieder. An seine Stelle trat ausschließlich das Emblem der DDR.

»Der Rautenkranz sei dein Panier
und Weiß und Grün dein schönste Zier«.

So heißt es im Sachsenlied. Da werden die sächsischen Farben Weiß und Grün angesprochen. Das staatliche Wappenwesen reicht bis ins hohe Mittelalter zurück, Landesfarben dagegen sind Kinder der Neuzeit. Bis zu Beginn des 19. Jahrhunderts gab es keine »sächsischen Farben« und demzufolge keine »sächsische Fahne.« Die Farben Weiß und Grün für Sachsen gehen auf eine Verfügung des Königs Friedrich August I. vom 22. Mai 1815 zurück. Damals befahl der König von Laxenburg aus dem sächsichen Generalleutnant von Lecoq, die am Rhein stehenden sächsischen Truppen als Kommandeur zu übernehmen und zu reorganisieren. Im Punkt 7 dieser Verfügung stand, daß die bisherige einfarbige weiße Kokarde mit einem breiten hellgrünen Rand zu umgeben sei, um eindeutig alle Verwechslungen mit fremden Kontingenten zu verhindern. So sah der Anlaß für die Entstehung der Sachsenfarben aus. Als der König nach dem Friedensschluß schließlich 1815 in sein Heimatland zurückkehrte, stand die Hauptstadt Dresden bereits im Schmuck der weiß-grünen Fahnen, trugen die herbeigeeilten Leipziger Studenten weiß-grüne Schleifen am Revers, die Soldaten weiß-grüne Kokarden und die Beamten weiß-grüne Kordons an ihren Hüten. Ein weiß-grüner Farben- und Fahnenrausch hatte das Sachsenvolk erfaßt. Es galt einen staatlichen Neubeginn nach den blutigen Befreiungskriegen und den für Sachsen so überaus schweren Kriegsverlusten. Neue Hoffnung, neuer Anfang, neue Farben. Nun sollte alles besser werden.
Wie das Königreich Sachsen seit 1815, so führte auch der Freistaat Sachsen die weiß-grüne Fahne. Den Nationalsozialisten im Dritten Reich blieb es vorbehalten, das Weiß-Grün zu verdrängen zugunsten der Hakenkreuzfahne. Im Mai 1945 tauchten auch die weiß-grünen Fahnen in Sachsen wieder auf. Zur ersten Leipziger Messe nach dem Zweiten Weltkrieg boten die Straßen der Messestadt ein prächtiges Bild durchweg von den sächsischen Farben bestimmt. Auch dieser Frühling ist bald vergangen. Bis 1990 sah man offiziell allein noch die Fahne der DDR.

Wolfdietrich Kopelke

MILITÄRISCHE MOMENTE SÄCHSISCHER GESCHICHTE

»Reich an Waffenruhm, aber arm an glänzenden Erfolgen ist die Geschichte der sächsischen Armee gewesen. Seit der Mitte des 16. Jahrhunderts war sie an fast allen Kämpfen Deutschlands gegen die Reichsfeinde: Franzosen, Türken, Schweden, Russen beteiligt, ebenso aber auch an den Kämpfen der deutschen Staaten gegeneinander. Meist fochten die Sachsen in diesen inneren Kämpfen auf der Seite der Unterliegenden.« Mit diesen Sätzen beginnt die kleine Geschichte der sächsischen Armee von Eberhardt. Und in der Tat nimmt sich der militärische Ruhm der Sachsen im Vergleich zu dem seiner Nachbarn, den Preußen, eher bescheiden aus. Doch zeigt sich daran, daß beide Staaten von Grund auf verschieden struktuiert waren. Von Preußen hat der Franzose Mirbeau einmal gesagt, es sei kein Staat mit einer Armee, sondern eine Armee mit einem Staat, ein Wort, das Theodor Fontane später aufgenommen und durchaus kritisch gemeint hat. In Sachsen, die sächsischen Herzogtümer eingeschlossen, lagen die Dinge anders, denn kein sächsischer Fürst hat es je darauf angelegt, aus seinem Land einen Militärstaat zu machen. Wenn man also Mirbeaus Wort umdreht, daß Sachsen nämlich ein Land war, das eine Armee besaß, so trifft man seine militärhistorische Situation.

Greift man zurück, so zeigt sich, daß Sachsen sich im Mittelalter kaum von anderen deutschen Ländern unterschied. Brauchte man Soldaten, so mietete der Fürst sie an, soweit er sie nicht aus seinen Untertanen aufbieten konnte; Adel und Bauern hatten hier wohl ihre Pflichten, aber mit dem Niedergang des Rittertums ging das Kriegführen immer mehr auf Söldnertruppen über. Das waren jene Zeiten, in denen es geschehen konnte, daß Truppen, die heute für diesen, morgen für den anderen, gegen den sie eben noch gekämpft hatten, ins Gefecht gingen. Eine gewisse Stabilität wiesen die Städte auf; die Bürger betrachteten sich als die »geborenen Verteidiger des Vaterlandes« (Scharnhorst). Indessen, angesichts der damaligen Verhältnisse kann man jedoch kaum von einem organisierten Militärwesen sprechen. Der Fürst konnte sich eben bei seinen kriegerischen Vorhaben oder bei Verwicklungen, in die er, wie die sächsischen Herrscher so oft, geriet, keineswegs auf eine ständige, ausgebildete Streitmacht stützen. Das spürte vor allem der Kaiser, der von den großen und kleinen Souveränen abhing. Es war Maximilian I., der diesem Mangel abzuhelfen beschloß. Auf den Reichstagen von 1500 und 1520 setzte er eine straffere Organisation des Reiches durch, die darauf zielte, das Gerichts- und Militärwesen zu vereinheitlichen. So bildete man zehn Kreise, an deren Spitze jeweils ein Direktor stand. Für den mitteldeutschen Bereich ist der Obersächsische Kreis wichtig: zu ihm gehörten unter anderem Kursachsen, Kurbrandenburg und die sächsischen Herzogtümer, die im Kriegsfall sogenannte Kreistruppen zu stellen hatten. Direktor war für diesen Kreis der Kurfürst von Sachsen.

Wenn mit den Kreisen auch eine gewisse Ordnung eingeführt worden war, so blieb doch immer noch der Mangel, daß die Streitkräfte aus landesfremden Söldnern bestanden. Sie mußten obendrein auch noch von den Ständen bewilligt werden. In dieser Situation beschloß der sächsische *Kurfürst Johann Georg I.* (1585/1611-1656) im Jahre 1613 eine sogenannte Defensionsordnung – die Stände stimmten zu –, nach der die Grundbesitzer einer Kriegsdienstpflicht unterworfen wurden. Danach setzte sich die sächsische Armee aus zwei Regimentern schwerer Reiter, zwei Regimentern Infanterie und aus Arbeitstruppen zusammen. Eine Artillerietruppe mit 17 Geschützen vervollständigte diese Streitmacht; aus ihr ist übrigens das 1. Königlich-Sächsische Feldartillerieregiment Nr. 12 hervorgegangen, das, 1620 aufgestellt, das älteste Regiment des deutschen Heeres war.
Aber noch immer konnte man nicht von einem stehenden Heer sprechen, wenn man davon absieht, daß die sächsische Artillerie ständig im Dienst blieb. Erst der *Dreißigjährige Krieg,* der Deutschland rund die Hälfte seiner Bevölkerung gekostet hat, brachte eine Wandlung; eine Unzahl von Orten war zerstört worden, allein im Raum Meißen, Vogtland, Thüringen und Merseburg 299 Städte, 2.900 Dörfer und 381 Schlösser. Während man an den Aufbau ging, kam man auch auf den Gedanken, das Heerwesen neu zu regeln. Es hatte sich gezeigt, daß die Selbstherrlichkeit der Generäle – der kaiserliche Generalissimus Wallenstein dürfte das hervorragende Beispiel sein – und die oft auftretende Disziplinlosigkeit der Truppen es notwendig machten, das Heerwesen auf verläßlichere Grundlagen zu stellen. Dabei muß man sich in Erinnerung rufen, daß das Reich auch nach dem Westfälischen Frieden von 1648 keineswegs zur Ruhe gekommen war. Frankreich führte allein drei Eroberungskriege gegen die Niederlande und brach 1688 in die Pfalz ein; der Große Kurfürst kämpfte gegen die Schweden und warf sie 1675 bei Fehrbellin; die Türkenkriege von 1683 bis 1699 bedrohten die Länder. Und in all diese Auseinandersetzungen waren die deutschen Fürsten verwickelt; sie mußten sich, wenn sie überstehen wollten, auf gut organisierte Truppen verlassen können. Frankreich und die Niederlande hatten sich bereits *stehende Heere* geschaffen, und diesem Beispiel folgten nun die Deutschen. 1653 hatte Brandenburg damit begonnen; in Sachsen war es der *Kurfürst Johann Georg III.* (1647/1680-1691), der im Jahre 1682 ein stehendes Heer von 10.000 Mann aufstellte. Man muß sich dabei vergegenwärtigen, daß dies eine Last für das Land war, denn es war, wie andere deutsche Staaten auch, ausgeblutet und hatte Mühe, die Kriegsschäden zu beseitigen. Die Bevölkerung konnte also die Kontingente kaum aufbringen. So blieb es fast bei den alten Zuständen, denn auch die stehenden Heere dieser Zeit hatten meist „Ausländer“, also weniger Landeskinder, in ihren Reihen. Immerhin konnte der Kurfürst jetzt freier operieren; so nahmen sächsische Truppen am Entsatz von Wien (1683) und an der Erstürmung von Ofen (1686) teil. Später schickte Sachsen 14.000 Mann gegen die in Süddeutschland eingefallenen Franzosen.
Sich eine ständige Armee zu halten – Johann Georg III. war ein passionierter Soldat –, dazu mag den Kurfürsten auch die Erfahrung bestimmt haben, daß sein Land oft von fremden Heeren überflutet gewesen war – und es später noch sein sollte. Es gibt kaum eine deutsche Landschaft, die von Kriegen so heimgesucht worden ist wie der sächsische Raum. Mann kann sagen, daß Sachsen, wie Mitteldeutschland überhaupt, *das klassische Schlachtfeld Deutschlands* gewesen ist. Da-

für mögen folgende Daten stehen: In den Hussitenkriegen (1419 bis 1436) war es Sachsen (neben Österreich, Franken, Bayern, Schlesien und Brandenburg), das besonders zu leiden hatte; 1547 schlug Karl V. bei Mühlberg das Heer des Schmalkaldischen Bundes und nahm den Kurfürsten Johann Friedrich gefangen, der damit die Kurwürde verlor; 1631 fand bei Breitenfeld (nahe Leipzig) eine Schlacht statt, in der Gustav Adolf von Schweden den kaiserlichen General Tilly schlug; im Jahre darauf siegte, nach dem Tode des Königs, Herzog Bernhard von Sachsen-Weimar bei Lützen über Wallenstein. Im Zweiten Nordischen Krieg (1700- 1721) wurde Sachsen erneut Kampffeld; Karl XII. von Schweden hatte die schwedische Vormachtstellung im Ostseeraum durch die Entente von Rußland, Dänemark und Polen gefährdet gesehen und griff sie mit Erfolg an. Der König von Polen war indessen der *Kurfürst August der Starke* von Sachsen (1670/1694-1733), in dessen Stammland nun der Schwede einfiel. Wie auch gegenüber den Russen und Dänen blieb Karl XII. Sieger, der im Frieden von Altranstädt im Jahre 1706 den Kurfürsten zwang, die polnische Krone niederzulegen. Zur gleichen Zeit kämpften Sachsen unter kaiserlichem Oberbefehl im Spanischen Erbfolgerkrieg (1701-1714). August sah sich nun veranlaßt, seine Armee zu reformieren; im Jahre 1730 führte er sie dem zu einem Staatsbesuch gekommenen Soldatenkönig Friedrich Wilhelm I. von Preußen und dessen Sohn, dem späteren Friedrich II., im »Lustlager« von Zeithain vor. Der junge Kronprinz ahnte gewiß selbst nicht, daß er einmal zu den Heimsuchungen Sachsens beitragen würde, denn auch er hat Sachsen nicht geschont. Schon im Zweiten Schlesischen Krieg schlug er (d. h. der Fürst von Anhalt-Dessau) die Sachsen unter dem Feldmarschall Rutowski bei Kesselsdorf (1745) und benutzte das Land im Siebenjährigen Krieg (1756-1763) als Durchmarschgebiet und Gefechtsfeld. Er schloß die sächsische Armee bei Pirna ein (der Kurfürst-König mußte ohnmächtig vom Königstein aus zusehen) und zwang sie danach in preußische Dienste – Dresden war bereits besetzt. Unter den weiteren Kampfhandlungen sei noch die Schlacht von Torgau erwähnt (1760), ein Platz, den später Napoleon für so wichtig hielt, daß er ihn 1810 zur Festung ausbauen ließ. Zu der deprimierenden Bilanz gehört auch, daß die Sachsen gemeinsam mit den Preußen 1806 bei Jena und Auerstädt ihr Cannae erlebten. 1813 erzwang Yorck bei Wartenburg den Elbübergang, und im selben Jahr verlor Napoleon mit der Völkerschlacht bei Leipzig den Krieg und ein Jahr später auch die Krone. Fragt man nach der damaligen *Größenordnung* sächsischer Truppen, so waren sie, bei annähernd gleicher Bevölkerungszahl, meist etwa um die Hälfte schwächer als die preußischen; ihre Stärke betrug im Durchschnitt 20.000 Mann, doch konnte mitunter eine größere Streitmacht ins Feld gestellt werden. Als Rheinbundstaat, der Sachsen nach der Niederlage von Jena und Auerstädt geworden war, hatte es die gleiche Zahl aufzubringen. Noch zuvor bei Saalfeld, wo sächsische Regimenter unter dem Kommando des Prinzen Louis Ferdinand gestanden hatten, war es mit 16.000 Mann beteiligt; sie gehörten zum preußischen Korps Hohenlohe. An der Schlacht bei Wagram 1809 nahm ein sächsisches Hilfskorps von 17.750 Mann unter dem französischen Marschall Bernadotte teil, das sich hervorragend schlug. Das gilt auch für die drei Kavallerieregimenter unter dem General von Thielemann, die sich während des Rußlandfeldzuges Napoleons 1812 in der Schlacht an der Moskwa (Borodino) auszeichneten. Beim Rückzug wurden sie, zusammen mit zwei nachgezogenen sächsischen Infanterieregimen-

tern, an der Beresina fast völlig aufgerieben. Im übrigen kämpften die Sachsen als VII. Armeekorps – 21.000 Mann stark – unter Reynier in Polen verlustreich gegen die Russen. Das Land hatte also schwere Opfer gebracht, und es ist erstaunlich, daß schon im Jahre darauf 20.000 Mann Infanterie und 4.000 Mann Kavallerie erneut zu Napoleon stießen. Dieses Jahr 1813 brachte die Wende: noch in der Völkerschlacht bei Leipzig standen die Sachsen zunächst auf Seiten der Franzosen, gingen aber während der dreitägigen Kämpfe dann zu den Alliierten über. In den folgenden Befreiungsfeldzügen fochten sächsische Verbände in ihren Reihen, kamen aber nicht mehr in bedeutende Gefechte, sondern lediglich zur Belagerung der flanderischen Festungen und später als Besatzung im Elsaß und in Nordfrankreich. Daneben stellte Sachsen – nach preußischem Vorbild – eine 22.000 Mann starke Landwehr auf, und schließlich entstand ein Freikorps, das sich »Banner der freiwilligen Sachsen« nannte, etwa 1.200 Mann umfaßte und an der Belagerung von Mainz teilnahm.
Nachdem 1815 der *Deutsche Bund* gegründet worden war, hatte Sachsen wie alle Bundesstaaten Truppen zur Verfügung zu halten. Das sächsische Kontingent (zunächst 14.000 Mann) war mit denen von Kurhessen, Nassau, Luxemburg, Sachsen-Weimar, Reuß Anhalt und Schwarzburg im IX. Armeekorps zusammengefaßt. Die militärischen Verhältnisse änderten sich aber, als Sachsen 1866 dem *Norddeutschen Bund* beitrat. Zuvor hatte es noch auf der Seite Österreichs im Kampf gegen Preußen gestanden, wobei sich die sächsischen Truppen in der Schlacht von Königgrätz hervorragend geschlagen hatten. Nun aber waren die deutschen Bruderkriege beendet. Von 1867 an wurde die sächsische Armee – die allgemeine Wehrpflicht war bereits 1831 eingeführt worden – als XII. (Königlich Sächsisches) Armeekorps nach preußischem Vorbild organisiert und ausgebildet. Die alten Lehrmeister aus der Anfangszeit der stehenden Heere, Frankreich und die Niederlande, hatten seit dem Aufkommen der brandenburgisch-preußischen Militärmacht ihr beispielhaftes Ansehen mehr und mehr verloren.
In der Zeit des Norddeutschen Bundes überschritt die Stärke der sächsischen Armee die Zahl von 22.000 Mann nicht. Damit zog sie auch in den Deutsch-Französischen Krieg von 1870/71, in dem sie sich abermals hervortat, so bei St. Privat (unter Kronprinz Albert) und bei Beaumont (unter Prinz Georg), welches Gefecht (durch den sogenannten Rechtsabmarsch) die Voraussetzungen für den Sieg bei Sedan schuf. Nachdem das Deutsche Reich gegründet worden war (1871) blieb die sächsische Armee im Bundesheer integriert; das Generalkommando hatte seinen Sitz in Dresden. Obwohl das preußische Element im Bundesheer dominierte, besaßen doch die deutschen Einzelstaaten noch gewisse Reservate. So verfügte Sachsen über ein eigenes Kriegsministerium und bildete seine Offiziere selbst aus, hatte auch sonst selbständige Ausbildungseinrichtungen, wie das Kadettenkorps, eine Unteroffizierschule (Marienberg), eine Militärreitanstalt und dazu Artilleriewerkstätten (Dresden). Daß es mit der Festung Königstein auch einen kleinen festen Platz besaß, rundet das Bild ab.
Freilich verloren die Armeen der deutschen Staaten mit der Konsolidierung des Reiches zunehmend an Eigenart und Eigenständigkeit. Das lag nicht zuletzt daran, daß der Kaiser als Präsident des Bundes den Oberbefehl innehatte und der Große Generalstab in Berlin saß. Am *Ersten Weltkrieg* nahmen drei sächsische Korps noch in sich geschlossen teil. Ihr guter Ruf verbindet sich mit den Kämpfen

vor Verdun, an der Somme und an der Marne, bei denen der General von Hausen, der zugleich sächsischer Kriegsminister war, das Kommando führte. Doch mit der Zeit verwischten sich die landsmannschaftlichen Unterschiede. Und später in der Weimarer Reichswehr der Weimarer Republik wurden die rein sächsischen Einheiten noch mit dem Zusatz „sächsisch“ versehen, aber sonst waren die Unterschiede zumindest im militärischen Bereich verschwunden, und so blieb es auch in der Wehrmacht.

In einem Rückblick auf die einstige sächsische Armee ist es angebracht, auf einige hervorragende Heerführer besonders hinzuweisen. Zwei von ihnen können wir hier nicht näher betrachten, da sie keine Kursachsen gewesen sind, sondern aus den angrenzenden Herrschaften stammten: der berühmt-berüchtigte *Graf Peter Ernst II. von Mansfeld,* ein Condottieretyp, wie ihn nur Zeiten wie der Dreißigjährige Krieg hervorbringen konnte. Sein militärischer Ruf war zweifelhaft, denn seine Truppen waren gefürchtet, weniger wegen ihrer Tapferkeit als wegen ihrer Disziplinlosigkeit; Plünderungen, Verheerungen kennzeichneten ihre Kriegszüge. Der andere war der *Herzog Bernhard von Sachsen-Weimar,* der eine ganz andere Natur als der Mansfelder gewesen ist. Ein ungewöhnlich gebildeter Mann, geriet er mit dem Krieg auf die militärische Laufbahn; sein Name verbindet sich, wie schon erwähnt, mit der Schlacht bei Lützen 1632. In diese Reihe gehört auch der große Gegenspieler Wallensteins Generalleutnant *Hans Georg von Arnim.*

Als wohl bedeutendsten sächsischen Soldaten kann man den *Grafen Moritz von Sachsen* (1696-1750) ansehen, auch wenn er seine Meriten im Ausland erwarb. Er war der natürliche Sohn August des Starken und der Gräfin Aurora von Königsmark, der sich unter dem Namen „Marschall von Sachsen“ einen großen Namen machte. Schon als Dreizehnjähriger kam er unter dem Prinzen Eugen von Savoyen ins Feuer. 1720 finden wir ihn in Frankreich als Offizier; hier studierte er auch Mathematik, Mechanik und Befestigungslehre. Seine Wahl zum Herzog von Kurland – er war dorthin gereist – fand allerdings nicht die Zustimmung des polnischen Reichstages, und so kehrte er nach Frankreich zurück, wo er sein berühmtes Buch »Réveries militaires« (Gedanken über die Kriegskunst) schrieb, das Friedrich der Große mit großer Aufmerksamkeit studiert hat. Nach seiner ruhmreichen Teilnahme am österreichischen Erbfolgekrieg (1740-1780) – in den auch die schlesischen Kriege Friedrichs einzuordnen sind – ernannte ihn der französische König zum Marschall von Frankreich. Seine Laufbahn beschloß er als Oberbefehlshaber der französischen Truppen in den Niederlanden.

In der neueren Kriegsgeschichte finden wir dann als bemerkenswerte Erscheinung den *Kronprinzen Albert* (1828/1873-1902). Schon in jungen Jahren hatte er militärische Neigungen gezeigt, als Artilleriehauptmann zeichnete er sich beim Sturm auf die Düppeler Schanzen 1849 aus. 1866 General, führte er bei Königgrätz den linken Flügel der österreichischen Seite. Später wurde er der Kommandierende General des XII. Norddeutschen Armeekorps, trug im Deutsch-Französischen Krieg, wie schon angedeutet, bei St. Privat entscheidend zum Siege bei und hatte hervorragenden Anteil an der Einschließung der französischen Armee bei Sedan. Nach dem Frieden ernannte ihn der Kaiser zum Generalfeldmarschall und Generalinspekteur der 1. Armeeinspektion. Er galt als einer der besten deutschen Heerführer; als solcher nahm er an dem Einzug der siegreichen Truppen in Berlin teil und wiederholte danach den Triumphzug an der Spitze sächsischer

Truppen, die viel Lorbeer an ihre Fahnen geheftet hatten, in Dresden. 1873 bestieg er als König Albert den Thron. Daß Albert nicht nur ein ausgezeichneter Soldat, sondern auch klarsichtiger Politiker war, sei nur der Vollständigkeit seines Bildes halber vermerkt: er hat sich nämlich auch Verdienste um die Reichseinigung und später um das Zustandekommen des Deutsch-Österreichischen Zweibundes (1879) erworben.
Überschaut man die Jahrhunderte, so bestätigt sich der eingangs zitierte Satz, wonach die sächsische Armee »reich an Waffenruhm, aber arm an glänzenden Erfolgen« gewesen ist. Damit ist auch ihre Qualität beschrieben: sie war eine Armee, die zu kämpfen verstand. Daß sie trotz mancher Höhepunkte nicht im historischen Scheinwerferlicht steht, ist wohl darauf zurückzuführen, daß sie letzten Endes mehr als andere Armeen Opfer der jeweiligen politischen Konstellationen war.

Ulrike Asche-Zeit

SOZIALGESCHICHTE

Die Geschichte unseres Gebietes beginnt, lange bevor es den Namen Sachsen trägt. Es bleibt, nachdem es im 9. Jahrhundert dem Machtbereich der deutschen Krone unterworfen wurde, jahrhundertelang Kolonialland und gelangt erst im 13. Jahrhundert durch konsequent betriebene Ansiedlungspolitik in einen sozialen und wirtschaftlichen Entwicklungsstand, der dem der alten deutschen Stammeslandschaften entspricht. Es ist die Markgrafschaft mit dem Bischofssitz Meißen, auf deren Grundlage das Haus Wettin bis zum Ausgang des Mittelalters eines der mächtigsten Territorien des deutschen Reiches aufbauen wird.
Voraussetzungen einer soziopolitischen Struktur waren hier keine gewachsenen Gaue und Grafschaften, sondern militärisch verwaltete *Burgbezirke*. Der Burgward unterstand dem Markgrafen, der wiederum als Stellvertreter der königlichen Zentralgewalt oberster Richter und Feldherr in seinem Territorium war. Auf dieser Grundlage vollzog sich zwischen 1100 und 1350 – geradezu explosionsartig und von den mittelelbischen Landesherren nach Kräften gefördert – die sogenannte deutsche Ostkolonisation. Die Frage nach ihren Ursachen würde in die politische und die Bevölkerungsgeschichte führen und braucht deshalb hier nicht erörtert zu werden. Daß mit der Besiedlung und der Herrschaftsausübung eng die Kirchenorganisation zusammenhing, zeigt deutlich, wie sehr die mächtige Reichskirche zur politischen Ordnung des jungen Feudalstaates gehörte und für dessen Sicherung beansprucht wurde. Nicht so sehr die Burg, als viel mehr die in ihrem Schutz gegründeten Kirchen schufen eine Basis für ein friedliches Zusammenwachsen der deutschen Siedler mit den sorbischen Einwohnern. Gestaltung des Alltags, Ausbildung von Brauchtum und Mundart, Verwandtschaftsbeziehungen hatten ihren Ausgangspunkt in der Dorfkirche.
Die Organisation der *bäuerlichen Ansiedlung* lag nach Vereinbarung mit dem Landesherrn in den Händen von Einwanderern gehobener Herkunft, den Lokatoren. Sie erhielten belastungsfreie Grundstücke sowie Einnahmen aus Mühlen-, Schank- und Brauereirechten und garantierten als Gegenleistung für die Anwerbung einer bestimmten Anzahl von Siedlern, welche erbliches Pachtland bekamen, für das sie nach einigen Freijahren Zinsen an den Lokator entrichten mußten. Diese soziale Grundordnung spiegeln die ältesten Meißner Rechtsquellen wider, die zwischen dem »des das Erbe ist« und dem »Dorfherrn« unterscheiden. Diesem oblag ebenso die Rodung der landwirtschaftlich zu nutzenden Waldflächen wie auch das Amt des Schultheißen. Er sprach deutsches Recht, in welches allmählich die um sein Dorf verstreut lebenden Sorben einbezogen wurden. Es ist seine überragende Stellung und sein Grundbesitz, der von vornherein etwa dreimal so groß war wie der der übrigen Gemeindemitglieder, die es ihm ermöglichten, bis zum Ende des Mittelalters eine Grundherrschaft auszubilden.

Parallel zur Agrarbesiedlung wurde die *Urbanisierung* der Markgrafschaft betrieben. Die geburtsrechtlichen Unterschiede der Einwanderer wurden weitgehend noch während der Kolonialzeit durch eine genossenschaftliche Gliederung der Stadtgemeinde aufgehoben. Die Städte waren, wie ihre westdeutschen Vorläufer, von Handel und Gewerbe geprägt, so daß auch hier das Sozialgefüge bald von den Zünften bestimmt werden konnte, die ihren Mitgliedern durch die Integration in eine homogene Gruppe Schutz, wie etwa den Rechtsbeistand, boten und von Anfang an das Prinzip der gegenseitigen, auch finanziellen Hilfeleistung kannten. Zwar waren sie in erster Linie Zweckverbände, die das Fundament der Stadtwirtschaft bildeten, ohne die kein Handwerksmeister seinen Betrieb gründen, geschweige denn Lehrlinge ausbilden oder Löhne und Preise bestimmen durfte. Aber sie waren auch Gemeinschaften mit religiösem Leben, sozialen Einrichtungen und einem reich gestalteten Brauchtum.
Die frühe Stadtkultur in der Mark Meißen hatte ihre günstige Voraussetzung darin, daß neben der Landwirtschaft der andere bedeutende Sektor der Urproduktion, der Bergbau, den Einwanderern ein weites Betätigungsfeld bereithielt. Hatte man schon in slawischer Zeit vom Vorhandensein vieler Bodenschätze gewußt, begründete nun vor allem der Silberbergbau den Reichtum der Städte und der Markgrafen. Freiberg war mit seinem 1168 einsetzenden Bergbau das älteste Zentrum und wuchs im 13. und 14. Jahrhundert zu einer Fernhandelsstadt, deren Beziehungen ganz Mitteleuropa umspannten. Sie begann als typische Kolonialstadt, deren Bürger fast ausschließlich Bergleute waren. Das Bergrecht, das älteste in Sachsen, war hier zugleich das Stadtrecht. 1218 urkundlich als Sitz des landesherrlichen Vogtes erwähnt, war sie bereits im Besitz von fünf Pfarrkirchen und einem Hospital.
Mit Abschluß des Dorf- und Stadtgründungsprozesses um etwa 1350 war die Grundlage geschaffen für die Entfaltung einer Gesellschaft, die sich unter der wachsenden Landesherrschaft der Wettiner in einem – hier stärker als in Altdeutschland ausgeprägten – Stadt-Land-Dualismus vollzog. Um diese Zeit begann für ganz Europa das Jahrhundert der großen Pestepidemien, denen in Deutschland fast die Hälfte der Bevölkerung zum Opfer fiel. Für die Wirtschaft bedeutete dies: wesentlich weniger Arbeitskräfte gegenüber einem gleichbleibenden Umfang des Bodens und des Kapitals. Hier liegen letztlich die Gründe für die sozialgeschichtlichen Haupterscheinungen des Spätmittelalters, die Agrarkrise auf der einen und die Blüte der Städte auf der anderen Seite.
Aus dem Wüstwerden vieler Dörfer folgte für die Agrarverfassung eine umfassende Veränderung. Die Dörfer wurden nicht mehr aufgebaut und das brachliegende Land vom Lokator dem eigenen Grundbesitz zugeschlagen und extensiver Nutzung zugeführt. Auf diese Weise festigte der Landadel seine grundherrliche Stellung und sein wachsendes wirtschaftliches Engagement schuf ihm allmählich einen Ausgleich für die zunehmende Bedeutungslosigkeit gegenüber der Macht der Landesherrn. Die Bemühung, die ökonomische Position – in Konkurrenz mit der durch Handel und Geldwirtschaft zu Reichtum und Ansehen gelangten städtischen Oberschicht – zu verbessern, war wohl ein wesentliches Motiv dafür, daß die Güter sich zu überragenden Betrieben steigerten, deren Produktion nicht mehr nur den Eigenbedarf decken sollte, sondern sich am regionalen Markt orientierte. Der Grundherr verstand sich bald als Produzent einer Handelsware,

ob es sich nun um Fleisch, Getreide, Wolle oder Flachs handelte für den gehobenen Bedarf der städtischen Bevölkerung oder die Belieferung der aufblühenden Textilgewerbe. Er mußte, um konkurrenzfähig zu sein, die Extensivierung seiner Produktion zum Prinzip erheben. Die Vergrößerung der Wirtschaftsflächen bedingte die Einführung bzw. die Erhöhung der Frondienste und erforderte angesichts der dünnen bäuerlichen Besiedlung die Einschränkung der Freizügigkeit. Damit begann der Prozeß des sozialen Abstiegs des freien Bauerntums. Die Tatsache, daß eine Grundherrschaft, die in der Siedlungsperiode etwa dreimal mehr Land umfaßt hatte, als ein Bauerngut, nun inzwischen die Fläche mindestens eines Dorfes deckte, bedeutete für das ländliche Sozialgefüge, daß der Dorfherr mit der territorialen Geschlossenheit eine reale Grundlage bekam, seine Herrschaftsbefugnisse wiederum zu erweitern. Jedoch setzte die Landesherrschaft der Wettiner, insbesondere ihre beginnende Ämterverwaltung, ein Gegengewicht gegen diese Bestrebungen. So prägte sich in Sachsen die mitteldeutsche Sonderform der Grundherrschaft aus. Trotz relativ großer geschlossener Eigenwirtschaften konnten die Besitzer ihre Untertanen nicht, wie ihre Standesgenossen ist Ostdeutschland, zu Leibeigenen herabdrücken.
Eine ganz andere Entwicklung verursachte die Bevölkerungsdezimierung in den *Städten.* Vermehrung des Geldes und der Betriebsgüter war der entscheidende Anstoß für die Differenzierung des Bürgertums. Mit der Expansion der bis dahin nur stadtwirtschaftlich orientierten Produktion fand die Auflösung der mittelalterlichen Sozialstruktur statt. In den beiden wichtigsten Gewerben, der Textil- und der Metallverarbeitung, setzten sich technische Neuerungen und arbeitsteilige Spezialisierung durch. Am folgenreichsten war die Notwendigkeit, Handel und Handwerk zu trennen. Daraufhin führten die Kaufleute, die meist dem vermögenden Patriziat angehörten, das Verlagswesen ein. Sie übernahmen nun die Doppelrolle von Rohstofflieferant und Exporteur der fertigen Waren. Die Handwerker dagegen verloren allmählich ihre Selbständigkeit und verrichteten auf Bestellung Lohnarbeit für einen Markt, zu dem sie keinen Kontakt mehr hatten. Sie büßten durch die Wertminderung ihrer nun nicht mehr selbst-bestimmten und mehr und mehr auf Massenproduktion ausgerichteten Arbeit viel von ihrem Sozialprestige ein. Die Spannungen, die daraus zwischen den Zünften und dem Stadtpatriziat entstanden, lösten sich zugunsten der Patrizier, deren Macht und Reichtum wuchs, während sie ihrer Stadt zu überregionaler Bedeutung verhalfen. Am Anfang des 16. Jahrhunderts wohnte ein Drittel der sächsischen Bevölkerung in Städten, von denen die größten, Leipzig und Freiberg mit 7.000, Dresden mit 6.000 Einwohnern, allerdings nicht übermäßig groß waren. Das lag wohl in der Hauptsache daran, daß in der zweiten Hälfte des 15. Jahrhunderts in Sachsen noch einmal eine Stadtgründungswelle einsetzte, was um so auffallender ist, da es im übrigen Deutschland kaum noch zu Neugründungen kam. Die Ursache war das »große Berggeschry«, welches sich nach 1450 noch einmal im Erzgebirge erhob und in dessen Folge Schneeberg, Annaberg, Marienberg und Altenberg entstanden.
Wenden wir uns nun dem *Bergbau,* einem ganz wesentlichen Aspekt der sächsischen Sozialgeschichte, eingehender zu. Die Rechts- und damit die sozialen Verhältnisse lagen hier seit der Siedlungszeit anders als in Altdeutschland, wo die Rohstoffgewinnung vom Grundherrn mit Hilfe von Hörigen betrieben wurde.

Die Siedler der Mark Meißen aber waren als Freie gekommen und hatten als gleichberechtigte Genossen begonnen. Jedem hatte der Landesherr als Inhaber des Bergregals für Edelmetall die Möglichkeit erteilt zu graben – »wo eyn man ercz suchen wil, das mag her thun mit rechte« – und das Recht, wenn er fündig geworden war, einen Gang anzulegen. Die Position des Dorf- beziehungsweise Grundherrn war demgegenüber relativ schwach ausgeprägt. Schürfen mußte er dulden, hatte auch keinen Anspruch auf Vergütung der Oberflächenschäden und bekam Einnahmen erst, wenn eine Bergsiedlung entstanden war, aus den nachfolgenden Gewerben. Die Gruben wurden die fortschrittlichsten Unternehmen, an denen sich das genossenschaftliche Prinzip, aber ebenso die Keimzellen der kapitalistischen Produktionsweise zeigten. Die Berechtigung an einer Grube wurde nach Anteilen vergeben. Die Bergleute, die, um das nötige Kapital zu bekommen, Arbeitsgemeinschaften gründeten, waren durch den Einsatz ihres Geldes und ihrer Arbeitskraft, also als Unternehmer und Arbeiter am Betrieb beteiligt. Als mit zunehmender Nachfrage die Gruben größer, die Abbaumethoden technisch aufwendiger und damit größere Mengen an Kapital benötigt wurden, beteiligten sich auch Bürger der Bergstädte an den Betrieben, die keine eigene Handarbeit verrichteten, vor allem die Kaufmannschaft, die ein Interesse am Fortschritt der Ausbeutung und der damit verbundenen steigenden Einwohnerzahl hatte. Während der spätmittelalterlichen Krise gerieten immer mehr Anteile in die Hände kapitalkräftiger Kaufleute, während die Bergleute sich als Lohnarbeiter bei ihnen verdingen mußten. Ihre Tätigkeitsbereiche wurden eingegrenzt und qualitativ abgestuft. Aufseher, Vorarbeiter und einzelne Spezialisten wurden höher gestellt als einfache Knappen.
Der erneute Aufschwung gegen Ende des 15. Jahrhunderts wurde mit dem nun sehr verstärkt einfließenden bürgerlichen Kapital ermöglicht. Während in der Frühzeit nur ortsansässige Bürger Grubenanteile besaßen, also auch in diesem Sektor das stadtwirtschaftliche Prinzip herrschte, beruhten die Neugründungen vornehmlich auf Fremdkapital großer Handelshäuser nicht nur aus Sachsen, sondern sehr häufig auch aus Oberdeutschland. Das zum Aufbau der Gruben in Schneeberg benötigte Kapital wurde fast ausschließlich von zwei Bürgern aus Zwickau, dem Goldschmied Hans Federnagel und dem Metallhändler Martin Römer, eingebracht. Daß Römer als Beamter mit der Abführung der Steuern beauftragt und außerdem zum Inhaber des Verkaufsmonopols für Silber ernannt wurde, bezeugt das Interesse der Wettiner an der Weiterbildung des kapitalistischen Prinzips in diesem Wirtschaftszweig.
Die jungen Siedlungen und ihre Struktur wurden größtenteils dem Einfluß des Landadels entzogen und stattdessen mit Erhalt des Stadtrechtes in die Landesverwaltung eingegliedert. In den siebziger Jahren des 15. Jahrhunderts wurden mehrere Bergordnungen erlassen, die für die ganze deutsche Berggesetzgebung vorbildliche Bedeutung erlangten. Der Landesherr baute primär für die Bergwerke eine Beamtenhierarchie auf, die neben der technischen und organisatorischen Leitung auch richterliche und fiskalische Funktionen erhielt; diese Beamten waren jedoch gleichzeitig für die Verwaltungsangelegenheiten und die Gerichtsbarkeit der Stadt zuständig, so daß Zeche und Gemeinde sich nur unter der Kontrolle der Obrigkeit entwickeln konnten. Über die sozialen Verhältnisse des Bergarbeiters geben uns die Bergordnungen mancherlei Aufschluß. Von den Gewohn-

heitsrechten, die jetzt landesherrlich sanktioniert wurden, sind die wichtigsten die Freizügigkeit, die Befreiung von Kriegs- und Frondiensten, die Verschonung vor Abgaben und das Recht des Waffentragens. Demgegenüber waren die unmittelbaren Bedingungen seines Berufes sehr drückend. Seine Lehrzeit begann er als zehnjähriger Junge damit, taubes von erzhaltigem Gestein zu trennen, sechzehnjährig übernahm er subalterne Arbeiten unter Tage, zwanzigjährig wurde er Probehauer, um nach sieben weiteren Lehrjahren die Prüfung als Knappe ablegen zu dürfen. Die Arbeitszeit – sechs Stunden war die Regel bei freiem Sonnabend und Sonntag – ebenso wie die Entlohnung bemaßen die Bergordnungen möglichst einheitlich fürs ganze Erzgebirge. Damit sollten Streiks verhindert werden, die immer dann erfolgreich waren, wenn an anderen Orten Gruben eröffnet wurden und die Grubenbesitzer befürchten mußten, zu viele Arbeiter zu verlieren. Darauf, daß die Löhne keinesfalls zu hoch waren, verweisen die Nachrichten über Kinder- und Frauenarbeit und über das Bestreben vieler Arbeiter, durch Doppelschichten ihr Einkommen zu erhöhen.
Trotz ihrer erheblich besseren Rechtslage wurden die Knappen mit den Bauern eine Unterschicht, die sogenannten »Armeleute«. Ursprünglich Initiatoren und Träger des Bergbaus, waren sie um 1500 nur noch in Ausnahmefällen in selbständiger Existenz tätig. Sie standen als geschlossene Gruppe der Lohnarbeiter der – kaum noch ortsansässigen – Unternehmerschicht gegenüber, die wenig in Erscheinung trat, da der gesamte organisatorische Ablauf in den Händen der Beamtenschaft lag. Unterdessen wurden die genossenschaftlichen Bindungen stärker. Zur Knappschaft gehörten außer den Knappen auch die Beamten, vom Bergmeister bis zum Vogt. Sie übte, wie auch die Zunft, eine Selbstverwaltung aus und entsandte Vertreter in den Gemeinderat. Wie Quellen aus Freiberg und Altenberg belegen, wurden nach 1500 zur Unterstützung armer und kranker Mitglieder die ersten Knappschaftskassen gegründet – mit Genehmigung des Landesherrn.
Das epochale Ereignis, mit dem in Mitteldeutschland die Neuzeit begann, war die *Reformation.* An ihr entzündete sich die Unzufriedenheit der besitzlosen Bauern, obwohl sie in Sachsen nie Leibeigene waren, und führte (wie auch im übrigen Deutschland) im Jahre 1524 zu Aufständen, denen sich in Obersachsen auch Bergarbeiter anschlossen. Vogtländische Bauern lagerten vor den Toren von Plauen, während ein Prediger die auf biblischen Auslegungen fußenden Forderungen nach der Plünderung von Schlössern und Pfarreien und nach der Entmachtung der Herren verkündete. Die grundherrlichen Fischwässer wurden leergefischt und die Beute gemeinsam verzehrt. Die Bürger aber verschlossen die Tore ihrer Stadt. Eine solche Szene veranschaulicht die Führungs- und Konzeptionslosigkeit der Aufstände, an der sie (auch im übrigen Deutschland) gegenüber der Geschlossenheit der Feudalherren, Städte und Landesfürsten im Jahre 1525 schließlich scheitern mußten. Zusammenschlüsse von Bauern und Bergleuten sind aus Buchholz, Geyer, Annaberg und St. Joachimsthal bekannt. Überall aber wurden die Kämpfe in Vermittlung mit Vertretern der Knappschaft und der Bergbeamten durch kleine regionale Zugeständnisse beigelegt, womit die Integration der Bergarbeiter in die städtische Gemeinde schnell wieder geschaffen war. Die Knappschaften erreichten oft Straffreiheit für ihre Arbeiter, in St. Joachimsthal sogar für die Bauern. Der Niederlage folgte in Sachsen nicht nur eine

Stärkung der Grundherrschaft. Da die Bauern ihre Rebellion als Verwirklichung der Reformation verstanden wissen wollten, Luther sich aber schließlich distanziert hatte, verschlossen sie sich auch der Kultur der Reformation und entfernten sich damit noch weiter von der neuzeitlich orientierten städtischen Gesellschaft und von deren protestantischem Arbeitsethos.
Noch eine andere Wirkung hatte die Reformation in Sachsen. 1539 zum Protestantismus übergetreten, führten die Wettiner in Sachsen die Säkularisierung durch. Die Kirchengüter, nun im Besitz des Landesherrn, boten einerseits eine willkommene Erhöhung seiner Einnahmen. Andererseits wurde damit der Beginn einer obrigkeitlichen Sozialpolitik ermöglicht: Schulwesen, Armenfürsorge und Spitalgründungen waren nun nicht mehr nur Aufgaben der Kirche.
Aber nicht die Reformation, sondern der *Dreißigjährige Krieg* brachte auch in Sachsen den entscheidenden Durchbruch für neuzeitliche Wirtschafts- und Sozialstrukturen. Hatte der Westfälische Frieden allen Territorien gesteigerte Souveränität verschafft, so hatte das albertinische Kurfürstentum darüberhinaus als realen Zugewinn noch die Lausitzen erhalten. Auf dieser Machtgrundlage entfaltete sich der Merkantilismus, dessen Ziel der staatliche Reichtum als Hauptelement des absoluten Herrschertums und dessen Methode der Aufbau einer Bürokratie und die Reglementierung der Wirtschaft als Gesamtkomplex waren.
Anders als die Pestwellen des Spätmittelalters hatte der lange Krieg nicht nur ungeheuer viele Menschen vernichtet, sondern er hinterließ darüberhinaus – gerade in Sachsen – ein verwüstetes und von Produktionsmitteln entblößtes Land. Dieses Vakuum erleicherte es dem Landesherrn, alle wichtigen wirtschaftlichen Funktionen wahrzunehmen.
Die Grundlagen für den Neuaufbau der städtischen Wirtschaft und Gesellschaft schaffte wiederum der Bergbau. Er hatte jahrhundertelang eine Schicht erfahrener, rechtlich freier Handwerker herangebildet. Außerdem war hier das meiste Geldkapital erwirtschaftet worden, nicht zuletzt von den Wettinern selbst – Kurfürst August hatte bereits im Jahre 1580 mit 2822 Anteilen (Kuxen) die höchste landesherrliche Beteiligung am Silberbergbau erreicht.
Die investitionsfreudigen Kaufherren, nicht die alten Zunftmeister, hatten die Chance, die frühneuzeitlichen Betriebe hervorzubringen. Im Gegenteil, die Zünfte leisteten immer noch Widerstand gegen die neuen Betriebsformen. Die Entwicklung, die bereits im Spätmittelalter damit begonnen hatte, daß der Großhandelskaufmann den kleingewerblichen Handwerker zum Lohnarbeiter gemacht hatte, fühte einen Schritt weiter: Die – nun schon häufig unqualifizierten – Arbeiter waren nicht mehr Eigentümer der Produktionsmittel, sondern wurden in Werkstätten der Kaufleute zusammengefaßt, wo sie bestimmte Teilarbeiten verrichteten, die von ihnen selbst nicht mehr koordiniert wurden. Der epochale Produktionsfortschritt wurde damit erkauft, daß der seit Bestehen der Städte deren Gemeinde tragende Stand des selbständigen Handwerkers endgültig zur Schicht der Lohnarbeiter herabgesunken war.
Außer den städtischen Handwerkern und Bergleuten waren es Einwanderer aus Frankreich, Böhmen und Bayern, die aus Glaubensgründen ins protestantische Sachsen kamen. Zuzug erhielten die Städte außerdem von vielen Bauern, die dem Bauernlegen der Nachkriegszeit zum Opfer gefallen waren. Erst staatliche Verordnungen konnten die Interessen des Landadels wirksam schützen, in denen be-

stimmt wurde, daß die Erbpachtverhältnisse, die mit immer höheren Dienstleistungen belastet wurden, nur noch mit Losbriefen vom Grund- und Gerichtsherrn beendet werden durften.
Die entwurzelten Bauern erstrebten erst, was die Bergleute und Handwerker schon besaßen: mehr persönliche Freiheit, Befreiung von Frondiensten und den Schutz vor Rekrutierung. Was sie sich allerdings damit einhandelten, waren verschärfte Formen der ökonomischen Abhängigkeit, die sie zusammen mit den ungelernten Arbeitern, den ausgedienten Knappen und den Glaubensflüchtlingen fortan zu der neuen städtischen Unterschicht vereinte.
Eine weitere neue Gruppe brachte der *Merkantilismus* mit dem Unternehmertum hervor. Er förderte – insbesondere bürgerliche – Einzelunternehmer ebenso wie Sozietäten, die meist ausschließlich Verbindungen von Kaufleuten darstellten. Der absolutistische Staat selbst betätigte sich auch als Großunternehmer. Neben die Versuche, schon bestehende Betriebe unter seine Kontrolle zu bringen, trat die Errichtung vieler staatseigener Manufakturen. Dabei war der Luxusbedarf der höfischen Gesellschaft ein wichtiger Faktor, der ständig neue Produktionszweige des gehobenen Konsums verlangte. Als berühmtestes Beispiel sächsischer Luxusproduktion sei die staatliche Porzellanmanufaktur in Meißen erwähnt. Die Hofhaltung der Wettiner hat in besonderem Maße die städtische Gesellschaft des 18. Jahrhunderts geprägt.
Dresden ist eine europäische Metropole geworden, wo dann die augusteische Epoche mehr Hofbedienstete benötigte als Verwaltungsbeamte in den oberen Landesbehörden. Der Hof spielte in Sachsen die Rolle, die in Preußen die Armee spielte, als Betätigungsfeld eines politisch machtlos gewordenen Adels und zugleich als Motor für die Staatswirtschaft.
An die *Mißstände* in Sachsen, das am Ende des 18. Jahrhunderts das bedeutendste Gewerbeland Europas war, soll auch erinnert werden. Das Bedürfnis nach Mehrarbeit – denn in der vormaschinellen Zeit benötigte die Einführung jedes neuen Artikels mehr Arbeitsleistung – verlangte vom rechtlich freien Arbeiter Höchstleistungen. Er mußte bei entsprechender Nachfrage Arbeitszeitverlängerung ebenso hinnehmen wie Lohnkürzungen bei Absatzkrisen, wobei man – von wenigen Nachrichten wie der über die staatliche Porzellanmanufaktur in Meißen – vermuten darf, daß die Löhne selten über dem Existenzminimum lagen. Wenn man vom rechtlich freien Arbeiter spricht, sollte man auch nicht übersehen, daß die Anzahl derer sehr groß war, die in städtischen Armenhausern lebten. Und die Zustände in den immer mit Manufakturen ausgerüsteten Waisenhausern gehören zu den dunklen Kapiteln der sächsischen Sozialgeschichte. Der stolzen Behauptung eines Zeitgenossen, „daß das rauhe und unwirtliche Erzgebirge zum Staunen der Welt und häufig nicht ohne Neid derselben eine der gewerbefleißigsten Gegend der Erde ward“, stehen Berichte über oft auftretende Hungersnöte gegenüber. Das Verlagswesen, der sogenannte Hausfleiß, aber auch erste Manufakturgründung auf dem Dorf, waren nicht nur auf das vom Niedergang des Bergbaus bedrohte Erzgebirge beschränkt, womit die Einbeziehung der Landbevölkerung in die moderne Wirtschaft und damit die soziale Gleichsetzung mit ihren städtischen Kollegen eingeleitet wurde.
Die Gesellschaft des 19. Jahrhunderts entstand aus der *bürgerlichen Freiheitsbewegung*, jenem Kampf, der wie in Sachsen auch in den 38 anderen Staaten des

deutschen Bundes geführt wurde für ein ständeloses Gemeinwesen, in dem jeder Einzelne seinen Platz nach seiner individuellen Leistung erhalten sollte. In Sachsen ermöglichte die Verfassung von 1831 grundlegende Reformen und bereitete demokratische Strukturen vor, die in wenigen Jahrzehnten schließlich die Industriegesellschaft hervorbrachten, in der das Bürgertum den wirtschaftlichen Fortschritt trug und die politische Führung übernahm, die jedoch wiederum gegliedert ist, nun in ökonomische Klassen. Die Befreiung der Bauern im Jahre 1832 brachte ihnen die Ablösung von Lasten und Verpflichtungen, 1855 die Entbindung von der Patrimonialgewalt und damit endgültig die rechtliche Gleichstellung mit den Stadtbürgern. Damit verlor der Adel seine Mittlerstellung zwischen Staat und Untertan, während seine gehobene soziale Position mehr und mehr auf seinem Besitz beruhte. Ein anderer wichtiger Fortschritt war die stufenweise Einführung der Gewerbefreiheit (bis 1862 vollendet), die das Recht für jeden, ein Gewerbe zu gründen, bedeutete und nun, da jede Regulierung durch Zünfte oder den merkantilistischen Staat fortfiel, alle Kräfte des ökonomischen Selbstinteresses entfesselte. Die Folge war zunächst eine gewaltige Zunahme der Kleinbetriebe, langfristig jedoch das Anwachsen weniger Werkstätten zu Fabriken, während viele andere dem Ruin verfielen.
So schufen diese „Befreiungsgesetze“, von denen Freizügigkeit und Freiheit der Berufswahl zu den allerersten gehörten, die Herauslösung des Einzelnen aus traditionellen Zwängen ebenso wie aus Sicherheit bietenden Gemeinschaften. Der freie Mittelstand aus Gewerbe und Bauernschaft, der sich in Mittelstandorganisationen und Gewerbekammern neu formierte und artikulierte, war jedoch nicht das einzige Produkt des bürgerlichen Liberalismus. Das gesamte Sozialgefüge basierte auf dem nur am Rande der Gesellschaft existierenden neuen Vierten Stand, der sich von allen früheren Unterschichten dadurch unterschied, daß er eine ungeheuer große Bevölkerungsgruppe umfaßte und daß er ein Wirtschaftsfaktor ersten Ranges wurde. Die Persönlichkeitsrechte der Arbeiter wurden faktisch aufgehoben durch soziale Schutzlosigkeit, Eigentumslosigkeit, Wohnungsnot und die Entbehrung jeglicher Gemeinschaftskultur. Sachsen machte keine Sonderentwicklung durch, aber die Problematik trat hier wegen der radikalen Industrialisierung deutlicher als anderswo in Deutschland zu Tage. Wenn man die großartige Entfaltung der bürgerlichen Kultur durch Bildung und Besitz, etwa in Leipzig oder Dresden, erwähnt, jene Symbiose von Akademie und Universität, Handel und Industrie, dann muß man ebenso an Chemnitz, »das sächsische Manchester« erinnern und an die Industriedörfer des Erzgebirges.
Im Jahre 1846 wurde die »Staatliche Kommission zur Erörterung der Gewerbe- und Arbeitsverhältnisse in Sachsen« gegründet, mit deren Bemühungen um Integration des Vierten Standes Namen wie K. L. Kohlschütter und A. C. Weinling verbunden sind, die erste Maßnahmen im Bereich des Frauen- und Kinderschutzes und im Versicherungswesen ergriff, aber auch bildungspolitische Ziele verfolgte. Diese wesentliche Aufgabe der bürgerlichen Kultur hatte im »Musterland der Volksbildung« (Kretzschmar) ohnehin eine lange Tradition. Noch vor 1800 war in Dresden das erste Lehrerseminar und eine Realschule gegründet worden, in Freiberg die erste deutsche Bergakademie und in Tharandt die erste deutsche Forstakademie. So trat neben die Volksschulbewegung – 1835 wurde die allgemeine Schulpflicht eingeführt – die Gründung von Real-, Berufs- und Fachschulen.

In der zweiten Jahrhunderthälfte deutet das Ansteigen der allgemeinen Wirtschaftskurve auf wachsenden Volkswohlstand. Aber der Gründerzeitstil in den Hauptstraßen der Städte sollte nicht über die Verelendung in den Arbeitermassensiedlungen, die hohe Auswanderungsziffer und die steigende Selbstmordrate hinwegtäuschen.
Nicht zufällig ist Sachsen das »eigentliche Heimatland der deutschen *Arbeiterbewegung*« (Schlesinger), wurde in Leipzig das »Zentralkommitee der deutschen Arbeiter« gegründet, 1863 der »Allgemeine Arbeiterverein«, in dem sich Bebel und Liebknecht kennenlernten und wurde seit 1876 in der Zeitungsmetropole Leipzig der »Vorwärts« verlegt.
Bis zum 1. Weltkrieg etablierten sich die Gewerkschaften als berufene Arbeitnehmerverbände, die nicht nur erhebliche wirtschaftliche Verbesserungen durch organisierte Streiks herbeiführten, sondern deren wichtigstes Verdienst es wohl war, vor allem durch Bildungsarbeit den Arbeitern öffentliche Geltung zu verschaffen. Die sächsische Arbeiterbewegung blieb das gesellschaftliche Kontinuum, auch durch die Weimarer Republik hindurch; noch 1932 erhielten SPD und KPD mehr Wählerstimmen als die Nationalsozialisten. Auf der anderen Seite ist zu bemerken, daß das mittlere und gehobene Bürgertum langsam nach dem 1. Weltkrieg und dann endgültig im Umschichtungsprozeß nach der Weltwirtschaftskrise seine gesellschaftlich formenden Kräfte verlor.

Helmut Möller

SIEDLUNGSGESCHICHTE

»Sachsen« war, wie alles Historische, Veränderliches; wir behandeln es in seinen Grenzen von 1815–1952.

Die Siedlungsgeschichte Sachsens, der südmittelelbischen Lande, östlich der Saale bis hin zur Görlitzer Neiße, ist untrennbarer Bestandteil des gesamtdeutschen Siedlungsgeschehens, vorzüglich der sogenannten Ostkolonisation seit dem 10. Jahrhundert, vor allem aber im 12. und 13. Jahrhundert. Andererseits zeigt sie ihre Besonderheiten als »Ost-Saaleland«, wurde sie entscheidend geprägt durch lange Grenzlage: »Marken« Meißen und zeitweise Lausitz, sowie durch die Sonderentwicklung der Oberlausitz – ursprünglich »Budissin« – vor allem als böhmisches Lehen (1075-1634/1648; ja, Sonderrechte bestanden sogar bis in die Mitte des 19. Jahrhunderts).

Die Besiedlung folgte den Gegebenheiten der *Naturlandschaft:* Klima, Bodenbeschaffenheit, Oberflächengestalt und Pflanzenwelt. Geomorphologisch wichtig, als Südosten der thüringisch-sächsischen Bucht, wirkte der Dreistufenbau des Landes, im großen von Norden nach Süden und Südosten ansteigend. Von Norden, von seinem Anteil am südlichen Saum des norddeutschen Tieflandes, der Leipziger Tieflandsbucht; über ein wellig-hügeliges Vorgebirgsland, das durch die Flußläufe der beiden Elstern, Pleiße, beiden Mulden, Zschopau, Großen Röder und Spree in sich west-östlich folgende Teillandschaften gegliedert wird, begrenzt also durch Saale und Görlitzer Neiße; bis hin zur Mittelgebirgsschwelle, dem mauerartigen Steilabfall gegen Böhmen im Elster- und Erzgebirge, den Elbsandstein- und Lausitzer Gebirgen. So folgte die Besiedlung den Flüssen, Flußauen und -terrassen, stieg sie von den nördlichen Ebenen das südliche Gebirge hinauf. Entsprechend konnten sich völkische Untergruppen, Teilkulturen in Sprache und Brauchtum herausbilden: Einzellandschaften wie Nordwest-Sachsen, Vogtland, Erzgebirge und sein Vorland, Meißen und das Dresdner Elbeland, Oberlausitz.

Unterstützt wurde dies durch die *klimatischen* Gegebenheiten, seit dem Ende der Eiszeit durch die Großlage zwischen ozeanischem und kontinentalem Klima; so ist das Klima der Oberlausitz bereits im allgemeinen rauher als in den Gebieten westlich der Elbe. Bedeutsamer wirkte sich jedoch die örtliche Höhen- und Schutzlage aus, die durchschnittliche Jahrestemperatur – besonders günstig zwischen Meißen, Riesa und Dresden – sowie der jährliche Niederschlag – am geringsten im Elbsandsteingebirge. So konnten sich verschiedene landwirtschaftliche Anbauzonen herausbilden: Wein-, Mais- und Obstanbau im Elbtal; in kühleren Zonen Roggen- und Kartoffelanbau; in den obersten Gebirgszonen lediglich noch Grünland- und Forstwirtschaft (Forstakademie Tharandt!).

Hinzu kam die *Bodenbeschaffenheit*, örtlich und flächenmäßig. Im Norden, östlich von Dresden und in der Oberlausitz, verbreitet Kies- und Sandböden – Heiden und Moore, Material von eiszeitlichen Grund- und Endmoränen sowie Urstromtälern. Schwere Geschiebelehmböden größeren Ausmaßes um Leipzig herum, vor allem im Südosten; schwer zu bearbeiten, erst mit dem Übergang zum Tiefpflug: kennzeichnend die spätere Besiedlung. Weiter nach Süden dann lößartige Böden wechselnder Güte, je nach Untergrund. Reiner Löß – eiszeitliche Staubablagerungen, porös, warm, so leicht zu bearbeiten – zum Beispiel durch das mittlere Sachsen verbreitet: Elsterrand bei Pegau, östlich von Mügeln, um Lommatzsch, bei Dresden, westlich Bautzen; kennzeichnend: Altsiedelräume. Endlich die Gebirgsböden, meist wenig fruchtbar, Braunerden oder gar Podsolen, im einzelnen wieder abhängig vom anstehenden Gestein.

Einen weiteren Faktorenkomplex bildeten die *Bodenschätze*. Vorzüglich die Erze – wie Silber, Zinn und Eisen, nach 1945 Uran; vor allem des »Erzgebirges«: in Urgestein, Granit und Gneis, mit vulkanischen Einbrüchen, in Gängen und Horsten vorkommend. Bergwerksstädte wie z. B. Freiberg (Bergakademie!), Altenberg und Annaberg verdanken ihnen ihre Entstehung. Salz, Kohlevorkommen wie Steinkohle im Zwickauer Revier (Abbau seit 1515); Braunkohle bei Leipzig – hauptsächlich im Westen und Südwesten, von Buna bis Borna – sowie ebenfalls bei Zwickau. Steine und Erden, von denen die Porzellanerde, Feldspate und Kaolin, um Meißen weltweite Bedeutung erlangen sollte.

So verlief die Besiedlung Sachsens, im großen gesehen, beginnend in der Altsteinzeit, von den offenen Landschaften, und seit dem Ackerbau der Jungsteinzeit auch von relativ leicht bearbeitbaren Böden, von den Ebenen und Flußtälern aus während der großen deutschen Ostkolonisation des Hochmittelalters schließlich bis auf die Gebirgskämme der südlichen Randgebirge hinauf; durch inneren Ausbau des Landes, das heißt durch die Rodung der Wälder, des Miriquidu, aber auch derjenigen, die die alten Siedlungsräume bis dahin getrennt hatten. Es sind folglich für Sachsen zu unterscheiden: Altsiedelland, von Westen nach Osten: Teile des Leipziger Raumes, Lommatzscher Pflege bis Meißen, Elbtal um Dresden, Oberlausitzer Mittelland. Im 6.-11. Jahrhundert bekannt als die Länder der slawischen Siusler, Daleminzier, Nisaner und Milziner. Zweitens Neusiedelland, die ehemaligen Waldregionen.

Alle Siedelbewegungen gefördert durch natürliche *Verkehrswege*. Eine Hauptlinie des Verkehrs, die bereits für die Steinzeit und danach als westliche »Bernsteinstraße« der Antike nachweisbar ist, war für die Nord-Süd-Verbindung, des Donauraumes mit der Nord- und Ostsee, die mittelalterliche Straße Wien-Prag-Leipzig-Magdeburg nach Hamburg beziehungsweise Lübeck. Eine zweite Hauptverbindung, von Westen nach Osten, verlief am nördlichen Gebirgsfuß, im Mittelalter »Hohe Straße« genannt, vom Rhein-Main-Gebiet (Frankfurt/Main) herkommend über Fulda, Erfurt und Leipzig, von dort entweder weiter nach Breslau und Krakau oder in einer Nebenlinie über Frankfurt/Oder, Thorn nach Danzig führend. Eine dritte Hauptlinie endlich, die sogenannte »Frankenstraße«, von Italien/Tirol herkommend, ferner über Augsburg und Nürnberg, führte durch das Vogtland/Plauen nach Leipzig oder über Zwickau, Chemnitz und Freiberg auch nach Dresden und Bautzen. Leipzig also vorprogrammiert als

einer der wichtigsten Knotenpunkte Mitteldeutschlands, ja als ein Vorort und Zentrum ganz Deutschlands.
Die Siedlungsepochen reichen bis in die *Altsteinzeit* (Paläolithikum) zurück. Altsteinzeitliche Funde, unter anderem des Neandertalers, wurden zum Beispiel bei Markkleeberg, in Westsachsen bis in das Vogtland sowie bei Burck östlich Bautzen gemacht. In der Spätglazialzeit mit wechselnden Klimaten, seit etwa 20.000 v. Chr. meist Tundrenklima, führte der Mensch Sammeltätigkeit, Fischfang und vor allem Jagd bis an den jeweiligen Rand des Eises durch; Jagd mittels Fallgruben, Fanggehegen und Waffen. Gefunden wurden Hütten, in den Boden vertieft. Sicherlich dienten auch Höhlen Wohnzwecken.
In der *Mittelsteinzeit* (Mesolithikum), in unserem Raum etwa 8000-2000 v. Chr., erfolgte Erwärmung, um 5500-2500 v. Chr. herrschte sogar warm-feuchtes Klima, das sogenannte Atlantikum. Wald und Grasfluren drangen vor. Die bisherige Wirtschaftsweise wurde jedoch beibehalten, und folglich blieb auch im wesentlichen die bisherige Siedelweise: Hüttenbau, doch nun auf Wohnhügeln, an Gewässern, hochwasserfrei. Sie bietet Hinweise auf nun längeres Verweilen in einem weiten, offenen Schweifgebiet, sowie auf bestehende Wohn- und Wirtschaftsgemeinschaften.
In der *Jungsteinzeit* (Neolithikum), Ende etwa 1600 v. Chr., herrschte mildatlantisches Klima, günstige Lebensverhältnisse bietend. Kennzeichnend: Zunahme der Fundorte, offensichtlich Bevölkerungsvermehrung. Gleich zu Beginn dieser Epoche brachten die Bandkeramiker die wichtigste Veränderung im Siedlungswesen: die feste Niederlassung, primär bedingt durch den Übergang zum Ackerbau; zunächst Hackbau, später auch Anwendung des Hakenpflugs. Als Ackerbauern und Viehzüchter folgten sie vor allem den Lößböden, denn Düngung war ihnen noch nicht bekannt. Ihre Siedlungen waren weiler- und dorfartig, mit unregelmäßigen Grundrissen. Sie bildeten Wohnstättengruppen oder -haufen. Die Häuser waren noch Grubenwohnungen, rechteckig, der Oberteil aus Holz, Geflecht und Lehm. Es existierten Getreidespeicher.
Die folgenden Stichbandkeramiker- und Trichterbecherkulturen brachten wenig Veränderung, erst die Schnurkeramiker besiedelten erstmalig auch die Oberlausitz und Bereiche an der mittleren Mulde. Am Ende des Neolithikums, auch Kupfersteinzeit genannt, drangen vom Westen her Glockenbecherleute ein, doch nur bis zur Weißen Elster und Pleiße.
In der *Bronzezeit,* ca. 1800-1000 v. Chr., folgten hier, jetzt »Lausitzer Kreis« genannt, der Aunjetitzer Kultur um 1500 v. Chr. die Lausitzer Kultur; entstanden aus neolithischen Gruppen. Für die letzteren wurden Oderschnurkeramiker und Glockenbecherleute angenommen; auf Grund antiker Schriftsteller historisch bekannte Völker: Gruppen der Illyrer. Das Klima blieb günstig. Besiedelten die Aunjetitzer noch die alten Räume, drang man in der Lausitzer Kultur nun auch weiter, in das Mittelgebirgsvorland und ins Vogtland, vor. Neben die bäuerliche Wirtschaft trat die Metallverarbeitung. Fernhandelsstraßen bildeten sich aus, zur Beschaffung von Rohstoffen wie Zinn und Kupfer, Gold für Schmuck, aber auch zur Versorgung mit Fertigwaren – wie einerseits die großen Bernsteinlager Mykenes, andererseits »Verwahrlager« wie bei Weißig/Großenhain nachweisen. Es entwickelten sich Geschmack und Reichtum, soziale und machtpolitische Glie-

derungen, wie sie die sogenannten Fürstengräber, aber auch der jetzt beginnende Burgenbau, zeigen.
Seit der Mitte der Bronzezeit bildeten sich drei Kernlandschaften heraus: Nordwestsachsen und Altenburger Land, beide Elbseiten bis an das Gebirge heran, mittlere und nördliche Oberlausitz. Doch verbunden miteinander durch einen breiten Streifen von der Mulde zur Lommatzscher Pflege, besiedelte Heideflächen östlich der Elbe und lockere Streusiedlungen entlang der Verkehrswege; also auch entlang der Flüsse und Flußterrassen; endlich auch Siedlungen im Zittauer Becken. Die Wohnkultur wurde komfortabler. Es gab zwar immer noch Grubenwohnungen, doch nun auch feste Häuser wie in Gaunitz/Oschatz: rechteckiger Grundriß, mit Vordach, teilweise auch mit kleiner Hinterhalle, Firstsäule, Flechtwerk mit Bewurf, Satteldach. Nebenbauten: typisch bäuerliche Anwesen.
In der ersten Hälfte der *Eisenzeit*, der »Hallstattzeit«, ca. 900-450 v. Chr., hielt sich die Lausitzer Kultur, speziell die Billendorfer Untergruppe. Die Zunahme von Waffen weist auf kriegerische Zeiten (auch im nördlich anschließenden »germanischen Kreis«), desgleichen der verstärkte Ausbau von Burgen und Burgwällen: Abschnitts- und Ringwällen, aus Erde und Palisaden, auf erhöhter oder in anders geschützter Lage. – Die Illyrer wurden von Kelten und Germanen nach Süden abgedrängt, um 350 v. Chr. bis nach Istrien.
Die zweite Hälfte der Eisenzeit, »Latène-Zeit«, ca. 400 v. Chr. – 50 n. Chr., leitete rund 1.000 Jahre germanischer Zeit in Sachsen ein. Verschlechterung des Klimas seit ca. 800 v. Chr. – kühler und feuchter – engte die alten Siedelräume ein, unter anderem durch das Vordringen des Waldes und von Mooren; wertvollere Getreidesorten konnten nicht mehr angebaut werden. Die Völkerschaften gerieten in Bewegung. Nach Sachsen drangen westgermanische Sweben ein, Teile ihres wichtigsten Stammes: der Semnonen. Schon Anfang des 5. Jahrhunderts v. Chr. war von ihnen der südliche Gebirgssaum gegen Böhmen hin erreicht – hier siedelten damals die keltischen Boier. Um die Zeitenwende siedelten dann swebische Hermunduren westlich, ostgermanische Lugier östlich der Elbe. Die Germanen besetzten lediglich die fruchtbaren Teile der alten Siedelräume, schwere Lehme und sandig-kiesige Böden wurden gemieden. Rodung fand nicht statt. Gesiedelt wurde dorf- und weilerartig; in Sippensiedlungen, wie auch die Ortsnamen erkennen lassen. Doch war auch der Einzelhof beliebt: mit Haupt- und Nebengebäuden, Hofgehege; Zweifelderwirtschaft. Eigene Eisengewinnung und -verarbeitung ist feststellbar: Rasen- oder Sumpferz, durch Rennfeuer schmiedbar gemacht; ganze Gruppen von Eisenschmelzgruben wurden gefunden – wie bei Reichenau/Oberlausitz. In der Töpferei erfolgte der Übergang zur Drehscheibe. Es gab Bronze- und anderen Schmuck, zahlreiche Fibeln. Wehranlagen existierten dagegen nicht mehr – nach antiker Überlieferung suchten die Germanen in den Wäldern Schutz. Keine Stadtsiedlung. Brandgrabbestattung. Die erneute Zunahme von Waffen(funden) in der Spätlatènezeit verweist auf wieder unruhig werdende Zeiten – den Zusammenstoß der Germanen mit den Römern.
Die Zeit bis ca. 500 n. Chr. zeigt die Mittelelbelande von den großen germanischen Völkerwanderungen betroffen. So durch wiederholten Abzug von Teilen der ansässigen Bevölkerung selbst, wie von Semnonen 9 v. Chr. und 212 n. Chr. zum Rhein. Ferner durch den Durchzug fremder Völker, wie um 250 n. Chr. der

Burgunder. Kennzeichnend ist die Armut von Siedlungsfunden. Sachsen blieb jedoch letztlich Raum der Hermunduren, die sich durch Vermischung mit jütländischen Angeln und Warnen gegen Ende des 4. Jahrhunderts n. Chr. zum Stamm der Thüringer weiter entwickelten. Kennzeichnend hierfür sind Siedlungsnamen auf -ingen, -stedt und -leben, wie in Jütland; für die Hermunduren ferner Großfriedhöfe, wahrscheinlich für ganze Kleingaue – wie bei Hainichen/Leipzig; speziell für die Burgunder, seit etwa 200 n. Chr. östlich der Elbe siedelnd, eigentümliche Brandgräber und ostgermanische Pfostenhäuser – wie bei Preske/Zittau.
Zu Beginn des Mittelalters, des *Frühmittelalters,* entwickelte sich die Eroberung des thüringischen Reiches (531) durch die Franken, mittels (nieder-)sächsischer Hilfe, und die Aufteilung des Landes unter die Sieger zu grundlegender Bedeutung. Da die Ostgermanen bis auf schwache Reste abgewandert waren, fiel das germanische Bollwerk im Osten fort. Für nachdrängende Westslawen wurde der Weg frei. Letzte germanische Grabfunde im Elbe-Elsterraum entstammen kennzeichnenderweise dem 5./6. Jahrhundert, wie das Reihengräberfeld von Eulau-Elstertrebnitz und die Skelettgräber von Dresden-Nickern. Andererseits läßt das Beharren germanischer Fluß- wie Ortsnamen, vor allem auf -mar und -leben, auf Reste germanischer Siedlungen schließen. Doch: das Land wurde sorbisch; ab 565 bildete die Saale für Jahrhunderte die Grenze.
Die *Sorben* besiedelten zunächst wieder nur die alten Siedelräume, die sogenannten »Gefilde«. Es waren eine Art Wohngaue. Denn gesiedelt wurde als Einzelstämme, die bereits genannten Länder wie das der Daleminzier; slawisch auch genannt »zupas« beziehungsweise »kraina« für größere Räume. Es gab folglich kein geschlossenes Staatsgebiet der Sorben. Durch Rodung kamen im Laufe der Jahrhunderte neue Wohngaue hinzu, andererseits gab es völkische Untergliederungen wie die der Nebetici oder Quezici. Die Landschafts- und Ortsnamen wurden von Naturgegebenheiten beziehungsweise von Persönlichkeiten/Adelsgeschlechtern – Bildungen zum Beispiel auf -ice und -ici – abgeleitet.
Gesiedelt wurde ferner um Befestigungsanlagen – »grod« oder »grodište«, mit Burgwällen aus Erde, Balkenwerk, äußerer Trockenmauer und Wehrgang – wie bei Köllmischen östlich Grimma. Ferner wurden große Burgwallsysteme zum Schutze ganzer Wohngaue, sogar von Großgauen wie dem der Daleminzier gebaut. Andere lagen kettenweise aufgereiht an Flüssen, beschützten Flußübergängen. Sie lagen auf erhöhtem Gelände oder als Sumpfburgen in feuchten Niederungen; in günstigem Gelände auch nur abschnittsweise. Die Burgen dienten zugleich als Herrschaftssitze für den Adel, wahrscheinlich auch als Kultplätze – der Fürst zugleich Priester. Zu ihren Füßen siedelten die hörigen Leute. Andere Siedlungen waren weilerartig, meist an Gewässern aufgereiht oder an Quellen liegend; die Gebäude gruppenweise, ohne festen Plan angeordnet, in einer Art Rundlagerung. Sie bildeten zugleich nachbarschaftliche Verbände, »osada« beziehungsweise später »wosada« = Kirchspiel genannt. Die Wohnbauten – es wurden allerdings nur wenige gefunden – waren zuerst noch Grubenwohnungen aus Flechtwerk; rechteckiger Hausbau war jedoch bereits bekannt.
Allmählich gingen die Sorben vom Sippen- zum Territorialverband über. Es gab Burgbezirksverfassung; Gaufürsten, zum Teil auch Könige genannt: »rex« oder slawisch »knez«. Starke soziale Gliederung existierte: Adel – »supani« oder »starosta«; Freie, später als Lehnsmannen, spezielle Waffenträger – »Withasen«,

sorbisch »wičaz«; Hörige, auf kleinen Anwesen siedelnd; und Sklaven. Bauernwirtschaft in noch einfachen Formen: Ackerbau mit Hakenpflug, die Feldstücke unregelmäßig block- und streifenförmig durcheinander liegend, Viehzucht und Fischfang. Einfache Werkzeuge, Eisenhandwerk und Töpferei (mittelslawische Keramik ca. 700-900); Waffen, vorzüglich Eisenschwerter für den Adel. Die Handelslinien existierten weiter, wie die sogenannten Hacksilberfunde in der Lausitz beweisen. Es entwickelten sich Märkte mit Stadtcharakter, bei den Burgen liegend.
Nachdem die germanische Gegenbewegung, unter Führung der *Franken,* sich zunächst nur mit der Sicherung der Grenzen begnügt hatte, wie durch den Bau des Sorbenwalls (849) und die Anlage von Burgen entlang der Saale, auch durch vorübergehende Vorstöße in das Sorbenland – 806/08 Sorbische Markt, bis zur Elbe reichend – setzte die deutsche Besiedlung mit Beginn der Herrschaft der sächsischen Könige beziehungsweise Kaiser im 10. Jahrhundert ein. Grundlagen für diese Entwicklung bildeten die Idee des wieder erstandenen römischen Kaiserreichs – deutscher Naton –, der römische Staatsgedanke einer starken Zentralmacht und der Durchgliederung des Landes in Grafschaften: Verwaltungs-, Gerichts- und Wehrbezirke zugleich; Sicherung der Grenzen durch Marken/Markgrafschaften: aus mehreren Grafschaften, abwehrstark also, bestehend. Endlich der Gedanke einer Verbindung von Staat und Kirche, weltlicher und geistlicher Herrschaften. Hinzu kam der wirtschaftliche Aufstieg mit Festigung der politischen Verhältnisse (seit ca. 500), innerer Ausbau des Landes durch Rodung, Bevölkerungsvermehrung und sogar bereits -überschuß, Übergang zur Grundherrschaft und damit Verschlechterung der sozialen Stellung der Landbevölkerung – Ostwanderung machte zumindest wieder freier; endlich die Entwicklung städtischer Wirtschaft mit Handel, Handwerk und Fernverkehr.
Die erste Epoche kann als die primär politische Machtübernahme bezeichnet werden. Sie setzte mit den Unterwerfungen der Daleminzier 908 und 928/29 sowie der Milzener 932 durch Heinrich I. ein. Zuerst noch durch Ungarneinfälle behindert, führten diese andererseits zur entschlossenen Befestigungspolitik, Anlage von Burgen wie 929 Meißens. Und damit zur Grundlegung des meißnisch-sächsischen Landstaates: schon nach 965, dem Tod Markgraf Geros, wurde Meißen selbständige Mark. Und 968 begann unter Otto I. die Christianisierung des Landes, durch die Einrichtung der Bistümer Merseburg, Meißen und Zeitz (später nach Naumburg verlegt); wurde damit Herrschaft planmäßig vervollständigt. Wie weit dies bereits am Ende des 10. Jahrhunderts gelungen war, beweisen einerseits die Tatsache, daß der große Slawenaufstand von 982 hier nicht mehr stattfand, daß im Gegenteil 1002 Ekkehard (Ekbert?) von Meißen sich sogar um die deutsche Königskrone bewerben konnte.
Die Bevölkerung dieser Zeit wurde zur Mischbevölkerung. Zuerst überwogen noch die Slawen, vor allem in der Landbevölkerung. Die Deutschen bildeten anfänglich vorrangig eine kriegerische Oberschicht. Doch bald drangen Slawen in diese als Kämpfer, Hilfstruppen – sogenannte Withasen – ein; stiegen adlige Slawen, beispielsweise durch Heiraten, bis in den deutschen Fürstenstand auf. Deutsche Bauern, die jetzt ins Land kamen, waren wahrscheinlich meist schollenpflichtige Hörige auf Königsgütern, sogenannte Liten; hörig wie die wendischen Bauern auch; es existierte damit zugleich eine Art Burghörigkeit. Burgen

und kirchliche Einrichtungen wie Bistümer/Domkapitel und Klöster – wie Pegau seit 1096 – wurden zu Zentren alter und neuer Siedlungen, also durch Ansiedlung von Hörigen, doch auch durch die freie Niederlassung von – ursprünglich wandernden – Kaufleuten und auch Handwerkern. Sie entwickelten sich hierdurch zu Kernen von Märkten/Marktflecken und später auch zu Städten. Burgen wurden als Hauptburgen gebaut, eine Art Landfesten – wie Meißen, Altenburg, Zeitz, Bautzen und Görlitz, sowie über das ganze Land gleichmäßig verstreut: an Grenzen, Verkehrslinien, Flüssen und Flußübergängen, an ehemaligen slawischen Verteidigungswällen. Oft aus Ober- und Unterburg bestehend, mit Steinmauern, wenigstens einem Hauptturm, festen Häusern – in Bautzen anfänglich noch Holzbauten.
Es entstanden Brückenorte wie Merschwitz und Rochlitz; Zollstätten, vorzüglich an Wegen nach Böhmen, wie Chemnitz und Zwickau. Die Rodung setzte ein, zuerst in flachen Gebieten; wahrscheinlich meist noch in alter, sorbischer Siedelweise, doch traten zwischen Elster und Pleiße vereinzelt bereits Gassendörfer mit gewannähnlichen Fluren auf.
Im Aufriß kirchlicher Hauptorte begann der romanische Kirchen-/Dombau – wie 1015 mit dem Beginn des Neubaues in Merseburg. Die Dorfkirchen, soweit es solche damals schon gab, waren wahrscheinlich bis Ende des 11. Jahrhunderts Holzbauten, wie in Altenkirchen bei Zeitz.
Die Zeit des 12./13. Jahrhunderts brachte schließlich die entscheidende Wende, durch die *»Große deutsche Ostkolonisation«*; in ihren Auswirkungen bis in die Mitte des 14. Jahrhunderts hineinreichend – Anfang des 15. Jahrhunderts traten dann slawisch-nationale Gegenbewegungen auf, im sächsischen Raum die der Hussiten, von Böhmen herkommend. Wesentliche Merkmale: Ausbreitung deutscher Siedler aller Stände und aller altdeutschen Stämme; der Ausbau des ganzen Landes führte letztlich zur Eindeutschung, zur Entstehung des neudeutschen Stammes der »Obersachsen«. Die Ursachen waren wieder vielfältigster Art. Letztmaliges Erstarken des König-/Kaisertums unter den ersten Staufern, vorzüglich unter Friedrich I.; verbunden mit dem Rückerwerb von Reichsgut – wie der Grafschaft Schwarzenberg, von Teilen des Pleißener Landes – sowie die Sorge für die Reichsklöster – wie hier damals von Pegau und Bosau; ihre Besetzung mit Reichsministerialen und Bauern. Hinzu trat das Aufkommen deutschen Nationalbewußtseins, erstmals die Entwicklung einer hohen weltlichen, der ritterlichen Kultur. Berufsständisches Bewußtsein auch der Bürger: 1216 erster Aufstand, in Leipzig, gegen landesherrliche, hier also markgräfliche Gewalt. Herausragende Persönlichkeiten mit politischem Willen und auch Können, hier des Wettiners Konrad: Vereinigung Meißens und der Oberlausitz 1136. Im Altreich: Übervölkerung des flachen Landes, Ausbreitung bereits auf ungünstige Böden, so teilweise schon herrschaftliche Rodungs- und Erbteilungsverbote; Übergang zur Landpacht und damit Verlust von Allmenderechten.
Mittel- und Ostdeutschland zeigten sich dagegen aufnahmewillig und auch -fähig. Denn Siedlungserweiterung und Bevölkerungsvermehrung stärkten die jeweilige politische und wirtschaftliche Kraft, die völkische Überlegenheit. Rodung schaffte zudem Klarheit über Herrschaftsgrenzen. Christianisierung, wie der Wendenkreuzzug von 1147, galt als gutes Werk. Die Städte brachten Reichtum und Kultur: die Stadtwirtschaft entwickelte sich immer schneller durch

Nah-/Umlands- und vor allem Fernhandel, durch Differenzierung und Verfeinerung des Handwerks. So wurden die Städte durch Herren aller Art gefördert: mittels Verleihung von Freiheiten und Rechten – wie schließlich des Stadtrechts selbst, oder wie es nun allgemein galt: »Stadtluft macht frei«. Ferner Förderung durch Stadtbefestigungen, also Sicherheit bietend, wie Dresdens und Leipzigs; unter Markgraf Konrad; ferner durch planmäßige Stadtanlagen wie für Pirna, Zwickau, Chemnitz (durch Markgraf Dietrich). Bergwerksstädte entstanden, Freiberg erhielt sein Stadtrecht durch Heinrich den Erlauchten. Die Beteiligung des Adels wie das Besiedeln auch der südlichen Gebirgsländer zeigen neue Herrschaften wie die der Waldenberger, Wolkensteiner und Schwarzenberger; in der Oberlausitz die Herrschaften von Kamenz, Pulsnitz oder Königsbrück. Klösterliche Neugründungen wurden Zellen von oft weiten Rodungsgebieten, wie Altzelle und Neuzelle (1268), das Stift Zschillen. Die Gutswirtschaften der Zisterzienser, »Grangien« genannt, erwarben Vorbildwirkung.
Dennoch: die Besiedlung des flachen Landes entschied. Es erfolgten der Ausbau alter und die Begründung neuer Siedlungen und Siedlungsräume. Bereits um 1250 mußte man auch hier auf ungünstige Böden übergehen, und damit war die Besiedlung eigentlich abgeschlossen. Hauptmerkmale: Die Ausweitung in altsorbischen Räumen, durch die Grundherren, erfolgte in der Regel mit Sorben. Auch ältere deutsche Siedlungen siedelten bereits aus, Kennzeichen: es waren reine Bauerndörfer. Deutsche Neugründungen lagen in den alten Waldgebieten. Teilweise lagen sie nahe sorbischen Siedlungen, erkennbar auch an Namensbildungen mit Groß- und Klein- oder Wenigen- beziehungsweise mit Neu-, Deutsch- oder Rod-. Die deutschen Neugründungen bildeten meist große Orte. Grund hierfür war das Schutzbedürfnis, durch die isolierte Lage in großen Waldungen, innerhalb von Fremdbevölkerung, an Grenzen. Es waren stets plan- und regelmäßig angelegte Dörfer, allerdings in Anlehnung an die Geländeverhältnisse, zum Beispiel in nördlichen Ebenen vollausgebildete Anger- oder Marschhufendörfer, in Gebirgstälern oft nur einzeilige, reihenförmige Folge der Höfe. Je nach Anordnung der Höfe sind zu unterscheiden: Angerdörfer, mit breitem Anger zwischen zwei Gehöftreihen, beziehungsweise Straßendörfer, mit engem Abstand. Zwischenform: Straßenangerdorf. Die Angerformen konnten sein: länglich, rechteckig oder oval. Selten dagegen rund oder dreieckig, auch Rundling genannt; sie dürfen übrigens nicht mit den altsorbischen, weilerartigen Siedlungen verwechselt werden. Ferner gab es Zeilendörfer im beengten Gelände, oft lockere Folge der Höfe. Haufendörfer wurden nicht gegründet, doch erfolgte später oft der Ausbau von Weilern zu solchen. Entsprechend wurde auch die Flur planmäßig angelegt und aufgeteilt, bei Anger- und Straßendörfern meist als Gewannflur, der eingeführten Dreifelderwirtschaft entsprechend – Winter- und Sommergetreide, Brache. Es mußten also stets wenigstens drei Großgewanne vorhanden sein, jeweils nach Hofzahl unterteilt. Daneben gab es die Gelängeflur: lange Streifen, unterteilt in Feld, Wiese und Wald; in Lagen liegend also ähnlich den Gewannen; doch konnten diese auch an die Höfe, die Hoffolge gebunden sein. Einseitige Fluraufteilungen, geländebedingt, gab es an Flußläufen, wie bei den Marschhufendörfern, oder in Gebirgstälern, bei den Waldhufendörfern, beidseitig der Talmitte die Hänge hinauflaufend. Aber auch Mischformen traten auf, selbst der Art, daß in der Flur verstreut liegende Stücke zusammen eine Hufe bil-

deten. Überall gab es endlich auch hier Gemeindegut, Allmende-Land, so am Anger, für die Unterhaltung von Kleinvieh; ferner an Wasser, Wiese und Wald – in Sachsen jedoch niemals sehr viel.

Einem Dorf konnte ein Gut angeschlossen sein, etwa des Lokators, der die Besiedlung im Auftrag eines Herren durchgeführt hatte, oder des Herren selbst. Seine Flur lag entweder mit in den Gewannen oder blockartig über die gesamte Flur verstreut. Das Vorwerk bildete in der Regel ein Rechteck, Wohnhaus und Wirtschaftsgebäude um den zentralen Hof gelagert. Die Bauerngehöfte waren überwiegend »mitteldeutscher« oder »fränkischer« Art: ebenfalls mit rechteckigem Grundriß, die Gebäude hufeisenartig um den Hof angeordnet, das große Tor zum Anger beziehungsweise zur Straße hin. Schmalhofformen kamen ebenfalls vor. Aufriß: Fachwerk, in den Aussparungen Flechtwerk und Lehm; doch gab es auch Blockhausbau, Umgebindehäuser. Die allmähliche Anpassung der Sorben an die deutsche Siedelweise zeigt sich in der Übernahme der Gehöftform – so als Spitzform im Rundling – sowie in der Übernahme der Gewannflur, Dreifelderwirtschaft; ferner im Ausbau von Weilern zu Dörfern. So entstand ein einheitliches Bauernland, bis auf Reste in der Oberlausitz auch ein einheitliches Bauernvolk.

Auch die Städter wuchsen zusammen, obgleich ihre Herkunft vor allem in den großen Städten sehr differenziert war: ehemalige Hörige, Bauern der Umgebung, auch Wenden – wie die »Windischen Gassen« ausweisen –, Fremde aus benachbarten Städten und sogar aus weiter Ferne, Juden. Ab Mitte des 12. Jahrhunderts traten neben die gewachsenen Städte planmäßig gegründete, ebenfalls bei Burgen, an Flüssen und Flußübergängen, in Bergwerksgebieten. Die Grundrisse wieder dem Gelände angepaßt, doch regelmäßig: möglichst rechteckig oder quadratisch, das Straßennetz parallel verlaufend und sich rechtwinklig kreuzend; in der Mitte, der Hauptstraßenkreuzung, Aussparen eines Blocks für den Markt mit Rathaus; auf einem Nebenplatz für die Stadtkirche beziehungsweise den Dom. Umgeben wurden sie von steinernen Stadtmauern mit Türmen und Toren wenigstens für die Hauptstraßen – die Stadtmauer zugleich Symbol für »Stadt« gegenüber dem Dorf. Eingeschlossen ferner Klöster und auch oft Ritterhäuser – wie die »Siedelhöfe«. Auch Übergangsformen bildeten sich heraus: durch Zusammenwachsen alter und neuer, planmäßiger Stadtteile, wie in Meißen und Leipzig. Im Aufriß herausragend die romanischen Dome, aus behauenem Gestein; seit Anfang des 13. Jahrhunderts dann Übergang zur Gotik, wie beim Neubau des Meißener Doms ab 1220. Bau großer Burgen hauptsächlich im Westen des Landes, unter Anwendung der jeweils herrschenden Baustile.

Wenn auch die Zuwanderung aus allen Altgebieten des Reiches erfolgte, so siedelten doch vor allem Franken aus den Main- und Mittelrheingebieten, sowie Flamen und Menschen des Niederrheins. Erstere siedelten primär im Westen und im Gebirge; letztere in den nördlichen Ebenen, bei Wurzen, östlich Leipzig, bis an den Rand des Hügellandes. Im südlichen Vogtland beteiligten sich Oberpfälzer bayerischen Einschlags; östlich der Elbe stärker Mitteldeutsche sowie später Zuwanderer aus Böhmen und Schlesien. Thüringer siedelten hauptsächlich im Vogt- und Mittelelbeland. Als Folge entwickelten sich die völkischen Untergruppen.

Danach, ab *Spätmittelalter,* fand keine so einschneidende Veränderung mehr statt. Die Hauptmerkmale der folgenden Siedelbewegungen sind: nur noch innerer Ausbau, Reformen, möglich, und dies nur in sehr begrenzten Maßen; Wiederaufbau nach Fehden/Kriegen und Seuchen; starke Bevölkerungsvermehrung erst ab 19. Jahrhundert, mit Einsetzen der Industrialisierung Sachsens; endlich starke Wandlungen durch den zweiten Weltkrieg und seine Folgen, die Maßnahmen der DDR.
Die Entwicklungen, Epochen, im einzelnen. Im Spätmittelalter, bis zum Ende des 15. Jahrhunderts, erfolgte zwar ein stetig weitergehender innerer Ausbau, doch immer wieder behindert durch zerstörerische Fehden – die zunehmende Schwäche der Zentralgewalt, dafür das Aufkommen der neuen Territorialmächte – und furchtbare Seuchen wie die Pest von 1339. Drei Hauptmerkmale kennzeichnen diese Zeit. Die Ausbildung einer obersächsisch-mitteldeutschen Kultur, in Sprache und Brauchtum, fand nun ihren Abschluß; wendische Inseln hielten sich allein noch im Altsiedelraum der Oberlausitz. Zweitens: in der Landwirtschaft setzten nun gewisse Rückschläge ein. Vorstöße bis in die höheren Gebirgsregionen sowie in die Heiden der Ebenen, also auf ungünstige Böden, schon um 1250, führten zu Kümmerformen – so wurde die volle Ausbildung von Waldhufendörfern nun unmöglich – sowie zur Wiederaufgabe von Siedlungen, die Entstehung von Wüstungen oder »wüsten Marken«. Diese waren also keine Folge erst des Dreißigjährigen Krieges. Denn in der Regel gab es – kennzeichnenderweise – nicht auch wüste Fluren, sondern diese wurden mit anderen zusammengelegt. Gleich charakteristisch sind die zahlreichen wüsten Orte um Städte herum, also Beweis für die erfolgte Abwanderung der Bauern in diese. Zumal sich die rechtliche Lage der Bauern durch die Entwicklung der neuen Grundherrschaft mit Gutswirtschaft laufend verschlechterte, neue Hörigkeit und Bauernlegen auch hier stattfanden. Teilweise sank aber auch die – alte – Ritterschaft ab: Raubrittertum mußte gerade hier scharf bekämpft werden, wie durch Rudolf von Habsburg. Burgruinen entstanden. Andererseits erfolgte ein neuer Aufstieg von Adligen, wie der Siedelhofmannen, zu Rittern mit »Rittergütern« – diese Bezeichnung tauchte erst im 15. Jahrhundert auf: Herrengut mit Vorwerk(en), Gutsherrschaft mit Knechten und umliegenden abhängigen Bauerndörfern, nun möglichst in geschlossener Lage – doch nicht als Latifundien wie in Ostelbien.
Drittens: quantitatives und qualitatives Aufsteigen des Städtewesens. Vor allem die größeren Städte erreichten weitgehende Rechte, niedere und teilweise sogar höhere Gerichtsbarkeit, Münz-, Markt-, Zoll- und Stapelrechte – wie Leipzig: 1497 erreichten ihre Rechte erstmalig Reichsmessecharakter. Dennoch gelang es den meißnisch-sächsischen Städten nie, die Landesherrschaft voll abzuschütteln, so besaßen sie auch nie die Mitgliedschaft in der Hanse. Auch den selbständigeren, damals böhmischen Städten der Oberlausitz und ihren Städtebünden – erster 1329 gegen das Raubrittertum – gelang dies nicht. Weitere Neugründungen erfolgten jetzt vor allem durch den sich schnell erweiternden, seinen Höhepunkt erreichenden Bergbau, wie Schneeberg – 1477 Stadtsiedlung – um 1460 bei Altenberg und Wolkenstein, Marienberg – 1521 planmäßige Anlage – und Annaberg – 1496 planmäßige Neuanlage. Andererseits blieben die Städte bis zum 19. Jahrhundert überwiegend kleine und gar kleinste Ackerbürgerstädte, mit weniger als tausend Einwohnern, oft sogar nur einigen hundert. Aufriß der Städte: Gotik,

wie 1453 beim Baubeginn der Marienkirche in Zwickau, aber auch bei Rats – und Bürgerhäusern. In den Gebirgstälern breiteten sich die Eisenschmelzen und -hämmer, Glashütten und Papiermühlen aus.
Im 16. Jahrhundert, vor allem in seiner zweiten Hälfte, breitete sich Gewerbe erstmals auch flächenmäßig aus, hauptsächlich in der Textilherstellung wie in der Metallverarbeitung. Es entwickelte sich frühkapitalistisches Verlags- und Manufakturwesen, die Entwicklung zu Heimarbeitersiedlungen setzte ein – gebietsweise unterstützt durch Erbteilung, damit die Entstehung von Kleinbauernstellen. Andere gewerbliche Siedlungen zogen sich allmählich die Gebirgstäler hinauf, 1591 erfolgte so die Gründung Klingenthals. Wenn auch nicht sehr zahlreich, so wurden doch durch Werbung Friesen, Holländer und Schweizer zur Verbesserung von Ackerbau und Viehzucht gewonnen; holländische Weber und Tuchmacher zur Hebung der Textilproduktion – Musterbetrieb Torgau; Schmelzer aus Prag, Salzburg und Tirol für die Eisenwerke bei Pirna und Königstein. – Noch vor dem Dreißigjährigen Krieg erfolgte eine spürbare Ausdehnung der Gutswirtschaft, die Verdrängung von Bauern durch Lohnarbeiter; Wanderarbeiter wurden in sogenannten Drescherhäusern untergebracht, die Katen der Häusler nahmen schnell zu. – Im Aufriß der Städte erfolgte der Übergang zur Renaissance, im 17. Jahrhundert dann zum Barock; auch im Schloßbau wie in Dresden, Torgau und Wurzen. Die städtischen Befestigungen wurden ausgebaut, modernisiert, so in Dresden.
Schwere Rückschläge brachte dann der *Dreißigjährige Krieg:* Sachsen, faktisch Durchzugsland aller Heere, wurde ausgeplündert und verwüstet, vor allem auf dem flachen Lande und in den Kleinstädten. Bis Zweidrittel der Bevölkerung gingen verloren, so in Pirna. Doch folgte schon in der zweiten Hälfte des 17. Jahrhunderts neuer starker Zustrom von Flüchtlingen aus Böhmen und anderen katholischen Gebieten; ca. 150.000 = 10-15 Prozent der damaligen Einheimischen; sie siedelten vor allem auf den Nordabhängen des Erzgebirges und im südlichen Elbtal. Neue Verluste brachten dann die Polenpolitik Augusts des Starken durch die Abwanderung von Rekruten, Handwerkern und Kaufleuten nach Polen, sowie die Schlesischen Kriege Friedrichs des Großen, vor allem der Siebenjährige. Erneuter Aufbau folgte – gesetzliche Grundlage bildete die Verordnung zur Ansiedlung in wüsten Marken von 1778. – Im Aufriß zeigte sich seit etwa 1800 der Klassizismus.
Entscheidende Wandlungen in Bevölkerung und Siedlungsbild brachte dann die *Industrialisierung* Sachsens; begonnen durch die Einführung von tausenden britischer Handspinn- und Krempelmaschinen 1792-1803; nach vorübergehendem Rückschlag durch die napoleonischen Maßnahmen zum Durchbruch gelangend: erster Höhepunkt 1830-1860; zweiter nach 1871, in der sogenannten Gründerzeit; dritter, konsolidierend, seit dem Ende der achtziger Jahre. Vor dem Ersten Weltkrieg bildete Sachsen schließlich eins der größten Industriegebiete Deutschlands überhaupt.
Bis 1914 waren alle wichtigen Industriezweige in Sachsen vertreten. Haupttatsachen: die endgültige Befreiung von Grund- und Gutsherrschaft (1832) machte ländliche Arbeitskräfte frei, für Heimarbeit und Industriedorfbildung wie für städtische Fabriken und Industriebezirke. Innere Wanderungen wurden also ausgelöst. Landflucht setzte auch hier ein: schon 1895 zählte die Landbevölke-

rung nur noch 15 Prozent. Andererseits gab es starke Auswanderung, vor allem nach Nordamerika, erstmalig um 1830, jetzt bereits ausgelöst durch Übervölkerung und erste Wirtschaftskrisen moderner Formen. Großbetriebe mit tausenden von Arbeitern entstanden, ganze Fabriklandschaften mit Fabriken, rauchenden Schloten; gedrängten und meist häßlichen Arbeitersiedlungen – ganze Stadtteile bildend –, mit Blöcken von Mietskasernen mit Hinterhöfen. Dazwischen immer wieder Reste bäuerlicher Landwirtschaft, Felder und Wiesen. Und andererseits die Entstehung ganzer Villenviertel, der Unternehmer, aber auch der Beamten, Offiziere, anderer wohlhabender Bürger. Großstädte entstanden, unter anderem durch stetig zunehmende Eingemeindungen – Beispiel Leipzig: 1871 107.000, 1895 bereits 400.000 Einwohner. Bis 1900 wurden meist die alten Stadtmauern und Türme niedergelegt, an ihre Stelle traten Alleen und Parkanlagen. Ganze Altstadtteile wurden beseitigt, dafür breite Straßenzüge angelegt und moderne Großbauten erstellt: neue oder wenigstens erweiterte Rathäuser, Gerichts- und Verwaltungsgebäude, Schulen – insbesondere »höhere Schulen« aller Art, Opern- und Schauspielhäuser, Kaufhäuser, Bahnhöfe und Brücken. Im Aufriß häufig fremdartig wirkend und umstritten: Pseudogotik, Neurenaissance, Neubarock, schließlich moderne Sachlichkeit.
Die Landschaft wurde ferner seit 1839 von Bahnlinien durchzogen, erste Linie Dresden-Leipzig; schon 1880 besaß Sachsen das dichteste Bahnnetz eines deutschen Landes, waren alle Hauptlinien vollendet. Der Straßenbau entwickelte sich bis hin zur Betonpiste, noch vor 1914 setzte der Kraftfahrzeugverkehr ein. Ja, sogar bereits der Flugverkehr, der Bau von Flugplätzen und Zeppelinhallen, Hangars. Seit den dreißiger Jahren dieses Jahrhunderts kamen endlich die Autobahnen hinzu. Wandlungen in der Antriebskraft, erst Dampf, dann Elektrizität, führten zur Verlagerung ganzer Industriezweige und damit zu neuen Binnenwanderungen, zum Bau von Hochspannungsleitungen und neuen Industrien überhaupt. Endergebnis: Sachsen bereits 1914, desgleichen 1945, eine vollendete Industrielandschaft, seine Bevölkerung in ständiger innerer Bewegung, mit steter Bevölkerungsvermehrung – 1880: 3, 1900: 5, 1952: 5.7 Millionen Einwohner, die Landschaft immer stärker besiedelt, zugebaut.
Ausblick: Nach 1945 fand unter der DDR-Regierung das Land Sachsen durch die neue Bezirksverfassung von 1952 formal sein Ende. Kennzeichnend waren zunächst die katastrophalen Folgen des Nationalsozialismus: die großen Zerstörungen – wie zuletzt noch in Dresden – und die starken Bevölkerungsverluste durch Gefallene, Verschleppte, – zum Teil sogar erneut – Flüchtende. Allein 1949-1961 wurden aus der Gesamt-DDR 2.686 Millionen Umsiedler und Flüchtlinge in der Bundesrepublik Deutschland gezählt, man schätzt die Gesamtbewegung auf rund 4.4 Millionen. Andererseits strömten Menschenmassen in das Land ein, vor allem aus Schlesien und dem Sudetenland; waren es 1939 16.7, so 1946 vorübergehend 18.4 Millionen Einwohner. Überall mußte erst einmal wieder aufgebaut werden. Das erste Bauprogramm der DDR für 1950-1955 sah vor: Wiederherstellung bedeutsamer Kulturdenkmäler, wie des Zwingers in Dresden; Wiederaufbau von Stadtzentren, Straßenzügen und Plätzen, wie des Altmarktes in Dresden oder die Neueinrichtung der »Straße der Nationen« in Chemnitz; Neubau von Stadtteilen und ganzen Städten: oft wenig schön: Baukastenprinzip, Fertigteilbau, uniforme Anordnung mit Wohnhof, Spiel- und Prakplätzen, Vor-

schule und Kaufhalle. Die Industrie wurde wieder in Gang gesetzt, neue Industriezweige wurden begründet – wie für die Chemiefaserproduktion in Pirna und Plauen, Uranabbau zwischen Aue und Plauen. Neue innere Bevölkerungsbewegungen setzten auch in Sachsen im Zusammenhang mit der Gesamtplanung für die DDR ein; Gründungen wie Eisenhüttenstadt und Schwarze Pumpe führten auch hier zu Abwanderungen. Die Kollektivierung (1952–1960) sowie die Einführung sozialistischer Großbetriebe auch auf dem Land (seit 1960) veränderten erneut das Bild des flachen Landes: durch die Enteignung von Gütern und Schlössern, nach vorübergehender Einrichtung von Neubauernstellen dann Großbauten, wie Stallungen, Maschinen- und Traktorenstationen, Landarbeitersiedlungen. Die Fluren wurden in große Blöcke zusammengefaßt und seit 1972 setzte verstärkt die industriemäßie Produktion in großen landwirtschaftlichen Spezialbetrieben ein. – Alte Bindungen und Strukturen gingen bewußt und planmäßig immer schneller verloren.

Martin Lauckner

DIE STÄDTE – IHRE GRÜNDUNG, IHR WACHSEN, IHRE VERFASSUNG

Sachsen ist ein Land der Städte. Man hat gesagt: Jeder Sachse ist im Grunde ein Städter. In manchem Land ist es gerade umgekehrt, das heißt, nicht städtische, sondern ländliche Kultur beherrscht das Leben. Das Gebiet des ehemaligen Königreiches und späteren Freistaats Sachsen umfaßt nur 15.000 Quadratkilometer. Doch auf dieser verhältnismäßig kleinen Fläche gab es zu Beginn unseres Jahrhunderts 142 Städte. Seitdem hat sich die Zahl nicht unbeträchtlich vermehrt. Dabei ist das Städtewesen in Sachsen jung, wie überhaupt die Geschichte des sächsischen Landes 1.000 Jahre nur wenig überschreitet.
Die ältesten Städte im Lande sehen auf eine Geschichte von 800 Jahren zurück. Während im Altreich, am Rhein und an der Donau, städtisches Wesen aus der Römerzeit kontinuierlich, wenn auch nach dem Zusammenbruch des Römischen Reiches stark vermindert, fortbestand, so daß die »älteste deutsche Stadt«, Trier, in unseren Tagen das 2000-Jahr-Jubiläum begehen kann, beginnt die Zeit der Stadtgründung und Stadtwerdung auf sächsischem Boden so richtig erst im 12. Jahrhundert, um im 13. Jahrhundert ihren ersten Höhepunkt zu erreichen.
Die große Wende, der Aufschwung, begann, als Konrads Sohn, *Otto der Reiche,* 1156 die Mark Meißen übernahm. Nicht allein in dieser Mark, an der ganzen Ostgrenze des deutschen Reiches setzte jene Bewegung ein, die unter dem Namen der ostdeutschen Kolonisation in die Geschichte eingegangen ist und die etwa 150 Jahre anhielt. Nach dem Krieger kam der deutsche Bauer. Bestimmte wirtschaftliche Gründe im Altreich hatten die Bewegung ausgelöst. Sie fand in den Marken größte Förderung. Man wunschte eine Vermehrung der Bevölkerung durch zuverlässige, christliche Zuwanderer. Aus Thüringen, Franken, Baiern, Niedersachsen, Holland und Flandern kamen die Siedler in geschlossenen Gruppen. Sie gründeten deutsche Dörfer neben den sorbischen, bald aber auch durch Rodung auf wilder Wurzel. Sie drangen in die Gebirgswalder, den Flußläufen entlang vor, wo noch nie zuvor Menschen gesiedelt hatten. Sie wuchsen im Laufe der folgenden Jahrhunderte zusammen, auch mit den Slawen im Lande, zu den deutschen Stämmen, die als *Neustämme* in die Geschichte eingegangen sind und die bald überaus geschichtsmächtig werden sollten. Diese sind vor allem die Sachsen (Obersachsen) mit dem Kernland der Mark Meißen, dann die Mecklenburger, Brandenburger, Österreicher, Schlesier.
Mindestens seit der Sorbenzeit, wahrscheinlich schon viel früher, gab es einen Fernhandel, der auch unser Land berührt hat. Die Zeugnisse dafür sind sehr spärlich, aber doch vorhanden. Handelsbeziehungen, wie Wanderungsbewegungen setzen Straßen voraus. Tatsächlich zogen uralte Fernstraßen durch das Gebiet der Mark Meißen. Zu allen Zeiten war die Elbe eine der wichtigsten Verkehrsstraßen des Landes. Eine uralte Fernstraße war die »Hohe Straße« auch via regia genannt,

die von Mainz kommend über Erfurt nach Merseburg führte, dort die Saale überschritt und über Leipzig – Wurzen – Strehla – Großenhain – Königsbrück – Kamenz – Bautzen – Löbau – Görlitz und weiter durch Schlesien nach Polen führte. Gleichbedeutend war die südliche Fernstraße von Nürnberg über Hof – Plauen – Zwickau – Chemnitz – Freiberg – Dresden – Pirna – Stolpen – Bischofswerda – Bautzen, wo sie die via regia erreichte. In nord-südlicher Richtung verlief die »Reichsstraße« von Norden kommend durch Leipzig nach Altenburg und weiter nach Zwickau und schließlich Nürnberg führend. Noch heute heißt im Stadtkern von Leipzig der kurze Straßenzug durch die Stadt bis zum Markt »Reichsstraße«. Auch durch den unbesiedelten und unwirtlichen Erzgebirgswald führten Straßen über Pässe nach Böhmen. Die Namen von Städten wurden hier nur genannt, um die Linienführung in etwa zu beschreiben. Die Straßen sind viel älter als Siedlungen oder gar Städte.
Auf den Straßen zogen Soldaten, Kaufleute, Siedler. Die Straßen galt es zu sichern. An den Straßen schließlich, gar wenn es sich um eine Straßenkreuzung handelte oder um einen Flußübergang, also eine Furt, lagen die Rastplätze. An denen entstanden neue Siedlungen, gab es Gelegenheit zu verkaufen und zu kaufen, entwickelte sich ein bescheidenes Marktleben. Wenn es nun zu fragen gilt, was das Wesen einer Stadt im Neusiedelland, also in der Mark Meißen, ausmachte, so sind vier Kennzeichen zu nennen:

1. der Markt

2. die Ummauerung

3. der eigene Gerichtsbezirk

4. Gestaltung der Verfassung

Um 1100 gab es in der Mark Meißen noch keine Stadt, aber der Boden für Stadtgründungen war vorbereitet durch das Straßennetz, durch die Dörfer, Pfarrkirchen und Burgen und durch die Märkte.
Die ältesten Städte sind in der zweiten Hälfte des 12. Jahrhunderts entstanden. Sie alle, wie auch die vielen, die nachfolgten, sind planmäßige Gründungen. Nicht *eine* Stadt ist sozusagen organisch entstanden, nicht *eine* aus einer bereits bestehenden Siedlung, etwa einem Dorf. Alle sächsischen Städte der alten Zeit leiten ihren Ursprung von einem Willensakt her, eben den, eine Stadt zu gründen. Der Landesherr, also der Markgraf, tritt als Gründer auf, aber auch andere Grundherren haben sich als Stadtgründer einen Namen gemacht. Dadurch unterscheidet sich das sächsische Städtewesen grundsätzlich von dem im Altreich. Diese neugegründeten Städte sind ihrer Entstehung zufolge nach einem vorgegebenen uniformen Plan angelegt. Da ist der Marktplatz Hauptsache, quadratisch oder rechteckig. Auf dem Marktplatz steht das Rathaus. Beim Markt erhebt sich die Pfarrkirche als Marktkirche. Falls die Pfarrkirche anderswo steht, gibt es eine eigene Marktkirche. Vom Markt gehen rechtwinklig die Straßen ab, möglichst nach den Himmelsrichtungen. Das Straßennetz ist gitterförmig. Nur Terrainschwierigkeiten lassen Abweichungen von dem Normalschema zu. Ist die Stadt etwa kreisrund, so beträgt der Durchmesser gegen 500 Meter, selten 600 Meter. Ist der

Grundriß oval, dann betragen die Maße 500 × 400 oder 600 × 500 Meter. Die große Landstraße führte selbstverständlich durch die Stadt. Es gab keine Umgehung. Der Markt wurde auf jeden Fall berührt. Hier war die Lebenszentrale. Auf dem Marktplatz fanden der Wochenmarkt allwöchentlich, meist sonntags, und der oder die Jahrmärkte statt.
Obwohl jede alte sächsische Stadt durch einen Rechtsakt gegründet worden ist, gibt es keine einzige Gründungsurkunde. Es läßt sich nur feststellen, wann eine Stadt zum erstenmal in der Geschichte auftaucht, also genannt wird. Weil das so ist, sind auch die mancherlei Stadtjubiläen der alten Städte fiktiv. Wahrscheinlich ist eine Stadt etwas älter als ihre erste Nennung, die doch je nach Erhaltungsstand von Urkunden ziemlich zufällig ist. Wenn zum Beispiel *Dresden* im Jahre 1956 das 750-Jahre-Stadtjubiläum hielt – auch Briefmarken wurden damals aus dem Anlaß ausgegeben – so heißt der Hintergrund dazu: Im Jahre 1206 wird Dresden erstmalig genannt, übrigens erst 1216 erstmalig ausdrücklich als Stadt.
Die ältesten Städte in Sachsen wurden unter der Herrschaft Markgraf Ottos des Reichen gegründet, so *Leipzig* zwischen 1156 und 1170 vor allem aber *Freiberg* um 1160 dort, wo kurz zuvor die reichen Silberfunde gemacht worden waren und auf das Berggeschrei hin die Bergleute, vornehmlich aus dem Harz, zuströmten. Die allererste Ansiedlung war die »Sächsstadt«, benannt eben nach den Bergleuten aus Niedersachsen, aus der Gegend von Goslar. Unmittelbar neben diese gründete Markgraf Otto seine Stadt Freiberg. Die alte Siedlung Sächsstadt wurde bald mit einbezogen. Wenn man in Freiberg früher gern das Jahr 1175 als Gründungsjahr angab, so ist das reine Vermutung. Ausdrücklich genannt wird Freiberg übrigens erst 1218. Um dieselbe Zeit wurde *Chemnitz* gegründet. Man kennt keine genaue Jahreszahl. Die Gründung erfolgte auf kaiserliche Veranlassung neben der älteren Benediktinerabtei und auf deren Flur.
Meißen ist gewiß die älteste deutsche Siedlung in Sachsen. Die Tausendjahrfeier im Jahre 1929 galt zu Recht der Burg. Mit deren Gründung fing es an. Bald gab es am Fuß des Burgberges eine Ansiedlung – suburbium – und anschließend einen Rast- und Stapelplatz »am Jahrmarkt«. Die Gründung der *Stadt* Meißen erfolgte – eine genaue Jahreszahl laßt sicht nicht ermitteln – erst um die Wende vom 12. zum 13. Jahrhundert planmäßig mit dem Marktplatz als Mittelpunkt. Bald nach 1205 wird die *civitas* Meißen genannt.
Der weltweit bekannte Name Meißens ging und geht nicht so sehr von der Stadt, die übrigens ihr feines altes Stadtbild gut durch den Zweiten Weltkrieg hindurch bewahrt hat, aus, sondern vom Dom, der sächsischen lutherischen Kathedrale, der Albrechtsburg, dem ersten Renaissanceschloß nördlich der Alpen, und von der 1710 hier errichteten Porzellanmanufaktur, der ersten in Europa!
Tritt Markgraf Otto als erster Städtegründer im Gebiet des heutigen Sachsens auf, so übertraf ihn bei diesem Werk sein Sohn *Dietrich der Bedrängte* (1162/ 1197-1221) bei weitem. Er ist Gründer von Dresden. Unter dem glanzvollen Markgrafen *Heinrich dem Erlauchten* (1215/1221-1288) schließlich kam die Hochblütezeit der Städtegründungen zum Abschluß. Im 14. Jahrhundert gab es zwar noch eine beträchtliche Anzahl Neugründungen, doch handelte es sich nicht mehr um solche Städte, denen eine große Bedeutung vorbestimmt war.
Erst das ausgehende 15. Jahrhundert führte im Zusammenhang mit dem neuen großen Berggeschrei im oberen Erzgebirge wieder zur Gründung einer Anzahl

Städte, Bergstädte, von denen manche zu bleibender Bedeutung kamen. Die Reihe begann mit *Schneeberg* (1471), führte weiter zu *Annaberg* (1497), *Buchholz* (1515) und *Marienberg* (1521). Zu den kleinen Bergstädten von damals zählen *Scheibenberg* (1522) und *Oberwiesenthal* (1527).
Das 17. Jahrhundert weist nur wenige Neugründungen auf. Die Exulantenstadt *Johanngeorgenstadt* (1654) ist das bekannteste Beispiel. Im 18. Jahrhundert ist neben *Callnberg* noch *Herrnhut,* die Gründung des Grafen Zinzendorf zu nennen. Alle diese Städte bisher waren von Anfang an als »Stadt« konzipiert. Das änderte sich in der Folgezeit. Das 19. Jahrhundert brachte die industrielle Revolution. Sachsen war schon seit dem späten Mittelalter ein Land geworden, in dem die Landwirtschaft zwar durchaus eine Rolle spielte, das aber weit mehr als andere Länder durch Gewerbe, Manufakturen und schließlich Industrie im modernen Sinne geprägt worden ist. Im 19. Jahrhundert bildeten sich die typisch sächsischen Industriedörfer heraus, deren Einwohnerzahl in vielen Fällen die mancher Stadt weit überstiegen. In dieser Zeit erwachte hier und da im groß und wirtschaftsmächtig gewordenen Dorf das Verlangen, ja der Ehrgeiz, Stadt zu werden. Solchem Verlangen wurde seitens des Ministeriums des Inneren in vier Fällen stattgegeben. Das Dorf *Limbach* wurde 1883 »Stadt«. Hundert Jahre sind seitdem vergangen. Von der Anlage her – und Limbach ist durchaus ein altes Dorf – ist Limbach trotz hoher Einwohnerzahl immer noch als Dorf erkenntlich. Ein zweites Musterbeispiel ist *Riesa.* Für diese Siedlung an der Elbe begann ihre große Zeit, als die Dresden-Leipziger Eisenbahnlinie 1839 eröffnet wurde. Bei Riesa überschreitet sie die Elbe. Die Eisenbahnverbindung zusammen mit einem aufblühenden Hafen schuf die Voraussetzung zur Ansiedlung von Schwerindustrie. 1875 wurde der Flecken zur Stadt erhoben. Damals gab es 6.000 Einwohner. Inzwischen ist Riesa zur respektablen Mittelstadt mit fast 50.000 Einwohnern angewachsen.
Die Schwesterstädte, nämlich das alte *Hohenstein,* um 1490 gegründet, und das jüngere *Ernstthal,* 1680 gegründet, schlossen sich im Jahre 1898 zur Doppelstadt *»Hohenstein-Ernstthal«* zusammen.
Aus gleicher Ursache wurden in unserem Jahrhundert eine Reihe groß gewordener Landgemeinden zur Stadt erhoben. Die Reihe begann mit *Olbernhau* (1902). Es folgten in den Jahren nach dem Ersten Weltkrieg *Radebeul* (1923), *Planitz, Oelsnitz/Erzgebirge, Heidenau, Rodewisch, Kötzschenbroda* (alle 1924) und *Siegmar* (1927). Dann setzte in den dreißiger Jahren wieder eine Welle solcher Stadtwerdung ein. *Flöha* wurde 1933 Stadt. Dieser Ort war bis dahin eine Besonderheit. Flöha war das einzige Dorf in Sachsen, das sowohl Sitz einer Amtshauptmannschaft wie auch einer Superintendentur war. Es folgten *Wilkau-Haßlau* und *Markkleeberg* (beide 1934), *Klotzsche, Oberfrohna, Bad Elster* (alle 1935), *Oberlungwitz* (1936) und *Coswig* (1939). Die wohl letzte Stadterhebung bisher betraf *Lauter* vor wenigen Jahren.
Ein Sonderfall ist die Stadt *Freital.* Sie entstand 1921 durch den Zusammenschluß einer Reihe von Großgemeinden des Plauenschen Grundes. Der Name wurde frei gewählt. Die Stadt rückte sofort in die Reihe der Mittelstädte ein.
Hierüber schlossen sich einige Schwesterstädte zusammen. Diese waren *Ober- und Unterwiesenthal* (1921), *Lichtenstein-Callnberg* (1920), *Radebeul und Kötzschenbroda* (1935), wobei nur der Name *Radebeul* blieb, *Schneeberg-Neu-*

städtel (1939) und nach dem Zweiten Weltkrieg schließlich *Annaberg-Buchholz* (1949) und *Limbach-Oberfrohna* (1950).
Der großen Eingemeindungswelle, die nach dem Zweiten Weltkrieg in Sachsen besonders die Großstädte begünstigte, fielen auch Städte, darunter solche, die selbst erst eine kurze Geschichte als Stadt erlebt hatten, zum Opfer. So wurde Klotzsche 1950 nach Dresden eingemeindet und Siegmar im gleichen Jahr nach Chemnitz.
Zusammenfassend ergeben sich für die Jahrhunderte seit der ersten Stadtgründung in Sachsen folgende Zahlen:

Im 12. Jahrhundert	7 Stadtgründungen
im 13. Jahrhundert	42 Stadtgründungen
im 14. Jahrhundert	34 Stadtgründungen
im 15. Jahrhundert	27 Stadtgründungen
im 16. Jahrhundert	13 Stadtgründungen
im 17. Jahrhundert	7 Stadtgründungen
im 18. Jahrhundert	2 Stadtgründungen
im 19. Jahrhundert	4 Stadtgründungen
im 20. Jahrhundert	23 Stadtgründungen

Sachsen ist ein Land der Städte. Dieser Eingangssatz wird angesichts der Zahlen deutlich. Ein Vergleich verdeutlicht die Tatsache noch mehr. Das Land Schleswig-Holstein etwa hat den gleichen Flächeninhalt wie Sachsen. In Schleswig-Holstein gab es zu Beginn des 19. Jahrhunderts insgesamt nur 29 Städte.
Im Sinne der Statistik sind *Großstädte* solche mit mehr als 100.000 Einwohnern, *Mittelstädte* 20.000 bis 100.000 und *Kleinstädte* weniger als 20.000 Einwohnern. Eine zeitlang gliederte man noch Städte unter 5.000 Einwohner als Landstädte aus.
Nach dem gegenwärtigen Stand hat Sachsen vier *Großstädte:* Leipzig, Dresden, Chemnitz und Zwickau. Die Stadt Plauen im Vogtland war bis zur Zerstörung im Zweiten Weltkrieg ebenfalls Großstadt. Durch Kriegseinwirkung und die folgende ungünstige Grenzlage ist die Einwohnerzahl von 111.000 (1939) auf 77.593 (1988) abgesunken. Ganz anders ist es Zwickau ergangen. Die Stadt blieb vom Krieg weitgehend verschont, weshalb bei Kriegsende ein starker Zuzug erfolgte. So ist die Einwohnerzahl Zwickaus von 85.000 (1939) auf 121.749 (1988) angewachsen.
Von den 23 *Mittelstädten* der Gegenwart haben Plauen, Freiberg und Riesa mehr als 50.000 Einwohner. Die übrigen Mittelstädte nach der Größe geordnet sind diese: Pirna, Bautzen, Freital, Meißen, Zittau, Radebeul, Aue, Glauchau, Döbeln, Grimma, Annaberg-Buchholz, Reichenbach/Vgtl., Coswig/Sa., Limbach-Oberfrohna, Meerane, Schneeberg, Borna, Heidenau und Markkleeberg (21.000).
In der Statistik folgen 33 Städte zwischen 10.000 und 20.000 Einwohnern.
Die *kleinste* sächsische Stadt ist *Liebstadt* mit wesentlich weniger als eintausend Einwohnern. Übrigens war Liebstadt lange bekannt als einzige Stadt in Sachsen ohne eigenen Eisenbahnanschluß. Inzwischen hat sich die Lage geändert und manche weit größere Stadt muß auf den Eisenbahnanschluß verzichten.

Eine Besonderheit wies auch die kleine Stadt *Brand* auf. Sie war die einzige Stadt in Sachsen ohne eigene Pfarrkirche. Die Stadt war vielmehr in das Nachbardorf Erbisdorf eingepfarrt. Im Jahre 1912 wurde Erbisdorf nach Brand eingemeindet, aber – und das ist das Kuriosum – der Name des Dorfes sollte nicht verschwinden. Das Ergebnis war der heutige Name der Stadt *»Brand-Erbisdorf«*. Einen ähnlichen Vorgang gab es noch einmal 1920, als das Dorf Breitingen in die kleine Stadt *Regis* eingemeindet wurde. Der Name der Stadt lautet seither *»Regis-Breitingen«*.
Was die *Verfassung* der sächsischen Städte angeht, so ist da eine einheitliche Linie zu erkennen, die durch die Jahrhunderte geht. Veränderungen erfolgten kontinuierlich, nicht überall gleichzeitig, aber doch nach ein und demselben Schema. In der ältestesten Zeit stand ein Vogt oder Schultheiß des Landes- oder Grundherren an der Spitze der Stadtgemeinde. Ihm zur Seite traten bald Ratsherren, bis zu 24 in großen Städten. Für gewöhnlich waren es 12, doch mancherorts auch weit weniger. Die Tendenz ging, wie zu erwarten, dahin, die städtische Selbständigkeit zu mehren und den Einfluß des Landes- oder Grundherren zurückzudrängen, kurz zur Selbstverwaltung. Demzufolge verschwand der Vogt im Laufe kurzer Zeit und an seine Stelle trat ein Bürgermeister. Vorbild für fast alle Städteordnungen im alten Sachsen war die Magdeburger. In den großen Städten gab es für gewöhnlich einen regierenden und einen ruhenden Rat. Das heißt, alljährlich wechselten Rat und Bürgermeister. Die Ratsherrenstellen befanden sich in Händen der ratsfähigen Familien. Ein eigentliches Patriziat hat sich aber in Sachsen nicht gebildet. So waren auch die Spannungen, als im Laufe der Zeit die Handwerker, in Zünften fest organisiert, ins Stadtregiment drängten, nicht so stark wie in vielen Ländern Deutschlands.
Zur Stadt gehört das *Stadtgericht*. Der Stadtrichter war oft einer der Ratsherren. Ihm beigeordnet sind Schöffen. Das Schöffenamt gehört bereits in die Anfangszeiten der Stadtgeschichte in Sachsen. Seit Beginn der Neuzeit, also seit dem 16. Jahrhundert, gliederten sich die Städte in amtssässige und in schriftsässige. Amtssässig waren meist kleine Städte, die einem landesherrlichen Amt zugeordnet waren und dort Recht suchen mußten. Schriftsässige Städte waren solche, die nur unter dem obersten Gericht des Landesherrn standen. Die Gerichtshoheit der Städte – sei es die niedere oder auch die hohe – hatte bis zur Mitte des 19. Jahrhunderts Bestand. Erst das Gesetz über die Aufhebung der Patrimonialgerichtsbarkeit, die auch die Rittergutsherrschaften ausübten, machte dem ein Ende. Am 11. August 1855 trat in Sachsen das Gesetz über eine neue Gerichtsbarkeit in Kraft. An Widerstand gegen diese Neuerung hatte es zuvor nicht gefehlt.
Schon zwei Jahrzehnte früher hatte die Stadtverfassung eine grundlegende, der neuesten Zeit entsprechende Änderung erfahren. Am 4. September 1831 bekam das Königreich Sachsen die erste moderne demokratische Verfassung. Der nach dieser Verfassung gewählte Landtag schuf eine allgemeingültige neue Städteordnung, die am 2. Februar 1832 veröffentlicht wurde. Ihr zufolge trat der alte Rat, der sich selbst ergänzte und niemandem Rechenschaft über seine Finanzverwaltung schuldete, zurück. Von nun an wurde der Rat der Stadt durch Stadtverordnete, also durch die Bürgerschaft, gewählt.
Diese Städteordnung wurde durch die »Revidierte Städteordnung« vom 24. April 1873 ersetzt. Wesentliche Neuerung war hier, daß der Bürgermeister überall

hauptamtlich und besoldet sein mußte. Für Städte mit weniger als 6.000 Einwohnern wurde unter dem gleichen Datum eine Städteordnung für mittlere und kleine Städte erlassen, die manches vereinfachte, aber auch einen hauptamtlichen Bürgermeister forderte. Auch lag die Aufsicht über diese Städte beim Amtshauptmann und nicht unmittelbar beim Ministerium des Innern.
Die »Revidierte Städteordnung« hat ihre Gültigkeit über die Zeit des Königreiches hinaus auch im Freistaat Sachsen mindestens bis 1933 behalten.
Wenden wir den Blick noch auf einige ausgewählte Städte Sachsens. Zum ersten auf die *Haupt- und Residenzstadt Dresden.* Seit November 1918 war sie Landeshauptstadt. Die planmäßig von Markgraf Dietrich dem Bedrängten neben einem älteren sorbischen Fischerdorf angelegte Stadt liegt zwar an einem in alter Zeit wichtigen Elbübergang, einer von Südwesten hier die Elbe erreichenden Fernstraße, aber doch in alter Zeit abseits vom wichtigen Fernverkehr. Demzufolge wuchs Dresden langsam und erreichte im Mittelalter keine überregionale Bedeutung. Das änderte sich, als nach der Landesteilung von 1485 Herzog Albrecht der Beherzte und als sein Vertreter und späterer Nachfolger sein Sohn Georg der Bärtige die Stadt zu ihrer Residenz machten. Die älteste Siedlung im Lande, Meißen, in der eben erst die prächtige Albrechtsburg fertiggestellt worden war, trat nunmehr als Mittelpunkt für immer zurück. Als 1547 nach der Schlacht bei Mühlberg die Kur Sachsen auf die albertinische Linie des Hauses Wettin überging, wurde Dresden Mittelpunkt des großen Kurfürstentums Sachsen – der politische und bald auch der kulturelle und geistige. Um 1500 verschwand die Benennung »Mark Meißen« und der Name »Sachsen«, der im Laufe der Zeit und infolge der politischen Ereignisse die Elbe aufwärts gewandert war, trat an die Stelle. Unter der Regierung *August des Starken* rückte Dresden in die erste Reihe der europäischen Hauptstädte. Dies geschah durch die Gunst des Hofes und all dessen, was die Hofhaltung und Regierung in einem reichen Lande – und Sachsen war damals ein sehr reiches Land – bewirkten. Die Einwohnerzahl von 63.000 gibt dafür Zeugnis. Dresden hat vom Glanz des augusteischen Zeitalters lange gezehrt. Diese Einwohnerzahl ist nach den Rückschlägen des Siebenjährigen und der Napoleonischen Kriege erst hundert Jahre danach wieder erreicht worden. Um 1852 wurde Dresden Großstadt, die erste und einzige im ganzen Land. Zum Vergleich: Wien hatte im Jahre 1854 431.000, Berlin 401.000, München 127.000, Hamburg 200.000 Einwohner. In den folgenden Jahrzehnten entwickelte sich Dresden immer mehr zur Industriestadt. Auf dem Gebiet der Zigarettenindustrie und des Zigarettenmaschinenbaues erlangte die Stadt eine Monopolstellung, dazu trat Schokoladenfabrikation, Herstellung kosmetischer und hygienischer Artikel und hervorragende optische Werke, um nur einiges zu nennen. Die Theaterkultur blühte während des 19. und beginnenden 20. Jahrhunderts und strahlte weit über die Grenzen.
Um 1900 überschritt die Einwohnerzahl die Halbmillionengrenze und erreichte 1939 ihren Höhepunkt mit 630.000. Im Februar 1945, also in den allerletzten Kriegsmonaten, wurde Dresden in seinem Kern verheerend zerstört. Trotz mancher Restaurierung kostbarer alter Bausubstanz (Zwinger, Georgenbau des Residenzschlosses, Staatsoper u. a.) hat die Stadt ihr Gesicht verloren, respektive im Zuge eines Wiederaufbaus zusammen mit einer weitgehend neuen Straßenführung ein anderes Gesicht bekommen. Dazu kommt, daß nach den sieben Jahren

von 1945 bis 1952, in denen der Freistaat Sachsen noch einmal eine Selbständigkeit gewonnen hatte, wie seit 1866 nicht mehr, wenn auch unter der Oberherrschaft der sowjetischen Besatzungsmacht, eben dieser Staat Sachsen 1952 durch Diktat aufgelöst worden ist. Dadurch wurde Dresden zur Provinzstadt gemacht, wie es die anderen Großstädte sind, und Sachsen wurde von Berlin regiert, was es bis dahin niemals gegeben hatte. Die Einwohnerzahl beträgt jetzt 518.057 (1988).

Wenden wir uns der zweiten Stadt Sachsens zu, der *Universitäts- und Messestadt Leipzig.* Die Stadt besitzt eine hervorragende Verkehrslage, und das von Anfang an. Zwei uralte Fernstraßen kreuzen sich hier. Was Leipzigs Gesicht und Namen ausmachte und auch heute noch, wenn auch behindert, ausmacht, ist der Handel und alles, was mit diesem zusammenhängt. Es ist eben kein Zufall, daß die Leipziger Messe, alt wie die Stadt, die deutsche Zentralmesse war und auch heute noch viel von ihrer weltweiten Bedeutung behalten hat. Auch Leipzig hat profitiert von der Gunst des Herrscherhauses. Dies nicht nur durch kräftige Förderung eben der Leipziger Messe, sondern auch darin, daß die Stadt im Jahre 1409 in klugem Erfassen der Gunst der Stunde durch den Markgrafen Friedrich den Streitbaren ihre Universität erhielt. Es war die fünfte deutsche Universität nach Prag, Wien, Heidelberg und Köln und blieb bis vor kurzem die einzige im Lande. Kein Wunder, daß die Universität Leipzig einen hohen Stellenwert in der Rangordnung der Universitäten gewann und behauptete. Daß der deutsche Buchhandel in Leipzig sein Zentrum fand, daß Druckereien und Verlage, daß die Deutsche Bücherei (1913) hier ihren Mittelpunkt hatten, machte Leipzig zur weltoffenen Stadt. Leipzig wurde 1871 mit 106.000 Einwohnern Großstadt, wuchs rasch, überschritt um die Jahrhundertwende die Halbmillionengrenze und erreichte 1939 mit 707.000 Einwohnern den Höchststand. Die Kriegszerstörungen in Leipzig waren schwer, hatten die Stadt, was das Bild der Innenstadt anbelangt, aber nicht gänzlich vernichtet. Manches, was an alter Kostbarkeit gut durch den Krieg gekommen war, wurde nachträglich mutwillig zerstört. Heute beträgt die Einwohnerzahl 545.307 (1988).
Die dritte Stadt Sachsens ist das *Industriezentrum Chemnitz.* Im Mittelalter bestimmte die Benediktinerabtei, bestätigt 1143 von Kaiser Konrad III., das Bild der damals kleinen und unbedeutenden Stadt. Der explosive Aufschwung kam für Chemnitz Ende des 18. und mit dem 19. Jahrhundert. Hier entwickelte sich in kurzer Zeit eine blühende Industrie, aufbauend zunächst auf dem alten Textilmanufakturwesen, das der Stadt den Beinamen des sächsischen Manchester einbrachte. Baumwollverarbeitung, Strumpfwirkerei, Seidenstrumpfmanufakuren, zu Ende des 18. Jahrhunderts emporgeblüht, entwickelten sich zu Großunternehmen. Kattundruckereien kamen hinzu. Die Chemnitzer Handelshäuser beschäftigten in und um Chemnitz 13.000 bis 14.000 Webstühle. 1800 wurde die erste mit Wasserkraft getriebene mechanische Spinnerei nach englischem Vorbild erbaut. 1822 kam die erste Dampfmaschine zum Antrieb von Spinnereien in die Stadt. 1827 wurde der Jacquardsche Webstuhl eingeführt. Eine Maschinenindustrie erwuchs aus dem Bau von Spinn- und Webmaschinen. 1847 begann der Bau von Lokomotiven – die einzige Lokomotivenfabrik in Sachsen. Sie ist an den Namen des Chemnitzer Großindustriellen und Erfinders Richard Hartmann geknüpft. Neben diesem stehen die Namen anderer erfolgreicher Industriemagna-

ten, wie sie das 19. Jahrhundert hervorbrachte, so C. G. Haubold und Johann von Zimmermann, der Begründer des deutschen Werkzeugmaschinenbaus.
Die Entwicklung der Bevölkerungsvermehrung gibt ein eindrucksvolles Zeugnis dieses industriellen Wachstums. Im Jahre 1806 hatte Chemnitz erst 11.000 Einwohner, 1880 waren es 95.000 und binnen zehn Jahren, also bis 1890, stieg die Einwohnerzahl auf 138.000. Chemnitz war Großstadt geworden. Zehn Jahre später gab es 206.000 und 1939 schließlich 337.645 Einwohner. Der Zweite Weltkrieg brachte für Chemnitz in den letzten Kriegsmonaten schwerste Zerstörungen. Das Stadtbild hat sich im Zug des Wiederaufbaus gründlich verändert. Verändert wurde bis 1990 auch der amtliche Name der alten Stadt, der man 1953 willkürlich den Namen »Karl-Marx-Stadt« verpaßte, obwohl Karl Marx niemals persönlich in Chemnitz gewesen ist. Mit 311.765 (1988) Einwohnern ist Chemnitz heute dem Vorkriegsstand schon wieder nahe gekommen.
Sachsen ist ein Land der Städte und der Industrie. Sächsische Städte sind Industriestädte. Die Anfänge dafür liegen bereits im Mittelalter. Schließlich sind die Bergstädte, die alten, wie Freiberg und die neueren, wie Annaberg und Schneeberg, aus industrieller Wurzel entstanden und gewachsen. Dieser industrielle Zug ist nie unterbrochen worden. Er gilt auch und besonders für die Gegenwart.
Daß bei alledem sich viele sächsische Städte ein schönes altes Stadtbild, sowohl im ganzen wie in einzelnen Ensembles erhalten haben, ist eigentlich ein Glücksfall. Zu nennen sind, was schöne Innenstädte betrifft, Meißen, Bautzen, Freiberg, Zittau und Pirna.
Stadtluft macht frei! So sagte man im Mittelalter. Damals war damit die persönliche Freiheit und Unabhängigkeit gemeint, die den Stadtbürger gegenüber der Landbevölkerung auszeichnete. Daß Stadtluft tatsächlich frei macht, dafür ist das sächsische Volk ein klassisches Beispiel. Der freie Geist, die Beweglichkeit, sächsisch gesprochen die Vigilanz, ist dem Sachsen in hohem Maße eigen. Solches ist aus seiner Stadtkultur erwachsen.

Walter Sperling

GEOGRAPHISCHE GRUNDLAGEN UND LANDESKULTUR

Die mitteldeutschen Landschaften – wenn man den geographischen Begriff »Mitteldeutschland« zugrundelegt – gehörten schon vor dem Kriege zu den landeskundlich am besten erforschten Landschaften im Deutschen Reich und in Mitteleuropa. Das trifft auf alle beteiligten Disziplinen zu, aber auch auf ihr interdisziplinäres Zusammenwirken.

Mit dem Erwachen der kritischen Geschichtswissenschaft erwuchs auch die »Historische Landeskunde«, die mit der Schule um Friedrich Kötzschke an der Universität Leipzig einen Höhepunkt erlebte, der heute noch nachwirkt und auf andere Regionen ausstrahlt. Im Gefolge mit der Geschichtswissenschaft entfaltete sich die Sprachwissenschaft, besonders die Namenkunde, die hier im deutsch-slawischen Kontaktbereich ein dankbares Arbeitsfeld vorfand. Landschafts-, Orts- und Flurnamen wurden gründlich untersucht, zahlreiche Abhandlungen und thematische Karten liegen vor.

Auch die Geschichte der sächsischen Kartographie fand aufmerksame Bearbeiter, zumal schon früh Landesaufnahmen durchgeführt wurden, die als Quelle für den kulturlandschaftlichen Wandel von unschätzbarer Bedeutung sind. Eines der ältesten topographischen Kartenwerke ist die in der Zeit um 1600 entstandene sächsische Landesaufnahme des Freiberger Markscheiders M. Oeder, die Blätter dieses Kartenwerkes haben einen mittleren Maßstab von 1:13.500. 1753 erschien der »Atlas Saxonius Novus« von P. Schenk auf der Grundlage der Vermessungen des Hofgeographen A. F. Zürner, der durch die Aufstellung der Postmeilensäulen berühmt ist. Sehr detailliert gezeichnet sind auch die sogenannten Sächsischen Meilenblätter, die nach 1800 im Maßstab 1:12.000 angelegt wurden. Ein geschlossenes Bild zeigt schließlich der »Topographische Atlas des Königreiches Sachsen« (um 1820) im Maßstab 1:57.600. Ein hervorragendes thematisches Kartenwerk ist schließlich der von O. Schlüter und O. August herausgegebene »Atlas des mittleren Saale- und Elbegebietes« (2. Aufl. des Mitteldeutschen Heimatatlas), der 1961 mit einem ausführlichen Textband abgeschlossen wurde. Flurkrokis und Flurbücher wurden vor der Mitte des 19. Jahrhunderts angelegt und sind weitgehend erhalten geblieben.

Die Naturverhältnisse Sachsens waren schon früh Gegenstand des gelehrten Interesses. Das findet seine Erklärung in dem Bergsegen, der schon in den ältesten Zeiten erkannt und genutzt wurde. In der Bergstadt Freiberg wurde 1765 die Bergakademie gegründet, die heute noch besteht. Somit gibt es eine reichhaltige Literatur über die sächsische Montanwirtschaft. Braunkohle und Uran sind heute die wichtigsten Bodenschätze, und es läßt sich ahnen, daß in den letzten 30 Jahren aufwendige berggeologische Forschungen mit Erfolg betrieben worden sind. In Tharandt wurde 1816 eine private Forstlehranstalt zur Staatlichen Forstakade-

mie erhoben, die ebenfalls als Fakultät noch besteht. Hier wurden richtungweisende Beiträge zur forstlichen und geobotanischen Standortgliederung erarbeitet.
In den Geographischen Instituten der Universität Leipzig und der Technischen Hochschule (Technische Universität Dresden) entstanden wichtige Arbeiten zur geographischen Landeskunde Sachsens. Diese traditionsreichen Institute wurden aber mit der 3. Hochschulreform der DDR leider aufgelöst und konnten ihre Arbeit nicht fortsetzen. Allerdings gibt es einige Ersatzeinrichtungen, etwa die Sektion Geographie bei der Pädagogischen Hochschule in Dresden und die Sektion Kartographie bei der Technischen Universität in Dresden. Die Regionalgeschichte erfährt weiterhin aufmerksame Pflege in der Sektion Geschichtswissenschaft der Leipziger Universität.
Immerhin darf es als ein Glücksfall bezeichnet werden, daß das Institut für Geographie und Geoökologie der Akademie der Wissenschaften, die Nachfolgeeinrichtung des Deutschen Instituts für Länderkunde, in Leipzig seinen Sitz nahm. Die experimentellen Feldarbeiten dieses Instituts laufen bevorzugt in Mitteldeutschland, während die norddeutschen Landschaften überwiegend durch die geographischen Sektionen der Universitäten in Berlin (Ost) und Greifswald sowie der Pädagogischen Hochschule in Potsdam betreut werden.
Die Leipziger Schule der Landschaftsökologie, die von Ernst Neef gegründet worden ist, hat reiche Früchte getragen und viel zur modernen Methodik der Landschaftsanalyse geleistet. Besonders gründlich wurden die Wechselwirkungen von Natur und Gesellschaft in Theorie und Praxis untersucht. Am Zustandekommen der »Naturräumlichen Gliederung Deutschlands« (1953-1962), des letzten gemeinsamen Unternehmens von Geographen aus beiden Staaten in Deutschland, hatten sächsische Geographen wesentlichen Anteil.
Hier ist auch der »Arbeitskreis Sächsische Schweiz« zu nennen, der inzwischen den Status einer Sektion in der Geographischen Gesellschaft der Deutschen Demokratischen Republik angenommen hat. Diesem Arbeitskreis ist es zu verdanken, daß im Rahmen der landeskundlichen Reihe »Werte unserer Heimat«, einer heimatkundlichen Bestandsaufnahme, für die sächsischen Bezirke besonders viele Bände bearbeitet worden sind.

Geologie und Lagerstätten

Geotektonisch liegt Mitteldeutschland auf einer jungen Tafel, die sich im Zwischenbereich der fenno-sarmatischen Tafel und der alpinen Geosynklinale erstreckt. Seit der Permzeit setzte eine Senkung ein, die bis in die geologische Gegenwart anhält.
Die ältesten Gesteine, die in Sachsen vorgefunden werden, gehören dem Präkambrium an und werden z. B. im Erzgebirge angetroffen. Im variszischen Geosynklinalstadium entstand ein langgestreckter Sedimentationstrog, der später aufgefaltet wurde. Mit der Heraushebung des Variszischen Gebirges setzte seine Ab-

tragung ein, auf diese Weise wurden erzgebirgisch streichende Strukturen freigelegt. Gegen Endes des Rotliegenden war dieses Gebirge weitgehend eingeebnet. Mitteldeutschland wurde Teil des sogenannten Germanischen Beckens, das im Zechstein dreimal unter Meeresbedeckung geriet.
Das Erdmittelalter war eine Zeit tektonischer Ruhe. Die Ablagerung von Flachmeer- und Festlandsedimenten setzte sich fort. Erst mit der Oberkreide, also im Zusammenhang mit der Herausbildung des Alpen-Karpaten-Systems, machten sich wieder kräftigere tektonische Bewegungen bemerkbar. Hoch- und Tiefschollen versetzten sich gegeneinander, selbst das inzwischen aufgelagerte Deckgebirge machte diese Bewegungen passiv mit.
Solche Schollenbewegungen hielten bis ins Jungtertiär an. An einigen Orten, etwa in der Oberlausitz, drang basischer Vulkanismus auf. In Senkungsgebieten kam es im Tertiär zu Meeresablagerungen, die wegen der Braunkohlelagerstätten heute ökonomisch interessant sind. Im Pliozän war das gesamte Territorium Festland. In den jüngeren Abschnitten des Tertiärs wurde, bedingt durch das anhaltende tropische Klima, die Rumpfflächenbildung vorangetrieben.
Seine endgültige Gestalt erhielt das Relief im Quartär. Mehrmaliger Klimawechsel verursachte ein wiederholtes Vorstoßen des Nordischen Inlandeises. Am weitesten drangen die Eismassen in der Elsterkaltzeit vor, was die Feuersteingrenze zu erkennen gibt. Allerdings ist die Südgrenze der weitesten Eisverbreitung nicht gleichzusetzen mit der Nordgrenze der Mittelgebirgszone, denn das Eis hatte sich auf die Hügelländer und Mittelgebirgsränder aufgeschoben und hinterließ auch hier seine Ablagerungen, wenn auch weniger mächtig als im Tiefland. Weniger weit drang das Eis in der folgenden Saalekaltzeit vor, es kam etwa bis zur Linie Borna – Altenburg – Bad Lausick – Oschatz – Döbeln – Lommatzsch – Großenhain – Hoyerswerda. Erst in der dritten, der Weichseleiszeit, erreichte das Eis die sächsischen Bezirke nicht mehr, es blieb nördlich des im Warthe-Stadium der Rißeiszeit gebildeten Endmoränenzuges am Lausitzer Grenzwall liegen.
In den jüngeren Kaltzeiten wurde das Altmoränenland der Elster- und Saaleeiszeit periglazial überformt. Am Mittelgebirgsrand wurden zum Teil recht mächtige Lößdecken angeweht, oft lassen sich mehrere Lagen unterscheiden, die durch fossile Bodenkomplexe voneinander getrennt sind. In den höheren Lagen setzte eine energische Talbildung ein, die bis in die Gegenwart anhält. Oft sind die Täler sehr scharf in die Einebnungen eingeschnitten. Der mehrfache Klimawechsel findet einen gestaltlichen Ausdruck in den Terrassenstufen an den Talgehängen.
Insgesamt ist Mitteldeutschland mit Bodenschätzen nicht gerade reich ausgestattet. Die meisten Bodenschätze werden im Süden, besonders in Sachsen gefunden, darunter auch solche, die erst nach 1945 aufgespürt wurden.
Wie es der Name schon verrät, handelt es sich bei dem Erzgebirge um eine uralte Montanprovinz, wo nach verschiedenen Erzen, besonders nach Edelmetallen geschürft wurde. Heute ist der Bergsegen, dessen Nutzung viele Spuren im Landschaftsbild hinterlassen hat, wegen Erschöpfung und Unrentabilität zumeist schon erloschen. Das gilt auch für den Blei-, Zink- und Silberbergbau bei Freiberg und die Steinkohlengruben um Oelsnitz und Lugau sowie in der Umgebung von Zwickau und bei Dresden, der ebenfalls eingestellt wurde.

Heute wird nur noch an wenigen Stellen im Erzgebirge und in seinem Vorland Zinn und Nickel in bescheidenen Mengen abgebaut. Der Abbau von Zinn bei Altenberg ist noch im Gange. Neu und in den Details weniger bekannt ist der Bergbau auf Uran (Wismut-AG), der unter sowjetischer Regie steht. Der großangelegte Abbau bei Klingenthal ist inzwischen eingestellt worden, neue Vorkommen wurden weiter im Norden, etwa bei Ronneburg, erschlossen.
Der wichtigste und noch reichlich vorhandene Bodenschatz ist die Braunkohle, hier stand die DDR-Förderung in der Weltrangliste an erster Stelle. Die obereozänen bis unterpliozänen Flöze besitzen unterschiedliche Mächtigkeiten und sind von verschiedener Qualität, was eine differenzierte bergbauliche Nutzung zur Folge hat. Bei der sächsischen Braunkohle handelt es sich um eine bitumenreiche, erdige Weichbraunkohle mit hohem Wassergehalt (54%), der bei der Brikettierung auf 15% reduziert wird. Der Schwefelgehalt liegt bei 1,3%, was sich bei der Verbrennung in Kraftwerken für die Umwelt sehr nachteilig auswirkt. Der Aufschwung des Braunkohlebergbaus hängt eng mit der Brikettierung zusammen, die ihn im Vergleich mit der Steinkohle konkurrenzfähig machte. Wegen der Wasserhaltigkeit bereitet der Transport der Rohbraunkohle im Winter große Schwierigkeiten, da bei anhaltendem Frost das Material an den Waggons festfriert und die Entladeeinrichtungen nicht mehr funktionieren.
Vor 1945 lagen die Hauptabbaugebiete der Braunkohle zumeist im westelbischen Bereich, wo einige Reviere schon erschöpft sind und rekultiviert wurden. Der Schwerpunkt des Abbaus hat sich inzwischen von der Gegend um Leipzig-Halle-Bitterfeld in das Gebiet um Cottbus verlagert. Somit wurde in den einstigen Bezirken Leipzig und Dresden nur noch 1/5 der Braunkohleförderung der DDR erbracht. Neue Lager werden jetzt im Kreis Delitzsch erschlossen, wo in Rechnung gestellt werden muß, daß mindere Qualitäten bei der Verbrennung verstärkt zur Umweltbelastung beitragen werden. Auch im Tertiärbecken der Oberlausitz werden neu entdeckte Vorkommen in Nutzung genommen.
Nutzbare Steine und Erde kommen überall in Sachsen vor. Die Werksteinindustrie stützt sich auf den Lausitzer Granodiorit, weitere Formen der Granite und sonstiger Hartsteine werden im Erzgebirge abgebaut, vulkanische Gesteine im Zittauer Gebirge. Der dunkle Sandstein aus der Sächsischen Schweiz wurde beim Bau vieler repräsentativer Gebäude in der ehemaligen Landeshauptstadt Dresden, so auch beim Dresdner Zwinger, verwendet. An verschiedenen Orten wird für die keramische Industrie Kaolin abgebaut; das bekannteste Vorkommen findet man bei Löthain, südöstlich von Meißen. Kies, Sand und Ton fördert man in ausreichender Menge überall in jungen, quartären Deckschichten.

Relief und Bodentypen

Das Relief Sachsens ist gekennzeichnet durch Bergland, Mittelgebirgsland, Hügelland und – randlich – auch durch Flachland. Eine besondere Stellung nehmen die jungen Talböden ein.
Die höchste Erhebung Sachsens ist der Fichtelberg (1.124 m) im Erzgebirge, unweit davon erhebt sich jenseits der Staatsgrenze der Keilberg oder

Klinovec (1.244 m). Weitere Erhebungen in Sachsen sind der Auersberg (1.018 m) und der Kahleberg (901 m), ebenfalls im Erzgebirge, der Kapellenberg (759 m) im Elstergebirge, die Lausche (793 m) im Zittauer Gebirge und der Hochwald (748 m) im Lausitzer Gebirge.

Beim Mittelgebirgsrelief handelt es sich um ein Destruktionsrelief. Je stärker die Anhebung war, desto mehr griff die Abtragung ein. Bis ins Miozän erfolgte die Oberflächenformung unter tropenähnlichen humiden bzw. semihumiden Klimabedingungen. Der so verursachten intensiven Gesteinszersetzung folgte eine sehr ausgeprägte Flächenspülung, als deren Folge ausgedehnte Verebnungsflächen entstanden, so daß die Strukturen der Altgebirge gekappt wurden. Wegen der stockwerkartigen Anordnung dieser Flächen spricht man deshalb von »Rumpftreppen«. Im Erzgebirge hat man ein System von sechs Verebnungsstockwerken erkannt, von denen angenommen wird, daß sie den Phasen der Landhebung entsprechen. Eine Sonderstellung nehmen die vulkanischen Bergländer ein, in diesem Falle das Zittauer Gebirge, dessen Zentrum in der benachbarten Tschechoslowakei liegt und das dort Žitavské hory genannt wird. Hier ist Basalt und Phonolit durch die Sandsteinbasis aufgedrungen; die auffälligen Bergkegel wurden erst nachträglich durch die Abtragung des umgebenden weicheren Materials herauspräpariert.

Unter dem Einfluß des nach dem Oberpliozän eingetretenen kälteren Klimas überwog die Frostverwitterung, die Täler tieften sich ein und es entstanden, wie im Elbsandsteingebirge, Felsklippen und ganze Felsreviere. Der Wechsel von Ausräumen und Vertiefen, bedingt durch den mehrmaligen Klimawechsel wird belegt durch die Flußterrassen entlang der Täler. Man kann fünf Hochterrassen und eine Niederterrasse erkennen, wobei sich die untersten drei dieser insgesamt sechs Stufen mit den letzten drei Kaltzeiten (Elster-, Saale-, Weichseleiszeit) parallelisieren lassen.

Auf die Wirkung äolischer Kräfte geht das Lößland am Rande der Mittelgebirge zurück. Löß überzieht Gesteine sehr unterschiedlichen Alters und Formung. Lösse aus älteren Kaltzeiten unterlagen während der nachfolgenden Wärmeoptima der Bodenbildung und bei weiteren Kaltzeiten der periglazialen Überformung. Die weichen Formen der Hügelländer sind das Ergebnis jüngerer, meist weichselkaltzeitlicher Umlagerungen. Entsprechend den Luv- und Leelagen begannen sich unterschiedliche Bodenkomplexe herauszubilden. Anderenorts wurden aus gröberem Material Dünen aufgeweht, beispielsweise in der Dresdener Heide und im Lausitzer Heideland, wo heute Kiefernwald stockt. Auch das lößfreie Altmoränenland erhielt in den beiden letzten Kaltzeiten seine endgültige Gestalt. In den Talsohlen wurden Terrassenschotter akkumuliert.

Mehr noch als das Relief können die genetischen Bodentypen Aufschluß über den Naturhaushalt und damit über den Landschaftscharakter geben. Die Bodentypologie entsteht im Zusammenwirken von Substrat (Untergrund), Klima, Wasserhaushalt, Vegetation und gesellschaftlich-technischer Einwirkungen wie Rodung, Ackerbautechnik, Bebauung und Landeskultur. Böden reagieren relativ rasch auf solche äußeren Einwirkungen, sie bilden somit einen feinen Indikator für alle möglichen Einwirkungen auf den natürlichen Umweltkomplex.

In Sachsen übt die Orographie einen verhältnismäßig großen Einfluß auf die Bodengliederung aus, denn von der Höhenlage sind die Temperaturverhältnisse und die Niederschlagsmengen abhängig. Dazu kommt natürlich noch die wechselnde Beschaffenheit des Untergrundes.

Jedenfalls ist das Mosaik der genetischen Bodentypen ein Spiegelbild der ökologischen Standorttypen, die für die Landwirtschafts-, Siedlungs- und Erholungsplanung von großer Bedeutung sind. Dabei treten gesetzmäßige Abfolgen ein, welche die Veränderungen im landschaftlichen Kontinuum sehr anschaulich dokumentieren. Solche Choro- und Toposequenzen sind in Sachsen von G. Haase (1978) eingehend untersucht und dargestellt worden. Haase legte drei Profile und konnte damit die Bodentypik recht genau erfassen.

In West- und Mittelsachsen, also vom östlichen Harzvorland bis zum mittelschlesischen Lößlehmhügelland ergibt sich eine Nordwest-Südwest-Abfolge, die mit fast reinen Schwarzerden (Tschernosemen) beginnt, wie wir sie auf den Lößplatten westlich der mittleren Saale in klassischer Ausprägung vorfinden. Die östliche Grenze dieses Schwarzerdegebietes liegt ziemlich unvermittelt in der Gegend der Weißen Elster und wird durch das vermehrte Auftreten von Griserden markiert. Mehr fließend vollzieht sich der Übergang von Schwarzerden zu Braunschwarzerden und Parabraunerden. Zwischen der Weißen Elster und der Mulde dominieren Parabraunerden und Fahlerden, im Westen der mittelsächsischen Lößlehm-Riedel überwiegen schließlich Staugleyböden. Alle diese Übergänge sind weitgehend klimatisch bedingt.

Ähnlich ist es mit der Nord-Süd-Abfolge von Nord- und Mittelsachsen zum Erzgebirge. Auf den nordsächsischen Moränenplatten findet man Braunpodsole und Parabraunerden. Den Staugleyböden Mittelsachsens folgen Braunerden, Braunpodsole und im Erzgebirge Podsole. Die naturräumlichen Grenzen sind in der Regel auch durch den Wechsel der Bodentypen markiert, die Zunahme der Podsolierungstendenz entspricht mehr oder weniger deutlich der Höhenstufung.

Wesentlich komplizierter ist die Nordwest-Südost-Abfolge der Böden in Ostsachsen, weil hier die Ausstattungselemente des Substrats eng miteinander verschachtelt sind. Auf den Oberlausitzer Pleistozänplatten und den Grundgebirgsschwellen gibt es große Unterschiede bei der Bodenbildung. Auch die Lößdecke zeigt, entsprechend der unterschiedlichen Einwirkung des Klimas, teilweise recht differenzierte Bodenbildungen. In nordsüdlicher Abfolge findet man Braunpodsole, Braunerden und Parabraunerden auf den Oberlausitzer Pleistozänplatten und Grundgebirgsschwellen, Fahlerden und Parabraunerden im Oberlausitzer Hügelland, Braunerden, Braunstaugleye und Hangstaugleye im Oberlausitzer Bergland.

Diese drei Profile legen exemplarisch die Grundzüge der bodengeographischen Gliederung Sachsens dar. Stärker als der Untergrund widerspiegelt die Verbreitung und Abfolge der genetischen Bodentypen die jeweiligen Klimaverhältnisse. Im Ursachengeflecht der Bodenbildung spielt eine Summe von äußeren Einflüssen die größte Rolle, die Eigenschaften des Substrats wirken sich eher in den Bodenarten aus. Dies wird besonders deutlich im Übergang der Pedoregion des Flachlandes zu der des Mittelgebirges. Letztlich gibt die Bodentypologie wichtige Hinweise für die Darstellung des Siedlungsganges. Nicht die Fruchtbarkeit unter dem Aspekt der heutigen Produktionsleistung, sondern die leichte Bearbeitbarkeit war entscheidend für die Inwertsetzung. Das Mosaik der Alt- und Jungsiedellandschaften lehnt sich eng an die heutige standortökologische Gliederung an.

Klima, Gewässer, Vegetation

Das gesamte Territorium Mitteldeutschlands liegt im Bereich der außertropischen Westwindzone. Dieser Klimatyp wird nach M. Hendl (1963) als »temperiertes Zyklonenklima« bezeichnet.
Die Verteilung der Klimaelemente, besonders der Temperatur- und der Niederschlagsmengen, bestimmt die Grundzüge der Klimagliederung Sachsens. Am deutlichsten tritt auch hier der Unterschied zwischen Tiefland einerseits und dem Hügel- und Bergland andererseits in Erscheinung. In den tieferen Lagen, aber auch in den Leelagen der Gebirge ist der Klimacharakter kontinentaler, in den Mittelgebirgen und Bergländern hingegen dominieren die maritimen Züge.
Am ehesten geben die Daten der durchschnittlichen Temperaturen in der Vegetationszeit und der Phänologie einen Eindruck von der klimageographischen Differenzierung; jedoch muß auch der Witterungsablauf beachtet werden.
In den sächsischen Bezirken treffen wir folgende Klimagebiete an:

- kontinental beeinflußtes Tiefland;
- mäßig beregnetes und temperiertes Hügel- und Bergland;
- staubeeinflußtes höheres Bergland;
- kühlfeuchte Kammlagen der Mittelgebirge.

Klimadaten 1901/1950
(In Grad Celsius)

	Januar	*Februar*	*März*	*April*	*Mai*	*Juni*	*Juli*	*August*	*September*	*Oktober*	*November*	*Dezember*	*Jahres-durchschnitt*
Chemitz (418 m)	–1,8	–1,1	2,1	6,4	11,7	14,5	16,3	15,4	12,5	7,7	2,7	–0,4	7,2
Fichtelberg (1.213 m)	–5,3	–5,0	–2,3	1,4	6.5	9,4	11,3	10,8	8,1	3,5	–1,2	–4,1	2,8
Leipzig-Schkeuditz (131 m)	–0,5	0,2	3,4	7,6	12,9	15,8	18,0	17,2	13,6	8,7	3,7	0,6	8,4
Dresden-Klotzsche (222 m)	–0,8	0,0	3,5	7,8	13,1	16,0	17,8	17,0	13,8	8,7	3,6	0,3	8,4
Görlitz (237 m)	–1,3	–0,7	2,7	7,1	12,5	15,6	17,5	16,7	13,5	8,4	3,2	0,0	7,9

Einige Besonderheiten des Klimas werden durch die Kombination lokaler Bedingungen verursacht. In geschützten Lagen der Dresdner Elbtalwanne wird Weinbau betrieben, der früher noch weiter verbreitet war. Das Lausitzer Gefilde besitzt das sommerwärmste Klima Deutschlands; hier ist also die Kontinalität am stärksten ausgeprägt. Das wärmste Gebiet Sachsens ist in der Großenhainer Pflege in der Gegend von Seußlitz und Diesbar zu suchen, dazu kommt eine geringe Niederschlagsmenge, die stellenweise unter 500 mm/a bleibt. Im Gegensatz dazu steht das Erzgebirge, wo die Jahresniederschläge auf über 1.200 mm im Jahr ansteigen und die Zahl der frostfreien Tage erheblich abnimmt. Im Witterungsablauf spielt die Streichrichtung des Erzgebirgskammes eine Rolle; bei sommerlichen V-b-Wetterlagen wird das östliche Erzgbirge stärker betroffen. Die räumliche Niederschlagsverteilung läßt sich aber nicht nur aus Unterschieden in der Höhenlage erklären, denn gleich wichtig ist die Lage im Luv- und Leebereich der Gebirgskörper. Luvbereiche wirken in der Regel niederschlagserhöhend, denn gegen sie werden die vom Atlantik stammenden feuchtigkeitsreichen Luftmassen geführt.

Im Laufe der Geschichte haben auch anthropogene Eingriffe auf den Klimacharakter eingewirkt. Zweifellos hat die Rodungstätigkeit im Mittelalter das kontinentale Element verstärkt. Bergbau, Industrie und Verstädterung verursachten weitere lokale Änderungen. In Beckenlagen mit starker industrieller Produktion, etwa in der Dresdner Elbtalwanne, kommt es häufiger zu Inversionswetterlagen und zur Smogbildung. Die durch die Industrie, die Verkehrseinrichtungen und den Hausbrand hervorgerufene Dunsthaube setzt die Zahl der Sonnenscheinstunden des Elbtals gegenüber den angrenzenden Platten bedeutend herab. Auch in der Industriestadt Chemnitz verstärken die Abgase als Kondensationskerne häufig die Bildung dichter Hochnebel, so daß selbst bei Hochdruckwetterlagen jeglicher Sonnenschein fehlt und sogar Sprühregen fällt, während wenig weiter im Gebirge über dieser Hochnebeldecke klarer Himmel und gute Fernsicht zu verzeichnen sind. Durch die Fernbeheizung der Neubauten und die allmähliche Verbesserung der Abgassituation in den Großbetrieben sind erste Maßnahmen eingeleitet worden, die zukünftig die Lufthygiene wesentlich verbessern sollen.

In anderen Landschaften laden die bioklimatischen Bedingungen zur Touristik und Rekreation ein. Im Sommer ist das Erzgebirge wegen seines reizstarken und rauhen Klimas für die Erholung gut geeignet. Im Vergleich zum klimabegünstigten Dresdner Elbtal unterscheidet sich die Gegend um Altenberg im nahegelegenen Osterzgebirge durch eine dreimal solange anhaltende Schneedecke, eine Verspätung des Frühlingseinzuges um ungefähr 30 Tage und eine Verkürzung der Vegetationszeit um zwei Monate (Dresden 259, Altenberg 200 Tage). Hier kann also der Wintersport ausgeübt werden, auch in Form der Wochenendtouristik aus dem Ballungsgebiet des oberen Elbetales. Hoch über dem Dunstbereich der Niederungen und fern vom Rauch der Industrieballungen gelegen, zeichnet sich gerade das Osterzgebirge durch viel winterlichen Sonnenschein aus. Eine klimatische Sondererscheinung sind die »Böhmischen Nebel«, das sind aus dem erhitzten nordböhmischen Becken aufsteigende und sich über den Kamm herüberwälzende Warmluftmassen, ferner föhnartige Fallwinde bei von Süden her quer zum Gebirge strömender Luft und durch Stau von Nordwesten her hervorgerufene dauerhafte Aufwinde.

Fast alle Wasserläufe Sachsens gehören zum Elbe-System und damit zum Einzugsgebiet der Nordsee; nur ein schmaler Streifen entlang der Neiße gehört zum Flußsystem der Oder und damit zum Einzugsgebiet der Ostsee. Der Wasserdurchfluß schwankt stark im Jahreslauf, noch stärker aber entsprechend dem Gesamtwitterungscharakter des betreffenden Jahres. Durchschnittswerte besitzen deshalb eine sehr geringe Aussagekraft.

Wasserführung der Elbe bei Dresden (m^3/sec.)

mittel	319
max. (März)	560
min (September)	205
Hochwasser 6./7.9.1890	4.350
Niedrigwasser 9.1.1954	21

Die Wasserführung ist in der Zeit der Schneeschmelze, also im März, am höchsten, dagegen im September, infolge der sommerlichen Verdunstung am niedrigsten. Hochwasserkatastrophen und Niedrigwasserkalamitäten treten unabhängig von diesem »normalen« Abflußgeschehen auf. Extrem hohe Niederschläge im Erzgebirge können sehr rasch zu einem plötzlichen Anschwellen der Flüsse führen.
Für die Wasserwirtschaft wurden zahlreiche Talsperren und Stauwerke angelegt. Diese dienen weniger der Energiegewinnung als der Trinkwasserversorgung und der Hochwasserregulierung. Die größte Talsperre ist die 1964 erbaute Triebtalsperre bei Pöhl mit einem Stauraum von 62 Mio. m^3.
Die natürliche Pflanzendecke ist durch die Siedlungstätigkeit des Menschen weitgehend verändert worden. Die natürliche Waldzusammensetzung war das Ergebnis einer 10.000 Jahre währenden Entwicklung seit der letzten Kaltzeit; die menschliche Gesellschaft hat knapp 700 Jahre gebraucht, um dieses Bild völlig zu verändern. Das Gesamtgebiet liegt im Bereich des sommergrünen Laubwaldes des holarktischen Waldgürtels. Als Ausdruck der Höhen- und Klimagliederung treffen wir in Sachsen Waldgesellschaften der planaren, collinen submontanen und montanen Stufen an. In 300 bis 400 m Meereshöhe wird der von Hainbuchen durchsetzte Eichen- und Rotbuchenwald, der sich etwa an die Verbreitung der mächtigeren Lößdecken anpaßt, endgültig durch einen Eichen-Buchen-Mischwald abgelöst. In diesen treten als Nadelholzarten zunächst die Tanne, ab 500 bis 600 m Meereshöhe die Fichte und in bodentrockenen oder ausgedehnten Tallagen die Bergkiefer auf. Die Zunahme der Nadelhölzer mit der Meereshöhe zeigt die kühlen und niederschlagsreicheren Sommer sowie die schneereichen Wintermonate an. Mehr oder weniger geschlossene Fichtenwälder setzen sich jedoch erst in Höhenlagen um 900 m und darüber endgültig durch. Heute sind die Wälder des Erzgebirges fast reine Fichtenforste, die Rodung ist über 800 m hoch vorgedrungen. Im glazialen Aufschüttungsland der Lausitz kommen dagegen natürliche Kiefernstandorte vor, die den Reiz dieser wenig bekannten Landschaft ausmachen.

Landschaftsgeschichte

Die Landschaft, die heute von uns wahrgenommen wird, ist das Ergebnis einer langen und wechselvollen Entwicklung. Der Eingriff der Gesellschaft in den Naturhaushalt hat diesen nachhaltig verändert, zugleich wurde aber auch die Gesellschaft verändert. Dieses Wechselspiel Natur-Gesellschaft setzte mit dem ersten Auftreten des Menschen ein und erreicht in der Gegenwart durch die wissenschaftlich-technische Revolution Dimensionen, die es befürchten lassen, daß die Natur selbst »ihre Natur« verliert. Diese Natur-Mensch-Geschichte ist aufregender und widerspruchsvoller als die Naturgeschichte bis zum Erscheinen der Menschen.

Die menschliche Gesellschaft nutzt die Natur für ihre Bedürfnisbefriedigung – Nahrung, Kleidung, Behausung, Wärme, Gerät und Waffen, Kommunikation, kultische Bedürfnisse – und bewertet sie nach diesem Nutzen. Sie verändert die Natur bis zu einem Grad, daß eine Rückbildung in den Urzustand nicht mehr möglich wird, sie wird selbst zu einer Komponente des Ökosystems. In verschiedenen Epochen und Kulturen kann die Bewertung des geographischen Milieus wechseln: Was z. B. unter bestimmten Verhältnissen ein »guter« Boden ist, bestimmt nicht die Natur allein, sondern richtet sich nach dem jeweiligen Stand der Agrartechnologie und weiteren Bedingungen. Auch die Bodenschätze werden erst »wertvoll«, wenn die Zeit dafür reif ist. Ebenso schnell können sie ihren Wert verlieren, wenn Konjunkturverhältnisse, Kommunikationssysteme oder gewandelte Bedürfnisse eine neue Bewertung nahelegen.

Mit dem Seßhaftwerden der ersten Menschen, das in Mitteleuropa mit dem Neolithikum anzusetzen ist, beginnt die entscheidende Revolution im Umgang mit der Natur. Es bildeten sich die Altsiedellandschaften heraus, die in Mitteldeutschland besonders gründlich untersucht worden sind. Die für den Getreideanbau besonders günstigen Lößböden am Rande der Mittelgebirge wurden eindeutig bevorzugt. Dauersiedlungen wurden angelegt, Wälder wurden mit Feuer und Axt gerodet. Die gesellschaftliche Arbeit hinterließ schon tiefe Spuren im Landschaftshaushalt, die wir noch heute wahrnehmen können, obwohl in den Frühzeiten die Besiedlung sehr dünn gewesen ist und spätere Klimaverschlechterungen den Wald wieder vordringen ließen. Auf den für die Pflanzenproduktion genutzten Flächen können wir mit den ersten Einwirkungen der Bodenerosion rechnen, die korrelaten Ablagerungen finden wir als angeschwemmten älteren Auelehm in den Talböden der näheren Umgebung. Schließlich wurden auch die Gesetzmäßigkeiten der Bodenbildung durch anthropogene Komponenten modifiziert.

Für das Lößhügelland bei Meißen wird der Übergang zum Feldbau und damit zur Seßhaftigkeit in einer Zeit vor reichlich 6.000 Jahren angenommen. Zwar drangen Grabstock und Hacke nicht tief in das Erdreich ein, doch erschöpfte sich der Boden sehr rasch, so daß die gelichteten Felder lange brach liegen blieben und bei trockenem Klima die Winderosion ungehindert eingreifen konnte. Man hat errechnet, daß eine Familie zu ihrer Lebensfristung eine Fläche von 200 bis 300 ha benötigte.

Die Völker kamen und gingen, entscheidend ist nicht ihre ethnische Zuordnung, sondern ihre Agrarverfassung und -technik. Völkerschaften, die stärker auf die Viehzucht orientiert waren, werteten den Naturraum anders als Ackerbauer.

Dieses mit Beteiligung der menschlichen Gesellschaft entstandene neue Gleichgewicht blieb, wenn auch mit Schwankungen, bis ins frühe Mittelalter gewahrt.

Seit dem beginnenden Hochmittelalter setzte eine erneute Revolution ein. Schon die Slawen hatten mit einem allmählichen Ausbau des Siedlungsraumes über die angestammten Grenzen hinaus begonnen, die deutsche Ostkolonisation schließlich drang in die Mittelgebirge und Bergländer vor, deren Kammlagen in der früheren Neuzeit erreicht wurden.
Die bäuerliche Kolonisation, die sich des Waldhufen-Prinzips bediente, entblößte große Flächen des Waldkleides, wobei die Talhänge besonders betroffen wurden. Um dem Pflug die Bahn zu öffnen, mußten Gesteinsbrocken und Felsen beiseite geräumt werden. Im Erzgebirge und anderen Bergländern zeugen noch heute Lesesteinhaufen und -riegel von dieser Tätigkeit.
Durch diese Rodungen, aber auch durch die tiefergehenden, eisernen Pflugscharen kam die Bodenerosion in einem noch nie dagewesenen Ausmaß in Gang. Außerdem muß eine Klimaverschlechterung in Mitteleuropa in Betracht gezogen werden, verbunden damit ein Zunehmen der Niederschlage, denn die Alpengletscher drangen wieder vor. Die korrelaten Ablagerungen in den Talniederungen geben eine Vorstellung vom quantitativen Ausmaß dieser beschleunigten Bodenabtragung. Die Ablagerung der Auelehme in den Talböden begann schon in vorgeschichtlicher Zeit, vor der eigentlichen Besiedelung. Auelehme sind daran zu erkennen, daß bereits vor der Umlagerung eine Bodenbildung eingesetzt hatte, weil stets Humus enthalten ist. In geschichtlicher Zeit, also zuerst im Neolithikum und dann verstärkt im Mittelalter, nahm der Auftrag erheblich zu. Am Oberlauf der Freiberger Mulde wird bei Rechenberg das Tal 60 bis 80 m breit und trägt eine 0,2 bis 0,7 m mächtige Auelehmdecke; bei Weißenborn beträgt die Sohlenbreite sogar ca. 300 m und die Auelehmmächtigkeit schwankt zwischen 0,9 und 1,5 m. Naturgemäß finden sich die weitesten Talauen in den Unterläufen der Flüsse, besonders dort, wo die Flüsse aus dem Gebirge und den Hügelländern heraustreten. Südlich von Leipzig hat die Elsteraue eine Breite von 2 bis 3 km, die der Pleißeaue beträgt ca. 1,5 km. Hier beträgt die Mächtigkeit der Auelehme schon über 2 m. Diese Werte geben in der Tat eine anschauliche Vorstellung von der Menge des Materials, die in Folge der großflächigen mittelalterlichen Rodungen in Bewegung gesetzt worden ist.
Schließlich wurden auch die verbliebenen Waldungen in ihrer Zusammensetzung nachhaltig verändert. Daran war nicht nur die Holzentnahme und die Gewinnung weiterer Rohstoffe schuld, sondern auch der Vieheintrieb wie etwa die Eichelmast der Schweine. Noch schlimmer war es in der Umgebung der Bergwerke, Schmelzen, Glashütten, Salzsiedereien, der Holzkohlenmeiler und Pottaschenhersteller. Kirche, Adel und Städte benötigten Bauholz für ihre Repräsentations- und Prachtbauten. Für einen gotischen Dom mußten ganze Wälder niedergelegt werden, was als einmaliger Eingriff zu verkraften gewesen wäre; erschwerend wirkte sich vielmehr aus, daß nachher nicht aufgeforstet oder rekultiviert wurde. Wertvolle Hölzer wie beispielsweise die Eibe verschwanden ganz aus dem Bestand.
Deshalb wurde die Waldverwüstung immer bedrohlicher. Die ökologischen Folgen kann man sich nicht drastisch genug vorstellen: Hochwasserkatastrophen als Folge beschleunigten Wasserabflusses, Schädlingsplagen, Seuchen und Not. Technologien zur Abwendung solcher Desaster waren noch nicht bekannt bzw. wurden von den Verursachern nicht angewendet. Auch die Faunenzusammensetzung

änderte sich. Die Ausrottung des Großraubwildes (Bär, Wolf, Luchs) führte zu einer Übervermehrung des Schalenwildes, das schließlich immer größere wirtschaftliche Schäden anrichtete, weil die Bejagung nicht nach ökonomischen oder ökologischen Gesichtspunkten geregelt war.
Im 13./14. Jahrhundert pendelte sich die Feld-Wald-Verteilung ein, die für die folgenden Jahrhunderte bestimmend blieb. Im Spätmittelalter nahm der Wald wieder zu, nicht zuletzt infolge des Wüstungsprozesses, der nicht nur aus dem Bevölkerungsrückgang erklärt wird, sondern vielmehr auch durch die Krise der Getreidepreise, die unter die Rentabilitätsgrenze abgesunken waren, bedingt war.
Gelegentlich werden auch die historischen Klimaschwankungen als Ursache solcher Erscheinungen ins Feld geführt. Heute hat sich die Erkenntnis durchgesetzt, daß gesellschaftliche und ökonomische Verursachungen viel nachhaltiger wirkten: Konjunkturen und Krisen, mißglückte Spekulationen menschlichen Geistes, mangelnde Weitsicht und fehlende Einsicht in den Ablauf natürlicher Prozesse und die Grenzen des Naturraumpotentials.
Völlig neue Verhältnisse entstanden im 18. Jahrhundert, im Zeitalter des Absolutismus. Die Bevölkerungszahl stieg wieder kräftig an, damit auch die Produktion, verbunden mit einer Qualitätssteigerung der Produkte. Landesherrschaft und Grundbesitzer führten fortschrittliche Produktionsmethoden ein und förderten damit zugleich die Landeskultur. Anders als im Mittelalter die Kirche, die die durch ihre aufwendige Bautätigkeit entstandenen Umweltschäden nicht beseitigte, weil sie kein Verhältnis zur Natur entwickelt hatte, treffen wir jetzt auf vielerlei Maßnahmen, die den landeskulturellen Zustand verbesserten. Dazu gehört insbesondere die schrittweise Einführung einer geregelten Forstwirtschaft.
Ein Beispiel dafür ist der Wermsdorfer Wald im Sächsischen Hügelland. Im Geiste des Rationalismus wurden die Forsten planmäßig in die Kulturlandschaft einbezogen. Die unsachgemäße Waldbewirtschaftung im Mittelalter hatte zur Folge gehabt, daß die eichenreichen Mischwälder völlig zurückgedrängt worden waren. Nun aber wurden die Forsten überwiegend mit Nadelbäumen bestockt, dazu traten fremdländische Arten, wie etwa um 1750 die Lärche, die zunächst als Zierhölzer in die Gärten und Parks angepflanzt wurden.
Für Sachsen liegen eine Reihe von frühen topographischen Landesaufnahmen vor, die eine gute Vorstellung vom Zustand der Landeskultur geben. Solche exakten Landkarten entstanden im 18. und im frühen 19. Jahrhundert, also zu einer Zeit, als sich ein neues Gleichgewicht einzuspielen begann. Leider bleibt uns der Vergleich mit modernen topographischen Karten versagt, weil diese in der DDR der Öffentlichkeit nicht zugänglich gemacht wurden.

Umweltbelastungen

Es wurde bereits gezeigt, daß die Vegetationsdecke und zum Teil auch die Bodenbildung den Einwirkungen durch die menschliche Gesellschaft am meisten ausgesetzt waren. Auch die geomorphologischen Prozesse sind, wie durch Einzelbeispiele bereits angedeutet werden konnte, durch wirtschaftliche Aktivitäten

der Gesellschaft quantitativ und qualitativ verändert worden. Dies ist in besonderem Maße der Fall in den landwirtschaftlich intensiv genutzten Gebieten und in den Bergbauregionen.
Die Bodenerosion, besonders die beschleunigte Abtragung, findet ihre besten Angriffspunkte bei der Anwendung bestimmter agrarischer Nutzungsformen. Zur Einschätzung dieser Prozesse müssen wir nicht nur das historische Ackergerät kennen, sondern auch die Fruchtfolgen. Sowohl die historische als auch die rezente Abtragung ist im Mittelsächsischen Hügelland gründlich untersucht worden. Besonders eindrucksvoll ist das Beispiel der Lommatzscher Pflege, wo die Lößdecke zum Teil über drei Meter mächtig ist. Extreme Witterungslagen, die Schwankungen des Bodenwasserhaushalts und die Entwicklung der Landbautechnik können hier ziemlich genau rekonstruiert werden. Der ältere Zustand der Ackerböden, etwa im 18. und 19. Jahrhundert, ist charakterisiert durch hohe Werte der Bodenerosion. Alle Arten der Bodenerosion könnten hier auch urkundlich belegt werden: Deflation durch den Wind, Bodenfließen durch Vernässung oder bei Temperaturwechsel (»laufender Lehm«), als Folge davon Verschlämmung, dann die flache, rillenförmige Abspülung und bei häufigen Starkregen auch Grabenreißen. Manchmal waren die Schäden so groß, daß wie in der Leutewitzer Flur 1768 »... das Wasser z. T. Löcher einen halben Mannes tief in die Felder gerissen« (nach Herz 1964, S. 52). Andere Urkunden nennen auch die Mengen des fortgeführten Bodens. Die Hänge dagegen waren durch die flächenhafte Erosion gefährdet.
Die Folgen dieser Bodenerosion lassen sich bis in die Gegenwart im Landschaftsbild belegen. Der Wechsel von Abtragung und Auflagerung erzeugte oft mehrere Meter hohe Hochraine und hochrainähnliche Kulturwechselstufen entlang von Parzellengrenzen, also »quasi natürliche« Formen, die ohne Anwesenheit des Menschen nicht entstanden wären. Bei Entstehung von Grabenrissen (gullies) spielte der Wechsel von Sommerfeld, Winterfeld und Brachfeld im Rahmen der verbreiteten Dreifelderwirtschaft eine hervorragende Rolle. Als negative Folge der weiteren Bearbeitung und bestimmter Maßnahmen wurden die V-förmigen Schluchten zu flachen Dellen oder kastenähnlichen Tilken (»Tälchen«) umgearbeitet. Viele dieser Formen sind als Hohlwege, tilkenähnliche Gräben oder gehölzbewachsene Trockenschluchten erhalten geblieben. Die meisten dieser Formen können bereits in den um 1800 angefertigen »Sächsischen Meilenblättern« erkannt werden.
Da die Bodenerosion bemerkenswerte Ertragsminderungen verursachte, wurden verschiedene Gegenmaßnahmen praktiziert, beispielsweise durch bestimmte Arten des Pflügens oder durch Änderungen der Fruchtfolgen. Auch neue Formen der Düngung spielten eine Rolle, wenn sie dem Boden mehr Halt gaben. Dies alles hatte eine deutliche Verlangsamung der bodenerosiven Prozesse zur Folge; die entstandenen Formen bildeten sich nur noch bei starker Beanspruchung allmählich weiter.
Am Beginn dieses Jahrhunderts war somit »ein neues Gleichgewicht« eingetreten. Die Feld-Wald-Grenzen und auch andere Kulturwechselgrenzen waren außerordentlich stabil und wurden kaum noch verändert. Die Ernteerträge zeigten im Vergleich zum Mittelalter und zur früheren Neuzeit quantitativ und qualitativ ein wesentlich höheres Niveau. Schon relativ früh war das Hochbeetsystem ein-

geführt worden, um den Bodenwasserhaushalt zu regeln. Feldwassergräben und Senkgruben sowie die unterirdische Dränung wurden eingeführt. Diese Techniken wurden jedoch schon am Ende des 19. Jahrhunderts aufgegeben, weil neue Pflugtechniken und verbesserte Methoden der Düngung eine den Verhältnissen angepaßte Pflege des Bodens gewährleisteten. Schrittweise konnte die Intensität und das Ausmaß der Bodenerosion weiter vermindert werden.

Eine neue Phase der Bodenerosion begann in den fünziger Jahren dieses Jahrhunderts infolge der sozialistischen Kollektivierung der Landwirtschaft. Die Zusammenlegung der Fluren, die Beseitigung der Feldraine, der sorglose Einsatz von zu schwerem, aus der Sowjetunion eingeführtem technischen Gerät, unangepaßte Fruchtfolgen durch den Zwang zur Ertragsmaximierung, schrankenlose Anwendung von Unkrautvernichtungsmitteln und die so bewirkte Zerstörung der Bodenkrume verursachten Flurschäden, die in kurzer Zeit weit über das historische Maß hinausgingen. Die ökonomischen und ökologischen Folgen dieses Raubbaus wurden von den verantwortlichen Leitungskräften erkannt und richtig eingeschätzt, so daß man heute große Energie dareinsetzt, die Ursachen zu erkennen und schließlich zu beseitigen. Beispielsweise wurde in der DDR eine mittelmaßstäbige landwirtschaftliche Standortkartierung durchgeführt, die es erlauben sollte, die Eigenschaften der Böden, namentlich auf der Basis der Großschläge zu klassifizieren und die Bewirtschaftung entsprechend zu planen. Die erzielten Erfolge waren sehr lehrreich und ermutigten zu weiteren Maßnahmen.

Nicht weniger bemerkenswert sind die Veränderungen des Reliefs in den Bergbaugebieten. Im Mittelalter gehörte namentlich das Erzgebirge zu den wichtigsten Abbauprovinzen in Mitteleuropa. Ein Rückgang setzte ein, als die aus Südamerika eingeführten billigeren Edelmetalle die Rentabilität vieler Bergwerke erschütterten.

In den Bergbaugebieten Sachsens kann man sowohl Hohlformen als auch Akkumulationsformen beobachten. In der Frühphase konnte man nur oberflächennahe Erze schürfen. Flächenhaft entstanden solche Hohlformen wie Wannen und Pingen (Bingen), unregelmäßig gestreut, die nach dem Auflassen zumeist nicht mehr verändert wurden. Unter dem inzwischen wieder aufgekommenen Wald lassen sich ganze Pingenfelder beobachten. Die korrelaten Ablagerungen der Gruben beobachten wir in Gestalt von Halden und Kippen, deren Form und Größe mit dem aufkommenden Untertagebau immer augenscheinlicher wurde. Im Erzgebirge findet man Halden und Kippen aus allen Bergbauperioden, von denen einige als Zeugnisse der historischen Kulturlandschaftsentwicklung unter Natur- oder Denkmalschutz gestellt worden sind.

Die Halden der ersten Periode von 1200 bis 1500 waren noch klein und unscheinbar und paßten sich dem Gelände an. Größer wurden, entsprechend den Fortschritten der Montantechnik und der zunehmenden Teufe der Schächte, die Halden im 18. und 19. Jahrhundert. Ganze Haldenreihen folgen dem Streichen der Erzgangzüge, etwa in der Gegend von Freiberg und Ehrenfriedersdorf.

Noch umfangreicher sind die Haldenschüttungen der Gegenwart, beispielsweise des Uranbergbaus im westlichen Erzgebirge zwischen Johanngeorgenstadt und Aue. Sie haben kegel- und tafelbergähnliche Gestalt, manchmal handelt es sich auch um Hangschüttungen. Auch wo man sich nach der Erschöpfung der Gru-

ben um eine baldige Rekultivierung bemüht hat, bilden sie charakteristische Denkmäler im Landschaftsbild.
Durch den Einsturz von unterirdischen Hohlräumen oder allmähliches Nachsacken können an der Oberfläche Senkungen entstehen, die dem Aussehen nach ebenfalls »Pingen« genannt werden. Bekannt sind die Altenberger Pinge im Zinnrevier des Osterzgebirges und die Geyersche Pinge. Vom ersten Zusammenbruch eines Abbauhohlraums erfahren wir aus dem Jahre 1545, der schwerste, der einen trichterförmigen Einbruch schuf, folgte 1620. Durch mehrfaches Zusammenbrechen in Etappen hat sich die Fläche dieser Pinge von 1,25 ha auf über 22 ha erweitert, die größte Tiefe liegt bei 90 m.
Noch stärker als der Erzbergbau hat der Braunkohletagebau in die Landschaft eingegriffen. Die wichtigsten sächsischen Vorkommen liegen bei Borna, Meuselwitz und bei Delitzsch im Umkreis von Leipzig, wo sie sich teilweise in die Gegend von Halle hineinziehen. Schon im 18. Jahrhundert wurde die Braunkohle in kleinen Mengen abgebaut. Um die Jahrhundertwende wurde die maschinelle Abraumbeseitigung und bald darauf die vollmechanische Gewinnung der Kohle eingeführt. Die Weiterentwicklung der Tagbautechnologie erlaubt es heute, immer mehr Deckgebirge abzuräumen und immer tiefere Flöze zu erreichen. Vor dem Abbau wird zunächst der Mutterboden beiseite geschoben, dann erst wird das Deckgebirge mit Großgeräten beseitigt. Das tote Gestein wird auf Halde gelegt oder abgekippt, dabei wird das Material vollständig durchmischt. Nach der Auskohlung kann es zur Gestaltung der Bergbaufolgelandschaft wieder in die Gruben zurückgebracht werden, doch beläßt man hier meist Restlöcher und führt diese entweder einer wasserwirtschaftlichen Nutzung zu, oder man gestaltet Naherholungsgebiete für die werktätige Bevölkerung. Die verkippten Areale werden überwiegend aufgeforstet und wieder mit Mutterboden überzogen und der Pflanzenproduktion zugeführt. Im Leipziger Raum sind Naherholungsgebiete mit Tagebauseen in den Abbaugebieten von Kulkwitz westlich von Leipzig und Pahna südlich von Borna entstanden. Es wurden Zufahrts- und Wanderwege, Parkplätze, Liegewiesen und Zeltplätze angelegt und gastronomische Einrichtungen erbaut, außerdem entstanden touristische Unterkünfte und eine große Zahl von Wochenendhäusern. Somit konnten hier Erholungsmöglichkeiten für mehr als 1,4 Millionen Besucher jährlich geschaffen werden.
Insgesamt wird der Landschaftshaushalt in den Braunkohleabbaugebieten am stärksten verändert. Durch Verlegen von Straßen, Eisenbahnen, Wasserläufen, Ortsteilen und ganzen Siedlungen entsteht während des Abbaus und nach der Rekultivierung eine völlig neue Kulturlandschaft. Die mitten durch das Borna-Meuselwitzer Revier hindurchfließende Pleiße wurde auf einer Strecke von 12 km neu verlegt, viele kleine Bäche und Gewässer sind ganz verschwunden. Im Kreis Delitzsch, wo jetzt der Abbau aufgenommen wird, werden bis zum Jahre 2020 42 % der Kreisfläche bergbaulich verändert sein. Auch die Grundwassersituation wird als Folge dieser flächenhaften Eingriffe, die sogar im Weltraumbild deutlich hervortreten, völlig verändert, was bei der angespannten wasserwirtschaftlichen Situation eine Reihe von Maßnahmen erfordert. Von der Seite strömt dauernd Wasser in die Gruben ein, das abgepumpt werden muß. Durch diesen Wasserentzug kann es in der Umgebung der Gruben zu metertiefen Absenkun-

gen kommen, ganz abgesehen von der Verminderung der Bodengüte durch die Austrocknung.

Nicht ganz so augenfällig sind die Schäden in den Steinkohlerevieren, wo der Untertagebau überwog. Zeugen der jahrhundertelangen Steinkohlengewinnung in den einzelnen Abbaugebieten sind Abraumhalden, Senkungsmulden und Geländeflexuren an den Rändern der Abbaufelder sowie grundwasserüberstaute Areale im Bereich der stärksten Absenkungen. Allein im Zwickauer und im Oelsnitz-Lugauer Revier sind 52 größere, meist tafelbergartig geformte Halden entstanden, die eine Fläche von 285 ha bedecken und eine Höhe bis zu 70 m erreichen. In den vergangenen Jahren hat hier eine verstärkte Wiederurbarmachung eingesetzt, wobei bewährte Pionierholzarten für die erste Begrünung verwendet werden. Im Zwickauer Revier mußten infolge der Geländeabsenkungen entlang der Mulde große Dämme errichtet werden, um das Stadtgebiet von Zwickau vor Überflutungen zu schützen. Die ordnungsgemäße Verwahrung aufgelassener Grubenbaue erfordert umfangreiche Mittel und spezielle technische Vorkehrungen.

Im Zuge des Uranbergbaues im mittleren und westlichen Erzgebirge entstanden ebenfalls größere Abraumhalden und Hangschüttungen. Allein im Raum von Johanngeorgenstadt wurden bis 1968 312 ha Haldenfläche aufgeforstet. Geeignete Halden werden als Parkanlagen für die Naherholung gestaltet, nach der Auflassung der Gruben ist in dieser Gegend eine verstärkte fremdenverkehrliche Nutzung vorgesehen.

Die angespannte Wasserwirtschaft, verbunden mit einer Überindustrialisierung, führt in trockeneren Jahren zu einer katastrophalen Situation. In den Industriegebieten findet eine Mehrfachnutzung des Wassers mit bis zu siebenfachem Faktor statt. Viele Gewässer, gerade in den sächsischen Bezirken, sind so sehr verschmutzt, daß das organische Leben fast völlig zum Absterben gekommen ist.

Allerdings haben auch schon die Flußbaumaßnahmen im 19. Jahrhundert ökologisch ungünstige Folgen gezeitigt. In der Sächsischen Schweiz begann die Flußregulierung schon im 18. und 19. Jahrhundert, um die Schiffahrt zu ermöglichen. Die Landschaftsmalerei und alte Graphiken geben eine gute Vorstellung vom früheren Zustand der Elbe. Die Beseitigung von Niedrigwasserstellen, Sandbänken, Felsschwellen und vorspringenden Felsnasen erhöhte die Stromtiefe und damit die Geschwindigkeit des abfließenden Wassers. Schließlich wurden die Ufer gepflastert und Buhnenköpfe erbaut, die als Strömungsbrecher dienten und in vielen Fällen Veränderungen im Flußbett bewirkten. Als im Jahre 1838 die Dampfschiffahrt auf der Elbe eröffnet wurde, kam es zu weiteren Strombaumaßnahmen. Der gesamte sächsische Flußlauf wurde nach einheitlichen Gesichtspunkten umgestaltet. Dadurch sind mehr als 200.000 m^2 Stromfläche, vorwiegend flache, bewachsene Uferbereiche und Altwässer abgetrennt und damit viele Elbfischarten ihrer natürlichen Laichplätze beraubt worden. Dennoch bereitet auch heute die Niedrigwasserregulierung der Elbe eine Reihe von Problemen, die noch nicht gelöst worden sind. Deshalb setzte sich in den letzten Jahrzehnten immer mehr die Auffassung durch, daß eine wirkliche Lösung des Elbschiffahrtsproblems nur mittels »Kanalisierung« zu erreichen ist. Allerdings dürfen bei einem solchen Projekt nicht nur die Bedürfnisse des Transportwesens berücksich-

tigt werden, auch die Anforderungen der Landeskultur müssen zunehmend ins Gewicht fallen.
Die Luftverschmutzung ist kein Problem, das erst in der Gegenwart aufgetaucht ist. Schon im Laufe der Geschichte hat sich gezeigt, daß Rauch und Dämpfe der Erzschmelzen, Köhlereien und Pottaschensiedereien den umgebenden Wäldern sichtbare Schäden zufügten. Noch mehr verstärkte sich das Problem in den sich ausbildenden Industriegebieten, besonders nach der Einführung der Dampfmaschine in den Fabriken.
Am meisten sind neben den großstädtischen Ballungen heute die Gebiete mit Braunkohlenabbau von der Luftverschmutzung betroffen. Hier konzentrieren sich die Kraftwerke und die Betriebe der chemischen Industrie, die durch ihre Exhalationen zweifellos schon in den zwanziger und dreißiger Jahren große Schäden angerichtet haben. Bei der kriegsbedingten Ausweitung und schließlich durch den »Aufbau des Sozialismus« wurde wenig Rücksicht auf die Belange der Lufthygiene genommen. Um so bedenklicher erschien der Bau weiterer Kraftwerke im Umkreis von Leipzig, weil hier Braunkohle von noch geringerer Qualität und mit hohem Schwefelgehalt verfeuert werden sollte.
Am spektakulärsten sind die durch Luftverunreinigungen entstandenen Schäden in den höheren Lagen des Erzgebirges. Dort wurde schon in den frühen sechziger Jahren ein Baumsterben festgestellt, wie es in den letzten Jahren in vielen anderen Teilen Mitteleuropas beobachtet wird. Ursachen waren die Rauchschwaden der Kraftwerke und Industriebetriebe im nordböhmischen Bergbaurevier, deren schlecht gereinigte Abgase infolge der meist aus Südwesten wehenden Winde heraufdrangen. Damals mußte der tschechoslowakische Staat hohe Abfindungssummen an die DDR zahlen, dennoch bekam man das Problem nicht in den Griff. Heute sind ganze Forsten im Erzgebirge abgestorben, selbst der Unterwuchs ist auf wenige Arten reduziert, der Boden wird abgespült und jegliches Leben erstirbt.

Naturräumliche Gliederung, Landschaften

Sachsen breitet sich überwiegend im Mittelgebirgs- und Bergland aus. Dieses ist ein Teilausschnitt der Mitteleuropäischen Mittelgebirgsschwelle, deren wichtigste Strukturelemente in variskischer und herzynischer Richtung angeordnet sind. Die Dominante, an die sich alle anderen Naturräume anlehnen, ist der Kamm des Erzgebirges. Nach Norden hin werden die Aufschüttungen der pleistozänen Vereisungen immer mächtiger. So entsteht eine charakteristische Gliederung im Bergland, Gebirgsvorland bzw. Hügelland und Flachland.
»Naturräumliche Gliederung« ist ein Verfahren der geographischen Rayonierung, bei der es darum geht, Naturräume mit unterschiedlichen Merkmalskombinationen voneinander abzusondern. Eine besondere Bedeutung hat dabei die Typisierung der Naturräume im Hinblick auf die Flächennutzung und eine angemessene, planmäßige Weiterentwicklung.
Folgende naturräumliche Groß- und Haupteinheiten breiten sich in Sachsen aus bzw. ragen hinein:

Sächsisch Thüringisches Vogtland

Ost-Thüringisch-Vogtländische Hochflächen /
Mittelvogtländisches Kuppenland /
Oberes Vogtland

Dieser Teil der Mittelgebirgsschwelle ist gekennzeichnet durch weitgespannte flachwellige Rumpfflächen, die von Norden nach Süden leicht ansteigen. Saale und Elster sind oft mit großen Mäandern eingeschnitten. Das Elstergebirge liegt größtenteils schon jenseits der Staatsgrenze und wird dort »Halštrovské hory« genannt. Es ist das Verbindungsglied zwischen dem Erzgebirge und dem Fichtelgebirge. Entsprechend der Höhenlage ist das Klima rauh, doch im Lee nicht ganz so niederschlagsreich wie weiter westlich. Die flachgründigen Böden, mäßig gebleichte Braunerden, Podsole und skelettreiche Verwitterungsböden, sind für die Landwirtschaft weniger geeignet. Nur in der Gegend um Plauen sind infolge schwacher Lößeinwehungen die Bodenwertzahlen etwas höher. Neben ziemlich geschlossenen Fichtenforsten gibt es viele verstreute Waldparzellen, die dem Land einigen Reiz verleihen. Mehrere Stauseen begünstigen den Fremdenverkehr, der Kurbetrieb konzentriert sich auf Bad Elster und das Radiumbad Brambach, wo eisen- bzw. radiumhaltige Mineralwässer an die Oberfläche dringen.

Erzgebirge

Oberes Westerzgebirge / Oberes Osterzgebirge /
Unteres Westerzgebirge / Unteres Osterzgebirge /
Südabdachung des Erzgebirges

Das Sächsische Erzgebirge bildet zusammen mit dem Böhmischen Erzgebirge, tschechisch »Krušné hory«, einen einheitlichen Gebirgszug, der Teil der Böhmischen Masse ist. Die Staatsgrenze verläuft nicht exakt entlang der Kammlinie und damit der Wasserscheide, so daß auch kleine Gebiete der Südabdachung zur sächsischen Seite gehören. Das gesamte Erzgebirge besitzt die Gestalt einer Pultscholle, die von Südwesten nach Nordosten, in der »erzgebirgischen« Richtung streicht. Doch ist der Anstieg nach Norden nicht gleichmäßig, sondern durch mehrere Stufen gegliedert, die den Systemen der Rumpfflächen entsprechen. In diesen Ebenheiten haben sich die Flüsse tief eingeschnitten, die Talbildung ist noch nicht zum Abschluß gekommen. Einige Basaltvulkane treten als aufgesetzte Härtlinge in Erscheinung. Das Berglandklima der höheren Lagen ist kühl und niederschlagsreich, Vegetation und Böden sind entsprechend ausgebildet. Die Besiedelung setzte spät ein und war mehr durch den Bergbau als durch die Landwirtschaft geleitet. An wasserreichen Flüssen wurden Talsperren angelegt. Oberwiesenthal (922 m) hat nur 137 frostfreie Tage im Jahr; bei lang dauernder Schneedecke ergeben sich günstige Bedingungen für den Wintersport.

Sächsisch-Böhmisches Kreidesandsteingebiet

Elbsandsteingebirge / Zittauer Gebirge

Die Sedimentserie der kreidezeitlichen Cenoman- und Turonschichten ist in Böhmen weiter verbreitet als im Sächsischen, wo sie in eine flache Einsenkung zwischen dem Erzgebirge und den Westsudeten eingelagert wurde. Verschiedene Eigenschaften dieses ziemlich reinen Sandsteins, beispielsweise seine Wasserdurchlässigkeit und weitere physikalische Gegebenheiten, üben einen dominanten Einfluß auf das Landschaftsgefüge aus. Das ist besonders beim Elbsandsteingebirge der Fall, das jenseits der Staatsgrenze »Děčínské stěny« genannt wird. Insgesamt spricht man auch von der »Sächsisch-Böhmischen Schweiz«. Besonders bizarre Formen haben sich im Quadersandstein gebildet. Das als Cañon eingesenkte Elbtal ist von Natur aus verkehrsfeindlich und wurde eigentlich erst durch den Fremdenverkehr erschlossen; die alten Straßen vielmehr umgingen das Sandsteingebiet und suchten andere Gebirgsübergänge. Besonders malerisch wirken die gleichsam aufgesetzten Tafelberge. Im Zittauer Gebirge (Žitavské hory), von dem nur 76 km^2 diesseits der Grenze liegen, ragen mächtige Vulkanschlote über die Sandsteinfläche. In den feuchten Schluchten (»Gründe«) des Elbsandsteingebirges hat sich eine artenreiche Flora entwickelt. Wegen der flachgründigen, nährstoffarmen Böden tritt die Landwirtschaft immer stärker zurück. Aus dem Grundgebirge wird an einigen Stellen Uran (Wismut) gefördert, wobei das gesamte Deckgebirge durchteuft werden muß.

Oberlausitz

Neißegebiet / Lausitzer Bergland / Ostlausitzer Vorberge / Westlausitzer Vorberge / Lausitzer Gefilde

Die Oberlausitz erstreckt sich östlich des Elbtalgebietes und umfaßt das Lausitzer Granitmasiv, wozu eine Reihe von weiteren Berggruppen, darunter auch jungvulkanische Kuppen und Kegel, treten. Im Zittauer und Berzdorfer Becken, unter der heutigen Staatsgrenze, steht miozäne Braunkohle an. Auf dem welligen Untergrund lagern Kiesmoränen der Elster- und Saaleeiszeit. In Fortsetzung der Großenhainer Pflege finden wir in den Lausitzer Gefilden Lößlehme, die hier den Ackerbau begünstigen, der sonst zurücktritt. Im Klimacharakter tritt die kontinentale Komponente schon stärker in Erscheinung.

Erzgebirgsvorland

Mittelsächsisches Lößlehmhügelland / Erzgebirgisches Becken / Oberes Pleißeland

Dieses Vorland, das auch Sächsisches Rotliegend-Hügelland genannt wird, breitet sich über verschieden geformten Sätteln und Mulden aus. Auch hier haben sich im Tertiär Rumpfflächen gebildet, die nach Norden niedriger werden. Gelegentlich trifft man elsterzeitliche Schotter- und Moränenbedeckung an, später sind auch Löße angeweht worden. Die verbreiteten Parabraunerden tragen ausgedehnte Ackerfluren. Auf Braunerde- und Staugley-Standorten finden wir größere Fichtenforste.

Sächsisches Hügelland

Mittelsächsisches Lößhügelland / Oschatzer Hügelland / Grimmaer Porphyrhügelland / Altenburg-Zeitzer-Lößgebiet

Dieses Hügelland zieht sich von der Saale bis auf die Höhen südwestlich von Dresden hin. Das landschaftsbestimmende Element ist der Löß, der auf die allmählich ansteigende Rumpffläche aufgeweht wurde. Inselförmig ragen altzeitliche Gesteinskuppen, etwa die aus Porphyr bestehenden Hohburger Berge heraus. Die weit verbreitete Parabraunerde lud zu einer frühen Besiedlung ein, so daß in der heute intensiv genutzten Agrarlandschaft nur wenige Waldreste verblieben sind. Innerhalb dieses Hügellandes liegt die fruchtbare »Lommatzscher Pflege«, die historisch-geographisch besonders gründlich erforscht ist. Hier konnte man das Zentrum der Sächsichen Gefildezone sehen, wo sich alle Epochen der Kulturlandschaftsentwicklung ausgeprägt haben.

Dresdner Elbtalgebiet

Dresdner Elbtalwanne / Lausitzer Platte / Großenhainer Pflege

Dieses Gebiet, das man auch als Ostteil des Sächsischen Hügellandes auffassen kann, nimmt eine Zwischenstellung ein und bedarf deshalb einer eigenen Betrachtung. Die Senke läßt verschiedene Abgrenzungsmöglichkeiten zu, am ehesten wird man das Lokalklima als Kriterium bemühen. Einmal beobachten wir eine klimatische Begünstigung, die an den Hängen des Elbtales sogar den Weinbau ermöglicht, der früher noch weiter verbreitet war. Die häufig auftretende Dunstglocke behindert die nächtliche Ausstrahlung. Hier liegt Dresden, wieder die Hauptstadt Sachsens, die auch von 1952–1990 weit über die Grenzen des gleichnamigen Bezirkes ausstrahlte. Im Ballungsgebiet »Oberes Elbtal« ist der Kulturlandschaftswandel am intensivsten ausgeprägt und die Beanspruchung der Umwelt am größten.

Leipziger Land

Das »Leipziger Land«, auch Leipziger Tieflandsbucht genannt, muß wegen seines Untergrundes eigentlich zum Sächsischen Hügelland gerechnet werden. Das schwache Relief legt es aber auch nahe, dieses Gebiet schon dem Tiefland Mitteldeutschlands zuzuordnen, was aber irreführend ist. Wegen seiner Zwischenstellung stellen wir das Leipziger Land wie eine Haupteinheit dar. Die Ebenheiten steigen schwach nach Süden an, die Täler sind nur leicht eingesenkt und die Niederterrassen sind teilweise mit Auelehm überlagert. Sonst ist der Untergrund mit Löß und Moränenmaterial überdeckt. Saaleeiszeitliche Endmoränen erheben sich an wenigen Stellen, etwa bei Rückmarsdorf, Breitenfeld und Taucha, 30 bis 50 m über die Umgebung. Im größten Teil des Leipziger Landes herrschen Braunerden vor, die den Ackerbau begünstigt haben; allerdings können optimale Erträge nur bei zusätzlichen Wassergaben erreicht werden. Dem Untergrund entsprechend gibt es bei Borna, Meuselwitz und Delitzsch reiche Braunkohlenlager, deren Ausbeutung teilweise schon weit vorangeschritten ist.

Oberlausitzer Heideland

Oberlausitzer Teichgebiet

Vom Oberlausitzer Heideland gehörte ein schmaler Streifen zum Bezirk Dresden. Der Untergrund wird gebildet durch pleistozäne Auflagerungen verschiedener Mächtigkeit, gelegentlich scheint das Grundgebirge durch. Nördlich der einstigen Bezirksgrenze zieht sich das südlichste der nordmitteleuropäischen Urstromtäler hin, das gleichsam die Achse dieses Naturraumes bildet. Eine dem Anstehenden unmittelbar aufliegende kaolinische Verwitterungsdecke wirkt örtlich als Staukörper, so daß die Anlage von Fischteichen begünstigt wurde. Weitere Gebiete sind mit Dünen- und Talsanden sowie mit sandigem Grundmoränenmaterial bedeckt, auf denen Kiefernwälder stocken, die hier »Heiden« genannt werden. Im nördlich anschließenden tertiären Untergrund findet man reiche Braunkohlenlager, die wirtschaftlich von 1952–1990 zu den brandenburgischen Bezirken gehörten.

In diesem Landschaftsmosaik der sächsischen Bezirke, das noch weiter untergliedert werden kann, lassen sich folgende »Naturraumtypen« erkennen:

- Naturraumgebiete der Mittelgebirge: Untere Lagen / Mittlere Lagen / Obere Lagen bzw. Kammlagen

- Naturraumtypen der Lößgebiete: Lößgebiete im Lee der Mittelgebirge/Niederschlagsreiche Lößgebiete

- Naturraumtypen der Talböden im Hügelland und Mittelgebirge

Erhebungen

Fichtelberg (Erzgebirge)	1.214 m
Auersberg (Erzgebirge)	1.018 m
Großer Rammelsberg (Erzgebirge)	963 m
Kahleberg (Erzgebirge)	901 m
Pöhlberg (Erzgebirge)	832 m
Geising (Erzgebirge)	824 m
Lausche (Zittauer Gebirge)	793 m
Kapellenberg (Elstergebirge)	759 m
Hochwald (Lausitzer Gebirge)	748 m
Großer Zschirnstein (Elbsandsteingebirge)	561 m
Großer Winterberg (Elbsandsteingebirge)	551 m
Lilienstein (Elbsandsteingebirge)	416 m
Bastei (Elbsandsteingebirge)	317 m
Löbenberg (Hohburger Berge)	241 m

Wolfhard Weber

WIRTSCHAFT

Für das Bemühen, auf knappem Raum die wirtschaftliche Entwicklung Sachsens anzudeuten, kann die Zahl der Entschuldigungen kaum ausreichen, so vielfältig sind die Tücken eines solchen Unternehmens. Schon Begriff und Territorium Sachsen veränderten im Verlaufe der zehn Jahrhunderte Ausmaß und Inhalt, so daß die ohnehin und eigentlich überraschend ungleichmäßig bearbeitete Wirtschaftsgeschichte dieses Raumes nur schlecht unter einem Blick zu betrachten ist. Wenn dieses dennoch, und zwar von einem Nichtsachsen und außerhalb Sachsens unternommen wird, so kann der Leser dabei nur einen vorsichtig gestrichelten Versuch und kein farbkräftiges Gemälde erwarten. Hilfe habe ich bei den älteren Studien zur Wirtschaftsgeschichte Sachsens, aber auch bei der wachsenden Zahl neuerer Arbeiten zur wirtschaftlichen Entwicklung dieses Raumes gefunden, wie sie etwa K. Czok im Jahrbuch für Regionalgeschichte (1981) mitgeteilt hat.

Auch wenn zu Beginn des mittelalterlichen deutschen Königreiches die Herrscher aus dem Herzogtum »Sachsen« stammten, so sagt das wenig über die hier zu untersuchende Landschaft aus – das Territorium deckte sich eher mit dem des heutigen Niedersachsen. Die Gebiete zwischen der Saale und Neiße, die Mark Zeitz, die Mark Meißen und die Mark Lausitz, denen später im 16. Jahrhundert dann die Bezeichnung Sachsen zugelegt wurde, waren eben nur durch Markgrafen und noch nicht durch bäuerliche Besiedlung fest in das Territorium des deutschen Königreiches eingebunden. Zu sehr war dieses von slawischen Sorben besiedelte Gebiet noch Eroberungsziel böhmischer und polnischer Herzöge. Als hauptsächliche Wirtschaftstätigkeiten können daher nur agrarische und handwerkliche Produktion für den Eigenbedarf vermutet werden, wohl in der extensiven Form von Sammelwirtschaft und Viehzucht.

Erst die auf die politische und kirchliche Anbindung folgende Besiedlungswelle im Gesamtgeschehen der deutschen Ostkolonisation legte über die bestehenden Siedlungen ein schnell wachsendes und sich verdichtendes Netz deutscher, zum Teil auch sorbischer Ansiedlungen. Gegen geringe Abgaben und Verpflichtungen konnten hier nun landlose Nachkommen aus Franken (im Erzgebirge), Thüringen, ja auch aus Flandern (in der nördlichen Mark Meißen) und dem Niederrhein, ebenso wie etwa auch der Zisterzienser-Orden eigene Bauernwirtschaften aufbauen. Der die Ansiedlung betreibende Adel und speziell dafür ausgebildete »Lokatoren« verschafften sich so Steuereinkünfte bzw. Anstellungen. Die feudale Einbindung erfolgte mehr über Abgaben als über Dienstleistungen.

Das herrschende Geschlecht der Wettiner sah im 12., besonders aber im 13. Jahrhundert im Raum zwischen Saale und Neiße eine große Zahl von Städtegründungen (um 1300 lebten 20 % der Bevölkerung in den Städten!), Zeichen für die her-

anwachsende Territorialverwaltung durch den Adel, zugleich aber auch für ein Handel treibendes Bürgertum und – später – handwerkliche Produktion.
Während der Handel in diesem Raum die günstige Lage auf der Kreuzung zwischen Prag und Hamburg, zwischen Frankfurt und Breslau nutzen konnten, kam ein besonders belebendes Element durch das Auffinden von *Silbererzen* bei Freiberg hinzu, deren Abbau sogleich Harzer Bergleute anzog. Anfang des 14. Jahrhunderts kamen *Eisenerze* und Eisenverarbeitung besonders im Osterzgebirge hinzu, nicht zuletzt zur Versorgung der Erzbergleute.
Die spätmittelalterliche *Agrarkrise* einschließlich der hohen Bevölkerungsverluste durch die Pest erfaßte Mitte des 14. Jahrhunderts auch die sächsischen Gebiete in erheblichem Umfang. Damit wurden nun endgültig viele Böden und Fluren aufgegeben, sie wurden »wüst«, weil eine geschrumpfte Bevölkerung von weniger und besseren Böden ernährt werden konnte. Die besonders dicht bevölkerten Gebiete hatten die höchsten Verluste; im Endergebnis verteilte sich die Bevölkerung gleichmäßiger über die sächsischen Territorien. Wie im übrigen Deutschland versuchte auch hier der Adel zu einem arrondierten Besitz zu gelangen, »legte« Bauern und schuf für sich Rittergüter; allerdings gerieten die Bauern im Bereich dieser sogenannten »mitteldeutschen« Grundherrschaft in nicht solch umfassende Abhängigkeit wie in der ostdeutschen Gutsherrschaft, die sich auch in der luxemburgischen Lausitz ausbildete, bevor das Territorium im 17. Jahrhundert an Sachsen kam.
Für die gewerbliche Erschließung Sachsens boten sich im 14. Jahrhundert besonders gute Voraussetzungen: eine starke, anschwellende unterbäuerliche und unterbürgerliche Schicht konnte auf dem seit dem 13. Jahrhundert bekannten *Trittwebstuhl* und auf dem im 14. Jahrhundert entwickelten *Spinnrad* in solchem Ausmaße Leinen herstellen und eine solche wirtschaftliche Blüte entfalten, daß sogar Fremde, sogenannte »Sachsengänger«, ins Land gezogen wurden.
Da in diesem Raum keine Städte zur Hanse gehörten, wurde der Einbruch des Nürnberger Handelskapitals für die Organisation der Wirtschaft entscheidend. Seine Verleger in den sächsischen Städten »kauften« sogar ganze Zünfte, wiesen ihnen dann die Rolle eines Faktors zu, welcher die hausgewerblich hergestellten Garne und Leinen zum Färben weiterschickte, später auch im Lande, z. B. in Chemnitz, bleichen und färben ließ. Eine wichtige Rolle spielte dabei auch die Entwicklung der *Leipziger Messe* seit dem 12. Jahrhundert, vor allem seitdem sie durch ein Privileg des Kaisers Maximilian 1507 die umliegenden Konkurrenten (Naumburg, Erfurt) hatte ausschließen können. Wein, Gewürze und Seide aus Venedig, Silber, Kupfer, Zinn, Blei sowie Leinwand aus den sächsischen Territorien, aus Prag und Südosteuropa, Leder, Felle, Vieh und Wachs aus Rußland und Polen sowie Tuche, Leinwand, Wein und Bücher aus dem Westen (England, Holland) wurden in Leipzig angeboten und verkauft und kamen der Stadt und den Albertinern (als Kurfürsten seit 1547) zugute.
Die herrschenden Gewalten von den Landesherren über die Grafen, die Stadtregimente bis zu den Handelsgesellschaften der Fugger, Welser, Ebner, Imhof, Fürer entdeckten in Thüringen und Sachsen im letzten Drittel des 15. Jahrhunderts aber ein einträgliches Investitionsgebiet: *Edelmetallbergbau* und *Hüttenwesen*. Der bestehende Bergbau auf Silber war mit der Depression des 14. Jahrhunderts, nicht zuletzt wegen der kleinbetrieblichen Organisationsform und entsprechend

fehlender Investitionssummen, weitgehend eingegangen. Nun boten jedoch die Gewinne aus dem Textilverlag die Möglichkeit, Kapitalien für die Anlage teurer Wasserhebungs- und Aufbereitungsmaschinen sowie für Neuerungen in der Verhüttung der kupferhaltigen Silbererze (hier ist besonders das Saigerverfahren, vor allem in Thüringen zu nennen, das dort bis zum Anfang des 17. Jahrhunderts erhebliche Gewinne abwarf) zu investieren, die wiederum Aussicht auf große Profite gaben. Die Landesherrschaft, Ernestiner und Albertiner, verstand sich im Teilungsvertrag für ihre Territorien von 1485 sogar zu einer gemeinsamen Nutzung der Gewinne aus dem Bergbau, und das Handelskapital aus Nürnberg, Leipzig und Köln schuf sich sehr bald in der Verteilung der Gewinne in den Bergordnungen (z. B. von 1509) und den Bergfreiheiten einen »modus vivendi«, in geringem Ausmaß auch für die Bergleute und Bergarbeiter, die zu vielen Tausenden in die neuentstehenden Bergstädte Schneeberg, Annaberg und Buchholz strömten. Das in diesen Ordnungen entstandene Direktionsprinzip bestand im Grundsatz aus einer Trennung der »privaten« Anteilseignerschaft eines Bergwerkes von der landesherrlichen Leitung, die gänzlich den Beamten des Kurfürsten unterworfen wurde und blieb, der damit zugleich die Gewinne genau kontrollierte.
Die schnelle frühkapitalistische Expansion im Montanbereich, der feste Griff der Verleger im Textilwesen und die mit der Flucht vor den Hussiten nach Sachsen beginnende Vertreibung der Andersgläubigen hatten in ganz Deutschland zu einer starken Beunruhigung geführt, welche über die immer wiederkehrenden *»Revolutionen«* der bessergestellten Handwerker oder Gesellen um die Beteiligung am Stadtregiment weit hinausgingen. Diese einseitige Verteilung des Nutzens und der Lasten in Handel, Gewerbe und in der Landwirtschaft bildete im Bauernkrieg und in den städtischen Unruhen den Hintergrund für die mit Luthers Reformation sensibilisierten Bevölkerungsschichten in Stadt, Land und im Bergbau. Die ungleiche Verteilung der Aufstände in den deutschen Territorien, die deutlich niedrigere Beteiligung im albertinischen Sachsen beispielsweise, machte aber deutlich, daß auch politische Faktoren entscheidend für diese Aufstandsbewegungen mitverantwortlich waren, daß es über die wirtschaftlichen Ursachen hinaus etwa um die Bewahrung der ständischen Freiheiten gegen den Ausbau zur Landesherrschaft ging, zumindest überall dort, wo noch Aussicht auf Erfolg dafür bestand. Die völlige militärische Niederlage der Bauern, aber die Erfüllung mancher Forderungen der Bergleute und Gewerken im Erzgebirge haben auch der weiteren Entwicklung den Weg gewiesen.
Parallel zum Niedergang der oberdeutschen Handelshäuser, die als Verleger auch Wollverarbeitung und Tuchbereitung ähnlich wie das Leinengewerbe zu organisieren suchten, schob sich im Verlaufe des 16. Jahrhunderts der Landesherr als wirtschaftsgestaltende Kraft nach vorne. Den sinkenden Erträgen aus dem Silberbergbau – der Landesherr nahm bis zu 25 % an sich – standen eine ganze Reihe neuer Gewerbe und auch landesherrliche landwirtschaftliche Maßnahmen gegenüber: Ab 1550 entwickelte sich in der Gegend um Annaberg die *Klöppelei* zu einem verbreiteten Hausgewerbe; *Papiermühlen* (seit 1540 in Freiberg) für das in Leipzig heranwachsende *Druckereigewerbe*, vor allem aber die bald als »Landesarcanum« gehütete einträgliche Herstellung von *Kobaltblau* und dann im 17. Jahrhundert die Herstellung von *Weißblech* (Zinnabbau seit 1305 bei Graupen) in Blauenthal sowie viele weitere »Bergfabriquen« waren auch die Ursache für einen

starken Bevölkerungszuwachs im Südwesten Sachsens und in der Südoberlausitz. Hinzu kamen landesherrliche Aufträge z. B. für Waffen. Für die Fertigung in Manufakturen entstanden seit dem 17. Jahrhundert auch die sozialen Voraussetzungen: Die Bemühungen von Kurfürst August nach 1553 zur Reform der inneren Verwaltung (Ämterverfassung, Geheimer Rat 1574, Obersteuerkollegium 1570) und der Landwirtschaft (Musterwirtschaft, Schäfereien, Webereien durch Heranziehung von Holländern) führten nicht zur Vermehrung der Bauernstellen, sondern schufen eine breite unterbäuerliche Schicht von Gärtnern, Häuslern und »Inwohnern«, die 1750 47 % der ländlichen Bevölkerung ausmachten und die als Lohnarbeitskräfte für die Manufaktur zur Verfügung standen. Hinzu kamen viele »Exulanten«, die um 1620 aus Böhmen über Sachsen flüchteten, und die von Nürnberger Kaufleuten als Spielwarenproduzenten verlegt wurden. Doch erst als gegen Ende des 17. Jahrhunderts die Leipziger Messe auch ihren Absatz nach Osten wieder verbessern konnte, hob sich auch die wirtschaftliche Lage der meisten erzgebirgischen Gewerbe.

Die außenpolitische Verbindung zu Polen, steigende Einkünfte aus dem Silberbergbau im 18. Jahrhundert und die Gründung zahlreicher *Manufakturen* (1764-1770 wurden in Sachsen 49, 1771-1800 aber 100 Manufakturen gegründet), allen voran die Meißner Porzellanmanufaktur 1710 sowie der Ausbau der Residenz Dresden hatten den Eindruck eines reichen Landes entstehen lassen. Eine schnell wachsende ländliche Bevölkerung (allein in den Gebieten von Annaberg, Auerbach, Chemnitz, Freiberg, Marienberg, Oelsnitz und Schwarzenberg erhöhte sich die Bevölkerungszahl von 1750 bis 1843 um über 100 %), die militärische Niederlage gegen Preußen 1763, der schnell fallende reale Lohn nach 1765 sowie gelegentliche Einbrüche (wie die katastrophale Hungersnot 1771/72) verlangten eine aktivere Wirtschaftspolitik, die von der Restaurationskommission 1763 ansatzweise in die Wege geleitet wurde. Es kam jedoch nicht zur so durchgreifenden administrativen »Modernisierung« wie im benachbarten Preußen zu Beginn des 18. Jahrhunderts.

Die Verarbeitung von *Baumwolle* zu Garnen mit Hilfe von Spinnmaschinen und zu Kattunen, das Bedrucken dieser Kattune (letzteres ab 1754 unter Nürnberger Anleitung in Manufakturen, wobei die Stadt Chemnitz die Kattune lieferte), nach 1800 mit nachdrücklicher finanzieller Unterstützung der Landesökonomiedeputation der Aufbau ganzer Fabriken mit arbeitsteilig organisierter Produktion und zentral angetriebenen Arbeitsmaschinen an den zahllosen Wasserläufen des Erzgebirges ist sicher durch die Leipziger Messe vermittelt worden und stellte im Industrialisierungsablauf eine Teilimitation der englischen Verhältnisse dar, auch wenn der Zwang zur Industrialisierung in Sachsen nach 1815 viel dringlichere Züge erhielt: Das Königreich Sachsen, das bislang bis vor die Außenbezirke Potsdams und Frankfurts an der Oder gereicht hatte, mußte als Ergebnis der Befreiungskämpfe etwa die Hälfte seines Territoriums und seiner Bevölkerung an Preußen abtreten, das diese ehemals sächsischen Gebiete vom Königreich Sachsen 1819 zollpolitisch abtrennte. Zugleich konnte Sachsen als exportorientiertes Land und ohne wirksame Zollgrenzen sein Territorium gegen die billigen englischen Textilien nicht wirklich abschließen. Die sächsische Bevölkerung konnte nur überleben, wenn ihre Gewerbeexporte entsprechende Nahrungsimporte möglich machten, bei schrumpfender Silberproduktion eine große Herausforderung an Politik und Wirtschaft dieses Landes. Auf der Suche nach »Nischen« in der Produktionspalette stürzten sich Bewohnerschaft wie Kaufleute im 18. Jahrhundert besonders auf verlagsfähige, zugleich aber konjunkturabhängige und lohnintenisve Konsumgüterartikel, wie etwa die Entstehung einer bedeutenden Posamentierer- und Strumpfwirkerindustrie bestätigt.

Sachsen stand nach 1815, aber auch nach der Revolution 1830 und der Verfassungsgewährung 1831, dem preußischen Nachbarn politisch sehr fern, und es hielt sich eher an die Vormacht des Deutschen Bundes, Österreich. Die Regierung griff den politischen Emanzipationsvorgang auf dem Lande aber nur sehr zögernd auf: Bis 1873 dauerte es, bis alle Einwohner der (zum Teil großen Industrie-) Dörfer über ein volles Stimmrecht verfügten, während die Ablösungsgesetzgebung für die Bauern nach 1832 sehr viel schneller und mit Hilfe staatlich organisierter Leihkassen (Landrentenbank 1832–1859) angegangen wurde.

Die Organisation der industriellen Interessen hatte spätestens durch den – staatlich subventionierten – Industrieverein 1828 begonnen, der nach dem wirtschaftlichen Einbruch Anfang der 1820er Jahre nun Ausstellungen nationaler Gewerbeprodukte organisierte und dessen Mitglieder auch an der Gründung der *Dresdener Polytechnischen Schule* 1828 positiven Anteil nahmen. Die bereits seit 1765 bestehende *Bergakademie in Freiberg* als kurfürstliche Anstalt blieb den vielgestaltigen naturwissenschaftlich-technischen Anforderungen des regionalen Bergbaus gewidmet, ohne die nun erforderlichen konstruktiven Qualifikationen für den Werkzeugmaschinenbau fördern zu können.

Auf wirtschaftlichem Gebiet konnte sich Sachsen jedoch den liberalen preußischen Maßnahmen einschließlich dem deutschen Zollverein 1834 (dem es sich vergeblich durch Gründung des mitteldeutschen Zollvereins zu widersetzen gesucht hatte) anschließen. Schon 1840 war es mit einer halben Million oder 40 % aller Baumwollspindeln des Zollvereins Deutschlands führende Textilregion und mit seinen Produkten und auch den dazugehörigen Maschinenbaufabriken dringend auf Exportmöglichkeiten angewiesen.

Doch als Sachsen endlich 1861 auch formell die Gewerbefreiheit einführte, als wegen des amerikanischen Bürgerkrieges die Baumwolle ausblieb und als zudem der Zollschutz für Baumwolle 1865 auslief, zeigte sich erneut, wie nach 1815, wie krisenanfällig die sächsische Baumwollindustrie war. Dürften es nach 1815 noch englische Dumpingpreise gewesen sein, so muß der Einbruch 1865 auf die zögernde Einführung der Dampfkraft und damit auch die geringe Größe der am Wasser betriebenen Fabriken zurückgeführt werden; beispielsweise gingen 1855 noch 80 % der 133 Baumwollspinnereien am Wasser.

Hatte sich in den Jahren von 1780 bis 1843 der ländliche Bevölkerungsanteil gegenüber dem städtischen noch einmal leicht erhöht, von 57 % auf 59 %, so begann mit dem Einzug der *Eisenbahn* und der *Dampfmaschine* etwa ab 1840 eine Schwerpunktverlagerung in die Städte: Nach Dresden, Leipzig, Chemnitz und Zwickau. Sachsen war zu diesem Zeitpunkt bereits ein Industrieland, in dem mehr als die Hälfte der Bevölkerung industrieller Beschäftigung nachging, und blieb die führende und dichtbevölkertste Industrielandschaft im Deutschen Bund bzw. Deutschen Reich bis zum Beginn des 20. Jahrhunderts.

Die schnell wachsende Bevölkerung fand in neuen Gewerben Arbeit: Im Gebirge vor allem in zahlreichen Zweigen der *Holzverarbeitung* (Verpackung, Schachteln, Geräte, Möbel, Musikinstrumente, Spielzeug), aber auch in der von G. Keller 1843 entwickelten Holzschleiferei für Holzpapier mit dem dazugehörigen Maschinenbau. Durch den Bau von *Textilmaschinen*, zunächst durch Ausländer wie D. Evans und W. Whitefield, bald durch R. Hartmann (aus dem Elsaß), C. G. Haubold, F. G. Wieck und die Brüder Schönherr, war Chemnitz Mitte des Jahrhunderts Zentrum des deutschen Maschinenbaus. Nach 1848 kam auch der *Lokomotivenbau* für das sächsische Eisenbahnnetz hinzu, das 1839 mit der Linie Dresden/Leipzig als erste kommerzielle deutsche Eisenbahnstrecke eröffnet wurde und das 1858 mit der Erschließlung des Erzgebirges begann (Erla-Zwikkau). Auch wenn die traditionellen Höhenwege des Erzgebirges erst um 1900 durch Talwege abgelöst wurden, so brachte die Eisenbahn aus dem schnell anwachsenden Zwickau Steinkohlen ins Erzgebirge und ermöglichte damit den Betrieb von Dampfmaschinen, bremste damit langfristig die Abwanderung der Bevölkerung in das Vorland und erhielt das Erzgebirge als wichtigen Industriekörper. In Deutschland war Sachsen derjenige Staat, der aus Furcht vor der verkehrspolitischen Isolierung seines Landes und Leipzigs sich als erster aktiv in den Eisenbahnbau auch unter staatlicher Regie einschaltete.

Die geringe Bedeutung der Schwerindustrie, der vorherrschende Maschinenbau und die fortbestehende begrenzte Größe sächsischer Textilfabriken ließ wegen der Dominanz der Leichtindustrie früh soziale Probleme wie das der Kinderarbeit (schon 1810) oder der überlangen Arbeitszeiten entstehen. Die frühe Einrichtung staatlicher Fabrikinspektoren konnte jedoch den sich aus den Konjunkturen der Leichtindustrie und den kläglichen Umständen der Hausindustrie ergebenden Arbeitsbedingungen bis ins 20. Jahrhundert nicht erfolgreich entgegentreten. Ebenso ist der starke Rückgang von selbständigen Handwerkern und Hausindustrietreibenden um die Jahrhundertwende (zugunsten kleinerer Gewerbebetriebe) und die Beibehaltung paternalistischer Betriebsbeziehungen für das Gebirge charakteristisch, während im sächsischen Maschinenbau oder im Buchdruckergewerbe (1895) relativ früh die in Deutschland verhärteten Fronten zwischen Unternehmern und Arbeitern durch Tarifverträge aufgebrochen wurden.

Mit der übermächtig gewordenen Bedeutung des Energieträgers Steinkohle und fehlender Ressourcen in Sachsen ging die relative Bedeutung dieses Wirtschaftsraumes nach dem Ersten Weltkrieg zurück, da neue wissenschaftsbestimmte Industriezweige wie Elektrotechnik und Chemie in diesem Raum keine bedeutende Stellung erringen konnten. Das Städtewachstum blieb hinter dem des Deutschen Reiches erheblich zurück, und die Weltwirtschaftskrise von 1929 traf Sachsen mit seiner immer noch dominierenden konsumorientierten Leichtindustrie besonders hart. Weder konnten vor und im Ersten Weltkrieg verlorene Märkte, besonders in den USA, wiedergewonnen werden, beispielsweise durch Öffnung des südeuropäischen Marktes, noch ließ die nationalsozialistische Betonung der Investitionsgüterindustrie, mit entsprechenden Wachstumsschüben im Maschinenbau besonders aber im Flugzeugbau, eine durchgreifende Erholung nach der Weltwirtschaftskrise zu: Die Leichtindustrie hatte selbst 1939 erst 90 % ihres Standes von 1925 erreicht; entsprechend hoch blieb die Arbeitslosigkeit. Deutlich blieben die Steuereinkünfte in diesen Regionen hinter der allgemeinen deutschen Entwicklung zurück. Auch die Verlagerung von kriegswichtiger Produktion in diesen Raum konnte keine entscheidende wirtschaftliche Strukturveränderung durchsetzen oder provozieren, im Gegenteil. So erklärt sich ein großer Teil der schwierigen Entwicklung nach Ende des Zweiten Weltkrieges in diesem Raum neben der besonders ungünstigen Rohstoffsituation vor allem durch das Ausbleiben zukunftsbestimmter Neuerungen im Anschluß an die Blütezeit der Textilindustrie.

Franz Helmut Richter

GESETZGEBUNG, RECHTSPRECHUNG UND VERWALTUNG

Staatsrechtliche Entwicklung der Wettinischen Lande

Herzog Albrecht ordnete in seinem sogenannten Testament von 1499 für die Albertinische Linie die Invidualsukzession an, verließ mit ihr im Gegensatz zu den Ernestinern den unstaatlichen Grundsatz der Erbteilung und sicherte die Zusammengehörigkeit seines Gebietsbestandes. Es handelte sich dabei um ein förmliches Hausgesetz; denn es wurde mit Zustimmung der Agnaten erlassen und vom Kaiser bestätigt. Auf diese Weise wurde die Primogeniturordnung zur Regel. Doch galt sie zunächst keineswegs ausschließlich. Das Testament Herzog Albrechts hatte nämlich die Unteilbarkeit nur für den bereits vorhandenen Besitz seines Hauses angeordnet und wegen etwaiger späterer Erwerbungen ausdrücklich bestimmt, sie sollten »brüderlich und fruntlich zugleich geteilt werden«. Damit hing ein wichtiger Begriff des damaligen Staatsrechts zusammen. Nur die also gebundenen Gebiete wurden als »der geschlossene sächsische Landesbezirk«, als »der vereinigte sächsische Landeskörper« angesehen. Sie waren also »inkorporiert«. Die übliche Bezeichnung ist: »Kur- und Erblande« oder »Vereinigte Kur- und Erblande«. Den Gegensatz bilden die »nichtvereinigten«, die »nichtinkorporierten Lande«.

Die Forderung einer einheitlich gestalteten, überall gleichmäßig arbeitenden Staatsmaschine ist aber erst seit der französischen Revolution so unbedingt zur Herrschaft gelangt. Vorher ließ man gern jeden hinzugekommenen Gebietsteil bei seiner Art, bewahrte Gerichts- und Verwaltungsordnung und ließ auch wohl die nötigen allgemeinen Anordnungen für jeden Teil besonders ergehen. Daher kam die Einrichtung von Provinzialministerien in Preußen wie in Frankreich und daher auch die Ausdrucksweise: »Die Preußischen Staaten« und »Die Chursächsischen Staaten«. Herstellung einheitlicher Einrichtungen war hier nichts Selbstverständliches, sondern bedeutete schon eine besonders starke Zusammenfügung. Sie ist das Ergebnis längeren Bestandes der Verbundenheit der Gebietsteile. Die schöpferische Tat des staatsmännischen Geistes vermochte die Entwicklung abzukürzen. Für Sachsen ist dies geschehen durch den Kurfürsten August, der wie für die Ordnung der Kirche, so für die Justiz, für die Polizei- und Finanzverwaltung Großes geleistet und namentlich für die einheitliche Oberleitung die geeigneten Zentralbehörden geschaffen hat.

Zur Durchführung dieser Ordnungen diente die schon von Kurfürst Moritz begründete Kreiseinteilung. Das ganze damals vorhandene Gebiet war nach Gesichtspunkten der Zweckmäßigkeit in annähernd gleich große Kreise zerlegt. Bei Auflösung des alten Reichs, 1806, bestanden sieben solcher Kreise:

Kurkreis, Thüringischer, Meißnischer, Leipziger, Erzgebirgischer, Vogtländischer und Neustädtischer Kreis.
Die ganze Landschaft des Kurfürstentums Sachsen stand im Lehnsverband, die Lausitzen zur Krone Böhmen, die Hauptmasse zum Kaiser als Oberhaupt des Reiches. Bis zur Auflösung des Reiches wurde bei jedem Lehnsfall die Beleihung gewissenhaft eingeholt. Sie geschah an den hierzu geschickten Gesandten, in camera und mittels des kaiserlichen Schwertes. Der Kurfürst von Sachsen besaß die dritte weltliche Kurwürde mit Sitz und Stimme im Kurfürstenkollegium. Außerdem war er auch noch stimmberechtigt im Reichsfürstenrat. Die anderen drei weltlichen Mitglieder des siebenköpfigen Wahlkollegiums, das den Kaiser wählte, waren der König von Böhmen, der Pfalzgraf bei Rhein und der Kurfürst von Brandenburg neben den Erzbischöfen von Mainz, Trier und Köln.

Die Gesetzgebung der Territorien

Wie bereits erwähnt, stand die Landesgesetzgebung in Sachsen seit Kurfürst August I. von Sachsen durch die »Kursächsischen Konstitutionen von 1572« an vorderster Stelle. Die genaue Bezeichnung dieses Gesetzgebungswerks lautete »Verordnungen und Constitutionen, den rechtlichen Prozeß und andere streitige Fälle betreffend«. Dieses Gesetzeswerk ist nicht aus dem Wunsche entstanden, ein einheitliches und dem Volke verständliches Gesetzbuch zu schaffen, sondern um die vielfältigen Streitfragen, die sich in der Rechtsprechung der sächsischen Gerichte ergeben hatten, zu beseitigen. Dem gesetzgeberischen Ziel entsprach die führende Rolle der Rechtsfakultäten von Leipzig und Wittenberg, deren Mitglieder meist noch in den Schöffenstühlen der beiden Städte saßen, bei den Vorarbeiten zu den Konstitutionen (Konferenzen der Fakultätsvertreter zu Leipzig 1571 und Meißen 1572). An den Beratungen in Meißen nahmen auch kurfürstliche Räte, später auch die ritterschaftlichen Landtagsausschüsse teil, indes die Städte von der Teilnahme ausgeschlossen blieben. Es wurde beschlossen, eine Reihe von Entscheidungen der Leipziger Beratungen nicht in das Gesetz aufzunehmen, sondern als Vereinbarungen der Fakultäten und Schöffenstühle zu behandeln (sogenannte Constitutiones ineditae), indes andere (es handelte sich um 9) zwar nicht in den Text des Gesetzes aufgenommen wurden, doch den Gerichten als Richtschnur dienen sollten (sogenannte Constitutiones separatae). Die Publikation der Konstitutionen erfolgte am 21. April 1572. Die Gesetzesmaterialien sind später ebenfalls im Druck erschienen (Consultationes constitutionum Saxonicarum), was zu einer Verwahrung der Fakultät und des Schöffenstuhls zu Leipzig wegen Veröffentlichung vertraulichen Gesetzgebungsmaterials, zu einem Verkaufsverbot in Sachsen und zu Schritten der sächsischen Regierung beim Rate der Stadt Frankfurt (der 1. Band war 1599 bei Johann Theobald Schönwetter in Frankfurt am Main erschienen) führte. Dies konnte jedoch das weitere Erscheinen des Werkes nicht verhindern, das wenig später schon von der Leipziger Fakultät als nützliches Werk gerühmt wurde (1605). Die kursächsischen Konstitutionen sind »eine Entscheidungssammlung, die sich mit bestimmten, oft sehr komplizierten Einzelfragen der gemeinrechtlichen und der sächsisch-rechtlichen

Praxis befaßt«. Gegen das neue kursächsische Recht setzten sich die Stadt Freiberg und wohl auch die unweit von Freiberg gelegene Stadt Sayda wegen des Eingriffs in ihre Rechte zur Wehr, konnten sich aber gegen den Kurfürsten nicht durchsetzen. Eine Revision der Konstitutionen in den Jahren 1604/05 blieb ohne Erfolg. Erst im 17. Jahrhundert wurden unter dem Kurfürsten Johann Georg II. zur Ergänzung der Konstitutionen, nicht aber als deren Ersatz, die »Decisiones electorales Saxonicae« von 1661 erlassen.

Strafrecht und Strafverfahren

Die Reform des spätmittelalterlichen Strafrechts begann auf Reichsebene mit dem Reichstag von Lindau von 1496/97, bei dem das neu errichtete Reichskammergericht wegen der bei ihm einlaufenden Beschwerden vorstellig wurde, daß Obrigkeiten »Leute unverschuldet und ohne Recht und redliche Ursache zum Tode verurteilt und gerichtet haben sollen«. Der Reichstag von Freiburg im Jahre 1497/98 beschloß daraufhin, »eine gemeine Reformation und Ordnung in dem Reiche vorzunehmen, wie man in crimalibus prozedieren soll" (Reichstagsabschied § 34, N.S. II, 46). Aber erst der Wormser Reichstag des Jahres 1521 – bekannt auch durch Luthers Auftreten – griff die Reform wieder auf und beauftragte einen Ausschuß mit der Ausarbeitung einer peinlichen oder Halsgerichtsordnung, deren Entwurf schon wenig später den Ständen vorgelegt wurde. Doch der Entwurf wurde nicht Gesetz, vielmehr das Reichsregiment beauftragt, den Entwurf nach einer Remission als Reichsgesetz zu verkünden. Aber noch bevor sich die Reichskreise mit dieser Aufgabe beschäftigt hatten, griff der Reichstag von Augsburg 1530 die Revision des Strafrechts wieder auf und beauftragte einen Ausschuß mit der Beratung des Entwurfs, der nach einer gründlichen Überarbeitung dem Reichstag übergeben werden konnte. Während der Ausschußberatungen hatte sich der Widerstand mächtiger Reichsstände, so vor allem aus Kursachsen, Brandenburg und der Pfalz, gegen den bevorstehenden Eingriff in das territoriale Recht erhoben. Der Reichstag sah sich daher gezwungen, insbesondere auf die begründeten Einwände des Kurfürsten von Sachsen und seiner anwesenden Juristen, die Verkündigung des Gesetzes abermals zu verschieben. Der Reichstag von Regensburg hat 1532 das geänderte Reformwerk schließlich zu Ende geführt. Das Gesetz wurde als »Kaiser Karls V. und des Heiligen Römischen Reiches Peinliche Gerichtsordnung« durch den Reichsabschied vom 25. Juli 1532 verkündet. Die sogenannte Carolina bedeutete für die Strafrechtsentwicklung Deutschlands eine Wende. Sie setzte an die Stelle der bisher im deutschen Strafrecht üblichen allgemeinen Bezeichnung des Verbrechens in zahlreichen Fällen einen fest umrissenen Tatbestand.
Die wissenschaftliche Behandlung des deutschen Strafrechts stand bis ins 17. Jahrhundert unter dem beherrschenden Einfluß des Römischen Rechts und der ausländischen, vor allem der italienischen Strafrechtswissenschaft. Eine deutsche Strafrechtswissenschaft ist zwischen 1550 und 1680 aus der Schule der großen italienischen Juristen des 16. und 17. Jahrhunderts hervorgegangen. Die Carolina

fand erst allmählich in der wissenschaftlichen Behandlung des deutschen Strafrechts Berücksichtigung. Sie wurde später als »jus novissimum« dem römischen Recht als der Grundlage des Strafrechts gegenübergestellt. Die entscheidende Wende in der Strafrechtswissenschaft vollzog sich unter dem Einfluß des sächsischen Rechts. In den Sächsischen Konstitutionen von Kurfürst August aus dem Jahre 1572 hatte das Strafrecht der Carolina eine Fortbildung erfahren. In seinen »Conclusiones practicabiles secundum ordinem Constitutionum D. Augusti Electoris Saxonicae discussae« (1615/19) behandelte der in Leipzig als Anwalt tätige *Matthias Berlich* (1586-1638) auch das Strafrecht unter Einbeziehung des sächsischen Rechtes und der Praxis. Ihm folgte, ihn zugleich in der Bedeutung für die Weiterentwicklung des Strafrechts überragend, der aus einer berühmten sächsischen Gelehrtenfamilie stammende *Benedikt Carpzov* (1595-1666). Er suchte vor allem das Recht der Carolina mit dem sächsischen Recht und dem Gerichtsgebrauch, den er selbst durch eine jahrzehntelange Tätigkeit am Leipziger Schöffenstuhl kennengelernt hatte, zu einem einheitlichen Ganzen zu verbinden. Mit Carpzov erreichte die gemeinrechtliche Strafrechtswissenschaft ihren ersten Höhepunkt. Carpzov war ein Kind seiner Zeit, die das Strafrecht in der göttlichen Ordnung begründet sah und daher Strafe und Strafvollzug religiös unterbaute. Seine »Practica nova imperialis Saxonica rerum criminalium« (1635) sind zum führenden strafrechtlichen Werk der Zeit geworden und haben bis zum Siege der Aufklärung die deutsche Strafrechtspflege beherrscht, aber auch über die deutschen Grenzen hinaus einen nachhaltigen Einfluß ausgeübt. Nach einer Tätigkeit am Leipziger Schöppenstuhl wurde er 1639 Appellationsgerichtsrat in Dresden und 1645 Professor für Strafrechtswissenschaften und Strafverfahrensrecht in Leipzig.

Eine wesentliche Weiterbildung erfuhr die strafrechtliche Theorie durch *Samuel Pufendorf (1632-1694),* der in Dorfchemnitz, das zwischen Thalheim und Aue an der Zwönitz liegt, geboren wurde. Sein Vater war Pfarrer, erst in Dorfchemnitz und dann später in Flöha, wo Samuel Pufendorf mit drei Brüdern aufwuchs. Er erhielt 1661 den 1. deutschen Lehrstuhl für Natur- und Völkerrecht in Heidelberg, wurde zum Begründer einer neuen Lehre vom Schuldstrafrecht und führte den Gedanken der moralischen Verantwortlichkeit in das Strafrecht ein. Aus der Willensfreiheit des Menschen folgerte er, daß nur derjenige Täter für eine Handlung verantwortlich werden könne, der sie freigewollt und bewußt begangen habe. Dem nicht freien Urheber einer Tat könne diese nicht zugerechnet werden.

Zum Vorkämpfer in der Strafrechtspflege wurde überdies ein vierter sächsischer Jurist, nämlich *Christian Thomasius (1655-1728).* Er hatte schon in seiner Dissertation »De crimine bigamiae« (1685) geleugnet, daß sich das Verbot der Doppelehe aus dem Naturrecht herleite. Dadurch geriet er in Konflikt mit der orthodoxen Lehre und mußte 1690 Leipzig verlassen. Er fand an der neugegründeten preußischen Universität in Halle eine neue Wirkungsstätte. Von seinem Lehrer Samuel Stryk beeinflußt, wandte er sich gegen die Hexenprozesse. Ab 1687 hatte er an der Universität Leipzig Rechtsvorlesungen in deutscher Sprache gehalten und vor allen Dingen gegen Hexenprozesse und Folter gekämpft. Er entstammte einer alteingesessenen Leipziger Gelehrtenfamilie. Besondere Beachtung fanden seine Vorlesungen über die Staatsrechtslehre Samuel Pufendorfs.

Zivilrecht – der sogenannte sächsische Prozeß

Abweichend vom Kameralprozeß entwickelte sich auf der Grundlage des älteren sächsischen Rechtes der sog. sächsische Prozeß, der insbesondere in den Kursächsischen Konstitutionen von 1572 (1. Teil: den rechtlichen Prozeß und was den Gerichten mehr anhängig ist, belangend) und der Prozeß- und Gerichtsordnung des Kurfürsten Johann Georg I. vom 28. Juli 1622 seinen gesetzlichen Niederschlag gefunden hat. Auch die Rechtswissenschaft trug zum Ausbau des sächsischen Prozeßverfahrens bei, vor allem Benedikt Carpzov.

Der sächsische Prozeß ging von dem Grundsatz des mündlichen Verfahrens mit Niederschrift des Parteivorbringens aus (I Const. I: »Daß vor des Kriegs Befestigung vom Munde in die Feder verfahren ... werden soll«). Doch hat sich auch im sächsischen Prozeß in der weiteren Entwicklung das schriftliche Verfahren stärker durchsetzen können. Eine weitere Besonderheit des sächsischen Prozesses bestand in dem Verbot des artikulierten Verfahrens (I Const. II: »So wollen wir, daß libellus articularius nicht zulässig sein soll«.)

Der Klaglibell mußte die klagbegründenden Ausführungen des Klägers enthalten. In der Klage mußte bereits alles vorgetragen werden, was für den Prozeß von Bedeutung sein konnte. Eine unschlüssige Klage wurde von Amts wegen abgewiesen. Andererseits mußte der Beklagte alle Einwendungen gleichzeitig vorbringen, es sei denn, sie waren erst später entstanden oder zu seiner Kenntnis gekommen. Diese sog. Eventualmaxime diente der Beschleunigung des Verfahrens. Der Beklagte mußte in der Beantwortung der Klage auf alle Einzelheiten des Klagevorbringens eingehen. In dieser speziellen Rechtfertigung des Beklagten wurde die »litis contestatio« (Kriegsbefestigung, Streitbefestigung) gesehen, die in veränderter Gestalt aus dem römischen Recht übernommen worden war. Nach Carpzov (Processus juris in toto Saxonico, Tit. X Art. II § 1) war die Litis contestatio nichts anderes »quam responsio rei ad Libellum vel actionem intentatam atque propositam vel affirmative vel negative«. Kam der Beklagte seiner Verpflichtung, die Klage in dieser Form zu beantworten, nicht nach, so konnte er im Versäumnisverfahren verurteilt werden (I Const. X: »Daß in allen Rechtfertigungen der Beklagte auf alle und jede Punkte und Stücke und derselben Narration und Konklusion ausdrücklich, klärlich, in specie und insonderheit antworten und den Krieg also durch Spezifikation befestigen; und da solches vom Beklagten verbliebe, daß wider ihn als einen contumaceum, so den Krieg ganz nicht oder je nicht vollkömmlich contestiret, erkannt und gesprochen werden soll«). Erschien der Beklagte nach ordnungsmäßiger Ladung unentschuldigt zum zweiten Male nicht, so konnte gegen ihn gemäß der Klage erkannt werden.

Dem älteren deutschen Recht entlehnt war das Beweisurteil (Beweisinterlokut), das der beweispflichtigen Partei auferlegte, nach Rechtskraft des Urteils binnen einer Frist von sechs Wochen und drei Tagen den Beweis für ihr Vorbringen zu erbringen. Das Beweisurteil war wie ein Endurteil anfechtbar. Nachdem der Westfälische Frieden von 1648 die Reform des Kameralprozesses ins Auge gefaßt hatte, dieses Anliegen aber dem nächsten Reichstage überlassen mußte, griff der Reichstag von Regensburg die Reform des kammergerichtlichen Verfahrens auf und führte sie in Anlehnung an den sächsischen Prozeß durch.

Der »Jüngste Reichsabschied« von 1654 übernahm aus dem sächsischen Prozeß die Form der summarischen Klage und beseitigte im Interesse einer Verkürzung des Verfahrens den modus articulandi für die Klage und deren Beantwortung (§ 34: »Soll der bisher in mehreren Wegen mißbrauchte modus zu artikulieren und ad articolos zu respondieren ... hinfür gänzlich kassiert und aufgehoben sein«). Dem Kläger wurde aufgegeben, »seine Klage oder Libell nicht Artikuls, sondern allein summarischer Weise, darin das Factum kurz und nervosem jedoch deutlich und distincte, klar, auch da ihm beliebt oder der Sachen Weitläufigkeit und Umstände es erfordern, Punkten Weise verfaßt und ausgeführt« zu übergeben (§ 34). Ebenso oblag dem Beklagten die Verpflichtung, »kurz, nervose und deutlich, auch unterschiedlich und klar, ob und worin das Factum anders als vom Kläger vorgebracht, und wie es sich eigentlich verhalte, specifice und auf jeden Punkt mit allen seinen Umständen anzuzeigen« (§ 37). Durch diese Vorschriften wurde der kammergerichtliche Prozeß von unnötigem Ballast befreit; vor allem wurden die prozeßverschleppenden Verhandlungen über die Artikel selbst, wie das Gesetz zu erkennen gibt, ausgeschlossen.
Nunmehr setzte sich die früher schon zeitweilig im Kammergerichtsprozeß anerkannte Eventualmaxime (1570-1594) unter dem Einfluß des sächsischen Prozeßrechtes endgültig durch. Der Beklagte mußte bei der Beantwortung des Klagvorbringens, »was er dabei dilatorie oder permatorie einzuwenden haben möchte, alles auf einmal bei Strafe der Präklusion einbringen« (§ 37). Nur der Einwand der Unzuständigkeit des Gerichtes befreite von der Einlassung auf die Klage. Das Artikulieren war nur noch für das Beweisverfahren von Bedeutung (Probatorialartikel, § 49). Das in der Folge in den gemeinrechtlichen Prozeß übernommene Beweisbekenntnis (Beweisurteil) stellte die einzelnen erheblichen Behauptungen zum Beweise und zerlegte das Prozeßverfahren in zwei Abschnitte, das der Behauptungen und das der Beweise.

Stadtgerichte und Erbgerichte

Der wirtschaftliche Aufschwung der Städte führte schon im Mittelalter zu einer fruchtbaren Entwicklung des Stadtrechts. Dieses wurde zu einer tragenden Kraft der mittelalterlichen Rechtskultur. Die Stadt bildete einen geschlossenen Rechtsbereich, in dem die städtliche Obrigkeit (Bürgermeister und Rat) Recht setzten (Statutarrecht). Die wachsenden Aufgaben obrigkeitlicher Fürsorge ließen die städtische Gesetzgebung in die verschiedenartigsten Lebensbereiche eingreifen, so daß ein vielgestaltiges städtisches Recht entstand. Das Mittelalter weist eine große Zahl bedeutender Stadtrechte auf, die durch Übernahme oder Verleihung (Bewidmung) weite Verbreitung erfuhren. Mit der Rezeption der Fremdenrechte setzte eine neue Entwicklung des Stadtrechts ein. Die Vielgestaltigkeit der obrigkeitlichen Fürsorge förderte auch jetzt noch die Statutargesetzgebung, die sich mit den verschiedenartigsten Rechtsmaterien beschäftigte, so mit der Verfassung, der Verwaltung, dem Steuerwesen, dem Wehrwesen, dem Polizeiwesen, der Aufrechterhaltung der Sittlichkeit, des Handels und des Handwerks. Auch das Privatrecht, Gerichtsverfahren und Strafrecht wurden von der städtischen Gesetzgebung behandelt. Gerade hier stellte sich ihr die besondere Aufgabe, das geltende

Recht dem rezipierten Rechte anzupassen. Einige Städte gelangten dazu, umfangreiche Stadtrechte, sogenannte Reformationen, zu schaffen, die ähnlich den führenden mittelalterlichen Stadtrechten große Bedeutung für die Rechtskultur gewannen.
Die älteste und zugleich einflußreichste Stadtrechtsreform war die Nürnberger Reformation von 1479, die einheimisches und fremdes Recht miteinander zu verbinden suchte, also keineswegs dem römischen Recht einen beherrschenden Einfluß einräumte. Beide Rechte hielten vielmehr einander die Waage.
Vorherrschende Stadtrechte hatten weiterhin die Städte Worms, Frankfurt am Main, Freiburg im Breisgau, Lüneburg und Hamburg. Im Kurfürstentum Sachsen waren die Stadtrechte von Zwickau und Freiberg vorherrschend. In Zwickau entstand die erste Stadtrechtsreform im Gebiete des Gemeinen Sachsenrechts, die im Auftrage des Rates der Stadt von dem Syndikus Antonius Beuther hergestellte Zwickauer Stadtrechtsreform von 1539, in revidierter Fassung von 1569. Diesem Gesetzbuch war als Aufgabe gestellt, »eine Synthese zwischen gemeinem Sachsenrecht und gemeinem römischen Recht« zu schaffen. Als landesherrliche Stadt bedurfte Zwickau für sein neues Stadtrecht der landesherrlichen Bestätigung, die, wenn auch unter Schwierigkeiten, erlangt wurde. Beim Freiberger Stadtrecht standen die bergrechtlichen Belange und alle mit dem Bergbau zusammenhängenden Angelegenheiten des Handels, des Gewerbes und der Bürger im Vordergrund. Das verbreitetste Stadtrecht des Mittelalters war aber das Magdeburger Recht, das weit über die Reichsgrenzen hinaus beherrschend wurde, so auch nach Polen, Ungarn und Rußland. Im Vordergrund standen auch der Magdeburger Schöppenstuhl, der dann später an Bedeutung vom Leipziger Schöppenstuhl abgelöst wurde.
Nicht unerwähnt bleiben dürfen die zahlreichen in Sachsen bestehenden Erbgerichte. Die ältesten verdanken ihre Entstehung einer Zeit, in der Sachsen noch sehr schwach bevölkert war. Jeder Grundherr hatte daher ein großes Interesse daran, wüste Gemarkungen besiedelt zu sehen und neue Dörfer entstehen zu lassen. Die Gründung neuer Ortschaften erfolgte meist durch kluge und angesehene Leute, denen es gelang, eine Anzahl von Bauern zur Ansiedlung an der betreffenden Stelle zu bewegen. Diese Unternehmer schlossen darüber mit den Grundherren – Fürsten und Adeligen – Verträge ab, worin sie sich verpflichteten, eine bestimmte Anzahl von »Hufen« zu übernehmen und diese mit Ansiedlern zu besetzen. Für die darauf verwendete Mühe erhielt der Unternehmer ein erbliches Eigentum, nämlich die »Schultisei« des neuen Dorfes. Diese bestand aus dem Schulzenamt, das seinem Inhaber den Vorsitz im Dorfgericht zur Entscheidung der Fälle der niederen Gerichtsbarkeit verlieh und außerdem mit den Befugnissen des Gemeindevorstandes ausgestattet war, so daß sein Inhaber die polizeiliche Aufsicht über das Dorf zu führen hatte. Er durfte den »Dritten Pfennig« vom Gericht für sich behalten, das heißt, den dritten Teil aller durch das Ortsgericht verhängten und eingetriebenen Strafgelder, während die anderen zwei Teile der Grundherr für sich in Anspruch nahm. Außerdem wurde dem Schulzen ein Teil der gesamten Gemeindeflur, gewöhnlich ein Zehntel, frei von Abgaben, Zinsen und Zehnten überlassen, so daß der Inhaber des Schulzengutes schon dadurch zu einem gewissen Wohlstand gelangte, der für sein Ansehen als »Erbrichter« erforderlich war. Ferner waren mit dem Erbgericht in den meisten Fällen die Schank-

gerechtigkeit sowie die Befugnis verbunden, eine Fleischbank zu halten und Durchreisende über Nacht zu beherbergen, also Rechte, wie sie in den Städten bestimmten Zünften der Bürger verbrieft waren, so daß der Erbgerichtsbesitzer gewissermaßen »der einzige Bauer mit Privilegien eines städtischen Bürgers im Dorfe« war. In einigen Fällen wurde ihm der Betrieb eines Schuhladens oder einer Schmiede gestattet. Das Recht des Verkaufes von Backwaren war auch oft mit dem der Fleischerei verbunden. Alle diese Befugnisse wurden nicht an die einzelne Person des Besitzers verliehen, sondern ruhten auf dem Grundstücke als sogenannte »Realgerechtigkeit«, die lange unangetastet blieb, auch wenn der Eigentümer durch Erbgang wechselte. Ging das Grundstück durch Verkauf in andere Hände über, mußten die Vorrechte durch den Grundherrn erneut bestätigt werden. In späteren Zeiten, als die Neuanlage von Dörfern selten geworden war, wurde vom Landesherrn die Erbgerichtsgemeinschaft manchen ländlichen Besitzern als besondere Auszeichnung oder Belohnung für geleistete Dienste verliehen. In den 1920er Jahren wurden die Privilegien aufgehoben oder abgelöst; es blieben die Schankgerechtigkeit und die Fleischereiberechtigung. Aber die Eigentümer genossen bis Ende des Zweiten Weltkrieges ihr althergebrachtes Ansehen und ließen sich noch gern mit »Erbrichter« ansprechen, obwohl der Titel gegenstandslos geworden war.

Das 17. und 18. Jahrhundert

Aus den vorangegangenen Darlegungen ist zu ersehen, daß sich Gesetzgebung, Rechtsprechung und Verwaltung stark nach dem Willen und der Macht der Regenten richteten. Zwar galt für das gesamte Reichsgebiet das sogenannte »Gemeine Recht«, das jedoch infolge der Federführung der italienischen Rechtsschulen stark unter dem Einfluß des römischen Rechts stand und dadurch zunächst eine vermehrte Zersplitterung des deutschen Rechts zur Folge hatte. Im Sachen- und Familienrecht konnten sich die deutschen Rechtssätze weitgehend behaupten, während im Schuld- und Erbrecht der römische Einfluß stark bemerkbar, und das öffentliche Recht fast ganz von ihm bestimmt wurde. In den Kodifikationen der folgenden Jahrhunderte (so auch im noch später zu behandelnden Bürgerlichen Gesetzbuch vom 1. Januar 1900) ist es vielfach zu Kompromissen gekommen zwischen dem römischen und dem deutschen Recht, wodurch nach und nach die Rechtsvereinheitlichung gefördert wurde.
In den Jahrhunderten vorher gingen aber vorerst die Partikularrechte vor, worauf die Landesfürsten, vor allem die Kurfürsten, voran die von Sachsen, größten Wert legten (»Landrecht bricht Gemeines Recht«). Das »Gemeine Recht« galt also im ausgehenden Mittelalter nur dort, wo ein anderes nicht ausreichte (subsidiär). Am Ende des 17. Jahrhunderts wurden in Sachsen Einrichtungen ins Leben gerufen, die auf eine Änderung und Verbesserung der Verhältnisse hinwiesen und auch nach und nach hinwirkten, so die Einsetzung eines Kammerpräsidenten in der Zentralverwaltung, die Gründung des Bergrats-Kollegiums und die Errichtung des Geheimen Kriegsrats-Kollegiums.

Verfassungs- und verwaltungsrechtlich bildete jedoch das von den albertinischen Wettinern regierte Sachsen noch keine Einheit. Etwa 65 Prozent dieses Gebietes waren die kursächsischen Erblande, jenes Territorium, das 1547 als albertinisches Kurfürstentum Sachsen zusammengefaßt und von Kurfürst Moritz in fünf Kreise, wenig später von Kurfürst August in sieben Kreise neu gegliedert worden war. Innerhalb der Erblande lagen in Thüringen und Sachsen dazu noch in der Niederlausitz relativ selbständige Standesherrschaften, von denen die Schönburgischen Herrschaften an der Zwickauer Mulde von Waldenburg flußaufwärts bis zum Erzgebirgskamm bei Oberwiesenthal die bedeutendsten waren. Die durch das Testament Johann Georgs I. 1656 eingerichteten Sekundogenitur-Fürstentümer Sachsen-Weißenfels, Sachsen-Merseburg und Sachsen-Zeitz blieben im kursächsischen Staatsverband, worauf nach 1694 mit noch größerem Nachdruck als vorher geachtet wurde, so daß sie bei Aussterben der albertinischen Nebenlinien 1718, 1738 und 1746 problemlos zurückfielen.

Zu den vorstehenden sogenannten Einrichtungen wurden dann zu Beginn des 18. Jahrhunderts noch weitere Behörden geschaffen, so

das Amt des Statthalters (infolge häufiger Abwesenheit August des Starken in Polen), das dem 42jährigen Schwaben Anton Egon Fürst von Fürstenberg übertragen wurde;

das Generalrevisionskollegium mit dem Auftrag, die Mißstände im Steuerwesen des Landes abzustellen, zugleich ein pflichtbewußtes und exakt arbeitendes Beamtentum heranzuziehen, eine Aufgabe, die nach 1730 noch energischer als um 1700 betrieben wurde;

das Generalakzisekollegium als neue, nur dem Landesherrn verantwortliche oberste Steuerbehörde für die gegen den Willen der Landstände eingeführte, für Sachsen neuartige indirekte Steuer;

das Geheime Kabinett als oberste Zentralbehörde des Landes mit je einem Departementsminister für die auswärtigen, die inneren und die Militärangelegenheiten. Es war die erste Behörde dieser Art in den deutschen Territorien überhaupt. Der Kurfürst regierte nicht mehr mit und unter seinen Geheimen Räten, sondern verkündete aus seinem Kabinett seinen unumstößlichen Willen;

das Oberrechnungskollegium als zentrale Revisionsbehörde aller landesherrlichen Kassen;

das Generalkriegsgericht.

Ein weiterer wesentlicher Grundsatz absolutistischer Machtausübung war die Berufung leitender Staatsbeamter aus anderen Staaten. Das betraf für Kursachen: Hans Adam von Schöning, Anton Egon Fürst von Fürstenberg, Baron von Löwendal, Christoph Heinrich Graf von Flemming, August Graf von Wackerbarth, Georg Graf von Werthern, Ernst Christoph Graf von Manteuffel.

Für eine geordnete, neuartige Staatsverwaltung im sächsischen Kurfürstentum sind weiter charakteristisch:

die Veröffentlichung der Gesetze, Verordnungen, Mandate und Landtagsabschiede in einem bis dahin nicht gekannten Gesetzeswerk, dem Codex Augusteus, der seit 1724 in Leipzig gedruckt wurde;

die Herausgabe eines Staatshandbuches in Gestalt des Hof- und Staatskalenders, erstmalig 1728;

die landesweite statistische Erfassung der Amtsregalien, Einkünfte und Nutzun-

gen nach einem einheitlichen Schema als eine der ersten gesetzgeberischen Maßnahmen des neuen Kurfürsten überhaupt;
die Beauftragung von Adam Friedrich Zürner mit einer erneuten, exakten Landesvermessung;
die Gründung der ersten Staatsbank 1698 in Deutschland mit dem Sitz in Leipzig;
die Errichtung der Landeslotterie 1715;
die Einführung des Gregorianischen Kalenders 1700;
die Einführung schriftlicher Meßrelationen ab 1729.

An der Spitze des Kabinetts stand als erster Präsident der Oberhofmarschall Pflugk. Zum Kabinett gehörten weiter General Flemming als Minister für die Auswärtigen Angelegenheiten und der Obersteuer- und Akzise-Direktor Hoym für Inneres und Finanzen. Ohne Ministeramt war der Chef des Geheimen Kriegskollegiums im Kabinett vertreten. Später wurden Minister des Kabinetts zugleich zu Direktoren des Geheimen Rates und zu Kanzlern der Landesregierung ernannt, so daß im Kabinett die Leiter aller zentralen Kollegien als Minister-Konferenz vereint waren. Diese in die Zukunft weisende Lösung hat sich jedoch nicht auf Dauer durchgesetzt. Vielmehr vereinte Graf Brühl 1742 alle Departements auf seine Person und realisierte damit ein Premierministertum, das keine Ministerkollegen neben sich duldete. Erst nach seinem Tod ist mit dem Retablissement die Gleichberechtigung der Minister im Kabinett wieder zur Wirkung gelangt. Die Personalunion von Ministern mit den Leitern der übrigen Kollegien wurde weitgehend wieder aufgehoben. Zur Beratung wichtiger ressortübergreifender Fragen entstand erneut eine Minister-Konferenz, die teils mit, teils ohne den Landesherrn tagte. An ihr haben je nach Gegenstand auch die Konferenz-Minister des seit Beginn des Jahrhunderts Geheimes Konsilium genannten Geheimen Rates teilgenommen. Das Kabinett, 1763 in seiner Existenz noch einmal umstritten, hat sich als Spitzenbehörde des sächsischen Staates durchgesetzt. Seine Minister, nun auch als Staatssekretäre bezeichnet, trugen die Entscheidungsfragen aller Fachkollegien dem Landesherrn vor.

Von weitreichender Bedeutung für die Entwicklung Kursachsens ist aber nicht nur das Kabinett gewesen, sondern es waren auch andere Behördengründungen August des Starken, so das Kommerzienkollegium, das aus Leipziger Bürgern konstituiert wurde und sich als beratende Instanz um die Förderung von Manufakturen, Handel und Gewerbe und damit progressiver ökonomischer Potenzen verdient gemacht hat. An die Seite der alten Steuerbehörde trat für die Erhebung der Generalkonsumtionsakzise ein entsprechendes Kollegium. Gleichzeitig entstand zur Rechnungsprüfung eine Oberrechenkammer, mit der August der Starke seinen absolutistischen Kurs in der Verwaltung durchsetzen wollte, ohne in der Folge dieses Instrument voll zur Wirkung bringen zu können. Weitere bedeutende Behördengründungen gehören der zweiten Hälfte des Jahrhunderts an, namentlich das 1782 geschaffene Geheime Finanzkollegium, das – für Kammer-, Berg-, Akzise-, und Kommerziensachen zuständig – Wirtschafts- und Finanzverwaltung im Sinne des aufgeklärten Absolutismus förderte. Zusammenfassend kann man feststellen: Die Entwicklung der zentralen Behörden Kursachsens vollzog sich im 17. und 18. Jahrhundert nicht auf einem gradlinigen Weg. Ihre Besonderheiten sind von der Auseinandersetzung des Landesherrn mit den Ständen, ferner durch die mit der polnischen Krone verbundene Abwesenheit des

Kurfürsten von seinem Stammland bedingt. Wenn wir nach den fortschrittsfördernden Wirkungen dieses Staates fragen, so dürften in erster Linie jene Institutionen ins Auge zu fassen sein, die durch Rechtssetzung, Beratung und finanzielle Förderung die Manufakturen, das Gewerbe und den Handel vorangebracht haben, aber auch die landwirtschaftliche Produktion förderten. Ihre ökonomische Wirksamkeit wuchs mit dem zeitweilig ausgeprägten Streben, die progressiven Potenzen des Bürgertums für den Ausbau der fürstlichen Macht zu nutzen. Damit wurde die Verschiebung des Kräfteverhältnisses zwischen Adel und Bürgertum gefördert. Die damit begünstigte Entwicklung von Handel und Manufaktur als »immer gefährlichere Waffen in den Händen eines schon mächtigen Bürgertums« konnte auch dann nicht mehr ungeschehen gemacht werden, als sich der fürstliche Absolutismus diesem Fortschritt in den Weg zu stellen versuchte. Und das ohne sichtlichen Erfolg ...

Das 19. und 20. Jahrhundert
Staats- und Verwaltungsrecht

Die Verfassungsurkunde des Deutschen Reiches vom 16. April 1871 war die Grundlage allen rechtlichen Denkens und Handelns in den Ländern des damaligen Deutschen Reichs nach der Reichsgründung von Versailles am 18. Januar 1871. In Sachsen galt außerdem die *Verfassung des Königreichs Sachsen* vom 4. September 1831. Die gesetzlichen Grundlagen für die Rechte und Pflichten der Bürger ergaben sich aus dem 3. Abschnitt. Im § 24 verpflichtete der Aufenthalt innerhalb der Grenzen des Staates zur Beachtung der Gesetze. In § 25 wird bestimmt, daß über das Heimatrecht und Staatsbürgerrecht ein besonderes Gesetz entscheiden wird. Die Gleichheit der Bürger ergab sich aus § 26. Sehr fortschrittlich erscheinen für das Jahr 1831 die Bestimmungen über die Freiheit der Person und des Eigentums, über die Wahl des Berufs und über den Wegzug. Die betreffenden Paragraphen lauten:

§ 27: Die Freiheit der Personen und die Gebahrung mit dem Eigenthume sind keiner Beschränkung unterworfen, als welche Gesetz und Recht vorschreiben.

§ 28: Jeder ist daher berechtigt, seinen Beruf und sein Gewerbe nach eigener Neigung zu wählen und sich dazu im In- oder Auslande auszubilden, soweit nicht hierbei ausdrückliche Gesetze oder Privatrechte beschränkend entgegenstehen.

§ 29: Jedem Unterthan steht der Wegzug aus dem Lande ohne Erlegung einer Nachsteuer frei, soweit nicht die Verpflichtung zum Kriegsdienste oder sonst Verbindlichkeiten gegen den Staat oder Privatpersonen entgegenstehen.

Auch die §§ 32 bis 38 berücksichtigen die Forderungen der Staatsbürger, die anläßlich der revolutionären Ereignisse von 1830 vorgebracht worden waren:

§ 32: Jedem Landeseinwohner wird völlige Gewissensfreiheit und, in der bisherigen oder der künftig gesetzlich festzusetzenden Maaße, Schutz in der Gottesverehrung seines Glaubens gewährt.

§ 33 (Fassung vom 3. Dezember 1868): Der Genuß der bürgerlichen und staatsbürgerlichen Rechte ist unabhängig von dem religiösen Glaubensbekenntnisse. Den bürgerlichen und staatsbürgerlichen Pflichten darf das religiöse Bekenntniß keinen Abbruch thun.

§ 34: Die Verschiedenheit des Standes und der Geburt begründet keinen Unterschied in Berufung zu irgend einer Stelle im Staatsdienste.

§ 35 (Fassung vom 3. Dezember 1868): Die Angelegenheiten der Presse und des Buchhandels werden durch ein Gesetz geordnet werden, welches die Freiheit derselben, unter Berücksichtigung der Sicherung gegen Mißbrauch, als Grundsatz feststellen wird.

Besonders beachtlich erscheint § 36. Er lautet:

§ 36: Jeder hat das Recht, über gesetz- oder ordnungswidriges Verfahren einer Behörde, oder Verzögerung der Entscheidung, bei der zunächst vorgesetzten, schriftliche Beschwerde zu führen. Wird selbige von der vorgesetzten Behörde unbegründet gefunden, so ist diese verpflichtet, den Beschwerdeführer über die Gründe ihres Urtheils zu belehren. Glaubt derselbe, sich auch bei der Entscheidung der obersten Staatsbehörde nicht beruhigen zu können, so darf er die Beschwerde den Ständen, mit der Bitte um Verwendung, schriftlich vortragen, welche dann zu beurtheilen haben, ob die Sache geeignet sei, von ihnen am Throne bevorwortet zu werden. Uebrigens bleibt auch Jedem unbenommen, seine Wünsche und Beschwerden bei dem Regenten unmittelbar anzubringen.

Über die Gesetzgebung als solche bestimmten dann die §§ 85-92:

§ 85 (Fassung vom 31. März 1849): Gesetzentwürfe können von dem Könige an die Kammern und von den Kammern an den König gebracht werden. Die Kammern können aber auch auf Vorlage neuer Gesetze, sowie auf Abänderung oder Aufhebung bestehender, antragen. Jedem Gesetzentwurfe sind Motiven beizufügen.

§ 86: Kein Gesetz kann ohne Zustimmung der Stände erlassen, abgeändert oder authentisch interpretirt werden.

§ 87: Der König erläßt und promulgirt die Gesetze, mit Bezug auf die erfolgte Zustimmung der Stände, und ertheilt die zu deren Vollziehung und Handhabung erforderlichen, sowie die aus dem Aufsichts- und Verwaltungsrechte fließenden Verfügungen und Verordnungen.

§ 88: Der König erläßt auch solche, ihrer Natur nach der ständischen Zustimmung bedürfende, aber durch das Staatswohl dringend gebotene Verordnungen, deren vorübergehender Zweck durch Verzögerung vereitelt werden würde, mit Ausnahme aller und jeder Abänderungen in der Verfassung und dem Wahlgesetze.

§ 90 (Fassung vom 3. Dezember 1868): Der König kann einen an die Kammern gerichteten Gesetzvorschlag noch während der ständischen Discussion darüber zurücknehmen.

§ 91: Wenn die Kammern über die Annahme eines Gesetzvorschlags getheilter Meinung sind, so haben sie, vor der Abgabe ihrer Erklärung, das in § 131 vorgeschriebene Vereinigungsmittel zu versuchen.

§ 92: Bleiben auch dann noch die Curiatstimmen beider Kammern getheilt, so ist zu der Verwerfung des Gesetzvorschlags erforderlich, daß in einer der beiden Kammern wenigstens zwei Drittheile der Anwesenden für die Verwerfung gestimmt haben.

Beraten und beschlossen wurden die Gesetze von der für das ganze Königreich Sachsen bestehenden allgemeinen, in zwei Kammern abgeteilten Ständeversammlung. Nach § 62 waren beide Kammern in ihren Rechten und Befugnissen einander gleich. Zeit und Ort der Sitzungen beider Kammern waren jederzeit dieselben. Zur ersten Kammer gehörten folgende Mitglieder: Die volljährigen Prinzen des Königlichen Hauses, ein Deputierter des Hochstifts Meißen, der Besitzer der Herrschaft Wildenfels, die Besitzer der fünf Schönburgischen Rezeßherrschaften Glauchau, Waldenburg, Lichtenstein, Hartenstein und Stein, ein Abgeordneter der Universität Leipzig, die Besitzer der Standesherrschaften Königsbrück und Reibersdorf, der evangelische Oberhofprediger, der Dekan des Domstifts St. Petri zu Budissin (Bautzen), der Superintendent zu Leipzig, ein Abgeordneter des Kollegialstifts zu Wurzen, ein Besitzer der vier Schönburgischen Lehenherrschaften Rochsburg, Wechselburg, Penig und Remse und zwölf auf Lebenszeit gewählte Abgeordnete der Besitzer von Rittergütern und anderen größeren ländlichen Gütern, zehn vom Könige nach freier Wahl auf Lebenszeit ernannte Rittergutsbesitzer, die Erste Magistratsperson der Städte Dresden und Leipzig, die Ersten Magistratspersonen in sechs vom Könige, unter möglichster Berücksichtigung aller Teile des Landes, nach Gefallen zu bestimmenden Städten, und zum Schluß fünf vom Könige nach freier Wahl auf Lebenszeit ernannte Mitglieder.
Nach § 68 der Verfassungsurkunde vom 4. September 1831 wurde die Zweite Kammer der Ständeversammlung aus 91 Abgeordneten gebildet, von denen 43 Abgeordnete in städtischen und 48 Abgeordnete in ländlichen Wahlkreisen gewählt wurden. Die Mitglieder der Ersten Kammer waren solange tätig, wie sie die Funktionen ausübten, die Abgeordneten der Zweiten Kammer wurden auf sechs Jahre gewählt. Nach § 74 ergaben sich die Bedingungen der Stimmberechtigung und Wählbarkeit aus dem *Wahlgesetz* vom 3. Dezember 1868. Die Ausführungsverordnungen wurden dazu am nächsten Tag im Gesetz- und Verordnungsblatt auf Seite 1378 verkündet. Von den Orten, deren Einwohner an der Wahl städtischer Abgeordneter teilzunehmen hatten, wurde ein Verzeichnis aufgestellt; alles andere war plattes Land. Die besonderen Abgeordneten der Güter fielen weg, ihre Stellen in der Zahl von 20 wurden den ländlichen Wahlkreisen hinzugerechnet, so daß diese im ganzen 45 Abgeordnete stellten. Auf der anderen Seite fiel die besondere Vertretung des Handels- und Fabrikwesens weg. Die 10 Abgeordnetenstellen wuchsen den Städten zu, so daß diese nunmehr 35 Abgeordnetenstellen hatten. Davon fielen 11 auf bevorzugte Städte, nämlich auf Dresden 5, auf Leipzig 3, auf Chemnitz 2 und auf Zwickau 1. Die übrigen 24 wählten die übrigen 24 Wahlkreise. Die mit mehr als einem Abgeordneten ausgestatteten Stimmen wurden behufs der Wahl je eines Abgeordneten von ihrem Stadtrat im Wahlkreise zerlegt. Die restlichen Wahlkreise bildete das Ministerium, und zwar möglichst

gleich. Durch das Gesetz vom 20. April 1892 wurde nachträglich auch noch die Stadt Leipzig mit 5 Abgeordneten bedacht. Dadurch erhöhte sich die Zahl der städtischen Abgeordneten auf 37 und die Gesamtzahl der Mitglieder der beiden Kammern auf 82.
Die Verteilung der Abgeordnetensitze zwischen Stadt und Land entsprach nicht der Volkszahl. Aber in der praktischen Gestaltung des späteren Reichswahlrechts haben sich ja ähnliche Verhältnisse ergeben, und die platte Mathematik ist nach reichlicher Erfahrung nicht das oberste Gesetz guter Staatseinrichtungen.

Die Rechte und Pflichten des Königs und des königlichen Hauses

Diese waren im Königlichen Hausgesetz vom 30. Dezember 1837 niedergelegt. Dem König und den Behörden des Königlichen Hauses standen als Regierungsorgane zur Seite das Justizministerium, das Finanzministerium, das Ministerium des Innern, das Kriegsministerium, das Ministerium des Kultus und öffentlichen Unterrichts und das Ministerium der auswärtigen Angelegenheiten. Den Ministerien unmittelbar untergeordnet waren zahlreiche Zentralbehörden, so dem Gesamtministerium die Oberrechnungskammer, dem Justizministerium das Oberappellationsgericht und die Appellationsgerichte zu Dresden, Leipzig, Bautzen und Zwickau, dem Finanzministerium die Zoll- und Steuerdirektion und die Generaldirektion der Königlich-Sächsischen Eisenbahnen, dem Ministerium des Innern, die Kreisdirektionen zu Dresden, Leipzig, Bautzen und Zwikkau, dem Kriegsministerium der Generalstab und das Oberkriegsgericht, dem Ministerium des Kultus und öffentlichen Unterrichts das Landeskonsistorium, das Apostolische Vikariat, das Vikariatsgericht und das Katholische Geistliche Konsistorium sowie das Ministerium des Königlichen Hauses und der Generaldirektor der Königlichen Musikkapelle und des Hoftheaters.
Die Verfassung von 1831 und das Königliche Hausgesetz mit zahlreichen Änderungen galten bis zum November 1918, zwei Jahre lang dann Übergangsbestimmungen der Volkskammer.

Die Verfassung von 1920

Nach der Verfassung des Freistaats Sachsens vom 1. November 1920 trat anstelle der Volkskammer der Landtag mit 96 Abgeordneten. Laut Artikel 5 beschloß dieser die Gesetze, wählte den Ministerpräsidenten und überwachte die Politik und Verwaltung des Staates. Nach Artikel 6 wurde der Landtag nach den Grundsätzen der Verhältniswahl auf 4 Jahre gewählt. Nach Artikel 20 war über Anträge und Gesetzesvorschläge, die ein Abgeordneter beim Landtag eingebracht hatte, die allgemeine Beratung zu eröffnen, wenn 10 Abgeordnete es verlangten.
Die Gesetzgebung wurde in den Artikeln 34 bis 41 behandelt. Nach Artikel 34 wurden Gesetzentwürfe vom Gesamtministerium bei dem Landtag eingebracht oder vom Landtag dem Gesamtministerium überwiesen. Den überwiesenen Entwurf hatte das Gesamtministerium zu prüfen und unverändert oder abgeändert dem Landtage zur endgültigen Beschlußfassung vorzulegen. Nach Artikel 36 mußte das Gesamtministerium den Volksentscheid herbeiführen, wenn 1/10 der

Stimmberechtigten der letzten Landtagswahl ein Gesetz oder die Auflösung des Landtags begehrte. Wichtig war der Artikel 35. Er lautet:

Hat das Gesamtministerium Bedenken, ein vom Landtag beschlossenes Gesetz aufzufertigen und zu verkünden, so kann es unter Angabe der Gründe das Gesetz dem Landtag binnen 14 Tage zurückgeben. Der Landtag beschließt über das Gesetz noch einmal. Beharrt der Landtag bei dem Gesetz, so kann das Gesamtministerium innerhalb Monatsfrist den Volksentscheid über das Gesetz herbeiführen.

Aus dem Gebiet des *Staats- und Verwaltungsrechts* sind noch folgende Gesetze und Verordnungen zu nennen, die neben den Reichsgesetzen Geltung hatten:

Gesetz über die Verwaltungsrechtspflege vom 19. Juli 1900,
Allgemeines Baugesetz für den Freistaat Sachsen vom 1. Juli 1900,
Enteignungsgesetz für den Freistaat Sachsen vom 24. Juni 1902,
Gesetz über die Zwangsvollstreckung wegen Geldleistung in Verwaltungssachen vom 18. Juni 1902,
Gesetz gegen die Verunstaltung von Stadt und Land vom 10. März 1909,
Wassergesetz vom 12. März 1909,
Allgemeines Berggesetz vom 31. August 1910,
Gesetz, die Revierwasserlaufsanstalt zu Freiberg betreffend vom 3. Juli 1912,
Gesetz über das Staatliche Kohlenbergbaurecht vom 14. Juni 1918,
Gesetz über die Wahlen zu den Bezirksversammlungen, Bezirksausschüssen, Kreisausschüssen und innerhalb dieser Körperschaften vom 5. Juli 1919,
Gesetz über die Dienststellung der Minister vom 5. Juli 1919,
Gesetz über die Änderung dieses Gesetzes vom 2. Juli 1924,
Gemeindesteuergesetz vom 20. Oktober 1920,
Landeswahlgesetz für den Freistaat Sachsen vom 4. September 1920,
Landeswahlordnung vom 4. September 1920,
Die Verfassung des Freistaats Sachsens vom 1. November 1920,
Gesetz über den Übergang der Ordnungs- und Kriminalpolizei auf den Staat vom 14. September 1922,
Verordnung über die Errichtung einer Staatspolizeiverwaltung vom 11. November 1922,
Gemeindeordnung für den Freistaat Sachsen vom 1. August 1923 in der Fassung vom 15. Juni 1925,
Wohlfahrtspflegegesetz vom 28. März 1925,
Jagdgesetz vom 1. Juli 1925.

Alle diese Gesetze und Verordnungen waren erforderlich, um Lücken in der Reichsgesetzgebung auszufüllen oder um Weisungen, die die Reichsgesetzgebung erlassen hatte, zu ergänzen. Besonders wichtig waren neben der Gemeindeordnung das Baugesetz, das Allgemeine Berggesetz und das Wassergesetz. Während die Gemeindeordnung 202 Paragraphen aufwies, das Allgemeine Baugesetz 185 Paragraphen und das Wassergesetz 172 Paragraphen hatten, war das Allgemeine Berggesetz in 427 Paragraphen aufgeteilt. Die Fülle dieser Bestimmungen zeigt, was der Bergbau in Sachsen, insbesondere im Erzgebirge, aber auch beim Tagebau in den niederen Gebieten, an Bedeutung hatte.

Landesprivatrecht

Vom Sächsischen Landesprivatrecht können hier nur diejenigen Rechtssätze erörtert werden, die ihre Geltung aus der Sächsischen Landesgesetzgebung oder aus einer von dieser anerkannten Rechtsquelle herleiten. Inwieweit für Sächsisches Privatrecht überhaupt noch nach der Reichsgründung vom 18. Januar 1871 Raum war, bestimmten schon vor 1918 Artikel 2 der Reichsverfassung vom 16. April 1871 und dann nach der Nationalversammlung von Weimar die Artikel 12 und 13 der Reichsverfassung von 1919, der sogenannten Weimarer Verfassung. Dementsprechend besagte das Einführungsgesetz zum Bürgerlichen Gesetzbuch, Artikel 55, daß die privatrechtlichen Vorschriften der Landesgesetze außer Kraft treten, soweit nicht im Bürgerlichen Gesetzbuch oder im Einführungsgesetz etwas anderes bestimmt war. Das galt für alle bürgerlich-rechtlichen Sätze des Landrechts, ob sie nun mit dem Bürgerlichen Gesetzbuch übereinstimmten oder ihm widersprachen oder es ergänzten. Dabei war ohne Einfluß, ob sie in der Verfassung enthalten waren oder nicht. Das Reichsrecht ging auch verfassungsrechtlichen Bestimmungen der einzelnen deutschen Länder vor. Hieraus folgte, daß die Zulässigkeit einer Anwendung des Landesprivatrechts in jedem Falle auf eine gestattete Vorschrift des Reichs zu gründen war.

Das Sächsische Privatrecht hatte neben dem Bürgerlichen Recht des Reichs verschiedene Bedeutung. Eine Reihe von Bestimmungen des Reichsrechts, insbesondere des Bürgerlichen Gesetzbuches, erforderte bestimmte landesrechtliche Vorschriften, ohne die sie unanwendbar waren. Hier diente das Landesrecht zur Ausführung des Reichsrechts. Als Beispiele sind die Vorschriften des Landesrechts über das Hinterlegungswesen, über die Einrichtung des Grundbuchs und über die Mündelsicherheit einer Hypothek anzuführen. Nun hatte aber Sachsen von der Ermächtigung in Artikel 218 des Einführungsgesetzes zum Bürgerlichen Gesetzbuch Gebrauch gemacht und sein für die Übergangszeit fortgeltendes Privatrecht in einzelnen Punkten mit Rücksicht auf die zweckmäßigere Art der Überleitung umgestaltet. In den Vordergrund muß zunächst einmal gestellt werden, daß seit 1868 ein *Bürgerliches Gesetzbuch* für das Königreich Sachsen in Geltung war, als das Zweite Deutsche Reich am 19. Januar 1871 gegründet wurde und als am 1. Januar 1900 das Deutsche Bürgerliche Gesetzbuch für das Deutsche Reich in Geltung trat. Das Sächsische Bürgerliche Gesetzbuch von 1868 hat also nur ein knappes Menschenalter dem Rechtsverkehre im früheren Königreich Sachsen dienen können. Die praktische Fortbildung des Sächsischen Privatrechts erfolgte in maßgebender Weise durch das Oberappellationsgericht, das am 1. Oktober 1879 durch das Oberlandesgericht mit Sitz in Dresden abgelöst wurde. Die Entscheidungen wurden in den Annalen des Oberappellationsgerichts, später des Oberlandesgerichts Dresden, veröffentlicht.

Das Inkrafttreten des Bürgerlichen Gesetzbuches stellte die Sächsische Landesgesetze vor die gleiche Aufgabe wie die der anderen deutschen Länder. Es galt, die notwendigen Ausführungsbestimmungen zu treffen, ferner die den vorbehaltenen Rechtsgebieten angehörenden Gesetze wegen ihrer Anpassung an den neuen Rechtszustand einer Abänderung und einem weiteren Ausbau zu unterziehen, endlich die angemessen erscheinenden landesrechtlichen Übergangsbestimmungen zu treffen. Diesen drei Aufgaben wurde eine Reihe von Sächsischen Ausführungsgesetzen gerecht.

Das wichtigste und umfassendste ist das Gesetz die Ausführung des Bürgerlichen Gesetzbuches vom 18. August 1896 betreffend, zu dem die Ausführungsverordnung vom 6. Juli 1899 erging.
Einzelne Teile des Bürgerlichen Rechts wurden in besonderen Gesetzen dem neuen Recht angepaßt. Hervorgehoben seien
das Gesetz, den Ersatz von Wildschaden und die Rechtsfähigkeit der Jagdgenossenschaft betreffend, vom 28. Mai 1898, aufgehoben durch Jagdgesetz § 53 vom 1. Juli 1925,
das Gesetz, die Ergänzung und Änderung des Königlichen Hausgesetzes vom 30. Dezember 1837 und des Nachtrags vom 20. August 1879 betreffend, vom 5. Juli 1900, aufgehoben durch Gesetz vom 24. März 1925,
das Gesetz über Familienanwartschaften vom 7. Juli 1900.
Auch das *Verfahrensrecht* mußte einer entsprechenden Neuregelung unterzogen werden. Zunächst konnte die provisorische Gerichtsordnung vom 9. Januar 1875 auch nicht teilweise neben dem Reichsgesetz über die Angelegenheit der Freiwilligen Gerichtsbarkeit und neben der Grundbuchordnung in Geltung gelassen werden. Sie ist daher aufgehoben worden. An ihre Stelle sind außer diesen beiden Reichsgesetzen getreten
das Gesetz zur Ausführung einiger mit dem Bürgerlichen Gesetzbuch zusammenhängender Reichsgesetze vom 15. Juli 1900 mit einer Ausführungsverordnung vom 16. Juli 1900,
die Verordnung zur Ausführung der Grundbuchordnung vom 26. Juli 1899,
die Verordnung über das Registerwesen bei den Amtsgerichten vom 8. November 1899.
Für das Prozeßrecht kamen vornehmlich in Betracht
das Gesetz, die Zwangsvollstreckung des unbeweglichen Vermögens betreffend vom 18. Juni 1900, mit einer Ausführungsverordnung vom 19. Juni 1900,
das Gesetz zur Ausführung der Zivilprozeßordnung und der Konkursordnung vom 20. Juni 1900,
die Verordnung zur Ausführung der Grundbuchordnung vom 26. Juli 1899,
die Verordnung über das Registerwesen bei den Amtsgerichten vom 8. November 1899,
die Verordnung über die Elbschiffahrtsgerichte,
das Gesetz über die Vereinfachung des Geschäftsganges bei den Gerichten in Angelegenheiten der freiwilligen Gerichtsbarkeit.

Gerichtsverfassung, streitige und freiwillige Gerichtsbarkeit

Bereits 1854 hatte das Königreich Sachsen unter König Johann eine grundlegend neue Gerichtsverfassung erhalten. Der am 10. Oktober 1854 eröffnete Landtag verabschiedete das Neue Sächsische Strafgesetzbuch, das 1855 eingeführt wurde. Zugleich wurde eine neue Strafprozeßordnung beschlossen, die weitgehend von

den Forderungen der Revolutionszeit 1848/1849 bestimmt war. Die gewünschten Geschworenengerichte wurden zwar nicht geschaffen, aber immerhin sollte ein Kollegialgericht in besonders schweren Fällen an die Stelle eines Einzelrichters treten. Im Vordergrund stand, daß die Öffentlichkeit und die Mündlichkeit gewahrt waren und daß eine ordnungsgemäße Anklageschrift mit einer entsprechenden Fristgestattung von der Staatsanwaltschaft fertiggestellt und dem Beschuldigten zugestellt wurde.
Im Zusammenhang mit der Gerichtsverfassung wurden in Sachsen 19 Bezirksgerichte und 116 Gerichtsämter geschaffen. Damit war die längst fällige dienstliche Trennung von Verwaltung und Justiz eingeleitet. Die Patrimonialgerichte wurden abgeschafft, und am 11. August 1855 trat die neue Gerichtsorganisation ins Leben.
Diese Gerichtsverfassung wurde nach der Gründung des Deutschen Reiches 1871 stark umgestaltet. Durch das Gerichtsverfassungsgesetz erhielt Sachsen ein Oberlandesgericht, sieben Landgerichte und 105 Amtsgerichte, die dann bis 1925 auf 112 erhöht wurden. Durch verschiedene Verordnungen wurden „Kammern für Handelssachen" bei den Landgerichten Chemnitz, Dresden, Freiberg, Leipzig und Plauen eingerichtet, sowie auch ausnahmsweise bei den großen Amtsgerichten Glauchau und Zittau innerhalb einer stärkeren Industrie. 1891 wurde noch eine Kammer beim Amtsgericht in Annaberg und 1895 eine solche beim Landgericht Zwickau errichtet. Außerdem gab es durch das Gewerbegerichtsgesetz vom 29. Juni 1890 noch 78 Gewerbegerichte und durch das „Reichsgesetz betreffend Kaufmannsgericht" vom 6. Juli 1904 noch 42 Kaufmannsgerichte. Dazu kamen später noch die Arbeitsgerichte und das Oberverwaltungsgericht mit dem Sitz in Dresden.
Die Amtsgerichte bearbeiteten in Zivilsachen die Rechtsstreitigkeiten mit einem geringen Streitwert und auch die geringwertigen Strafsachen. Bei den Landgerichten wurden Zivilsachen mit höheren Streitwerten und schwerere Strafsachen behandelt und abgeurteilt. Weiterhin urteilte das Landgericht über Berufungen gegen Urteile der Amtsgerichte. Das Oberlandesgericht entschied über Berufungen gegen die Urteile der Landgerichte und in Ausnahmefällen über Revisionen gegen Urteile der Amtsgerichte. Außerdem wurden die Oberlandesgerichte in besonders schweren Strafsachen tätig. Seit Einführung des Reichsstrafgesetzbuches mußte Sachsen wieder der Todesstrafe zustimmen.
Auf dem Gebiet der staatlichen Verwaltung war die Gründung des Gesetz- und Verordnungsblattes von Bedeutung. Während 135 Jahre hat es die Geschicke Sachsens begleitet, 100 Jahre lang die des Königreichs bis 1918, dann die Jahre des Freistaates, zuletzt in der Zwangsjacke des sogenannten Dritten Reiches und schließlich ab 1945 des Bundeslandes und bald darauf des Landes Sachsen bis zum Ende des Jahres 1952.

Nach der Gründung des II. Deutschen Reiches hatten in Sachsen, insbesondere von der Jahrhundertwende ab, folgende Gesetze und Verordnungen Geltung:
Gesetz, Bestimmungen zur Ausführung des Gerichtsverfassungsgesetzes vom 27. Januar 1877 und über die Zuständigkeit der Gerichte in Sachsen der nichtstreitigen Gerichtsbarkeit enthaltend, vom 1. März 1879, in der Fassung vom 29. Juli 1908,

Verordnung zur Ausführung von Artikel 31 der Verfassung des Freistaates Sachsen, über die Ernennung und Entlassung von Beamten vom 23. Juni 1922,
Gesetz zur Ausführung der Zivilprozeßordnung und der Konkursordnung vom 20. Juni 1900,
Gesetz, die Zwangsvollstreckung des unbeweglichen Vermögens betreffend, vom 18. Juni 1900,
Gesetz, die Zwangsvollstreckung gegen den Fiskus betreffend, vom 30. März 1914,
Gesetz zur Ausführung einiger mit dem Bürgerlichen Gesetzbuch zusammenhängender Reichsgesetze vom 15. Juni 1900,
Verordnung zur Ausführung der Gesetze über die Angelegenheit der freiwilligen Gerichtsbarkeit des Hinterlegungswesens vom 16. Juni 1900,
Verordnung, die Ausführung des Reichsgesetzes, die Beurkundung des Personenstandes und die Eheschließung vom 16. November 1875 in der am 1. Januar 1900 geltenden Fassung betreffend, vom 12. Juni 1899,
Verordnung zur Ausführung des 126. Reichsgesetzes über die Angelegenheit der freiwilligen Gerichtsbarkeit vom 11. November 1899,

Die Einteilung der Gerichte

Es umfaßten:

das *Landgericht Bautzen* die Amtsgerichte Bautzen, Königsbrück, Kamenz, Pulsnitz, Bischofswerda, Löbau, Stolpen, Neustadt-Schirgiswalde, Neusalza-Spremberg, Bernstadt, Herrnhut, Ostritz, Ebersbach, Neustadt, Sebnitz, Reichenau, Großschönau und Zittau,

das *Landgericht Dresden* die Amtsgerichte Dresden, Riesa, Großenhain, Lommatzsch, Radeburg, Wilsdruff, Meißen, Kötzschenbroda, Radeberg, Freital, Pirna, Bad Schandau, Königstein, Lauenstein und Altenberg,

das *Landgericht Freiberg* die Amtsgerichte Freiberg, Döbeln, Roßwein, Nossen, Hainichen, Oederan, Dippoldiswalde, Brand-Erbisdorf, Frauenstein, Sayda, Olbernhau, Lengefeld, Zöblitz und Marienberg,

das *Landgericht Leipzig* die Amtsgerichte Leipzig, Taucha, Wurzen, Borna, Zwenkau, Grimma, Mügeln, Oschatz, Rötha, Bad Lausick, Leisnig, Geithain, Frohburg,

das *Landgericht Chemnitz* die Amtsgerichte Chemnitz, Waldheim, Rochlitz, Mittweida, Penig, Burgstädt, Limbach, Frankenberg, Augustusburg, Stollberg, Zschopau, Zwönitz, Wolkenstein, Ehrenfriedersdorf, Annaberg, Scheibenberg, Jöhstadt, Oberwiesenthal,

das *Landgericht Zwickau* die Amtsgerichte Zwickau, Waldenburg, Meerane, Crimmitschau, Glauchau, Hohenstein-Ernstthal, Lichtenstein-Callenberg, Werdau, Wildenfels, Hartenstein, Lößnitz, Kirchberg, Schneeberg, Aue, Schwarzenberg, Eibenstock, Johanngeorgenstadt,

das *Landgericht Plauen* die Amtsgerichte Plauen, Reichenbach, Elsterberg, Pausa, Lengenfeld, Treuen, Auerbach, Falkenstein, Schöneck, Oelsnitz/Vogtland, Klingenthal, Adorf und Markneukirchen.

Diese Gerichtsteilung blieb bis 1943 erhalten. Danach wurden mehrere Gerichte geschlossen und die Tätigkeit zusammengelegt. Staatsanwaltschaften gab es bei allen sieben Landgerichten mit einem Oberstaatsanwalt an der Spitze. Bei den Amtsgerichten hießen sie Amtsanwaltschaften, besetzt mit einem Assesor oder einem Referendar im dritten Jahr der Ausbildung. Die Bürger konnten sich vor den Gerichten durch Rechtsanwälte vertreten lassen, die in der Rechtsanwaltskammer mit dem Sitz in Dresden zusammengeschlossen waren. Disziplinell unterstanden sie dem Präsidenten desjenigen Landgerichts, bei dem sie zugelassen waren. Beim Oberlandesgericht in Dresden gab es eine besondere Kammer für die bei diesem zugelassenen Rechtsanwälte.

Die Verwaltung

Wie bereits bei der »Gesetzgebung« ausgeführt, waren die obersten Verwaltungsorgane gemäß der Verfassungsurkunde vom 4. September 1831 die Ministerialdepartements der Justiz, der Finanzen, des Innern, des Kriegs, des Kultus und der auswärtigen Angelegenheiten und nach der Verfassung des Feistaats Sachsen vom 1. November 1920 das Gesamtministerium, das über die Verteilung der Geschäfte selbständig Beschluß faßte. Neben dem Gesamtministerium und dem ihm angeschlossenen Ministerium für auswärtige Angelegenheiten bestanden ab 1920 die Ministerien des Innern, der Justiz, für Arbeit und Wohlfahrt, für Wirtschaft, für Finanzen und für Volksbildung.
Als mittlere Verwaltungsbehörden und unmittelbar beauftragte Organe der Staatsregierung für die innere Verwaltung bestanden seit 1875 die *Kreishauptmannschaften,* die nach 1933 entsprechend den Bezeichnungen von Preußen und Bayern Regierungsbezirke genannt wurden. Sie waren aus den im Jahre 1835 errichteten vier Kreisdirektionen Bautzen, Dresden, Leipzig und Zwickau hervorgegangen.

Aufgaben der Kreishauptmannschaften waren

Aufsicht über die Tätigkeit sämtlicher dem Innenministerium unterstehender Verwaltungsbehörden, auch der bezirksfreien Städte.
Als Regierungs- oder mittlere Verwaltungsbehörde erstinstanzliche Entscheidungen, zum Beispiel Staatsangehörigkeitssachen, Kraftfahrzeugangelegenheiten, Handels- und Gewerbesachen, Aufsicht über Bezirksärzte, und ab 1935 über die staatlichen Gesundheitsämter sowie insbesondere Versicherungsangelegenheiten.
Zweitinstanzliche Entscheidungen über Rekurse und Beschwerden über Entscheidungen und Verfügungen der Amtshauptmannschaften und der Bezirksausschüsse, der Polizeiämter und der Gemeinderäte in den bezirksfreien Städten.
Funktion als Verwaltungsgericht 1. Instanz, besetzt mit drei Juristen, für Parteistreitigkeiten.

Bei jeder Kreishauptmannschaft bestand ein Kreisausschuß. Dieser war beschließendes und beratendes Organ der Staatsverwaltung und als sogenannte Beschlußbehörde das demokratische Staatsaufsichtsorgan.

Untere Verwaltungsbehörden waren die 28 *Amtshauptmannschaften* sowie die amtshauptmannschaftliche Delegation in Sayda. Sie waren zugleich Staatsaufsichtsbehörden für die ihnen unterstellten Städte und Gemeinden, soweit diese nicht bezirksfrei waren. Letztere unterstanden der Aufsicht der Kreishauptmannschaften. Aufgaben der Amtshauptmannschaften waren

Tätigkeit als Aufsichtsbehörde für die ihnen unterstellten, nicht bezirksfreien Gemeinden sowie Überwachung der örtlichen Polizeiverwaltung,

als Unterstaatsverwaltung Tätigkeit in Gewerbe-, Versicherungs-, Staatsangehörigkeits-, Gesundheits-, Personalstands-, Straßen- und Wasserbau-, sowie Enteignungs- und Zwangsvollstreckungssachen.

Neben jeder Amtshauptmannschaft bestand als selbständige Körperschaft des öffentlichen Rechts der »Bezirksverband der Amtshauptmannschaften« mit der Kurzbezeichnung »Bezirksverbände«. Ihre Wirkungsbereiche deckten sich räumlich mit dem Gebiet der Amtshauptmannschaften. Die Bezirksverbände waren praktisch ein Gemeindeverband und führten nach der Gemeindeordnung Pflichtaufgaben und freiwillig übernommene Aufgaben der Gemeinden durch, insbesondere solche der öffentlichen Wohlfahrts- und Gesundheitspflege und des Wegebaus. An der Spitze eines solchen Bezirksverbandes stand der Amtshauptmann und spätere Landrat, der damit staatlicher Repräsentant und zugleich höchstes vollziehendes Organ der kommunalen Selbstverwaltung in seinem Amtshauptmannschaftsbezirk war. Die sachliche und personelle Funktion war insofern die gleiche wie in den übrigen deutschen Ländern, wo der Landrat ebenfalls in Personalunion die Geschäfte der unteren Staatsverwaltung und der kreiskommunalen Selbstverwaltung führte. Im Gegensatz zu anderen Ländern im Deutschen Reich hatte jedoch in Sachsen der Bezirkstag bei der Bestellung des Amtshauptmanns und späteren Landrats kein Bestätigungs- oder Widerspruchsrecht.

Die gesetzliche Grundlage für das Wirken innerhalb der *Gemeinden* waren die revidierte Städteordnung vom 24. April 1873, die Städteordnung für die mittleren und kleineren Städte vom gleichen Tage und dann die später verkündete Landgemeindeordnung in der Fassung vom 11. Juli 1913.

Nach dem Ersten Weltkrieg wurde die Gemeindeordnung für den Freistaat Sachsen vom 1. August 1923 verkündet, die am 15. Juni 1925 geändert wurde. Nach 1933 wurde die sächsische Gemeindeordnung ersetzt durch die reichseinheitliche Deutsche Gemeindeordnung vom 30. Januar 1935.

Zwischen den beiden Weltkriegen führten die Gemeinden als Träger der ihnen durch Artikel 127 der Weimarer Verfassung garantierten Selbstverwaltung die ihnen übertragenen Aufgaben durch, soweit diese nicht den Amts- oder Kreishauptmannschaften zustanden. Von den erstgenannten drei Gemeindeverfassungsgesetzen von 1873 und 1913 blieben die Bestimmungen in Geltung, die den Umfang der den Gemeinden übertragenen staatlichen Aufgaben festlegten. Daneben führten die Gemeinden ihnen gesetzlich obliegende und innerhalb gesetzlicher Grenzen von ihnen freiwillig übernommene eigene Angelegenheiten durch. Hierher gehörten insbesondere alle die Zweige der Gemeindeverwaltun-

gen, deren Aufgabe in der Befriedigung öffentlicher Belange der örtlichen Gemeinschaft lag. Die Grenze zwischen übertragenen und eigenen Aufgaben war flüssig. Zu den eigenen Aufgaben zählte insbesondere die Armenpflege, die Wohlfahrtspflege, die Gesundheitspflege, das Veterinärwesen, die örtliche Verwaltung der öffentlichen Wege, die Märkte, das Gewerbe-, Wohnungs- und Bauwesen sowie die »Fürsorge für die Sittlichkeit«. Zu den eigenen Aufgaben der Gemeinde gehörte auch der Betrieb der sogenannten werbenden Unternehmungen wie z. B. Wasserwerke, Gasanstalten, Elektrizitätswerke, Straßenbahnen, Stadtbanken und dergleichen. Die Gemeinden besaßen im Umfang ihrer eigenen Aufgaben ferner das Recht zur Ausübung der polizeilichen Gewalt (Gemeindepolizei), während dem Staate die Wahrnehmung der über den Bereich der Gemeinde hinausgehenden polizeilichen Belange vorbehalten blieb.
Das Gemeinde- bzw. Stadtverordnetenkollegium mit 7 bis 75 Mitgliedern, je nach Größe der Stadt oder der Landgemeinde, war das in allgemeiner und geheimer Wahl für jeweils drei Jahre nach den Grundsätzen der Verhältniswahl mit gebundenen Listen gewählte oberste Organ der Durchführung des Willens der Gemeindebürger in den eigenen Angelegenheiten. In Gemeinden mit höchstens 100 wahlberechtigten Einwohnern konnte die vom Bürgermeister zu berufende Versammlung aller Gemeindebürger das Gemeindeverordnetenkollegium bilden.
Früher hieß in kleineren Gemeinden der Leiter der Gemeinde Gemeindevorstand. Diese Bezeichnung fiel durch die Gemeindeordnung im Jahre 1924 weg. Von da ab kannte man nur noch die Bezeichnung »Bürgermeister«. Die Tätigkeit des Gemeinde- und Stadtrats war etwa die gleiche wie in den heutigen Landgemeinden und Städten. In diesem Zusammenhang verdient die Ortsgesetzgebung noch der Erwähnung. Sie war – wie auch heute – das besonders hervorragende Recht gemeindlicher Selbstverwaltung. Durch Ortsgesetz konnten nur einige Angelegenheiten der Gemeinde geregelt werden, es sei denn, daß Reichs- oder Landesgesetz eine gemeindegesetzliche Kompetenz zuließen oder anordneten. Die in der Weimarer Verfassung und in der Sächsischen Landesverfassung enthaltene Regelung über Volksabstimmung und Volksentscheid kehrte auch in der Gemeindeverfassung wieder. Alle Gemeindeangelegenheiten konnten, soweit sie ortsgesetzlicher Regelung bedurften, bis zur Erledigung durch die Gemeindeverordneten zum Gegenstand eines Bürgerschaftsentscheides gemacht werden, wenn sich in der Volksabstimmung mehr als die Hälfte der Gemeindebürger dafür entschied.
Die Initiative für Ortsgesetze lag beim Gemeinderat, ihre Beschlußfassung mit einfacher Mehrheit bei Fragen der Gemeindeverfassung und Vereinigung von Gemeinden mit qualifizierter ($^2/_3$) Mehrheit bei den Gemeindeverordneten. War der Gemeinderat als Körperschaft gebildet, so bedurften Ortsgesetze dessen Zustimmung. Die Ortsgesetze mußten durch Beschlußbehörde (Bezirks- oder Kreisausschuß) genehmigt werden. Ihre Verkündigung erfolgte durch den Gemeinderat, erst dann waren sie für Dritte bindend.
Eine besondere Rolle für den reibungslosen Ablauf der Verwaltungsgeschäfte spielte die *Staatsaufsicht* über die Gemeinden und Gemeindeverbände. Sie erstreckte sich sowohl auf die übertragenen staatlichen Aufgaben als auch auf die nach Artikel 127 der Weimarer Verfassung überlassenen Geschäfte der Selbstverwaltung. Mit Staatsaufsicht sollte sichergestellt werden, daß auch die Selbstver-

waltungsaufgaben nicht schuldhaft zum Nachteil der Gemeinden und Gemeindeverbände vernachlässigt wurden.

Die Gemeindeordung von 1924 für den Freistaat Sachsen enthielt in der Regierungsvorlage u. a. folgende Begründung:

»Die Selbstverwaltungskörper und insbesondere die Gemeinden gleichen nicht Sternen, die unabhängig im Weltall ihre Bahnen wandeln, sondern sie sind Glieder und Zellen des Staates. Sie bestehen nur kraft seiner Gesetze und leben nach diesen Gesetzen. Der Staat muß nötigenfalls verhindern können, daß einzelne Zellen verkümmern oder sich zum Nachteil der übrigen entwickeln, denn in beiden Fällen würde der Gesamtkörper Schaden erleiden ...
Um den demokratischen Gedanken zur Geltung zu bringen, kommt es weniger darauf an, in allgemeiner Formel den Umfang der Staatsaufsicht genau abzugrenzen, als dafür Sorge zu tragen, daß das Aufsichtsrecht in neuzeitlichem Geiste und in einer Form gehandhabt wird, die Achtung vor dem Selbstbestimmungsrecht der Gemeinden und der Einsicht der Gemeindestellen erkennen läßt. Der Buchstabe tötet, aber der Geist macht lebendig.«

Daß Demokratie verpflichtet, war Leitgedanke der Initiatoren der Gemeindeordnung für die Inanspruchnahme der Selbstverwaltung durch die Gemeinden und Gemeindeverbände. Hier fanden die Reformideen des Reichsfreiherrn vom und zum Stein (1757-1831) sichtbaren Ausdruck.
Nach der Staatsumwälzung im Jahre 1918 wurde aber nun mit Nachdruck die vollständige Beseitigung des staatlichen Aufsichtsrechts über die Gemeinden, vorerst durch die Arbeiter- und Soldatenräte, gefordert. Teilweise wurden diese Forderungen in der ersten Fassung der Gemeindeordnung berücksichtigt. Es ergaben sich jedoch bald Unzulänglichkeiten bei der Durchführung. Aus diesem Grunde wurden nach sehr hartem Ringen der Parteien die Änderungsgesetze vom 15. Juni 1925 angenommen. Danach war das Innenministerium ermächtigt, unter Beteiligung der sächsischen Gemeindekammer Richtlinien aufzustellen über den Erlaß von Ortsgesetzen, die Erhaltung des Gemeindevermögens und die Aufnahme von Krediten. Nunmehr konnte man schon wieder von einer Staatsaufsicht über die gesamte Selbstverwaltung sprechen. Das Innenministerium durfte nach erfolgloser Verwarnung ein Gemeindeverordnetenkollegium oder aufgrund allgemeiner Wahlen zusammengesetzte Verwaltungsstellen auflösen, soweit es zur Wahrung erheblicher öffentlicher Belange erforderlich war. Es durfte vorübergehend Sachwalter einsetzen und bestimmen, daß Neuwahlen binnen drei Monaten durchzuführen wären. In diesem Zusammenhang ist es auch geboten, die Institution der Sächsischen Gemeindekammer Dresden zu erwähnen. Diese war nach der Gemeindeordnung errichtet worden, und zwar nach thüringischem Muster. Sie sollte die Belange der Selbstverwaltungskörper in besonderem Maße berücksichtigen. Ihre Aufgaben waren in erster Linie gutachtender Natur.
Für *Verwaltungsstreitverfahren* war das Verwaltungsrechtspflegegesetz von 1900 zuständig, das neben dem Anfechtungsklageverfahren auch das Verfahren für Parteistreitigkeiten in Verwaltungssachen regelte. In diesem Verfahren standen

sich, ähnlich wie im Zivilprozeß vor den ordentlichen Gerichten, gleichberechtigte Parteien als Kläger und Beklagte gegenüber. Die Verwaltungsgerichte waren insbesondere zuständig für Streitigkeiten über

Rechte und Verbindlichkeiten, die sich aus einem öffentlich-rechtlichen Verbande ergaben.

Über die Zugehörigkeit eines Grundstücks zu einer politischen Gemeinde oder zu einem sonstigen öffentlichen Verbande.

Über Ansprüche der Bezirksfürsorgeverbände untereinander oder gegen den Staat wegen der öffentlichen Unterstützung Hilfsbedürftiger (Ersatzansprüche aufgrund des Reichsunterstützungswohnsitzgesetzes vom 6. Juni 1870) und der Sächsischen Armenordnung vom 22. Oktober 1840, beide später ersetzt durch die Reichsfürsorgepflichtverordnung vom 13. Februar 1924 und das Sächsische Wohlfahrtspflegegesetz vom 28. März 1925.

Über Wegebaupflicht, Anliegerleistungen, die Öffentlichkeit von Wegen und Plätzen.

Über die Ansprüche über die Benützung und Unterhaltung fließender Gewässer.

Erwähnt werden muß noch, daß den sächsischen Verwaltungsgerichten bei den Kreishauptmannschaften über die vorstehend genannten Zuständigkeiten hinaus seit Inkrafttreten des Verwaltungsrechtspflegegesetzes vom 1. Januar 1900 bis zur Verkündung der Weimarer Verfassung vom 11. August 1919 (Artikel 129, Abs. 1, Satz 4) auch die vermögensrechtlichen Ansprüche der Gemeinde und der Bezirksverbandsbeamten im Streitfalle zugewiesen waren.

Gegen die Urteile der sächsischen Verwaltungsgerichte stand den Parteien die Berufung beim Oberverwaltungsgericht in Dresden offen. Dessen Mitglieder genossen sowohl die persönliche als auch die sachliche Unabhängigkeit, die den Juristen bei den Kreishauptmannschaften, die als Verwaltungsrichter erster Instanz tätig wurden, fehlte. Das Oberverwaltungsgericht war dem Gesamtministerium unterstellt, nicht einem Ressortminister, also etwa dem Innenminister oder dem Justizminister. Seine eigentliche Aufgabe lag darin, über Anfechtungsklagen zu entscheiden. Das Verwaltungsrechtspflegegesetz sprach sich dahin aus, das Oberverwaltungsgericht entscheide insoweit in erster und letzter Instanz. Dem liegt die Vorstellung zugrunde – und die vorangegangenen Sätze bestätigen die Richtigkeit (in der Frage der ersten Instanz) – hier komme die Verwaltungsrechtspflege erstmals, und zwar nachträglich, zum Zuge. Zahlreiche bedeutende Verwaltungsrechtler aus Sachsen, aber auch aus den umliegenden Ländern, haben in grundlegenden Abhandlungen immer in den Vordergrund gestellt, daß das Sächsische Oberverwaltungsgericht, nachdem es im Jahre 1901 mit seiner Tätigkeit begonnen hatte, seinem Auftrag gemäß das Sächsische Verwaltungsrecht „gepflegt" hat. Es stand zwar innerhalb der Verwaltung. Es war ihr weder fremd, noch war es ihr gar feindlich gesonnen. Durch den Ausgang der beiden Kriege hat aber die Verwaltungsrechtspflege stark gelitten, wie schon nach 1933 starke Eingriffe erfolgt waren.

Zum Schluß seien die Amtssitze der Amtshauptmannschaften (etwa um 1930) genannt:

Kreishauptmannschaft Bautzen: Bautzen, Kamenz, Löbau und Zittau;
Kreishauptmannschaft Dresden: Dippoldiswalde, Dresden, Freiberg, Großenhain, Meißen, Pirna;
Kreishauptmannschaft Chemnitz: Annaberg, Chemnitz, Flöha, Glauchau, Marienberg, Stollberg;
Kreishauptmannschaft Leipzig: Borna, Döbeln, Grimma, Leipzig, Oschatz, Rochlitz;
Kreishauptmannschaft Zwickau: Auerbach, Oelsnitz i. V., Plauen, Werdau, Zwickau (Werdau wurde mit der Verordnung des Ministeriums des Innern vom 8. Dezember 1932 mit Wirkung vom 1. März 1932 eingezogen).

Nach 1952 sind in Sachsen noch weitere Landkreisverwaltungen, wie die Amtshauptmannschaften jetzt heißen, gebildet worden, nachdem die Landesregierung Sachsens und die Kreishauptmannschaften weggefallen und die drei Bezirke Dresden, Leipzig und Chemnitz (Karl-Marx-Stadt) gebildet worden waren. Bei den Sitzen der Landkreisverwaltungen befinden sich als Nachfolger der ehemaligen Amtsgerichte die Kreisgerichte und in den drei einstigen Bezirkshauptstädten die Bezirksgerichte als Nachfolger der sieben Landgerichte und des Oberlandesgerichts als Sonderheiten. Über allen stand das Oberste Gericht in Berlin, wie für die Verwaltungsstellen auf Kreis- und Bezirksebene die DDR-Regierung in Berlin fungiert hatte.

Wilhelm Hoffmann

KIRCHEN, FREIKIRCHEN, SEKTEN

Das Christentum fand Eingang zur Zeit Ottos des Großen mit der Gründung des Erzbistums Magdeburg (968), dem neben anderen auch die Bistümer Meißen und Zeitz unterstellt waren. Diese unter deutsche Herrschaft unterworfenen Gebiete wurden im 10. und 11. Jahrhundert mit sog. *Eigenkirchen* überzogen, d. h. mit Kirchen, die einer Herrschaft aufgrund einer eigentumsähnlichen Stellung gehörten, etwa den späteren Patronaten vergleichbar. Daneben gab es Gründungen verschiedener *Klöster,* so ein Benediktinerkloster in Pegau (1091), ein Kollegiatstift in Wurzen (1114), ein Benediktinerkloster in Chemnitz (1136), die Zisterzienserklöster Altzelle (1162), Buch (1192) und Grünhain (etwa 1233), die Augustiner-Chorherrenstifte Zschillen (1174), St. Afra in Meißen und St. Thomas in Leipzig sowie das Kollegiatstift Bautzen (zw. 1213-1218). Im 13. Jahrhundert waren etwa 80 Klöster vorhanden.
Aber erst seit dem 12./13. Jahrhundert erlangte das Christentum eigentlich eine größere Bedeutung. In den Städten besaßen die Franziskaner vor den Dominikanern und anderen Orden den größeren Einfluß. Ein Drittel der Klöster waren Frauenkonvente, von denen St. Marienstern und St. Marienthal heute noch bestehen.
Die hussitische Bewegung unter dem Prager Professor Peter von Dresden, der um 1412 an der Kreuzschule lehrte, blieb bedeutungslos, ebenso die Waldenser, die nur in Zwickau Fuß fassen konnten. Durch den Auszug der deutschen Universitätsangehörigen (46 Professoren und 2000 Studierende) aus Prag kam es 1409 zur Gründung der Universität Leipzig, an der die theologische Fakultät eine bevorzugte Stelle einnahm. Am Ende des Mittelalters hatte sich Sachsen, durch den Erzbergbau wohlhabend geworden, am kirchlichen Stiftungseifer hervorragend beteiligt und bedeutende Bauten hervorgebracht. Es entstanden spätgotische Kirchenbauten in Freiberg, Annaberg, Zwickau, Schneeberg, Chemnitz, Leipzig, Dresden sowie herrliche Dome in Meißen, Freiberg, Wurzen.
Wenn wir uns nunmehr dem Zeitalter der *Reformation* zuwenden, dann ist zunächst festzuhalten, daß sie ihrem Inhalt nach zwar eine geschichtsträchtige Tat Luthers war, aber daß sie bei aller geistlichen Zerrüttung und Sehnsucht nach Reformen auch in einem engen Zusammenhang mit dem politischen Kräftespiel stand und das damalige Wirtschafts- und Sozialgefüge veränderte. »Reformation bedeutet eben nicht nur Luther und Melanchthon, Friedrich der Weise und Moritz von Sachsen, Wittenberg und Wartburg, Wormser Reichstag und Augsburgische Konfession, sondern sie schließt alle die unendlich vielen Regungen ein, die überall im Lande am Anfang neuer, für Jahrhunderte lebenskräftiger Entwicklungen standen« (Blaschke). Die Zeit war reif für eine Reformation.

Territorial gesehen hatte das damalige Sachsen einen anderen Umfang als das Königreich oder der Freistaat Sachsen der Jahre 1815–1952 und seit 1990. Es reichte zu dieser Zeit vom Thüringer Wald bis in die Nähe von Potsdam und vom Erzgebirge bis zum Harz. Dieses wettinische Sachsen, begünstigt durch neue Silberfunde, erreichte eine wirtschaftliche Blüte im Geburtsjahr Luthers, die allerdings nicht gehalten werden konnte, weil die Leipziger Teilung von 1485 in einen ernestinischen Landesteil mit den Residenzen Wittenberg und Torgau und in einen albertinischen mit der Residenz Dresden eine fühlbare Schwächung seiner Wirtschaftskraft darstellte. Schwierigkeiten und Spannungen ergaben sich auch für den äußeren Verlauf der Reformation. Während Friedrich der Weise und Johann der Beständige Luthers Anliegen förderten, blieb der Vetter Herzog Georg der Bärtige dem alten Glauben zugetan. Er konnte es allerdings nicht verhindern, daß nach seinem Tode auch das albertinische Herzogtum Sachsen protestantisch wurde. Spätere Gegensätze zwischen Kurfürst Johann Friedrich und Herzog Moritz im Jahre 1542 konnten durch das Eingreifen Luthers sowie des Landgrafen Philipp von Hessen zunächst entschärft werden, erfuhren aber ihre höchste Steigerung durch den Schmalkaldischen Krieg, in dem der protestantische Kurfürst von seinem protestantischen Vetter Moritz und dem Kaiser Karl V. in der Schlacht bei Mühlberg am 27.4.1547 besiegt und gefangengenommen wurde. Von diesem Zeitpunkt an ging die Kurwürde auf die albertinische Linie über. Es bleibt im übrigen ein Verdienst der lutherischen Reformation, die allgemeine Verbreitung der Schriftkenntnis betrieben und so etwas wie eine allgemeine Schulpflicht eingeführt zu haben. Der Grund war gelegt zur Entwicklung des Volksschulwesens, wie es im weiteren Verlauf durch Comenius bzw. Herder bis ins 20. Jahrhundert seine Ausformung erfuhr. So fand Sachsen den Anschluß an die allgemeine deutsche Geisteskultur und Wissenschaftspflege, die bedeutende Männer und Frauen hervorbrachte. Waren deshalb die Entwicklungsbedingungen für die Reformation in Sachsen besonders günstig? Ein klares Ja dürfte wohl die richtige Antwort sein. Dagegen scheint mir der Streit darüber, ob Luther seine 95 in Latein abgefaßten Thesen als Diskussionsgrundlage am 31. Oktober 1517 oder später an die Schloßkirchentür zu Wittenberg angeschlagen oder auf andere Weise veröffentlicht hatte, völlig nebensächlich. Fest steht die Tatsache, daß er, umgetrieben von der Angst um sein Seelenheil, die Frage: »Wie bekomme ich einen gnädigen Gott?« zutiefst durchdacht und durchlitten hatte und Mißstände der damaligen Kirche beseitigen wollte, um Gottes Gnade in den Mittelpunkt allen Glaubens zu stellen. Fest steht auch, daß diese Thesen in deutscher Sprache binnen 14 Tagen im deutschen Sprachraum bekannt wurden. Daher ist es nicht verwunderlich, daß Luthers reformatorische Grundgedanken bereits 1518 in Colditz, 1519 in Leisnig, 1520 in Grimma und anderswo Allgemeingut geworden waren. Die von Luther ausgebildeten Theologen besetzten im Laufe der nächsten Jahre alle wichtigen Stadtkirchen, so daß mit Hilfe der von Luther, Melanchthon, Spalatin und Jonas durchgeführten Kirchenvisitationen um 1530 das ganze Kurfürstentum Sachsen als evangelisch angesehen werden kann; das albertinische Herzogtum folgte 1539. Am Pfingstsonntag, dem 25. Mai 1539 wurde in Leipzig evangelischer Gottesdienst gehalten, bei dem Luther predigte. Die von einer deutschen Universität ausgegangene Reformation, die nach 1521 durchbrach, war in erster Linie eine Predigtbewegung mit einem gewaltigen Bekennen zu Gottes Wort; sie ging in

Luthers Sinn durch ganz Deutschland und die angrenzenden Länder. Aber bald wurde ein neuer Grundzug der Reformation deutlich: Reformation war von jetzt an Sache der landesfürstlichen Regierungen. Eine enge Verbindung zwischen Staat und Kirche zeichnete sich ab, die erst mit dem Ende der Monarchie im Jahre 1918 zu bestehen aufhörte. Den zu »Notbischöfen« erklärten Landesfürsten oblag die Entscheidung in theologischen Lehrfragen, die Regelung von Gottesdienst und Liturgie, die geistliche Gerichtsbarkeit und die Aufsicht über Schule und Universitäten. Auf diese Weise entstanden im Gegensatz zur allumfassenden röm.-katholischen Kirche aufgrund der damaligen territorialen Zersplitterung eine Vielzahl von kleinen Landeskirchen. Ungeachtet dieser Tatsache und allen Widerständen zum Trotz war und blieb Sachsen als Ursprungsland der Reformation ein lutherisches Land. Der Wittenberger Reformatorenkreis, um Luther geschart, war es, der mit seiner geistigen und religiösen Ausstrahlungskraft eine führende Weltstellung des sächsischen Raumes in der Reformationszeit begründete.

Der aufkommende *Pietismus* oder auch die *Herrnhuter Brüdergemeine* des Grafen von Zinzendorf sowie einige Erweckungsbewegungen konnten nie so recht Fuß fassen. Sie beschränkten sich auf kleine Kreise. Lediglich der *Rationalismus* besaß starke Positionen im liberalen Bürgertum und unter den Gebildeten, von denen u. a. Lessing, Fichte und Gellert oder der Dresdner Oberhofprediger Reinhard, der gefeiertste Prediger seiner Zeit, zu nennen wären. In den 80er Jahren des 19. Jahrhunderts war noch einmal ein Aufschwung der Kirchlichkeit zu beobachten, und zwar im Sinne eines *Neuluthertums.* Dies drückte sich besonders in der Leipziger theologischen Fakultät aus, die in der Person des systematischen Theologen Ludwig Ihmels (1858-1933) den ersten sächsischen Landesbischof stellte (1922).

Der Kirchenkampf, der Sachsen nach dem Tode von Landesbischof L. Ihmels (1933) an die Spitze deutschchristlicher Zerstörung (Höchstzahl der Amtsentlassungen und Geldstrafen) gelangen ließ, konnte zwar zunächst Unruhe und Unsicherheit auslösen, aber den Bestand der Ev.-luth. Landeskirche Sachsens niemals ernstlich gefährden. Der mit Hilfe der nationalsozialistischen Partei ins Amt gebrachte Nachfolger von Ihmels, Pfarrer Friedrich Coch (1887-1945) wurde seiner Unfähigkeit und fanatischen Einstellung wegen bereits 1935 durch den Reichskirchenminister Kerrl von der Kirchenleitung ausgeschlossen. Eine Zuspitzung des gespannten Verhältnisses zwischen Staat und Kirche entwickelte sich allerdings in zunehmendem Maße, als der ehemalige Staatssekretär Muhs, der Kerrl 1937 in seinem Ministeramt ablöste, den Nationalsozialisten Klotsche als Präsidenten des Landeskirchenamtes einsetzte. Dieser Mann, der sein Amt mit gezogener Pistole antrat, entmachtete die Kirchenleitung für kurze Zeit völlig. Aber durch den mutigen Einsatz von Männern der Bekennenden Kirche, wie dem Superintendenten Dresden-Land und späterem Bischof Hugo Hahn, den Dresdner Pfarrern Karl Fischer, Georg Prater sowie dem Professor Friedrich Delekat u. a. konnte weiteres Unheil von der sächsischen Kirche abgewendet werden.

Nach Beendigung des Zweiten Weltkrieges begann ein hoffnungsvoller Neuaufbau der Kirche, die heute »in einer solchen nachkonstantinischen Epoche« die der Zukunft zugewandte Frage nach dem wahren Weg der Kirche Jesu Christi zu lösen sucht.

Ein Blick auf Gemeinden *reformierten* Bekenntnisses in Dresden und Leipzig zeigt uns, daß solche Anfänge auf französische Flüchtlinge zurückgehen. So bestand die Dresdner Gemeinde seit 1689, die Leipziger Gemeinde seit 1700. Aber während die Leipziger Reformierten schon 1702 aufgrund königlicher Verordnung das Recht zu freier Religionsausübung erlangt hatten, wurde die Dresdner Gemeinde erst 1764 mit den gleichen Rechten ausgestattet. Bis dahin durfte hier weder getauft noch getraut werden. Trotz dieser Regelung blieben sie ausgeschlossen von allen Zünften und Innungen oder anderen Gemeinschaften. Kein Reformierter konnte das Bürger- oder Meisterrecht, geschweige denn Grundeigentum erwerben oder sein Geld als Hypotheken verleihen. Dieser unwürdige Zustand änderte sich erst mit einem Erlaß vom 18. März 1811 bzw. durch Regulativ vom 7. August 1818, das nun endlich den Reformierten die Gleichstellung mit den Lutheranern und Katholiken garantierte. Bei aller Benachteiligung, die ihnen bisher widerfahren war, wuchsen die reformierten Gemeinden dadurch, daß viele gebildete Männer und Frauen zuzogen, tüchtige Prediger amtierten, die auch Lutheraner in ihren Bann zogen, und die Gemeinden eine rege Armenpflege betrieben. Das Verhältnis zwischen beiden evangelischen Konfessionen war ein durchaus freundliches. Als z. B. 1897 die der reformierten Kirche benachbarte lutherische Kreuzkirche in Dresden abgebrannt war, stellte die reformierte Gemeinde spontan ihr Gotteshaus zur Verfügung, wie man überhaupt bemüht blieb, das Gemeinsame und nicht das Trennende herauszustellen. Die beiden Großstadtgemeinden Leipzig und Dresden bestehen auch heute noch mit den Filialgemeinden Pirna, Bautzen, Freiberg, Meißen und Kamenz, in denen der Dredsner reformierte Prediger regelmäßig amtiert, bzw. den Filialgemeinden Chemnitz, Zwickau und Wurzen, die von dem Leipziger reformierten Geistlichen gottesdienstlich betreut werden. Die Gemeinden in Dresden und Leipzig haben seit 1909 eine gemeinsame Verfassung, jedoch je eine besondere Satzung und ein eigenes »Konsistorium«. Das Monatsblatt der ev.-reformierten Kirche in Sachsen »Friede und Freiheit« erscheint seit 1946 im Auftrage der o. a. Konsistorien und wird in fast allen 33 Gemeinden gehalten. An der Martin-Luther-Universität Halle-Wittenberg besteht ein Lehrauftrag für reformierte Theologie, dessen Inhaber stets einer der Halleschen Domprediger ist; eine Einrichtung, die auf Schleiermacher zurückgeht, der 1804 als erster reformierter Theologe an die Hallesche theologische Fakultät berufen worden war. Die reformierten Gemeinden (Mitglieder etwa 12.000) Sachsens haben den Status unabhängiger Freikirchen und gehören zum »Kirchenbund evang.-reformierter Gemeinden«.

Während die seit etwa 1559 einsetzende Gegenreformation der *röm.-katholischen Kirche,* bedingt durch den rigorosen protestantenfeindlichen Einsatz der Jesuiten, Länder wie Bayern oder die Markgrafenschaft Baden-Baden, geistliche Territorien wie Köln, Paderborn, Münster, Fulda u. a. rekatholisieren konnte, blieben ähnliche Versuche in Sachsen ergebnislos. Selbst der Erwerb der Lausitzen im Jahre 1635, die beachtliche Reste des Katholizismus auswies, führte zu keiner Änderung des Bekenntnisstandes. Nur Herzog Christian August aus der Nebenlinie Sachsen-Zeitz, der spätere sog. »Kardinal von Sachsen«, trat 1689 zum Katholizismus über. Er überredete August den Starken 1697 zum gleichen Schritt, damit dieser die Königskrone Polens erlangen konnte. Die Folge davon war, daß der Kurprinz Friedrich August, einziger Sohn Augusts des Starken und seiner streng lutherischen Gemahlin Eberhardine, nach heftigem Widerstand 1712 ebenfalls katholisch wurde, so daß der kursächsische Hof bzw. das sächsische Königshaus katholisch blieben. Aber den festen Vorsatz, »das Aufblühen der Religion unter dem Schutze Ew. Heiligkeit in allen meinen Erbstaaten wieder zu befördern«, wie August der Starke an den Papst schrieb, mußte er bald aufgeben; denn so berichtete er später: »Es gibt kein Land, wo der Eifer für das Luthertum so mächtig wäre, wie meine Erblande Sachsen, jede Unternehmung zu Gunsten des Katholizismus ist geeignet, Unruhen zu erregen.« Die katholische Minderheit teilte sich in zwei Diözesen auf (die erbländische und die Lausitzer Diözese), deren kirchliche Leitung aber in der Hand des apostolischen Vikars vom Domstift zu Bautzen vereinigt war. An dieser Stelle mag auch der einzigen in Sachsen bestehenden Simultankirche gedacht sein, nämlich der St. Petrikirche in Bautzen, die beiden Konfessionen seit der Reformation als Gotteshaus diente und noch dient.

Im übrigen war es nur eine Frage der Zeit, daß den Katholiken Sachsens freie Religionsausübung sowie politische und bürgerliche Gleichberechtigung mit den Lutheranern zugestanden wurde. Diese Forderung erhob Napoleon I. in Artikel 5 des Posener Friedensvertrages vom 11. Dezember 1806. Sie erhielt Gesetzeskraft durch das königliche Dekret vom 16. Februar 1807 und wurde nochmals bestätigt durch § 56 Abs. 1 der sächsischen Verfassungsurkunde des Jahres 1831 mit der Einschränkung, daß weder neue Klöster errichtet, noch Jesuiten oder irgendein anderer geistlicher Orden jemals im Lande aufgenommen werden dürfen. Das waren Ansätze, um die Rechtsverhältnisse der katholischen Kirche in Sachsen zu konsolidieren. Aber bald zeigte es sich, daß sowohl die evangelische Bevölkerung sich selbst als auch der Staat seine Rechte gegen die katholische Kirche als nicht hinreichend geschützt ansah. Aus diesem Grunde wurde am 23. August 1876 die Oberaufsicht des Staates über sie zum Gesetz erhoben, das im großen und ganzen eine weitherzige Auslegung erfuhr. Der Zugang immer größerer Scharen von Katholiken aus Schlesien, Böhmen, Polen und Italien ermöglichte außerdem ein Erstarken des Katholizismus in Sachsen. Zahlreiche Vereine (Vincentius-, Elisabeth-, Benno- und Gesellen-Vereine) wurden gegründet, so daß man bereits 1892 in Leipzig einen sächsischen Katholikentag abhalten wollte. Im selben Jahr schlug der damalige Bischof Wahl vor, man möge der Regierung doch das Oberaufsichtsrecht über die röm.-katholische Kirche abnehmen, die Jesuiten zurückrufen, neue Klöster erbauen, der römischen Kirche jene »Rechte« geben, die Rom brauche, um das Land mit ungehinderter Propaganda zu beglücken. Würde man diesen Forderungen nachkommen, dann würde, wie der Bischof sich ausdrückte, »Friede und Freude im Lande sein«. Diese Aktion des Bischofs verlief zwar im Sande, aber der Eintritt des Prinzen Max in den Priesterstand (1893), der von der Kanzel der katholischen Hofkirche die sächsischen Protestanten aufforderte, in den Schoß der alleinseligmachenden Kirche zurückzukehren, sorgte doch für allerhand Unruhe im sächsischen Volk. Trotz einer gewissen Verschärfung der konfessionellen Gegensätze konnte sich die katholische Kirche in der Folge einer Zeit ruhiger Entwicklung und steten Wachstums erfreuen. In der Zeit des Nationalsozialismus erfolgte eine Annäherung beider Konfessionen. Zwar sind die Worte des Stuttgarter Schuldbekenntnisses von 1945, »nicht mutiger bekannt,

nicht treuer gebetet, nicht fröhlicher geglaubt und nicht brennender geliebt« zu haben, von der katholischen Kirche nicht nachgesprochen worden, doch fehlte es gerade in letzter Zeit nicht an Beiträgen zur Selbstkritik. Die Gründung der DDR im Jahre 1949 machte eine langsame Verselbständigung der kirchlichen Verwaltung nötig, zumal den westdeutschen Oberhirten keine Möglichkeit zur Einreise in die DDR mehr gegeben wurde. Meißen, das als exemtes Bistum 1921 wiedererrichtet worden war, gehört deshalb seit 1962 zur Berliner Ordinarienkonferenz, die sich die Priesterausbildung besonders angelegen sein ließ. Aus diesem Grunde errichtete man Anfang Juni 1952 in Erfurt eine Theologische Akademie, die 1959 die Päpstliche Anerkennung erhielt. Außerdem wurde 1951 die Lizenz für einen katholischen Verlag in der DDR erteilt, den St. Benno Verlag in Leipzig, der mittels westlicher Papierspenden ein ziemlich reichhaltiges Verlagsprogramm entfalten konnte. Die Zahl der Kirchentreuen dürfte stark gesunken sein, doch die verbliebenen Gemeinden sind lebendig, so daß der Katholizismus ein eigenes fortschrittliches Gesicht gewonnen hat und Wert legt auf freundschaftliche Nähe zur evangelischen Kirche.
Neben diesen staatlich anerkannten Kirchen gab es noch eine Reihe von Freikirchen, die zwar auf dem Boden des Evangeliums standen, aber in ihrer organisatorischen Form die Urgemeinde als Vorbild betrachteten. Nicht die am Säugling vollzogene Taufe, sondern der freie Entschluß des mündigen Christen führte zur Mitgliedschaft, die verbunden war mit einem bewußt christlichen Leben.
Eine Sonderstellung nahm die Bewegung des *Deutschkatholizismus* ein. Sie erfuhr 1848 eine staatliche Anerkennung; vom Landeskonsistorium dagegen wurde ihr der Charakter einer christlichen Gemeinde aberkannt. Das kam daher, daß die von Schlesien her 1845 auf Sachsen (Dresden, Leipzig, Chemnitz und Gelenau) übergreifende Bewegung aufklärerisches Gedankengut aufnahm, z. B. wurde die Gottheit Christi im Glaubensbekenntnis gestrichen, das kirchliche Lehramt verworfen, Ohrenbeichte, Zölibat, Ablaß und Heiligenverehrung abgeschafft, nur zwei Sakramente beibehalten und die Taufe, wenn überhaupt, als »Kindesweihe« durchgeführt. Das spätere Eindringen radikal-demokratischer Elemente zeitigte eine Vereinigung mit den »Lichtfreunden« und damit zum Bund freireligiöser Gemeinden und 1921 schließlich zum antireligiösen »Volksbund für Geistesfreiheit«.
Auf evangelischer Seite bildeten mit der Landeskirche Unzufriedene, wahrscheinlich beeinflußt durch Vertreter der Missouri-Synode, am 31. März 1868 einen *»Lutheraner-Verein«* mit dem Ziel des Zeugnisses und der Ausbreitung reiner lutherischer Lehre. Die Wurzeln lagen in Dresden und Planitz, weitere Gemeinden kamen hinzu, so Chemnitz (1875), Crimmitschau und Frankenberg (1876) u. a. 5 sächsische und 3 nassauische Gemeinden vereinten sich zu einer »Synode der lutherischen Freikirche von Sachsen und anderen Staaten«. Der Widerspruch gegenüber der Landeskirche richtete sich u. a. gegen die Praxis, Unierten und Reformierten die Abendmahlsgemeinschaft zu gewähren, oder dagegen, daß der Religionseid durch eine bloße Gelöbnisformel ersetzt wurde. Trotz strenger Kirchenzucht und religiösen Eifers bedeutete diese Gemeinschaft keine Gefahr für die Landeskirche, da sie zahlenmäßig schwach blieb.
Anders verhielt es sich mit den *bischöflichen Methodisten.* Sie begannen sich schon in den 50er Jahren des 19. Jahrhunderts auszubreiten, als das kirchliche Leben in Deutschland weithin zu einem neuen Aufbruch bereit war. Einwanderer aus Amerika bzw. heimgekehrte Deutsch-Amerikaner hatten den Methodismus

ins Land gebracht und zunächst durch sogenannte Stubenversammlungen in aller Stille geworben. Um 1900 aber waren es bereits 13 Bezirke mit weit über 3.000 Mitgliedern, deren Hauptanliegen es war, »Seelen zu retten« und »Heiligung über die Lande zu verbreiten«, Menschen zu erreichen zu suchen, die dem Christentum gleichgültig oder ablehnend gegenüberstanden, und ihnen den Weg zu einem geordneten und fröhlichen Leben unter Gottes Führung zu zeigen. Ähnliche Bestrebungen der *»Evangelischen Gemeinschaft«* (etwa zur gleichen Zeit entstanden wie die Bischöfliche Methodistenkirche) führten zu einem Zusammenschluß beider Gruppen unter dem Namen »Evangelisch-methodistische Kirche« auf der Grundlage des Zwickauer Statuts. Größere Gemeinden bildeten sich in Dresden, Leipzig, Chemnitz, Zwickau, Plauen, Reichenbach und deren Umgebung.
Die ersten Spuren des *Baptismus* in Sachsen finden sich 1860/61 in Öderan, wohin englische Baptisten gekommen sein müssen. Als eigentlicher Brennpunkt der baptistischen Bewegung in Sachsen aber gilt Niederplanitz, wo schon 1877 Baptisten auftraten. Weitere Gemeindegründungen erfolgten in Dresden und Leipzig (1888) sowie Chemnitz (1891), so daß die fünf Gemeinden Sachsens eine »Sächsische Vereinigung« des deutschen Baptistenbundes ins Leben riefen, der sich später gemeinsam mit verwandten Gemeinden zum Bund Evangelisch-Freikirchlicher Gemeinden formierte. Ohne eine direkte geschichtliche Linie zu den Täufern der Reformationszeit (Mennoniten u. a.) oder den Darbysten, die 1886 und 1887 an verschiedenen Orten Sachsens auftauchten, und den heutigen Weltbaptismus mit seinen etwa 34 Millionen Mitgliedern herstellen zu wollen, vertraten und vertreten diese Bewegungen gemeinsame Grundüberzeugungen. Dazu gehörte, daß man in allen Bereichen des Lebens die Bibel erst nehmen wollte, daß der Glaube nur eine persönliche Angelegenheit zwischen dem einzelnen Menschen und Gott sein konnte, daß eine christliche Gemeinde nur aus glaubenden Menschen bestehen dürfe und daß man schließlich zur Mission verpflichtet sei, weil nur eine Minderheit der Europäer als Christen bezeichnet werden könne. Darum hielten sie die Säuglingstaufe für die »Hauptursache des Verfalls der Kirche«. Ihnen waren Zwingli und Luther nicht radikal genug; erst sie als gläubig getaufte Christen hätten die Reformation folgerichtig zu Ende gedacht.
Eine Sonderstellung nahm die *Heilsarmee*, eine international religiöse und soziale Organisation, ein. Weder Kirche noch Sekte, bildete sie ein Gemeinschaft von Menschen, die sich dem Doppelgebot der Gottes- und Nächstenliebe verpflichtet fühlte mit der Maßgabe, »... zu retten, was verloren ist«. In Sachsen trat sie zum ersten Male am 12. April 1894 auf, und zwar in Leipzig, später auch in Dresden. Ein besonderer Erfolg war ihr in Sachsen allerdings nicht beschieden.
Stehen unsere Freikirchen im allgemeinen noch auf dem Boden des Evangeliums, so sind *Sekten* christliche Gruppen, die nicht den als normal geltenden Formen des Christentums entsprechen und die deshalb oft einer negativen Beurteilung unterliegen. In unserem Falle handelt es sich um Gemeinschaften, die unter das »Dissidentengesetz« vom 20. Juni 1870 fallen. Aus dem süddeutschen Raum kamen Anhänger des »deutschen Tempels« (gegr. von Chr. Hoffmann) nach Sachsen, die sich in Dresden und Umgebung als »Templer« niederließen und 1875 eine kleine Gemeinde gründeten. Es waren stille, fromme Leute, die Anstoß nahmen am religiösen Verfall der Gegenwart und sich nach engerer Gemeinschaft sehnten. Sie blieben aber in der Auswirkung auf das kirchliche Leben völlig bedeutungslos.

Ein anderes Bild dagegen bot die *»Katholisch-apostolische Gemeinde«*. Sie konnte Erfolge aufweisen. Gab es am 4. April 1871, als die behördliche Genehmigung zur Gemeindebildung erteilt wurde, erst drei Gemeinden, nämlich Leipzig, Dresden und Königstein, so waren es bis zum Jahre 1900 dreiundzwanzig Gemeinden, die »jede Gelegenheit ergriffen, um Glieder an sich zu ziehen«. Man meinte, daß nicht etwa das Katholisierende im Kultus die Gemüter anzog, sondern vielmehr die Erwartung der nahen Wiederkunft des Herrn, die enthusiastisch vertreten wurde.
Seit 1890 konnten auch die *Mormonen* (»Die Kirche Jesu Christi der Heiligen der letzten Tage«) in Sachsen Fuß fassen. Sie hielten Versammlungen, zu denen sie nicht öffentlich einluden, im engsten Familienkreis, so in Dresden, Leipzig, Chemnitz (1895), Freiberg (1900) und Zittau (1901), ab. Erst sehr viel später entfalteten sie eine rege Werbetätigkeit mit z. T. fragwürdigen Grundsätzen, z. B.: »Wie der Mensch ist, so war Gott einst; wie Gott ist, so kann der Mensch einmal werden«. Oder: »Der Mensch ist ein Gott im Keimzustand«. Er ist zu jedem Fortschritt fähig. Diese und ähnliche Grundsätze sowie die Gültigkeit des umstrittenen Buches Mormon neben der Bibel sprechen wohl für sich selbst.
Die Gemeinschaft der *Siebenten-Tags-Adventisten* konnte sich seit 1898 zunächst in Chemnitz niederlassen, um von da aus ins Erzgebirge vorzudringen. Besondere Erfolge wurden nicht erzielt.
Gleichfalls um die Jahrhundertwende vermochte die *Christliche Wissenschaft* (Christian Science), die auf die Amerikanerin Mrs. Mary Baker Eddy (1821-1910) zurückgeht, eine Gemeinde in Dresden ins Leben zu rufen. Interessanterweise waren es gebildete, christlich gesinnte Frauen, die sich dieser wissenschaftlichen Lehre des geistigen Heilens zuwandten. Nachdem sie schon 1941 während des Dritten Reiches verboten worden war, erfolgte im März 1951 ein erneutes Verbot durch die DDR-Behörden, weil eine solche Tätigkeit nicht mit dem Heilpraktikergesetz vereinbar sei, das die berufliche Ausübung der Heilkunde ohne Bestallung untersagt.
Verständlicherweise konnte dieser auf wenige Druckseiten beschränkte Beitrag nur ein bescheidener Ausschnitt aus der etwa 1.000jährigen sächsischen Kirchengeschichte sein. Es konnten nur ein paar Hauptlinien ausgezogen werden, um aufzuzeigen, wie Gottes Geist in diese Welt hineinwirkt und wie er bei aller Unzulänglichkeit der Institution Kirche dennoch sein Reich baut. »So ist die paradoxe Gestalt der Kirche, in der sich das Göttliche so oft in unwürdigen Händen präsentiert ... den Gläubigen ein Zeichen für das Dennoch der je größeren Liebe Gottes. Das erregende Ineinander von Treue Gottes und Untreue der Menschen, welches die Struktur der Kirche kennzeichnet, ist gleichsam die dramatische Gestalt der Gnade, durch die die Realität der Gnade als Begnadigung der an sich Unwürdigen fortwährend in der Geschichte anschaulich gegenwärtig wird« (Joseph Ratzinger, Einführung in das Christentum). So dürfte es allen Gläubigen gewiß sein: Am Ende aller Kirchengeschichte wird der endgültige Sieg des Herrn über die Zerrissenheit der Konfessionen stehen. Und es wird sein »ein Herr, ein Glaube, eine Taufe; ein Gott als der Vater aller, der über alle, durch alle hindurch und in allen« seine Herrschaft zur Wirkung bringt.

Rudolf Steude

BILDUNGSWESEN

Zum Anfang war es in Sachsen wie in den anderen Gebieten ostdeutscher Besiedlung und Kolonisation die Institution Kirche, die Wissen über den Alltag hinaus vermittelte und Bildungseinrichtungen schuf. Die ältesten Urkunden belegen Domschulen wie die zu Meißen von 1183, Chorschulen wie die von St. Afra von 1205 am gleichen Ort. Stiftsschulen in Wurzen und Bautzen, die Priester heranbildeten, und Klosterschulen, von denen St. Thomas in Leipzig wohl die älteste ist und eine Pflegestätte höheren Unterrichts wurde und damit später die Gründung der Universität begünstigen sollte. Im allgemeinen jedoch beschränkte sich der Unterricht auf die Elementarfächer Lesen, Schreiben, lateinische Formenlehre, geistliche Texte und Kirchengesang, also auf Zwecke, wie sie Kult und kirchliche Lebensweise erforderten.

Städtegründungen und ihr Aufblühen zu Mittelpunkten des Handels oder eines Amtes brachten dann Schulgründungen außerhalb des kirchlichen Raumes mit sich. Die ersten Stadtschulen sind für Dresden mit der später so bekannten Kreuzschule, Zittau, Reichenbach im Vogtland, Plauen, Freiberg und Zwickau um 1300 bezeugt. Am Ende des 14. Jahrhunderts gab es 23 Schulen, die teils Pfarr-, teils Stadtschulen waren, wobei an manchen Anstalten, wie der Kreuzschule zu Dresden, der Lehrplan über das Ziel einer Trivialschule mit Grammatik, Rhetorik und Dialektik schon hinausging und Philosophie in den oberen Klassen einschloß. Zu erwähnen sind auch einige Judenschulen, die aber wegen der in diesem Zeitraum einsetzenden Judenverfolgung wieder aufgelöst wurden.

Die Gründung der Universität Leipzig

In diese nur langsam fortschreitende Entwicklung eines Bildungswesens brachte ein Ereignis plötzliche Bewegung: die Gründung der Universität Leipzig, der sechsten auf deutschem Boden, durch die Markgrafen Friedrich und Wilhelm. An der von Karl IV. im Jahre 1348 gegründeten Prager Universität, die sich nach vier Nationen gliederte, waren die deutschen Studenten durch das Kuttenberger Dekret des Königs Wenzel vom 18. Januar 1409, das der böhmischen Nation, also den Tschechen, auf Betreiben von Huß, drei Stimmen gegenüber einer der drei anderen, den Bayern, Polen und Sachsen bewilligte, benachteiligt worden. Der von den Deutschen neugewählte Rektor wurde von Wenzel nicht anerkannt. So kam es zum Auszug der deutschen Studenten in einer Zeit politischer und kirchlicher Hochspannung im Deutschen Reich wie in der gesamten abendländischen Christenheit.

Daß sich der Zug nicht nach Schlesien wandte, wie zunächst beabsichtigt war, sondern nach Leipzig gelenkt wurde, war Vincenz Gruner, einem geborenen Zwickauer zu danken, der als bedeutender Lehrer der Theologie im Kloster Altzella tätig war und die Gründung mit allem Eifer betrieb. Die sächsischen Markgrafen verstanden es, dieser schnell die Zustimmung des Papstes Alexander V. zu verschaffen, die für sie als klerikales Institut nötig war. Am 2. Dezember 1409 fand im Refektorium des Thomasstiftes in feierlicher Versammlung die Eröffnung statt. Reiche Stiftungen, Privilegien und auch Büchersammlungen gelangten an die neue Hochschule, die für das 15. Jahrhundert hindurch für Ost- und Mitteldeutschland die Hauptstätte wissenschaftlicher Ausbildung blieb. Der mit den Studenten aus Prag ausgewanderte *Johannes Otto von Münsterberg*, dessen Bedeutung die Teilnahme am Konzil zu Konstanz erhellt, wurde ihr erster Rektor; dem Bischof von Merseburg fiel das Amt des Kanzlers zu, während die Universität eine eigene Gerichtsbarkeit und Nutzungsrechte zugesprochen bekam.
Wie an den anderen deutschen Universitäten herrschte auch in Leipzig der geistliche Zuschnitt in Lehre und Ordnung. Die Studenten, die mit ihren Professoren in den von den Stiftern bereitgestellten Großen und Kleinen Fürstenkollegs wohnten, trugen geistliches Kleid. Sie mußten auch in ihren Bursen ein klösterliches Leben in strenger Absonderung führen. Es gab vier Fakultäten, die theologische, die juristische für das geistliche und weltliche Recht, die medizinische und die artistische. Die letztere umfaßte das Grundstudium und vermittelte die allgemeine Bildung, die sich über das, was an den Lateinschulen geboten wurde, nicht wesentlich erhob. Der Student durfte sich den höheren Fakultäten nur zuwenden, wenn das Studium an der Artistenfakultät mit der Verleihung des Titels »Baccalaureus« abgeschlossen war. So war sie die stärkste und stellte über die Hälfte der Studenten.
Leipzig behielt die Gliederung in vier Nationen bei, wie sie in Prag üblich gewesen war, nur trat an die Stelle der böhmischen die meißnische Nation. Obwohl die Universität wirtschaftlich gesichert war, blieben die Gehälter der Professoren gering; eine Ausnahme machten die Theologen, die über Domherrenpfründe verfügten und daher auch außerhalb Leipzigs lebten. Dieser Vorteil führte zum Gefühl der Überheblichkeit gegenüber den anderen Fakultäten. Bei den Juristen, die nur langsam an Bedeutung gewannen, machte es sich außerdem nachteilig bemerkbar, daß sie zusätzliche Verpflichtungen übernehmen mußten: Staatsgeschäfte für den Landesherrn und diplomatische Missionen, Stellungen am Oberhofgericht oder am Schöffengericht, als Bürgermeister oder im Stadtrat; auch übten sie oft eine juristische Praxis aus, die sich manchmal sogar außerhalb Leipzigs befand. Unter ihren ersten Lehrern wäre *Johannes Tylich* zu nennen, der um 1420 die Fürstenchronik des Hauses Wettin aufgrund eines älteren Textes bearbeitete; sie ging 1518 als Meißnische Chronik in Druck.
Der Lehrbetrieb, der vor allem von der Kirche bestimmt wurde, war immer noch von der Scholastik geprägt und vollzog sich sehr schulmäßig; man war bestrebt, das kirchlich anerkannte Gesamtwissen des Mittelalters zu überliefern und im Rahmen der christlich-abendländischen Weltanschauung auszubauen. Lehr- und Umgangssprache, die auch in den Bursen und bei Tische gepflegt wurde, blieb das mittelalterliche Latein. Einhundert Jahre nach der Gründung gab es in Leipzig 800 Studenten. Das Bestehen der Universität beeinflußte positiv die weitere

Entwicklung der geistlichen und städtischen Schulen in Sachsen. Einige von ihnen, wie die zu Dresden, Freiberg und Zwickau hatten Ende des 15. Jahrhunderts gegen 900 Schüler, die zum Teil als fahrende Scholaren überallher aus dem Reiche kamen.
Ebenfalls beachtlich war das Bildungsbestreben in den Klöstern. Hier schuf man Handschriften, die mitunter mit Miniaturen verziert waren, und trug Bibliotheken zusammen; man sammelte manches nicht nur an Nachrichten zur Kloster-, sondern auch zur Landesgeschichte. Ab 1427 gab es auch ein Studienkolleg der Zisterzienser an der Universität Leipzig, dem Mönche aus verschiedenen Klöstern angehörten.

Das Jahrhundert der Reformation

Eine beachtliche, aber dennoch unerfreuliche Konkurrenz erwuchs der Leipziger Universität mit der 1502 von den Ernestinern gegründeten eigenen Hochschule in *Wittenberg*. Vier Jahre später machten es ihnen die Brandenburger in *Frankfurt (Oder)* nach. So zog es manchen Sachsen dorthin, zumal da Leipzig die scholastischen Fesseln nicht zu sprengen vermochte und dem andrängenden humanistischen Gedankengut nur widerstrebend Einfluß gewährte. Selbst Examenserleichterungen konnten den Abzug nicht aufhalten. Der Landesherr, Herzog Georg, der 1500 zur Regierung kam, und in der sächsischen Geistes- und Kirchengeschichte als engstirnig beurteilt wird, bemühte sich zwar nachdrücklich um eine Reform und versuchte 1496 eine Neuordnung. Es gelang ihm jedoch nicht, den von ihm geschätzten Erasmus zu berufen, wie er auch sonst auf Widerstände stieß. Nur für die Juristen konnte er die von ihnen erstrebten eigenen Bursen einrichten. 1515 wurde das Griechische als Lehrfach aufgenommen. Der Zugang von *Peter Schade (Mosellanus)* von der Schule zu Freiberg und von *Caspar Borner* aus Großenhain von der Thomasschule verringerte den Abstand zu Wittenberg; aber dieses hatte 1518 durch die Berufung von *Melanchthon* erneut einen beachtlichen Vorsprung erreicht. So gingen viele Leipziger Studenten dorthin. 1521 hatte man sogar an eine allgemeine Auswanderung gedacht. Vorher war es aber auf Betreiben des Herzogs und gegen den Widerstand der Theologen zur großen Disputation zwischen *Eck* und *Karlstadt* Ende Juni / Anfang Juli 1519 gekommen, für die Georg die Teilnahme *Luthers* durchsetzte, dem in Leipzig aber kein guter Empfang bereitet wurde. Die Auseinandersetzungen erregten die Gemüter und befestigten nur die Überzeugungen der Parteien; Mosellanus begeisterte sich für den Reformator; daß Herzog Georg an ihm festhielt, spricht für seine geistige Weitsicht. Dieser tüchtige Gelehrte, der schon mit 25 Jahren Rektor wurde, hielt auch theologische Vorlesungen über Augustin, legte die Paulinischen Briefe aus und erklärte die Schriften des Neuen Testaments. Sein früher Tod leitete bei Herzog Georg eine Umkehr ein und brachte einen Rückschlag mit sich, der erst nach 1539 aufgeholt werden konnte.
Georgs junger Neffe Moritz, der seinem Vater Heinrich nach zwei Jahren folgte, einer der bedeutendsten Wettiner, kann den Ruf, der zweite Gründer der Universität geworden zu sein, in Anspruch nehmen. Er führte eine geistige und auch organisatorische Neuordnung durch. Caspar Borner, der 1535 Rektor geworden

war, unterstützte ihn tatkräftig. Dieser erreichte die Schenkung des Dominikanerklosters (Paulinum) und einiger Dörfer an die Hochschule. Er baute die Bibliothek aus, indem er ihr die Bücherbestände aus den aufgelösten Klöstern zuführte. Durch seinen Eifer wurde die Lehre neu gestaltet. Sein Tod im Jahr 1547 war ein Verlust für die Universität; aber neben und nach ihm blieb der große Theologe, Philologe und Historiker *Joachim Camerarius* wirksam, der 1541 aus Tübingen nach Leipzig gekommen war und ebenfalls Einfluß auf die Neuordnung nahm. Diese galt vor allem der Artistenfakultät durch das Einrichten von acht Fachprofessuren. Somit wurde auch der Weg zur philosophischen Fakultät frei, der später zur ungeahnten Höhe führen sollte. Mit entscheidend bei allen Reformen war Melanchthon in Wittenberg, das durch die Ergeignisse von 1547 zur zweiten Universität der Albertiner geworden war. Durch den Lehrplan des Lehrers der Reformation wurde Leipzig zur Lehr- und Erziehungsanstalt im Lande der neuen Lehre. Zur Weihe der erneuerten Paulinerkirche, die nun der Universität diente, kam Luther und hielt die Predigt. Der frühe Tod des Kurfürsten Moritz auf dem Schlachtfelde im Jahre 1553 nahm dem Aufschwung des Bildungswesens an der Universität viele Impulse. Der nüchterne Bruder und Nachfolger August war mehr der Praxis und Technik zugetan; fremdsprachliche Literatur und die Lehren der Philosophie lagen ihm fern. Die 1557 in *Jena*, dem kleiner gewordenen Gebiete des ernestinischen Sachsens, gegründete Universität trug zu den theologischen Streitigkeiten des Jahrhunderts der Reformation nicht wenig bei. Der durch diese Kämpfe gekennzeichnete Zeitraum brachte es in Leipzig in der Medizin wenigstens zu einem Hörsaal für anatomische Demonstrationen, wenn auch die Fakultät noch schwach besetzt war.
Eine Folge der Reformation war die Umwandlung von Klöstern in *Fürstenschulen* durch Kurfürst Moritz, der sich schon früh als Pragmatist auszeichnete. Sie wurden 1543 in Meißen und Schulpforta und 1550 in Grimma eingerichtet. Der kluge Herrscher wollte damit auch eine Verschleuderung des Kirchen- und Klostergutes verhindern und zugleich dem Adel einen Ausgleich für die Verluste einiger Vorrechte am Klostergut gewähren, was überwiegend für Meißen zutraf, wo die adligen Freistellen überwogen. Zugleich wollte der tatkräftige Fürst durch diese Gründungen die Einheit des Territoriums fördern und einen einheitlichen Staats- und Kirchenstand schaffen. So wurde der Staat Schulherr und sorgte zugleich dafür, daß Begabungen aus der ärmeren Bevölkerung vor allem auf dem Lande für die Verwaltung und den Dienst an Kirche und Lehre herangebildet und für die Universität gerüstet wurden.
Es war schade, daß die von den Schönburgern 1566 in Geringswalde für ihre Herrschaft errichtete Anstalt gleicher Richtung zwei Jahre später dem Glaubenseifer des Kurfürsten August zum Opfer fiel.
Auch das *städtische Schulwesen* erhielt durch die Reformation Auftrieb und eine neue Bedeutung. Die Stadtschulen vermehrten sich vor allem im oberen Erzgebirge, das durch den Bergbau aufgeblüht war. Aus mancher Pfarrschule wurde nun eine Lateinschule; die Thomasschule in Leipzig wurde städtisch; die Nikolaischule, die schon 1395 genehmigt worden war, wegen der Gründung der Universität aber nicht benötigt wurde, erlebte einen überraschenden Aufschwung im humanistischen Geiste. Einige Schulen wie die zu Freiberg und Zwickau und die erst entstandene zu Annaberg hoben sich auch weiterhin besonders heraus; die

erstere hatte zeitweise den Charakter einer theologischen Fakultät; ihre Schüler blieben so lange an der Schule, bis sie in das geistliche Amt befördert werden konnten. Auch die Bibliotheken dieser Anstalten gewannen ungemein durch den Zugang an Büchern aus aufgelösten Klöstern oder durch den Sammeleifer ihrer Lehrer oder einzelner Bürger. Die Zwickauer Ratsschulbibliothek erhielt durch *Stephan Roth*, den gelehrten Stadtschreiber, ihren beachtlichen Grundstock, auf dem aufgebaut werden konnte. Mühe bereitete jedoch die Besoldungsfrage der Lehrer, wenn auch in einzelnen Städten das Vermögen der aufgelösten Kirchengüter, das in einem »Gemeinen Kasten« verwaltet wurde, dazu diente. Oft waren die Lehrkräfte zugleich Stadtschreiber. Durch die mit der Reformation eingeführten Schulvisitationen sind wir gut über die Schulen unterrichtet.

Auf das Geistesleben der Städte nahmen diese Lateinschulen einen großen Einfluß.

Die Lateinschulen des Reformationszeitalters waren streng nach theologischen Gesichtspunkten ausgerichtet; neben dem Lateinischen, das in Rede und Schrift beherrscht werden mußte, stand der Religionsunterricht im Vordergrund. Die Schüler mußten auch den Predigten beiwohnen. Die Schulen hatten der Kirche einen größeren Sängerchor zur Verfügung zu stellen, der die Teilnehmer stark beanspruchte, vor allem bei Begräbnissen. Griechisch wurde nur an größeren Schulen erteilt. So bestimmte im Jahrhundert der Reformation der theologisch-humanistische Gelehrte die Bildung. Von einer allgemeinen Volksbildung kann nicht gesprochen werden, so gern man die Geburtsstunde der Volksschule in diese Zeit verlegt. Deutsche Schulen sind auch schon für die vorhergehende Zeit bezeugt, so 1392 für Freiberg. Der Gebrauch der deutschen Sprache bei der Abfassung von Urkunden mag diese Entwicklung begünstigt haben. Sie brachte aber keinen allgemeinen Aufschwung, so sehr sich Luther und Melanchthon darum bemühten, die die deutschen Schulen der Obrigkeit und nicht der Kirche übertragen wissen wollten. Neben den Lateinschulen in den Städten gab es eine große Anzahl von Winkelschulen, die dem Bestreben nach Bildung entgegenkamen und das Verlangen nach einer einfachen Bildung erfüllten. Sie waren nicht angesehen, wurden aber geduldet.

Der *Unterricht auf dem Lande* war sehr kümmerlich. Er wurde meist dem Küster überlassen, der sozial unter den Gärtnern und Bauern stand. Da die materielle Existenz des Lehrers schwierig war, wählte man zu diesem Amte meistens Handwerker, die den Kindern das Elementarwissen, nur Schreiben, Lesen und den Katechismus beizubringen hatten; Rechnen trat erst später dazu. Von einer allgemeinen Schulpflicht wurde noch nicht gesprochen; im Sommer wäre es ganz unmöglich gewesen, die Kinder in ein Schulhaus zu bringen. Noch schlechter war es in den Dörfern bestellt, die keine Kirche und somit auch kein Schulhaus hatten. Der Schulmeister war gezwungen, als Wanderlehrer von Haus zu Haus zu ziehen.

So mußte die allgemeine Volksschule schon im Keime stocken; einmal aus Mangel an geschickten, ihrer Aufgabe sittlich und wissenschaftlich gewachsenen Lehrern, dann an der unauskömmlichen Lehrerbesoldung, die einen Nebenerwerb erforderte, und schließlich am Fehlen des Schulzwanges. Jedoch bemühte sich Kurfürst August in seiner Weise um die Volksbildung. Die Generalartikel von 1557, die den Katechismusunterricht in den Mittelpunkt stellten, und die Schulordnung von 1580, deren Schöpfer, *Jakob Andreae*, aus Württemberg nach Sachsen berufen, von da manche Erfahrung mitbrachte, beweisen das.

Nach dem großen Kriege 1648-1763

In die Jahrzehnte langsamer, aber steter Entwicklung zu einer Landesuniversität, die der Hort der Lehren des Protestantismus auch unter den Nachfolgern des Kurfürsten August wurde, brachen die Schrecken der Kriegsjahre, die für Sachsen 1630 begannen, gewaltsam ein und lähmten für lange Zeit das Interesse und den Einsatz für die Wissenschaften. Aber die folgenden Friedenszeiten mit einem langsamen Wiederaufbau brachten neue Blüte, die dadurch begünstigt wurde, daß Leipzig der Mittelpunkt eines Welthandelsverkehrs und die Stadt des Buches wurde und der Kurstaat durch die Tatkraft Augusts des Starken sich zu einer Großmacht entwickelte, wenn auch die Politik des ehrgeizigen Herrschers für Unruhe sorgte; sein Übertritt zum Katholizismus berührte jedoch die Universität nicht. Ihr Ausbau und der ihres Lehrgebäudes war vielfach begünstigt. Die Pflege der Geschichtswissenschaften wurde verstärkt aufgenommen und hatte in *Johann Burckhardt Mencke* und *Johann Jacob Maskov*, die zugleich Hofhistoriographen waren, tüchtige Vertreter ihres Faches. Der 1714 eingerichtete Lehrstuhl für Kirchengeschichte gewann an Ansehen. Die neueren Sprachen und das Staats- und Völkerrecht wurden aufgenommen, die Naturwissenschaften fanden besonders in der Medizin größere Beachtung. Hier traten auch die Chirurgie und die vorher schon betriebene Anatomie noch mehr in den Vordergrund; der 1710 errichte Lehrstuhl der Chemie gehörte ebenfalls zu dieser Fakultät. Jedoch war man nicht so schnell bereit, das Neue vorbehaltlos aufzunehmen. *Christian Thomasius*, der seine Vorlesungen über das Naturrecht Pufendorfs, auch ein Sachse, der in seinem Lande keine Stellung fand, in deutscher Sprache hielt, mußte nach *Halle* gehen, das als preußische Neugründung eine starke Konkurrenz für Leipzig wurde. Die Schöpfung des Großen Kurfürsten zog auch noch *August Hermann Francke*, den großen Theologen, und *Christian Wolff*, den Philologen, an. Der geniale Stadtsohn *Gottfried Wilhelm Leibniz* konnte ebenfalls nicht in seiner Vaterstadt gehalten werden. Die Gründung der Universität Göttingen im Jahre 1737 brachte weitere Einbuße an Geltung; *Abraham Gotthelf Kästner*, der so überzeugend Mathematik, Logik und Naturrecht vertrat, vertauschte Leipzig mit der neuen Hochschule, und der Chemnitzer *Christian Gottlob Heyne* war zwar ein begeisterter Schüler von *Johann Friedrich Christ*, der als einer der ersten Gelehrten die Kunstgeschichte pflegte, wurde aber als Altphilologe und Bibliothekar eine der Leuchten der niedersächsischen Universität.
An den Fürstenschulen wurden Französisch und Geschichte in den Lehrplan aufgenommen, und für die Mathematik gab es eine besonders vorgebildete Kraft. In den städtischen Lateinschulen vollzog sich diese Entwicklung weitaus langsamer. Die Thomasschule in Leipzig und die Kreuzschule in Dresden dienten bevorzugt dem Kirchengesang. Die anderen über das ganze Land verbreiteten Anstalten waren sehr unterschiedlich in Wert und Bedeutung, weil sie abhängig waren von der wirtschaftlichen Lage des Gemeinwesens, dem sie unterstanden.

Manche einst blühende Anstalt des Erzgebirges verlor durch den Rückgang des Bergbaues an Substanz. Weiterhin wurde der Lehrplan durch die Verbindung mit dem Kirchendienst bestimmt; der Unterricht im Deutschen, der Mathematik, den Naturwissenschaften und den Realien wurde noch nicht betrieben.
Ebenso ungünstig war es um das Volksschulwesen bestellt. Das vorhandene Bestreben nach Bildung in weiten Schichten des Volkes konnte organisatorisch noch nicht befriedigt werden, so sehr sich einzelne Persönlichkeiten auch darum bemühten. Hier sind *Philipp Jakob Spener* und die Pietisten wie auch der Dresdner Superintendent *Valentin Ernst Löscher*, der sich um das Schulwesen der Landeshauptstadt mit Nachdruck sorgte und gegen das leidige Winkelschulwesen kämpfte, zu nennen. Dieser trat auch für die Errichtung von Seminaren ein, mit denen eine Grundlage für die Ausbildung der Volksschullehrer geschaffen werden sollte, aber die Zeit dafür war noch nicht gekommen.

Aufbau 1763-1830

Der Siebenjährige Krieg hatte das Land in Not und Elend gestürzt, zumal da Sachsen der hauptsächlichste Schauplatz war; aber wie durch ein Wunder erholte sich das Land; die Not lehrte neue Wege finden.
Die Universität Leipzig schritt auf dem Pfade der steten Weiterentwicklung fort und wandte sich nun auch der individuellen Forschung zu; 1809 wurde das Philologische Seminar unter dem bedeutenden Lehrer *Gottfried Hermann* gegründet. Bei dem Bestreben nach einer gründlichen Umwandlung des Lehrgebäudes ist hier wie auch auf anderen Gebieten des Bildungswesens der Oberhofprediger *Reinhard* zu nennen, den Goethe schätzte. Jedoch hinderten die Napoleonischen Kriege an der Verwirklichung manchen Planes. Das gynäkologische Institut konnte 1806 erst nach Auseinandersetzungen durch eine Privatstiftung möglich gemacht werden. Wir erfahren bei Goethe viel über das Fluidum des Leipziger Universitätslebens, dem *Gottsched* und *Gellert* den literarischen Wesenszug einhauchten. Durch die Einrichtung des Rentamtes im Jahre 1825 wurde die Verwaltung des Universitätsvermögens in geordnete, moderne Bahnen gewiesen. Langsam kam auch das Verbindungswesen auf. Da das Land 1815 die Universität Wittenberg an Preußen verlor, gewann Leipzig als einzige wieder an Bedeutung.
Die Jahre des Wiederaufbaues brachten aber in *Freiberg* die Gründung einer Hochschule von überragender Wichtigkeit. Hier wurde am 4. Dezember 1765 durch die Stiftungsurkunde der Bergakademie die älteste technische Hochschule der Welt ins Leben grufen. Entscheidend für eine sofort sich zeigende Blüte der Anstalt waren ihre Errichtung auf dem Boden einer Umgebung mit Erzbergbau und vorhergehende Bemühungen um dessen Wissenschaft. Da sich die Universitäten bisher gegen eine Mathematik im Dienste der Technik und der Naturwissenschaften beharrlich abgeschlossen hatten, führte diese Neuerung in Freiberg sofort zu einem Lehrbetrieb beachtlichen Ausmaßes. Der Unterricht war zunächst auf drei Jahre berechnet; ergänzende Studien an einer Universität waren erwünscht; Studienreisen ins Ausland wurden für Landeskinder begünstigt. Das Werden dieser jungen Gründung bezeichnet der Franzose Cuvier treffend: »Die

kleine Schule in Freiberg, anfangs nur bestimmt, Bergleute für Sachsen zu bilden, erneuerte bald das Schauspiel der ersten Universitäten im Mittelalter; dorthin eilten Schüler aus allen nur einigermaßen zivilisierten Ländern.« Zu einem so verheißungsvollen Beginn kam noch der glückliche Umstand, daß der bedeutendste Geologe seiner Zeit, *Abraham Gottlob Werner*, ab 1775 in Freiberg lehrte und mit seiner konsequenten neptunistischen Erdbildungstheorie eine neue Schule der Geologie und Mineralogie herleitete, die viele und später berühmte Schüler anzog. Der Ausbau dieser Hochschule setzte sich planmäßig und den neuen Erkenntnissen in Wissenschaft und Technik entsprechend fort; Freiberg festigte seinen Ruf weit über die Landesgrenzen hinaus.

Es war ein Glück für Sachsen, daß es gelang, *Heinrich Cotta* mit seiner Privatforstlehranstalt aus Thüringen nach *Tharandt* zu ziehen, wo sie 1816 zur landesherrlichen Forstakademie erhoben wurde. Auch hier erwies sich an dem Ertrag der wissenschaftlichen Forschung wie an dem Zustrom der Schüler, daß eine solche Anstalt eine Notwendigkeit war, besonders auch für unser waldreiches Land.

In *Dresden* wurde 1774 eine Privatschule für Tierarzneikunde gegründet, die später verstaatlicht wurde. Sie entwickelte sich zur Hochschule und wurde 1923 der Universität Leipzig angegliedert.

Sachsen verlor 1815 an Preußen drei Fünftel seines Landes; aber die Gebiete, die für einen industriellen Aufbau Möglichkeiten boten, waren ihm verblieben; jener setzte bald ein und begünstigte eine Entwicklung, die Stagnation und Schäden der Kriegsjahre überwinden half. So galt es jetzt, das Bildungswesen nach der technischen Seite auszubauen. Gewerbe- und Bauschulen wurden verlangt und errichtet. Die zukunftsweisendste unter ihnen wurde die 1828 gegründete technische Bildungsanstalt zu Dresden, die zunächst zur Polytechnischen Schule und zum Polytechnikum, dann am Ende des Jahrhunderts zur *Technischen Hochschule* ausgebaut wurde.

Ihre Schüler erhielten eine Ausbildung in allen technischen Zweigen, deren Entwicklung der der Anstalt entsprach. Sie zerfiel in drei markante Abschnitte, die mit den Namen der jeweiligen Leiter *Schubert*, *Hülße* und *Zeuner* verbunden sind und den Ruf der Hochschule über die Grenzen Sachsens trugen.

Bei allem Bestreben, den Forderungen der Zeit gerecht zu werden, wurde im Lande auch die Pflege des Musischen nicht vergessen. Der Notzeit nach dem Siebenjährigen Kriege und der Tatkraft eines Mannes, *Christian Ludwig von Hagedorn*, ist die Gründung dreier sächsischer *Kunstakademien* in Dresden, in Meißen, wo diese in Verbindung zur Porzellanmanufaktur trat, und in Leipzig zu danken. Die letztere erweiterte sich zur »Akademie für graphische Künste« und trug somit der Pflege des Buches Rechnung, die diese Stadt auszeichnet.

Die beiden *Konservatorien* in Dresden und Leipzig wetteiferten um den Vorrang und die Anerkennung als staatliche Anstalten.

Auch im *höheren Schulwesen* zeigten sich Veränderungen. Die 1772 von Johann August Ernesti »Erneuerte Schulordnung für die chursächsischen drey Fürsten- und Landesschulen«, der sich ein Jahr später eine solche für die Stadtschulen anschloß, die auch für die Landschulen galt, führte den Deutschunterricht ein und brachte weitere Verbesserungen. Im allgemeinen wurde aber das Latein nur nach der sprachlichen Seite hin betrieben; im Griechischen wurde das Neue Testament gelesen; Religion und Kirchengesang standen auch jetzt noch im Vordergrund

des Lehrplanes. Einige dieser Schulen aber wurden stillschweigend zu Bürgerschulen, als sich herausstellte, daß sie in der alten Form wenig lebensfähig waren. Darüber hinaus griff der Staat 1830 ein und löste einige dieser Anstalten auf, so die alten und früher bedeutenden zu Chemnitz und Schneeberg. 1815 war die berühmte Fürstenschule Schulpforta an Preußen gefallen.
Im *Volksschulwesen* bahnte sich eine planmäßige Entwicklung an. Die Schulordnung sah eine Ausweitung auch auf die Realien vor. Viele der Städte, in denen es bisher außer den Latein- nur Winkelschulen gab, diese oft in großer Anzahl, schritten zur Einrichtung von Rats-, Frei- und Armenschulen, so daß die unbeliebte Form der privat betriebenen Schulen bald verschwand.
Bescheidene Anfänge zeigten sich auch auf dem Gebiet der *Fortbildungsschule*, für die noch keine Besuchspflicht bestand. Idealistisch gesinnte Männer gründeten in einzelnen Städten Sonntagsschulen, um der Jugend eine Weiterbildung auch außerhalb des kirchlichen Raumes zu vermitteln. Hier wurden Deutsch, Rechnen, Mathematik, Zeichnen und die Realien gelehrt.
Auch auf dem Gebiete *sozialen Schulwesens* fanden sich Ansätze; 1778 wurde eine Taubstummenanstalt in Leipzig errichtet, der 1809 die Blindenanstalt in Dresden folgte.
Die Ausweitung der *Volksschule*, deren Besuch ab 1769 Pflicht wurde, verlangte eine geregelte und vom Staate gelenkte Ausbildung der Lehrerkräfte. So kam es auch in Sachsen zur Gründung von *Lehrerseminaren*, die ersten entstanden in Dresden-Friedrichstadt (1787), Weißenfels (1794), das 1815 an Preußen fiel, Freiberg (1797), Plauen (1810) und Bautzen (1817). Die schon bestehenden Privatseminare, die von tüchtigen Volksschullehrern betrieben wurden, arbeiteten noch einige Jahre weiter. Schließlich sei für das Ende dieses Zeitraumes an die Gründung des »Königlich Sächsischen Vereins zur Erforschung und Erhaltung vaterländischer Altertümer« im Jahre 1825 erinnert. Damit wurde die Landesgeschichtsforschung auf einen verheißungsvollen Weg gebracht.

Blütezeit 1831-1914

Die Bemühungen um Wissenschaft und Volksbildung erreichten in den nun folgenden Jahrzehnten unter dem Fortgang der wirtschaftlichen Entwicklung ihren Höhepunkt. Die Verfassung von 1831 erleichterte durch die Einrichtung des Kulturministeriums die Verwirklichung manchen Planes. So war es möglich, das Ziel zu erreichen, das Dr. Beck, der letzte Kultusminister des königlichen Sachsens so formulierte: »Sachsen soll von der Universität bis zur Volksschule eine führende Stelle unter den deutschen Staaten einnehmen.«
Leipzig wuchs sich in diesem Zeitraum von einer Landes- zu einer Reichsuniversität aus, die die Studenten in großer Zahl besuchten, so daß sie mit an erster Stelle in Deutschland stand. Diesem Zustrom trugen die Berufungen ausgezeichneter Gelehrter, der Ausbau des Lehrgebäudes, der Forschungsstätten und Seminare, der Kliniken und der Laboratorien im großzügigsten Maße Rechnung. Das 1836 errichtete Hauptgebäude, das Augusteum, mußte am Ende des Jahrhunderts noch einmal umgebaut werden und erhielt die Form, wie sie uns bis 1945 vertraut

war. Die Universitätsbibliothek, die hier untergebracht war, konnte ein neues Gebäude beziehen; für die Medizin und die Naturwissenschaften wurden im Südosten der Stadt Räumlichkeiten geschaffen. Die Hochschule erhielt 1831 den Charakter einer Staatsanstalt; die Ernennungen der Professoren erfolgte fortan durch Staatsminister, zeitweise auch durch die Könige. Die alte Einteilung in Nationen entfiel. Das aufkommende Verbindungswesen hatte jedoch nicht die gleiche Bedeutung wie an anderen, vor allem kleineren Universitäten. Leipzig war eine Arbeitsuniversität. Die Lehrmethode änderte sich; das rein gedächtnismäßige Lernen und Aufnehmen, das die Jahrhunderte hindurch geherrscht hatte, wurde durch pädagogisch sinnvollere Schulung abgelöst, die im Urteilen bestand. 1843 wurden die philologischen Studien von der Theologie getrennt; ebenfalls wurde die Germanistik selbständige Wissenschaft; von *Moritz Haupt* und *Rudolf Hildebrand* führte der Weg zu *Albert Köster*, *Georg Witkowski* und *H. August Korff*. Von dem Professor der Kultur- und Universalgeschichte *Karl Lamprecht*, dem das gleichnamige, einzigartige Institut unterstand, ging die Gründung der »Kommission für sächsische Geschichte« aus, die fortan grundlegende Werke zur Landesgeschichte herausbrachte. *Rudolf Kötzschke* begann einige Jahre später mit dem »Seminar für Landesgeschichte und Siedelungskunde« seine große Wirksamkeit zu entfalten. Der Geograph *Friedrich Ratzel*, der Staatswissenschaftler *Wilhelm Roscher* und der Volkswirtschaftler *Wolfgang Stieda* beschritten neue Wege und zogen einen großen Schülerkreis an.

Auch die Theologie trat mit ihren Lehrern und ihren Lehren über die Landesgrenzen hinaus; die Kirchengeschichte, die in Leipzig schon vorher vorzüglich betrieben wurde, erfreute sich weiterhin reichen Zuspruchs. In der Philosopie wirkte *Wilhelm Wundt* mit seinem Institut für experimentelle Psychologie bahnbrechend und lockte viele Schüler an.

Kunstgeschichte und Archäologie wurden verstärkt aufgenommen und brachten neue wissenschaftliche Erkenntnisse. Der juristischen Fakultät gaben die Namen *Binding* und *Wach* Rang und Bedeutung; fördernd wirkte sich hier auch der Sitz des Reichsgerichtes aus, der ausländische Studenten anlockte.

Führend wurde Leipzig auch in der Medizin. 1853 wurde der erste Lehrstuhl für Augenheilkunde in Deutschland errichtet, 1871 das Krankenhaus St. Jacob als Musteranstalt umgebaut, und 1906 das Institut für Geschichte der Medizin, ebenfalls ein erstes im Reich, gegründet.

Forschungen neuer Institute führten in ferne Länder; eine große ägyptologische Sammlung wurde eröffnet; Leipzig wurde der Mittelpunkt der Arabistik und der Forschung über die mohammedanische Kultur; das Institut für Kultur- und Universalgeschichte faßte alle diese Bemühungen zusammen. Für Sachsen wurde es bedeutsam, daß *Hermann Credner* 1871 die geographische Landesaufnahme begann, als deren Ergebnis er 1896 eine abgeschlossene Spezialkartierung als bahnbrechend für Deutschland vorlegte. Zwei Jahre später wurde die Handelshochschule eröffnet; auch sie war die erste in Deutschland. Ihre Gründung entsprach dem wirtschaftlichen Aufstieg unseres Landes und der hervorragenden Stellung Leipzigs als Messe- und Handelsstadt; zugleich bildete sie die Lehrkräfte für die Handelsschulen aus, die in großer Zahl, teils als neunstufige Anstalten, aber auch mit Kursen von mehreren Jahren oder mit Lehrlingsklassen überall im Lande entstanden waren. Zur Universität gab es eine enge Verbindung. Das Jahr 1909 war mit dem 500jährigen Jubiläum unter dem Rektorat des Juristen *Binding* ein Höhepunkt im Leben der Hochschule. Leipzig strahlte im internationalen Glanze ähnlich wie zu Messezeiten. Aber schon fünf Jahre später riß der Erste Weltkrieg große Lücken in Professoren- und Studentenschaft und lähmte die so vielfach sich entfaltete Arbeit.

Für die *Bergakademie in Freiberg* gab es für diesen Zeitraum den gleichen Aufstieg. Zum 100jährigen Jubiläum 1865 hatte man schon 12 Professoren und Dozenten. Mit der wirtschaftlichen Blüte nach 1870 erfuhr die Hochschule neue Ausweitung und gewann immer mehr an internationaler Bedeutung. Wenn auch das Maschinenwesen der Technischen Hochschule in Dresden zugewiesen wurde, so brachte die Aufgabe, Lehr- und Forschungsstätte für die montanistischen Wissenschaften zu sein, einen beträchtlichen Zuwachs. Die Akademie war an der Entdeckung der Heilbäder in Oberschlema und Brambach beteiligt. Das Wirken ihrer Gelehrten auf dem Gebiete der organischen und anorganischen Chemie wie der Physik mit wissenschaftlichen Entdeckungen, wie die von zwei Elementen, verschafften ihr einen weithin anerkannten Ruf, zu dem auch die berühmte Materialiensammlung wesentlich beitrug.

Industrie und Technik stellten immer neue Anforderungen an die Wissenschaft. Das bestimmte die Arbeit der *Technischen Hochschule in Dresden*. 1884 wurde ein Elektrotechnikum erbaut, und die Arbeitsstätten für Chemie galten als musterhaft. Nach 1875 wurde unter der Leitung von Prof. *Zeuner*, der von Freiberg kam, der Hochbau angegliedert. Jetzt fanden auch die Volkswirtschaft, die Philosophie, die Germanistik und die neueren Sprachen ihren Platz in Dresden, wo auch das Studium für Mathematik, die Naturwissenschaften und die Geographie für die Lehrer an höheren Schulen möglich wurde. Die Kunstwissenschaft konnte sich in Anlehnung an die Akademie ebenfalls gut entfalten.

Neben diesen Hochschulen entstanden in dieser Blütezeit wirtschaftlichen und geistlichen Lebens eine große Anzahl von *Fachschulen*, die bestrebt waren, der Industrie und dem Handwerk geschulte Mitarbeiter zuzuführen. Sie verteilten sich über das ganze Land. Aus der Gewerbeschule zu Chemnitz, zu der sich weitere in Dresden, Leipzig, Plauen und Zittau gesellten, entwickelten sich die Staatslehranstalten für Technik, die für einen tüchtigen Nachwuchs im Maschinenbau und im Baugewerbe sorgten.

Hier wurden auch die Lehrkräfte für die *Berufsschulen* ausgebildet. In dieser bedeutenden Industriestadt wurde die Webschule, eine Schulart, die sich bald über ganz Sachsen erstreckte, zur »Höheren Wirkschule«. Plauen bekam dagegen die »Kunstschule für Textilindustrie«.

In Mittweida entstand 1867 das Technikum als Privatanstalt zur Ausbildung von Maschinen-Ingenieuren, bald wurde auch hier die Elektrotechnik in den Lehrplan aufgenommen. 2.000 Studenten zählte mitunter diese Bildungsanstalt. In Hainichen und Zwickau wurden ähnliche Anstalten errichtet, die Kenntnisse für den mittleren Dienst in Industrie und Technik vermittelten. Groß war die Zahl spezieller Berufsschulen, die sich den Anforderungen der verschiedensten Industriebetriebe unterwarfen. Freiberg und Zwickau hatten ihre Bergschulen. In Aue wurde eine Fachschule für Blecharbeiter gegründet; Roßwein sorgte für eine Schlosserfachschule. Die Müllerfachschule in Dippoldiswalde und die Uhrmacherschule in Glashütte zogen wie die meisten dieser Fachschulen auch Schüler

von außerhalb der Landesgrenzen an. Schifferschulen gab es sechs, und groß war die Zahl der Klöppelschulen im Erzgebirge, von denen einige ein hohes Alter hatten. Hier wurden auch der industriellen Lage entsprechend die Fachgewerbeschulen für Spielwarenarbeiter in Grünhainichen und Seiffen errichtet. Die Vielfalt der Bildungsmöglichkeiten auf dem Gebiet der Fach- und Berufsschulen erhellt die Zahl von 49 Lehranstalten für Musik und Theater. Die Beamten des mittleren Dienstes erhielten ihre Vorbildung auf den Schulen in Geyer und Nerchau.
Ebenso stürmisch wie auf dem Felde des Berufs- und Fachschulwesens verlief die Entwicklung auf dem der *höheren Schule*. Für die 1830 aufgelösten städtischen Lateinschulen wurde bald Ersatz geschaffen. Der Staat, der bestrebt war, das Gymnasium mit seiner Hilfe auszubauen, nahm bald einige der alten Anstalten in seine Regie und sorgte auch für einige neue. Wenn hier auch am alten humanistischen Bildungsideal festgehalten wurde, so gewährte man nun auch der Mathematik und den Naturwissenschaften größeren Raum und begann um die Jahrhundertwende mit einer Gabelung der Primen in einen sprachlichen und einen mathematischen Zug. Daneben hatte sich aber inzwischen vor allem auf Betreiben der Städte mit der Realschule eine neue Schulform aufgetan, die den gewandelten Bildungsbedürfnissen entgegenkommen wollte. Ihre Schöpfer waren tüchtige Schulmänner, auch aus dem Volksschullehrerstand. Bei ihrem Aufbau konnte man sich jedoch noch nicht vom Latein lösen; auch Griechisch wurde an mancher Anstalt noch gelehrt; nur in Leipzig begann man mit Französisch. So führte diese Entwicklung wieder zu einer Schulform mit Universitätsreife, die man Realschule I. Ordnung nannte. Daneben bildeten sich aber über das ganze Land Anstalten, die zunächst fünf Klassen umfaßten, denen später eine sechste vorgeschaltet wurde. Ihr Lehrplan baute auf Deutsch, den neueren Sprachen, Mathematik, den Naturwissenschaften und Realien auf, weil sie eine Bildung für den mittleren Gewerbestand und die Beamtenlaufbahnen vermitteln wollten. Sie wurden Realschulen II. Ordnung genannt. 1884 wurde eine Scheidung der beiden Schularten vorgenommen; die erste wurde nun zum Realgymnasium. Vier von diesen Anstalten, die mit Latein begannen, auf das Griechische zugunsten der modernen Sprachen, der Mathematik und der Naturwissenschaften verzichteten, nahm der Staat in seine Obhut. Zu diesen gehörte das Realgymnasium in Döbeln, dem eine Landwirtschaftsschule angegliedert war. Das ist ein Beispiel dafür, wie sehr man bemüht war, auch das höhere Schulwesen den Anforderungen der Zeit entsprechend zu gliedern.
Nach dem Kriege von 1870, der im Deutschen Reiche unter Preußens Führung das Heer attraktiv werden ließ, nahmen die Gründungen von *Realschulen* zu, weil diese die Berechtigung zum einjährig-freiwilligen Dienst, also zur Offizierslaufbahn, erteilten. Um von diesen Anstalten aus den Übergang auf eine der Fürstenschulen, die mit Untertertia begannen und für die die Städte meist ein oder zwei Freistellen hatten, oder auch den späteren auf ein Realgymnasium zu ermöglichen, waren die meisten Realschulen mit einem Progymnasium verbunden, das von Sexta bis Quarta das Latein wie auf einem Gymnasium vermittelte; in den drei folgenden Klassen wurde es fakultativ betrieben.
Im Gegensatz zu Preußen und anderen deutschen Staaten wehrte man sich in Sachsen lange gegen die Einführung der *Oberrealschule*, deren Lehrplan noch stärker auf die modernen Sprachen, Mathematik und Naturwissenschaften aus-

gerichtet war. Die ersten entstanden 1907 in Leipzig und Chemnitz, indem man auf bestehende Realschulen die drei Oberklassen aufsetzte. Eine Geschichte des sächsischen Realschulwesens würde erhellen, wieviel die Städte für ihre Schulen getan haben. Nach der Jahrhundertwende fand durch die Gründung neuer Anstalten eine noch stärkere Auffächerung der Lehrpläne statt. Es wurden nach dem Frankfurter Modell neunstufige Anstalten errichtet, die mit einer modernen Sprache begannen und das Latein erst mit Untertertia aufnahmen. Eine höhere Schule mit Realschulcharakter besonderer Art war die Eisenbahnfachschule in Altenberg im Erzgebirge, die neben der Vermittlung einer allgemeinen Bildung für den Eisenbahndienst vorbereitete. Die Lehrer der verschiedenen Schularten schlossen sich zu Standesorganisationen zusammen, durch die sie für ihre Weiterbildung und für die Gestaltung der Lehrpläne wirken wollten. Jede dieser Vereinigungen arbeitete streng für sich allein. Einmal im Jahr fand eine Zusammenkunft an einem Orte statt, in dem die betreffende Schulart vertreten war mit Vorträgen und Aussprachen. Die bis zum Ersten Weltkrieg erschienenen jährlichen Berichte dieser Vereinigungen spiegeln auch ein Stück sächsischer höherer Schulgeschichte. Ein Zusammenschluß aller Lehrer an den höheren Schulen Sachsens in einem Verband erfolgte erst nach 1918.
Jede höhere Schule Sachsens gab einen Jahresbericht über ihre Arbeit mit Lehrer- und Schülerverzeichnis über die durchgeführte Unterrichtserteilung in allen Klassen und in allen Fächern mit der Schulchronik des abgelaufenen Schuljahres und sonstigen Mitteilungen aus dem Schulleben heraus. Dieser Bericht wurde im Austausch allen anderen höheren Schulen in Deutschland zugeleitet. Besonders interessant sind die in den Berichten in Abständen von einigen Jahren beigegebenen sogenannten Programmarbeiten, mit denen ein Herr aus dem Kollegium ein Thema seiner Wahl und seiner Neigung wissenschaftlich behandelte. Unter diesen meist guten Arbeiten aus allen Wissensgebieten sind sehr viele zur sächsischen Geschichte und Landeskunde geschrieben worden. Die Lehrkräfte an den höheren Schulen brachten, da sie ihre Staatsprüfung in Leipzig ablegen mußten, von der Landesuniversität, falls sie Geschichte belegt hatten, eine gute Schulung in diesem Fache mit, dank auch des von Professor *Kötzschke* geleiteten Seminars, von dem auch viele Dissertationen zu Themen der heimatlichen Geschichtsforschung ausgingen. Die Arbeit der in mehreren Städten Sachsens gegründeten örtlichen Geschichtsvereine hat aus diesem Wissen in vielfältigster Weise Nutzen ziehen können. Die in diesen Vereinen gehaltenen Vorträge oder die in den herausgegebenen Mitteilungen niedergelegten Abhandlungen zeugen von Wissenschaftlichkeit und exakter Forschung.
Von dem Bestreben nach einer festeren Gestaltung ihrer Organisation war die *Volksschule* nicht ausgenommen. Hier trug die Lehrerschaft, die in diesem Falle nicht leicht zu befriedigen war, viel dazu bei. Die Volksschulgesetze von 1835 und 1873 brachten viele Verbesserungen und behoben Mängel. Das letztere führte mit den Bezirksschulinspektoren eine neue Schulaufsicht ein, mit der die der Kirche abgelöst wurde, wenn auch auf den Dörfern die Pastoren daran noch beteiligt waren. In den Städten hatten die Schuldirektoren die Leitung der einzelnen Schulen. So erhielt die Schule die schon lange erstrebte Selbständigkeit. Mit diesem Gesetz wurde auch die Fortbildungspflicht für Knaben eingeführt, die nun während ihrer Lehrzeit drei Jahre lang einmal in der Woche Unterricht in den Fächern

Deutsch, Rechnen, Bürgerkunde und Zeichnen erhielten. Die Volksschule selbst war in eine einfache, mittlere und höhere gegliedert; in den Städten, wo die einfachste Form entfiel, unterschied man Bezirks- und Bürgerschulen; die letztere hatte einen besseren Lehrplan, der auch Französisch vorsah. Zu erwähnen sind auch die leidigen Fabrikschulen besonders im Erzgebirge, die das Elend der Kinderarbeit in erschreckender Weise zeigten. Das Hilfsschulwesen kam erst um die Jahrhundertwende mehr zur Geltung. Die dafür eingesetzten Lehrer brachten sehr viel Begeisterung mit.

Den hohen Stand der Volksschulbildung in Sachsen beweist eine Bemerkung des preußischen Bearbeiters der Geschichte über die Anfänge der Realschule in Deutschland. Dieser macht darauf aufmerksam, daß diese Schulart in Sachsen im Gegensatz zu Preußen deshalb viel später erst eingeführt worden sei, weil die sächsische Volksschule weit voraus gewesen wäre und einen Teil der Realschulausbildung ersetzt habe.

Auch die Lehrerbildungsfrage machte in diesem Zeitraum gewaltige Fortschritte; das sächsische *Lehrerseminar* nahm seine endgültige Form an. Das geschah nach langen Kämpfen, an denen die Lehrervereine tatkräftig und werktätig beteiligt waren. Die Lehrerversammlung in Chemnitz im Jahre 1864 gab mit der zündenden Rede von *Friedrich Dittes* den ersten Anstoß. Das hatte eine planmäßige und sinnvolle Entwicklung der Anstalten zur Folge. Die drei Klassen der sogenannten Präparande, wie sie in Preußen weiterhin bestehen blieben, wurden in Sachsen mit dem Seminar zu einer sechsstufigen Anstalt vereinigt. Ein weiteres Seminarjahr wurde 1915 zur Enttäuschung der Volksschullehrerschaft vorgeschaltet und nicht angesetzt, wie es gewünscht worden war. Den Volksschullehrern war schon 1865 das Recht auf ein Studium an der Landesuniversität zugestanden worden, wenn sie in der Wahlfähigkeitsprüfung die erste Note erhalten hatten; bei einem Fakultätsstudium mußte eine verkürzte Reifeprüfung an einem Gymnasium oder Realgymnasium abgelegt werden. Sachsen war das erste Land in Deutschland, das den Volksschullehrern diesen Weg öffnete. Einige Schulmänner traten dafür ein, die Bildung der Volksschullehrer mit der Realschule zu verbinden. Da diese aber eine zu geringe Stundenzahl in Musik und Religion hatte, worauf auf den Seminaren besonderer Wert gelegt wurde, mußte dieser Plan scheitern. An einigen Seminaren wurden jedoch Parallelklassen mit Realschulabiturienten eingerichtet, damit machte man gute Erfahrungen.

Die Lehrerseminare waren auch die Ausbildungsstätten für die Kirchenmusiker in Stand und Land; ihre Abiturienten, die nach ihrer Hilfslehrerzeit die Turnlehrerbildungsanstalt in Dresden, eines der beiden sächsischen Konservatorien oder eine der Kunstgewerbeschulen besucht hatten, fanden Anstellung als Fachlehrer der höheren Schulen. Die Lehrerseminare wurden 1876 in den Kreis der höheren Schulen aufgenommen und berechtigten von da an zur Ablegung der Einjährig-Freiwilligen Dienste. Auch sie gaben Schulberichte, jedoch meistens für mehrere Jahre zusammengefaßt mit gelegentlichen Programmarbeiten heraus, unter denen sich die des Seminars Zschopau besonders herausheben.

Wichtig für diesen Zeitraum war die Gründung des *Hauptstaatsarchives in Dresden* im Jahre 1834. Von hier gingen entscheidende Anregungen und Arbeiten zur sächsischen Landesgeschichte aus. Im »Archiv für Sächsische Geschichte« und seiner Fortsetzung dem »Neuen Archiv für sächsische Geschichte und Landeskunden« liefen ab 1880 bis 1943 die Fäden der landesgeschichtlichen Forschungen zusammen. 1860 wurde der »Codex diplomaticus Saxoniae« geschaffen, der das reiche Urkundenwerk zur Geschichte des Landes, des Hauses Wettin, der Stifter, Klöster, der Städte und der Universität Leipzig erschloß. Ab 1882 erschienen die »Beschreibenden Darstellungen der älteren Bau- und Kunstdenkmäler Sachsens« getrennt nach den einzelnen Amtshauptmannschaften, und 1900 begann man mit der Ausgabe der einzelnen Bände zur »Neuen Sächsischen Kirchengalerie«, die leider mit dem Ersten Weltkrieg ihr Erscheinen einstellen mußte. Neben den schon erwähnten örtlichen Geschichtsvereinen, die beachtliche Mitteilungen mit eingehenden Forschungen meistens in periodischer Folge herausbrachten, sind die Kunstvereine und die »Naturwissenschaftlichen Gesellschaften« in den größeren Städten zu erwähnen, die mit ihren Sammlungen, Katalogen und Veröffentlichungen sehr viel zu Hebung des wissenschaftlichen Lebens beitrugen. Der Landesverein Sächsischer Heimatschutz, der Verein für sächsische Volkskunde und die Gebirgsvereine für die Sächsische Schweiz und das Erzgebirge belebten durch ihre gediegenen Veröffentlichungen ebenfalls die sächsische Heimat- und Geschichtsforschung. Zum Schluß soll noch auf die Arbeit der »Gesellschaft für Sächsische Kirchengeschichte« hingewiesen werden, deren Veröffentlichungen mit der Beschränkung auf den kirchlichen Raum ein weiteres Gebiet geschichtlichen Lebens erhellte.

Nach dem Ersten Weltkrieg bis 1945

In diesen unvergleichlichen Aufbau von Organisation und bemerkenswertem Fortschritt in Lehre, Forschung und Wissenschaft griff der Erste Weltkrieg mit harter Hand ein und zerstörte vieles, was in langen Jahren erbracht worden war. Eine Rückkehr zu dem Geschaffenen der Vorkriegszeit gab es wegen der wirtschaftlichen Notlage und den politischen Veränderungen auch später nicht mehr. Die Universität Leipzig sank bei aller wissenschaftlichen Bedeutung, die sie behielt, in der Hauptsache wieder zur Landesuniversität herab, obwohl die Freiheit der Lehre bis 1933 gewahrt blieb; zu stark wirkten sich die schlechter werdenden Verhältnisse und berufliche Aussichtslosigkeit aus. Trotzdem gab es in den Jahren bis 1933 noch ein beachtliches Wirken auf allen Gebieten. In der Theologie trat neben die schon seit langem überragende Kirchengeschichte die Missionswissenschaft mehr in den Vordergrund; *Joachim Wach*, der bedeutende Vertreter der deutschen Religionswissenschaft, stellte die Verbindung zur Philosophischen Fakultät her, die in *Theodor Litt* und *Hans Driesch* zwei Gelehrte von Welt hatte. Beide bewiesen 1933 viel Standhaftigkeit; als Historiker hatten *Erich Brandenburg* und als Kunsthistoriker *Wilhelm Pinder* und *Theodor Hetzer* überregionale Ausstrahlung.

Bei den Juristen gab es weitgehende Forschungen auf dem Gebiete des Arbeitsrechts in der Industriegesellschaft. Erfolgreich waren auch die Arbeiten der Mediziner. Hier machte sich Leipzig einen Namen mit dem Handatlas der Anatomie, und die Frauenklinik blieb die Ausbildungsstätte von europäischem Rang. Die Handelshochschule, die eng mit der Universität zusammenarbeitete, errichtete ein Weltwirtschaftsinstitut. 1930 erhielt sie das Promotionsrecht.

Bei den Wahlen für die Studentenvertretung im Jahre 1931 gab es schon eine knappe Mehrheit für die nationalsozialistische Gruppe; das Unheil kündigte sich auch durch Ausschreitungen und öffentliche Proteste an. Das Jahr 1933 brachte dann das Ende der Forschung in Freiheit und Würde. Ein Rektor wurde nicht wieder gewählt, sondern ernannt. Eine große Anzahl von jüdischen und demokratisch gesinnten Professoren und Dozenten mußte aus dem Lehrkörper ausscheiden. Dem Feuersturm des Krieges fielen eine große Anzahl der Universitätsgebäude zum Opfer. Die Entwicklung nach 1945 zeigte dann, daß eine Rückkehr zur freien Lehre und Forschung, wie sie bis 1933 die Universität auszeichneten, nicht mehr möglich war.
Gleiches gilt für die Technische Hochschule in Dresden, der man 1928 die Forstschule zu Tharandt angeschlossen hatte, und für die Bergakademie zu Freiberg. Die wirtschaftliche Entwicklung stellte neue Aufgaben, die wichtig waren, wie in Dresden das Kraftfahrzeugwesen, die Arbeitswissenschaften und die Einrichtung einer Abteilung für Architektur, in Freiberg das Befassen mit der Förderung, Verarbeitung und Veredelung der Braunkohle oder die Gründung des Eisenhütteninsitutes; beide Hochschulen wurden also stark in die Planwirtschaft ab 1933 eingegliedert, aus der dann eine Kriegswirtschaft wurde.
Einen Wandel gab es im höheren Schulwesen durch die Auflösung der Lehrer- und Lehrerinnenseminare und deren Umwandlung in Deutsche Oberschulen. Das war eine neue Form, die das Deutsche und die musischen Fächer mehr in den Vordergrund stellte. Die Umstellung der Ausbildung der Volksschullehrer auf ein Universitätsstudium erforderte die Errichtung zweier Pädagogischer Institute in Leipzig und Dresden. Auch diese wirkten mit ihrer wissenschaftlichen Arbeit stark auf die Heimatforschung ein; die zu diesem Zwecke veranstalteten Seminare waren gut besucht. Schwierigkeiten gab es bei der Umwandlung der Lehrerseminare dort, wo nun zwei höhere Schulen an einem Orte zusammentrafen. So kam es vielfach zur Angliederung der Realschulen an die neugebildeten Anstalten. Da somit auch die Progymnasien wegfielen, wurde der wohldurchdachte Aufbau des Schulwesens zerstört.
Als die Nationalsozialisten nach 1933 das höhere Schulwesen neu ordneten, führten sie die »Deutsche Oberschule« als Hauptform ein; bis auf einige wenige Gymnasien fielen alle anderen Schulformen weg. Von den beiden Fürstenschulen blieb Meißen noch einige Jahre in der alten Form bestehen. Auch im Volksschulwesen gab es nach 1918 einige Änderungen. Auf die höheren Abteilungen wurde nun verzichtet; es gab nur noch eine Form der Volksschule; auch die Direktorate fielen weg wie auch die Kirche auf den Dörfern ihre Aufsichtspflicht verlor. Ein vom Kollegium gewählter Schulleiter stand der Schule nun vor. Die Fortbildungsschule, die auch für die Mädchen Pflicht wurde, erhielt Selbständigkeit. Am Beginn des Zweiten Weltkrieges wurde auch in Sachsen die sogenannte Hauptschule mit einer Fremdsprache eingeführt. Ihre Weiterentwicklung wurde von den Ereignissen überholt. Das gilt auch für einen Neuanfang auf dem Gebiet der Lehrerbildung, mit der man wieder in die alten Anstalten der Seminare zurückkehrte.
Werfen wir noch einen Blick auf die *Volkshochschulbewegung*, die nach 1918 einen großen Aufschwung nahm und vor allem in den Städten, wo eine gut geschulte Lehrerschaft zur Verfügung stand, ein reiches Angebot an Vorträgen und Kur-

sen vorlegte, das auch reichlich genützt wurde. Nach 1933 gerieten diese beachtlichen Bestrebungen in das Fahrwasser der Ideologie der Nationalsozialisten. Auch die Volksbüchereien nahmen nach 1918 einen großen Aufschwung. Sie wurden in die entlegensten Orte getragen und versuchten, gutes Schrifttum weithin zu verbreiten.

Überblickt man rückschauend die Entwicklung von Schule, Wissenschaft und Forschung in Sachsen von den bescheidenen Anfängen bis 1945, so stellt man mit Stolz fest, wie zielstrebend sich alles vollzog und in die Tiefe und Breite wirkte, und damit auch das geschichtliche Bild Sachsens prägen half. Dieses in einer Zeit zu bewahren, die sich schon ab 1933 zu wandeln begann, möchte Dank und Aufgabe zugleich sein.

Sigfried Asche, Ulrike Asche-Zeit

BILDENDE KUNST UND ARCHITEKTUR

Die jeder historischen Betrachtung einer Landschaft zugrundeliegende Erfassung ihrer politischen Grenzen mußte im Falle Sachsens einen häufigen Wechsel beachten. Unsere Beschreibung sollte sich strenggenommen auf das Gebiet beschränken, welches seit der Neuordnung Europas durch den Wiener Kongreß bis zur Verwaltungsreform der Deutschen Demokratischen Republik im Jahre 1952 existierte. Indes vollzieht sich die Entwicklung einer Kunstlandschaft nicht in präzise zu verfolgenden und einem ausschließlich politischen Wandel unterworfenen Grenzen; darüber hinaus sind Kunstwerke einer bestimmten Region in grenzüberschreitende Zusammenhänge einzuordnen, weil künstlerische Wechselbeziehungen es sind, die die Eigentümlichkeiten eines Gebietes erst ermöglichen.

Will man sich mit der ältesten Kunst der Landschaft Obersachsens befassen, sollte man beim Kirchenbau beginnen, dabei aber nicht nur auf die Bauwerke der Städte schauen, sondern auch dort nach Kunstwerken suchen, wo sich ländlich-bäuerliche Gemeinschaften ihren gesellschaftlichen Mittelpunkt geschaffen und gestaltet haben.

Beginnen wir mit der Geschichte der sächsischen *Dorfkirche*, die seit der deutschen Besiedlung der sorbischen Gebiete eine der wichtigen Stätten der Begegnung zwischen einheimischen und zugezogenen Bauern war. Zu einer Welle von Kirchenbauten kam es unter Wiprecht von Groitzsch als Folge seiner intensiv betriebenen Einwanderungspolitik im Leipziger Land. Älteste in Holz errichtete Bauten, etwa in Altzschillen, Werdau und Meißen sind heute nur noch archäologisch nachweisbar. Ein genaueres Bild können wir uns erst von den ersten Feldsteinbauten machen. Sie hatten schwere, wehrhafte Mauern und kleine Fenster und wirkten harmonisch mit der Landschaft verwachsen, allein schon wegen der Verwendung des natürlichen Baumaterials der jeweiligen Umgebung. Porphyr wurde im Muldental, Gneis und Schiefer im Erzgebirge, Sandstein im Elbtal und Granit in der Lausitz bevorzugt. Die Architektur der Dorfkirche ist schlicht und ausschließlich von der Liturgie bestimmt. Sie besteht in der Regel aus drei von Ost nach West gestaffelten Baukörpern. Den rechteckigen Gemeinderaum trennt ein eingezogener Triumphbogen vom ebenfalls quadratischen, aber engeren Chorraum, der manchmal von einer Halbkreisapsis abgeschlossen wird. Ihr gegenüber im Westen ist der Glockenturm. Im Chor – wenn vorhanden, in der Apsis – ein Altar und diesem achsial zugeordnet ein Taufbecken im Gemeinderaum gehören von Anfang an zur Ausstattung, während Kanzel, Empore und Gestühl erst in den folgenden Jahrhunderten hinzukamen.

Diesen archaischen Denkmälern folgte bald die aufwendigere und architektonisch differenziertere *Stadtkirche*. Sie definiert sich nicht allein durch ihren

Standort, sondern dadurch, daß sie vom Bürgertum erbaut und unterhalten wird und daß sie den Bedürfnissen einer städtischen Gemeinde dient. Eine überragende Anzahl von Stadtkirchen in Sachsen stammt aus der Zeit von 1150 und 1250, der Epoche der meisten Städtegründungen. Eine Aufzählung der bekanntesten Namen soll anhand eines kurzen typologischen Überblicks erfolgen, um »die sächsische Stadtkirche« als kunstlandschaftlich verwandte Gruppe zeigen zu können.

Häufigster Typus ist zu Beginn der Urbanisierung noch der zu dieser Zeit auch für die Dorfkirche obligatorische Saalbau. So erinnern die um 1170 in Chemnitz und die nach 1200 in Borna als Stadtkirchen gegründeten Bauwerke an ländliche Vorbilder, Säle mit Breitwesttürmen. Sehr bald jedoch wurde dieser schlichte Typus von der monumentaleren dreischiffigen Basilika verdrängt. Zunächst war die querhauslose Pfeilerbasilika in der Überzahl, von der die wichtigsten Beispiele die Kunigundenkirche in Borna, die Thomaskirche in Leipzig und die (der Thomaskirche bis in die Maße ähnliche) Marienkirche in Torgau sind. Auf der Suche nach einem möglichen Vorbild für diese frühen Gemeindekirchen hat man die schon um 1140 erbaute Kirche in Wurzen angenommen, die eine Stiftskirche war. Eine Sonderform der sächsischen Basilika, die zwischen Elbe und Pleiße in der zweiten Hälfte des 12. Jahrhunderts erschien, stellt die – ebenfalls querhauslose – Kurzbasilika mit Chor und ausgeprägter Westturmfront dar. Auch für diesen Typus, den die Nikolaikirche in Geithain, die Kunigundenkirche und die Georgenkirche in Rochlitz vertreten, sind die Vorbilder *Stiftskirchen* gewesen, die Augustinerkirchen in Wechselburg und Altenburg. In Thürigen schon in der zweiten Hälfte des 12. Jahrhunderts üblich, tauchte die kreuzförmige Basilika in Sachsen zunächst nur in überregional bedeutenden Städten auf. Da sie zuerst dort vorkam, wo die Gemeindekirche mit der bischöflichen Kathedrale in Wettstreit treten mußte – die frühesten Beispiele sind Goslar und Braunschweig –, vermutet man, daß dieser Typus ein Repräsentationsbedürfnis des zu Reichtum und Ansehen gelangenden Bürgertums zum Ausdruck bringen sollte: Die Bürgerkirche wurde zur Nachbildung der höfischen Kirche. Die Marienkirche in Leipzig (1170/80) macht dies deutlich, noch einleuchtender die Marienkirche in Freiberg (1180/1200), die die Pfarrkirche und zugleich die gräfliche Hofkirche war. Nicht verwunderlich, daß sich hier die progressivsten künstlerischen Strömungen zeigen. In der Bauornamentik und in der Gliederung wurde der Wechselburger Stil weitergeführt und in der baulichen Organisation taucht das Kreuzrippengewölbe im gebundenen System auf. Die Nachfolgebauten dieses Typs findet man in Freiberg selbst (St. Nicolai) und in Görlitz (St. Peter). Als kreuzförmige Basiliken mit Westtürmen wären weiterhin St. Johann in Plauen und St. Nicolai in Torgau zu nennen. Mit diesen drei Grundtypen zeigt sich eine recht einheitliche Gruppe von Denkmälern. Wagt man trotz des fragmentarischen Bestandes eine Typologie, könnte man folgendermaßen zusammenfassen: In der ersten Phase stand der Saalbau noch gleichberechtigt neben der Basilika, diese trat dann in den nächsten zwei Jahrzehnten in zwei Varianten auf, a) in den großen Pfarreien als kreuzförmige Basilika als Nachahmung der höfischen Kathedrale und b) im Muldenland die Kurzbasilika ohne Querschiff als typisch regionale bürgerliche Konzeption. Für alle Basiliken war in Obersachsen die repräsentative Westfront obligatorisch.

Sachsens Anteil an der *Kathedralkunst* vertreten die Dome in Merseburg, Naumburg und Meißen. Als Stützpunkte der kaiserlichen Zentralgewalt an der Ostgrenze des Reiches hatten diese Städte ein Verwaltungsnetz ausgebildet und so die Grundlage für die Beherrschung der sorbischen Gebiete jenseits der Elbe und Saale geschaffen.

Die Bischofskirchen bildeten jeweils den Mittelpunkt einer befestigten Burganlage oberhalb einer im Schutz dieser Burg sich ausbreitenden Siedlung. Sie unterscheiden sich soziologisch und kunstgeschichtlich von den Gemeindekirchen und gehören zu den kaiserlich geförderten Domen, wie sie seit der Jahrtausendwende auch in anderen Zentren, etwa in Worms, Mainz und Speyer oder in Bamberg entstanden. Sie dokumentieren, wie sehr die Macht der Reichskirche die Stütze des Kaisertums war.

Baugeschichtliche Übereinstimmungen der drei sächsischen Kathedralen ergeben sich allein schon daraus, daß sie sich eng an die westlichen Vorbilder anlehnten. So waren alle drei Bauhütten Stationen des sogenannten Naumburger Meisters auf seinem Weg von Frankreich über Mainz nach Meißen. Zusammenhänge ergeben sich auch aus den dynastischen Verbindungen der Wettiner, die immer wieder als Bischöfe oder als Stiftsvögte die Förderer der Bistümer wurden.

In Merseburg, wo der Bischofsitz aus einer königlichen Pfalz hervorging, sind die Kennzeichen der 1042 geweihten dreischiffigen Kreuzbasilika das ruhende Langhaus, das sich zwischen zwei Zentralgruppen erhebt, und der bekrönende Akzent des mächtigen Vierungsturmes. Im 13. Jahrhundert erfolgte der frühgotische Umbau, der das Langhaus erhielt, den Vierungsturm abtrug, den Chorraum bis unter die Vierung vorzog und mit einer Kreuzgratwölbung versah, ebenso wie die Apsis, deren Mauern sich nun in großen spitzbogigen Fenstern öffneten. Das Sanktuarium wurde gegenüber dem Gemeinderaum und gegenüber dem Querhaus mit Chorschranken abgeschlossen. Im Westen wurde die abgetragene Emporengruppe durch eine zweijochige Vorhalle ersetzt. Vollendung im Sinne der Gotik erhielt die Kirche erst spät, im Jahre 1502, als eine netzförmig gewölbte Halle entstand, deren Außenmauern auf den Fundamenten der Außenwände der Seitenschiffe emporgezogen wurden.

Die Geschichte des Bistums Naumburg beginnt 1028, als das weiter östliche Bistum Zeitz in die 1010 von den Markgrafen von Meißen gegründete »Neue Burg« zurückverlegt wurde. Der nur 14 Jahre später geweihte dreischiffige Dom hat – gegenüber dem gleichzeitigen Merseburger Bau – einen eher der Tradition der sächsischen Kurzbasilika verhafteten Charakter. Die Querschiffbildung ist noch ohne ausgeschiedene Vierung. Noch kein Vierungsturm, noch keine flankierenden Chortürme, noch keine Hallenkrypta sind vorhanden. Die Vermutung Mruseks, die Schlichtheit hänge damit zusammen, daß Naumburg nicht wie Merseburg ein Zentrum des kulturellen Geschehens war, erhält noch mehr Gewicht durch die Tatsache, daß beim gotischen Neubau (1207-1242) wieder nicht hochmodern, sondern konservativ vorgegangn wurde. Lang- und Querhaus waren zwar nicht mehr so kurz wie in romanischer Zeit, aber die Mauern blieben fest geschlossen und erhielten auch nur sparsame Wandgliederung. Erst in dem nach 1250 begonnenen Westchor kam es zu französisch beeinflußter Raumgestaltung. Chorraum und Apsis wurden beide mit modernen Rippengewölben versehen und mit einem Gurtbogen voneinander getrennt.

Folglich wurde der Mauermantel durch große spitzbogige Fenster geöffnet. Dieser Architektur des Westchores wurde nach 1300 die des Ostchores angeglichen.

In Meißen, wo im Jahre 968 der Bischof Einzug in die Grafenburg hielt, muß schon die erste, heute nur schwer rekonstruierbare, frühromanische Kathedrale die architektonische Dominante des Burgberg-Ensembles gewesen sein: wiederum eine dreischiffige Kreuzbasilika mit drei Apsiden und einem Turmriegel im Westen. Liturgische und künstlerisch gehobene Ansprüche des mächtig gewordenen Bischofs und der aufstrebenden Stadt veranlaßten in der zweiten Hälfte des 13. Jahrhunderts einen Neubau. Der ursprünglich geplante Typus einer Basilika mit gebundenem System wurde aufgegeben zugunsten einer Hallenkirche: Der erste gotische Dom in Obersachsen wurde errichtet, ein einheitlicher Raum von lichtdurchfluteter Vertikalität. Das Langhaus wird nicht mehr durch Obergadenfenster, sondern nur noch durch die Seitenschiffe erhellt, deren Wände fast völlig aufgelöst wirken. Riesige Maßwerkfenster nehmen die gesamte Fläche zwischen den Streben ein. Aus den schlank emporwachsenden Stützen zwischen den Mittel- und den ebenso hohen Seitenschiffen entfaltet sich ein Kreuzrippengewölbe. Die im Mittelschiff durch acht queroblonge, in den Seitenschiffen durch wiederum acht quadratische Joche streng gegliederte Halle wurde im Osten durch einen langgestreckten Chor mit polygonalem Abschluß und mächtiger Gewölbekonstruktion und im Westen durch eine aufstrebende Westturmanlage und einem Westchor – wie in Naumburg die fürstliche Grabkapelle – erweitert.

Zwar kann man für Sachsen keine endogene Entwicklungsgeschichte der *gotischen Skulptur* schreiben, aber man kann sehr wohl feststellen, daß diese Kunstlandschaft signifikant für die »deutsche Sondergotik« ist, welche sich von der Hauptgruppe, die sich an der französischen Kathedralkunst entwickelte, deutlich unterscheidet. Auch in Sachsen war die Bildkunst a priori vom Kirchenbau abhängig, aber hier vollzog sich die Entwicklung anhand anderer Aufgaben, noch bevor der Einfluß Frankreichs zu wirken begann. Kreuzigungsgruppen, Lettner und Chorschranken waren hier schon vor der Rezeption der französischen Portalskulptur vorhanden. So ist denn auch das für die französische Kathedrale typische Figurenportal in Sachsen nur einmal, in Freiberg, entstanden.

Sachsen stand im 13. Jahrhundert zusammen mit Franken und dem Oberrhein an der Spitze der deutschen Kunstlandschaften. Die Figuren dieser Zeit sind zugleich der Höhepunkt in der Geschichte der deutschen Skulptur (H. Jantzen). Hier wurden schon seit dem Ende des 11. Jahrhunderts lebensgroße Standbilder geschaffen, fast ausschließlich im Bereich der Grabplastik. Im 13. Jahrhundert gab es inzwischen viel mehr Aufgaben für die Gestaltung der Monumentalfigur. Zugute kamen der Bildhauerkunst die neuen realitätsorientierten Werte als Konsequenz einer alle geistigen Bereiche erfassenden Rezeption der Antike, die das staufische Kaisertum im Dienste einer politischen und kulturellen Renovatio der römischen Reichsidee einleitete und nach Kräften förderte. Geistigkeit, die Grundlage jedes künstlerischen Schaffens im Mittelalter, war nicht mehr ausschließlich auf das Jenseits gerichtet, sondern sie orientierte sich nun stärker an sinnlich erfahrbarer Gegenwärtigekit. Trotz aller Vorsicht bei einem Vergleich gotischer mit antiken Figuren, sollte man bei einer Betrachtung der »staufischen

Klassik« doch nicht vergessen, daß der Künstler dieser Zeit sich an den Gestaltungsprinzipien der Antike zu orientieren begann. Dem Entwurf des Menschenbildes gingen wieder intensive Naturstudien voraus, um die Wirklichkeit, wie sie sichtbar ist, nachzubilden. Die chronologische Betrachtung der Hauptdenkmäler veranschaulicht gerade in Sachsen diesen Prozeß und zeigt, daß in zunehmendem Maße der Künstler sich um die Verlebendigung seiner Schöpfungen bemüht hat. Die Chorschrankenfiguren in Halberstadt (1190-1200) werden gemeinhin als das früheste mitteldeutsche Zeugnis dieser bedeutenden Entwicklung angesehen. Zunahme an Bewegtheit, Plastizität der Gewänder, freie Gestik und Mimik kann man an den Figuren in Halberstadt, Magdeburg, Freiberg, Wechselburg, Naumburg und Meißen verfolgen, noch eindringlicher als an den Figuren in Frankreich, denn anders als dort ist hier das Bildwerk völlig vom Bauwerk gelöst. Aus dem Zentrum bildhauerischer Aktivität um 1220, Magdeburg / Halberstadt, wanderten die Künstler nach Freiberg und von da wiederum nach Wechselburg. Die Freiberger Kreuzigung setzt bereits die Kenntnis der Skulpturen von Chartre voraus. Am Lettner in Wechselburg ist eine wesentliche Aufgabe der Bauplastik in der autonomen Nischenfigur schon zukunftsweisend gelöst. Die Wirksamkeit des Naumburger Meisters setzte dann für die Skulptur Sachsens eine Zäsur. Den Höhepunkt erreichte er mit den Stifterfiguren des Westchores im Naumburger Dom. Durch ihn wurde Naumburg in der Nachfolge von Reims zu einem Zentrum des Antikenstudiums. Aus der Tradition der thüringisch-sächsischen Grabskulptur, also aus dem Kultbereich des Adels hervorgegangen, war diese Gedenkstätte der zwölf Stifter aus eckehardinischem und wettinischem Geschlecht des 11. Jahrhunderts um 1250 aber die Verwirklichung einer neuen künstlerischen Intention. Aus den vorher liegend dargestellten, idealisierten und typisierten Grabfiguren haben sich aufrecht stehende Individuen entwickelt, die in Gesichtsausdruck und Statur als eigenständige Personen, in Kleidung und Attributen als Mitglieder des hohen Adels charakterisiert sind.
Diese Entwicklung, die hier in Naumburg und wenig später in Meißen gipfelte, um von da an schon wieder niederzugehen, läßt sich kaum besser als an den Kreuzigungsgruppen verfolgen, und man kann tatsächlich von einer kunstlandschaftlich bedingten Kontinuität sprechen, die im Urteil D. Schuberts »vielleicht die bezeichnendste Aufgabe im thüringisch-sächsischen Gebiet ist«. In der um 1220 entstandenen Gruppe im Dom von Halberstadt ist die Schwelle vom romanischen zum gotischen Christustypus gerade erreicht. Christus ist nicht mehr der frontal, gleichsam vor dem Kreuz schwebende Überwinder dieser Welt oder sogar der Triumphator, sondern der Gott in Menschengestalt, leidend und sterbend. Sein Körper ist von Pein ausgezehrt, sein Haupt auf die Brust gesunken. Maria und Johannes, bereits rund umschreitbare Figuren, sind vom Mitleiden geprägt, hervorgerufen durch ausdrucksvolle Gebärden und Blicke, die auf den Betrachter gerichtet sind und ihn am Geschehen beteiligen wollen.
Die nächste Stufung zeigt sich in der Wechselburger Gruppe. Während in Halberstadt Christus noch als romanischer Viernagel-Typus dargestellt wurde, zeigt sich hier der voll entwickelte gotische Dreinagel-Typus. Mit der Annagelung seiner Füße mit nur noch einem Nagel am Kreuzbalken ergibt sich die Möglichkeit zu stärkerer Drehung des Körpers, also größerer Bewegtheit, damit wiederum mehr Plastizität und Verräumlichung. Hier ist schon ein rei-

cheres ikonographisches Programm gegeben. Betont ist der Aspekt des Opfers, worauf Melchisedech und Abel hindeuten. Maria und Johannes, auf zwei Königen stehend, symbolisieren die Überwindung des Heiden- und des Judentums.
Die expressiven Wechselburger Gestalten bilden die Vorstufe für die Lettnergruppe in Naumburg, wo der Gläubige noch direkter am Geschehen der Kreuzigung Anteil nehmen kann. Der Kreuzesstamm teilt die Lettnerpforte, so daß der Betrachter unmittelbar unter den Armen des Gekreuzigten hindurchgehen muß. Maria und Johannes wenden ihre von Trauer und Schmerz gezeichneten Gesichter dem Andächtigen entgegen. Christus zeigt sich ihm als der vom Tod gepeinigte Erlöser. Der »schöne Gott« der französischen Kathedralportale fand in Sachsen keinen Einzug.
Meißen brachte nur noch eine schulmäßige Verstärkung. Die Interaktion der Figuren wurde deutlicher herausgearbeitet, ebenso die auf den Betrachter gerichtete Blickintensität. Die ältesten Ausstattungsstücke des gotischen Neubaus, die sieben Standbilder im Chor und in der Portalvorhalle, werden im allgemeinen mit den Standbildern im Naumburgr Westchor zusammen genannt. Sie unterscheiden sich von ihnen nur durch noch betontere Schwingung des Körpers und persönlich besser ausdeutbare Gestik. Johannes weist demonstrativ auf das Evangelium; Donatus bringt seine bischöfliche Autorität in seiner machtvoll zum Redegestus erhobenen Hand zum Ausdruck. Noch bewußter sind die Figuren auf den heraufschauenden Betrachter hin konstruiert, sie stehen nicht mehr für sich allein in einsamer Höhe über den Gläubigen unten im Chor. Folgerichtig sind die perspektivischen Verkürzungen von allen wahrnehmbaren Ansichtsseiten her berechnet. Die Größe der Standbilder ist erheblich gesteigert. Mehr Pathos geht von den Figuren aus. Es sind monumentalere, stärker dramatisierte, aber weniger individuelle Charaktere. Sie ordnen sich nicht mehr der Architektur unter, sondern beherrschen den Raum, der ohne sie leer bliebe. Mit ihnen wurde die gotische Freifigur endgültig verwirklicht.
Die Markgrafschaft Meißen wurde von der spätmittelalterlichen Krise schwerer getroffen als andere deutsche Territorien. Aber am Ende des 15. Jahrhunderts begann hier ein sozialer Umwandlungsprozeß, den auch die Kultur des Landes widerspiegelt. Um diese Zeit erhob sich im Erzgebirge noch einmal ein »großes Berggeschrey«, was zu Gründungen so bedeutender Städte wie Schneeberg, Annaberg, Marienberg und Altenburg führte. Ein zu Reichtum und Ansehen gelangtes Bürgertum erbaute sich prächtige *Pfarrkirchen*, zwar noch im Stil der Gotik, aber diese Bauten rufen bereits ein neues Raumgefühl hervor und sind Ausdruck eines veränderten liturgischen Bewußtseins. Der Alterraum öffnete sich zum Gemeinderaum hin, die trennenden Lettner wurden überflüssig. Da die Predigt nun eine wichtigere Bedeutung im Gottesdienst erhielt, bekam auch die Kanzel eine exponierte Stellung, demzufolge auch den plastischen Schmuck, der vorher dem Lettner vorbehalten war. Als herausragendes Beispiel dieser modernen Pfarrkirche mag die St. Annenkirche in Annaberg gelten, eine Schöpfung Peter von Pirnas und Jakob Heilmanns. Der helle Kirchensaal ist nur wenig höher als breit. Die auseinandergerückten Pfeiler aber ziehen den Blick nach oben zu den Sterngewölben, den herabschwingenden Rippen und freihängenden Schlußstei-

nen. Es entsteht der Eindruck von Bewegtheit. Rundum hat der Mensch den Raum erobert.
Am Bau dieser Kirche vollzog sich eine für ganz Sachsen wichtige künstlerische Entscheidung. In einem Hüttenstreit zwischen den Mageburger und den Annaberger Bildhauern ging es außer um die Verkürzung der Lehrzeit um die Einführung des modernen Formengutes. Herzog Georg entschied für den Fortschritt, für die Verkürzung der Lehrzeit und für die Einführung des *Renaissancestiles*, was sich sehr bald nicht nur an der Innenausstattung dieser Kirche bemerkbar machte.
Die Kunst um 1500 – und das ist ein wesentliches Signal für das Ende des Mittelalters – erhielt zum erstenmal seit der Antike wieder mehr Aufgaben im profanen Bereich als im sakralen.
Daß inzwischen die Städte zum Spiegelbild der Emanzipation und der Prosperität ihrer Bürgerschaft und die Feudalbauten zum Symbol der wachsenden Macht des Territorialadels wurden, wurde zweifellos gerade auch in Sachsen durch politische und wirtschaftlich günstige Entwicklungen ermöglicht und gefördert. Aber es waren nicht die äußeren Umstände, welche den tiefgreifenden Wandel, der sich am Kunstwerk selbst vollzog, verursachten. Die neuen Aufgaben wurden schließlich mit ganz anderen Ausdrucksmitteln, die wiederum aus einer veränderten künstlerischen Haltung resultierten, bewältigt. Wenn sich auch in Deutschland nicht eine Renaissance-Kultur herausgebildet hat wie in Italien, würde aber doch die Rezeption des neuen Formenschatzes nicht so fundamental gewirkt haben, wenn sie nicht von einer Kultur getragen worden wäre, die wiederum in Deutschland eine ganz andere Ausprägung erhielt hat als in Italien, vom Humanismus, jenem elementaren Umbruch im Bewußtsein des Menschen, der seine Umwelt neu entdeckt und eine andere Einstellung zu seiner Persönlichkeit gewonnen hat. Die Beschäftigung mit antikem Gedankengut und die Abwendung von der mittelalterlichen Scholastik hatten umwälzenden Eindruck auf Religion, Politik, Wissenschaften und eben Kunst. Anstelle von jenseitsbezogener Religiosität und Mystizismus trat Weltfreudigkeit und Realitätssinn.
Wenn wir uns nun der Persönlichkeit *Lucas Cranachs* zuwenden, dann deshalb, weil er eine Schlüsselrolle spielt in dem Prozeß, in welchem Mitteldeutschland den Anschluß an die in Süddeutschland inzwischen heimisch gewordene Renaissance zu gewinnen vermochte, weil er im engeren kunsthistorischen Sinn schulbildend gewirkt hat und weil er als Humanist einen neuen Künstler-Typus verkörperte. Cranach war kein Sachse, aber er war Maler am Hofe des sächsischen Kurfürsten, und die Breitenwirkung seiner Werkstatt, die in seiner schon neuzeitlichen Auffassung von den Zielen und den Einsatzmöglichkeiten von Kunst und Kunstschaffen seine Ursache hatte, strahlt in alle Gebiete der beiden Sachsen, von Wittenberg bis ins Erzgebirge. Seine Persönlichkeit, seine Bildung und seine schöpferischen Möglichkeiten konnte er in Wien entwickeln. Dort wurde er als Mitglied der berühmten Donauschule mit den neuen Kunstprinzipien und -formen vertraut und dort verkehrte er mit Universitätsprofessoren, die ihn mit Kollegen aus Augsburg, Nürnberg und Wittenberg bekannt machten. So wußte Friedrich der Weise, dessen Anliegen es war, seine Residenz zu einem Zentrum von Wissenschaft und Kunst zu machen, aus seinem Umgang mit diesen Gelehr-

ten, wen er mit Cranach gewinnen würde. Und er wußte, warum er diesen Mann, nachdem er 1504 nach Wittenberg übergesiedelt war, so viele Privilegien einräumte und ihm jede Möglichkeit bot, seine Werkstatt nicht nur künstlerisch zu einem Mittelpunkt der Kreativität zu machen. Es gab in Mitteldeutschland noch nicht wie in Süddeutschland viele dieser Zentren.
Cranach wurde ein angesehener und einflußreicher Bürger, bald Ratsherr und auch Bürgermeister. Er engagierte sich politisch und verkehrte sein Leben lang am kurfürstlichen Hof. Nicht nur Friedrich der Weise, sondern auch Johannes und Johann Friedrich übertrugen ihm diplomatische Missionen. Seine enge Freundschaft mit den Reformatoren, vor allem mit Luther, bestimmten seinen Schaffensprozeß. Die enge Beziehung zwischen Maler und Wissenschaftler ist eines der wichtigsten Anzeichen dafür, daß der künstlerische Schaffensprozeß aus der Sphäre des Handwerks gelöst wurde und im Bewußtsein der Zeitgenossen eine geistige Komponente erhielt. Ein ganz anderes, nicht weniger typisches Merkmal ist die größtmögliche Nutzung seines Geschäftssinnes. Er durfte die einzige Apotheke der Stadt Wittenberg führen und er erwarb das Schankrecht. Die Privilegien für den Betrieb einer Druckerei hatten wichtige Konsequenzen für seine Arbeitsmöglichkeiten. Das zu vervielfältigende Bild wurde von nun an im Buch verwendet, wurde Illustration des gedruckten Wortes. Cranach war einer der ersten, der Kunst für Ideen einsetzte und für deren Verbreitung. Er stellte seine Holzschnitte und Kupferstiche in den Dienst der Reformation. Luthers Kampf- und Flugschriften wurden in seiner Druckerei hergestellt und mit seinen Sinnbildern versehen. Seine Werkstatt wurde zum »Kunstbetrieb«, und schon sehr bald fand sein Stil Nachahmer. Aufgrund des schon erwähnten kulturellen Nachholbedarfes der zu Reichtum gelangten sächsischen Städte führten den Meister und seine Schüler viele Aufträge bis ins Erzgebirge, was sich dort in der Überwindung des zum Manierismus überentwickelten spätgotischen Stiles bemerkbar machte. Die Kunst, die nicht mehr auf eine ausschließliche Beziehung zu öffentlichen Auftraggebern – zumal zu den Kirchen – gerichtet war, konzentrierte sich nun um so mehr auf den individuellen Lebensbereich. Folglich bekam sie andere Inhalte. Rasch wuchs der Kreis der privaten Käufer, die sich für profane Themen, vornehmlich aus Mythologie und Geschichte, interessierten. Anhand antiker Sagen wurde die Schönheit des nackten Menschen wiederentdeckt, wurde die Natur als Reich der Pflanzen und Tiere und der Mensch als Teil dieses Reiches angesehen. Cranach hat als bedeutendste Errungenschaft diese durch intensives Naturstudium geförderte Entdeckung der Welt und die wirklichkeitsorientierte Wiedergabe der menschlichen Figur zum Anliegen seiner Malerei und damit in Mitteldeutschland heimisch gemacht. Seine Jagdszenen von täuschendem Naturalismus ebenso wie seine engagierten historischen Ereignis-Bilder waren neue Impulse für die Kunst in Sachsen. Seine hervorragendste Leistung jedoch war die Etablierung des Portraits. Mit seinem Interesse an der Einzelpersönlichkeit erwies er sich als überzeugter und mit der antiken Idee des Bildnisses vertrauter Humanist. Andererseits gehörte es gerade auch für einen Renaissancefürsten zur politischen Selbstdarstellung, daß sein Bildnis überall im Land möglichst weite Verbreitung fand, so daß ein Lieferungsnachweis aus Cranachs Werkstatt über »Sechzig Paar Täfelein« mit Bildnissen von Friedrich dem Weisen und Johann dem Beständigen nicht überrascht. Ähnlich viele Portraits hat Cranach von den

Reformatoren geschaffen. Unsere Auffassung von der Person Luthers beruht nicht zuletzt auf der Aufspürung seines Charakters und der Anteilnahme an seinem Schicksal, was der Freund in seine Bildnisse vom Mönch oder vom Junker Jörg hat einfließen lassen. Cranach ist auch deshalb ein Maler der Reformation, weil er seine protestantische Haltung gegenüber den traditionellen Glaubensinhalten und die Forderung Luthers, Religion müsse konkret faßbar gemacht werden, ins Bild übesetzt hat. So hatte er als Schöpfer eines neuen Marienbildes einen wichtigen Anteil an der Verweltlichung des Mythos von der Gottesmutter. Für ihn wurde das Madonnenthema zu einer allgemein-menschlichen Wahrheit, Maria zum Urbild des Weiblichen, ihre Hinwendung an das Kind zum Symbol der Mutterliebe. Sein Bild »Mutter mit Kind« ist das Ergebnis genauer Beobachtung der Wirklichkeit, auch der Natur, und es vermag Gefühlsreaktionen beim Betrachter zu wecken.

Da die Kunst der Renaissance sich im profanen Bereich entfaltete, war der Kirchenbau nicht mehr der alleinige Träger des architektonischen Fortschritts.

Den eindrucksvollen Anfang finden wir in Meißen, wo auf dem Burgberg die Wettiner den alten romanischen Palast abbrachen und statt dessen ein modernes Schloß errichten ließen, das erste in Deutschland. Unter der gemeinsamen Regierung der Brüder Albrecht und Ernst zum Höhepunkt ihrer Macht und zu einem unter deutschen Landesfürsten beispiellosen Reichtum gelangt, konnten sie den Neubau zum größten Teil aus Einkünften der Schneeberger Silbergruben finanzieren. Die *Albrechtsburg* ist das Werk des westfälischen Baumeisters Arnold, der seit 1470 im Dienst der sächsischen Kurfürsten stand und eine weitreichende Schule ausbildete. Es seien nur Peter von Pirna und Jakob Heilmann, die Meister der Annenkirche in Annaberg, genannt und Konrad Pflüger, der nach dem Tod Arnolds im Jahr 1481 dessen Werk in Meißen vollendete. Der Außenbau des Schlosses wird – und damit ist ein Hauptmerkmal der Renaissance-Architektur bereits vorhanden – beherrscht von freier Gruppierung der einzelnen Baublöcke und pointiert gesetzten Einzelformen. Die Westfassade bestimmt der nach französischem Vorbild errichtete Wendelstein. Die aus dem Dach herauswachsenden Dreieckfenster auf der Längsseite deuten schon auf die der Renaissance eigene horizontale Rhythmisierung hin. Im Inneren wurde großer Wert gelegt auf die Gestaltung weiter Räume, die durch große, mit den neuen Vorhangbögen versehene Fenster hell erleuchtet werden. Die Pfeiler bleiben ohne Dienste, sie sind nur noch die nötigen Stützen für das asymmetrisch vielseitige Zellen- und Rippengewölbe.

Das Bild *Leipzigs*, jener im 16. Jahrhundert zu wirtschaftlich und kulturell überregionaler Bedeutung emporsteigenden Metropole, spiegelt das Repräsentationsbedürfnis ihrer Kaufherren- und Patrizierfamilien besonders deutlich wider. Ein Kupferstich von Merian vermittelt das Panorama einer streng angelegten und den Bedürfnissen der handeltreibenden Bürger angepaßten Großstadt. Die Architektur zeigt sowohl mittelalterliche Tradition als auch neuzeitliche Elemente. Auffällig ist die Vorliebe für die mehrstöckig auf die Längsseiten der Dächer aufgebauten gotischen Giebel, die »quer zum Dach« liegenden »Zwerchhäuser«.

Noch prägnanter im Stadtbild aber sind die *Laubengänge*. Diese Vorbauten mit flachen Bögen sind charakteristisch für die italienische Renaissance. Sie bilden

den Schwerpunkt der Fassaden. Ihre horizontale Symmetrie wiederholt sich in den darüberliegenden Stockwerken. Die Längsausrichtung der Fensterreihen verstärken dann noch die Lisenenbänder. Die italienische Rustika in der Sockelzone der Häuser, Quadermauerwerk mit vorstehenden Köpfen, wurde in typisch mitteldeutscher Art umgebildet, die Sockel wurden gelockert, die Postamente reich mit gesteinelten Diamantquadern ornamentiert, ein Bedürfnis nach kleinteiliger geometrischer Verzierung. Die Laubengänge erfüllen eine wesentliche praktische Funktion, sie können Kaufläden in ihren Gewölben bergen. Deshalb gehören sie in sehr vielen Kaufmannsstädten Sachens und auch Schlesiens zu den Platzanlagen und Straßenzügen.
Entscheidenden Auftrieb erhielt die Stadtbaukunst in Leipzig durch Hieronymus Lotter, den kurfürstlichen Architekten und siebenmaligen Bürgermeister. In Annaberg aufgewachsen, erhielt er dort Anregung am Bau der St. Annenkirche, jener Symbiose von spätgotischer Konstruktion und Steinmetzarbeit in Renaissance-Manier. Lotter war der Schöpfer zahlreicher Leipziger Bürgerhäuser und des Rathauses, das er im Sinne der Renaissance auf seinen gotischen Fundamenten neu errichtete. Das Rechteck wurde mit horizontaler Rhythmisierung deutlich verlängert, was die Fensterbänder noch betonten. Das Dach zieren gotische Zwerchhäuser, aber der Turm, an dem ein Balkon für Verkündigungen angebracht ist, wirkt hochmodern, ebenso wie das Hauptportal, das von zwei ionischen Säulen auf Diamantquadersockeln gerahmt wird.
Dresden ist die andere Stadt des albertinischen Sachsen, die seit dem 16. Jahrhundert einen bedeutenden kulturellen Aufstieg erlebte. Sie erhielt gegenüber der Patrizierstadt Leipzig das ganz andere Gesicht einer fürstlichen Residenz. 1547 ging unter Herzog Moritz in der Wittenberger Kapitulation die Kurwürde von den ernestinischen zu den albertinischen Wettinern über. Kursachsen wurde bald der mächtigste Territorialstaat in Deutschland und Dresden dessen glanzvolle Hauptstadt. Moritz, Landesherr und selbstbewußter Renaissancefürst, verwirklichte als Bauherr und Stadtplaner seiner Metropole modernste Projekte.
Zur wichtigsten Bauaufgabe gehörte von nun an der Schloßbau, die repräsentative Machtzentrale des absoluten Herrschers. Schon Herzog Georg hatte die Erweiterung des Schlosses als vorrangiges architektonisches Anliegen betrachtet und – gemäß seiner Entscheidung im Annaberger Hüttenstreit – die Stadt im Sinne der Hochrenaissance zu gestalten begonnen, so daß seit seiner Zeit sich eine »eigenständige Dresdner Kunst« (F. Löffler) hatte entwickeln können. Moritz nun ließ in den Jahren 1530-35 einen großzügigen Osttrakt bauen, der sich durch das herrscherliche rundbogige Mitteltor zur Elbbrücke öffnet. Der prunkvoll farbigen, z. T. vergoldeten Innenausstattung, welche Kaiser Ferdinand im Jahre 1538 »in Entzücken« versetzte, entsprechen die reichgeschmückten Fassaden, die im Stadtbild noch ganz außergewöhnlich wirken. Die christliche Ikonographie des Bildprogramms allerdings ist im Gegensatz zu den hochmodernen Formen noch der mittelalterlichen Religiosität verhaftet. Moritz ging so weit, den erst 70 Jahre alten Westbau mit den weiträumigen spätgotischen Hallen Arnolds von Westfalen abzureißen, um französischen und italienischen Neuerungen Platz zu machen. So wurde etwa in Anlehnung an die Idee der Loggia eine viergeschossige, fünfachsige Laube mit aufwendigen Säulenordnungen dem Nordflügel zur

Hofseite hin vorgelagert. Bei der Ausführung des plastischen Schmucks kamen den deutschen italienische Steinmetze zur Hilfe.
Eine Form der Machtdemonstration fand der frühabsolutistische Fürst im römischen Herrscherkult vorgebildet. Nach seinem Sieg bei Mühlberg ließ Moritz den ersten Triumphbogen in antiken Formen auf der Elbbrücke errichten. Ihm galt auch das von seinem Bruder und Nachfolger erbaute erste Denkmal, das in Dresden entstand. Sein Schöpfer ist ein Mitglied der wohl bedeutendsten Dresdner Bildhauerfamilie des 16. Jahrhunderts, Hans Walther II. Es zeigt Moritz, seinem Bruder das Kurschwert übertragend, und deren beider Gemahlinnen Agnes und Anna.
Die Renaissancemetropole brauchte auch die militärischen Zweckbauten. Unter Moritz begonnen und unter August beendet wurde die Erneuerung der Befestigungswerke, auch sie ein Symbol des mächtigen und wehrhaften Territorialherrn. Dazu gehört die Anlage der Bastei, die letztgültig erst nach dem Premierminister Brühl, der hier seine Gärten anlegen ließ, Brühlsche Terrassen genannt wurde. Dazu gehört weiterhin der Neubau eines Zeughauses, welches den Zeitgenossen »einem ziemlich wichtigen Schlosse nicht unähnlich« erschien.
Immer wichtiger für die Architektur wurden auf der anderen Seite auch Bauten ohne direkten Nutzen. Aus Italien stammt die Idee des Lusthauses, das nur für die vielgestaltigen Vergnügungen des Hofes errichtet wurde. 1589 von Nosseni geplant, wurde fast 60 Jahre an ihm gebaut. Von Sebastian Walther und Carlo di Cesare erhielt es die kostbare Ausschmückung, u. a. 48 Säulen und Bänke aus buntem Marmor, 1 Alabasterbrunnen, 20 Statuen und 60 Büsten. Schließlich sei noch die Gartenkultur als stadtplanerische Neuheit erwähnt. 1576 wurde der Schloßgarten und in den neunziger Jahren der Pomeranzengarten der Herzogin angelegt, weitere Schauplätze luxuriöser Feste und Spiele.
Der Geist des weltfreudigen Humanismus und der Protestantismus mit seinem strengen Ethos, der Aufstieg der Städte und die Ausprägung des frühabsolutistischen Fürstentums, andererseits der aus der Verelendung und dem Bewußtsein der politischen Machtlosigkeit entstandene und von der Reformation veranlaßte Bauernkrieg: dies sind die Bewegungen, mit denen die Neuzeit in Sachsen begann, und die Impulse für eine spannungsgeladene Entwicklung der bildenden Künste im 16. Jahrhundert, die ins 17. Jahrhundert herüberreicht und mit dem Ausbruch des Dreißigjährigen Krieges für einige Jahrzehnte zum Erlahmen kam. Während die Zäsur sich vor allem auf die Bautätigkeit auswirkte, ist jedoch auf einem anderen Gebiet der sächsischen Kunst eine Kontinuität zu beobachten. Es sind *drei Bildhauerfamilien* an der Elbe, die den Übergang zum Barock vorbereiteten und vollzogen. Johann Böhme und seine Familie in Schneeberg (von 1600 bis etwa 1700), George Heermann und seine Söhne in Weigmannsdorf (seit etwa 1640) und die aus Schlackenwerth nach Dresden gekommenen Brüder Süßner (zwischen 1641 und 1700) repräsentieren die Eigentümlichkeiten der obersächsischen Kunst. Die Verbreitung ihrer Werke reicht in die noch nicht lange kursächsische Oberlausitz ebenso wie in das nicht mehr kursächsische östliche Thüringen, nach Prag ebenso wie nach Berlin.
Johann Böhme (* 1601) erreichte innerhalb der seiner Generation gesteckten Grenzen den Übergang vom Manierismus zum Barock noch nicht. In seinen Fi-

guren ist zwar die irdische Schwere des Körpers, aber noch nicht die Freiheit zur selbständigen Bewegung vorhanden. Erst sein Sohn Johann Heinrich (1636-1680) widmete sein Lebenswerk kompromißlos der Schöpfung des sächsischen Frühbarock. Vom abstrakten Knorpelwerk zum üppigen Früchte- und Blumengerank und der großformigen Tuchdekoration, von der hier kantigen, da ovalen Schrifttafel zum weitgespannten bewegten Inschriftentuch: das sind die neuen, von der flämischen Kunst angeregten Elemente. Vor allem aber führte der Weg von der meist kleinen Figur zur großen, von der in der Architektur eingebundenen Kleinplastik zu der von der Architektur befreiten Großplastik.
George Heermanns größte Schöpfung ist die Freitreppe am Schloß Troja bei Prag mit einem Figurenprogramm, an dem sich sein barockes Temperament voll entfalten konnte, dem Kampf der Titanen. Was vom Thema her vorgesehen war, die Kraft und die Bewegung des Körpers, gestaltete er mit Pathos und gewiß auch in Erinnerung an das, was er auf seiner Italienreise gesehen und gelernt hatte.
Mit den aus Böhmen herübergewanderten und hernach in Dresden ansässigen Brüdern Jeremias und Conrad Max Süßner erhielt die obersächsische Plastik die Bestätigung ihres Charakters, was um so erstaunlicher ist, als gerade Böhmen in der allernächsten Zeit in den Strudel freiester, bis zur Virtuosität heranreichender Phantasie eintauchen sollte, um alle Möglichkeiten barocken Überschwangs auszukosten. Die Süßners aber zogen nach Norden, um im herberen und eher sachlichen Obersachsen in beruhigteren Formen die Norm des Klassischen zu finden. Die Wege der Familien trafen sich im Zentrum der sächsischen Kunst, in Dresden, und sie wurden die Wegbereiter einer neuen Generation, die Dresdens kulturellen Aufstieg zur europäischen Großstadt tragen sollte, welcher mit Augusts des Starken Regierungsantritt begann.
August der Starke, seit 1694 Kurfürst von Sachsen und seit 1697 König von Polen, gestaltete seine Residenz zu einer glanzvollen Feststadt. Namhafte Künstler aus ganz Deutschland, aus Frankreich und Italien folgten seinem Ruf. Aus Herford kam der Architekt M. D. Pöppelmann, der Goldschmied Dinglinger aus Biberach; der Oberbayer B. Permoser ließ sich schon von dem achtzehnjährigen Kurprinzen überreden, Florenz zu verlassen. Louis de Silvestre, de Bodt und Longuelune fanden sich ein, später auch Chiaveri. 1747 folgte noch der Venezianer Bernardo Bellotto, genannt Canaletto, einer Einladung Friedrich Augusts II. und verbrachte als Hofmaler mehr als die Hälfte seines Lebens in Dresden (bis 1767) und in Warschau (1767-80). Den sehr realistischen Veduten des Italieners verdanken wir das Antlitz der – dank der Baufreudigkeit Augusts fast vollendeten – spätbarocken Metropole: Pöppelmanns Zwinger und Chiaveris Hofkirche, Knöffels Rokoko-Paläste entlang des Elbufers und die Gebäudekomplexe des Premierministers Brühl. Sofort nach seiner Übersiedlung begann er die Panoramen längs der Elbe, später folgten dann die Straßenbilder und Festungswerke.
August der Starke entwickelte auch selbst großartige Konzepte, wobei das Schloß als Zentralbau seine Lieblingsidee wurde. Seine rund 30 eigenhändig skizzierten Entwürfe, die er von seinen Architekten in Sachsen und Polen noch ausarbeiten ließ, wurden nie verwirklicht, teils wegen seiner eigenen Unbeständigkeit, teils aus finanziellen Erwägungen. So ist denn auch in Sachsen das barocke Schloß meist eine dem Vorbild Versailles folgende Dreiflügelanlage mit der Cour d'Hon-

neur, wie in Lichtenwalde, Dahlen und Neschwitz. Der einzige echte Zentralbau – aber als protestantische Predigtkirche vom Typus her gerechtfertigt – ist die Frauenkirche George Bährs, jedoch erst unter dem Sohn Augusts des Starken fertiggestellt.

Symbol für Dresdens Festarchitektur ist der Zwinger, eine beispiellose Symbiose aus Architektur und Skulptur. Wenn auch M. D. Pöppelmann der Meister des Ganzen ist, so hat B. Permoser doch wesentlichen Anteil an der Auflösung des Festspielraumes durch ein Heer von Göttern, Heroen und Amoretten, die aus dem Bauwerk hervorgezaubert wurden. Pöppelmann kannte vor seinem Zwingerbau und danach nur den – immer geschlossenen – Blockbau, der mit Ornament lediglich überlegt ist. Permoser verwandelte den Bau in bewegte Gestalten, trunken lachende Satyrhermen. Der Mittelbau der Anlage könnte ein krönendes Architekturglied tragen. Permoser aber schuf eine Figur: Herkules mit der Weltkugel. Er steht noch nicht einmal statuenhaft ruhig, sondern hebt sich aus gebückter Haltung in spiraliger Wendung unter der Last der Kugel empor. Noch ist der Ausgleich zwischen Tragen und Lasten nicht erreicht, sondern der Augenblick davor ist dargestellt. Hier ist anstelle des festen Baugliedes anthropomorphe Architektur getreten. Warum eine Herkules-Figur an dieser exponierten Stelle des Gesamtkomplexes? Herkules mit der Weltkugel ist seit der Antike das Symbol für den unumschränkten Herrschaftsanspruch. Die Wettiner ließen im Zeitalter des Absolutismus Münzen prägen, auf deren Vorderseite das Bildnis des regierenden Fürsten und auf der Rückseite Herkules mit der Umschrift HERCULES SAXONICUS erscheint.

Die Kunst und die vielen davon abgeleiteten Produkte gehobener Lebensform und fürstlicher Prachtentfaltung förderten einen ganz wichtigen Motor des Absolutismus, den *Merkantilismus*. Das Sammeln von Kunst und Kunsthandwerk wurde eine typisch adelige Tätigkeit, Mäzenatentum gehörte zur höfischen Kultur. So treten zur Goldschmiedekunst die Möbel- und Gobelinmanufaktur, Glas- und Spiegelschleife und Fayenceproduktion.

Am lukrativsten für Sachsen und weit über seine Grenzen hinaus bedeutend war die Entdeckung des Porzellans in den ersten Jahren des 18. Jahrhunderts durch Böttger. August der Starke, der bereits eine wertvolle Sammlung ostasiatischen Porzellans besaßt, ließ den 18jährigen Apothekerlehrling aus Berlin, dessen große Passion die Alchemie war, unter militärischer Bewachung aus Brandenburg-Preußen nach Dresden entführen. Der kundige Bergrat Walter von Tschirnhaus beaufsichtigte und lenkte von nun an Böttgers Experimente. Er wollte nicht, wie der junge Forscher, die chemische Formel für die Herstellung von Gold finden, sondern ganz realistisch die heimischen Mineralien wirtschaftlich nutzen. Er hatte schon Glashütten gegründet und trachtete nun, dem von den Chinesen streng gehüteten Geheimnis der Porzellanherstellung auf die Spur zu kommen. Im Jahre 1708 konnte der König die Nachricht von der glücklichen Entdeckung des »weißen Goldes« in holländischer, französischer und lateinischer Sprache in die ganze Welt verbreiten lassen. Die Gründung einer Manufaktur war der nächste Schritt; die Albrechtsburg schien ihm ein günstiger Ort, wo das Fabrikationsgeheimnis gesichert bleiben konnte. Nicht nur die Gestaltung neuer Gschirrformen wurde die Aufgabe der kommenden Jahrzehnte. Mitglieder des Permoserkreises, G. Kirchner und J. J. Kändler, machten viele figürliche Versuche mit dem neuen

Werkstoff. Kändler vor allem vollzog mit seinen heiteren und phantasievollen Figurengruppen den Übergang zum Rokoko. August der Starke wurde einer der wichtigsten Mäzene und trug wesentlich zum schöpferischen Aufstieg der Meißner Manufaktur bei, die dann über viele Generationen wirksam bleiben sollte.

In der Mitte des 18. Jahrhunderts geriet durch den Siebenjährigen Krieg das künstlerische Schaffen Sachsens in eine schwere Krise. Nach diesem Einschitt begannen denn auch ganz neue Kräfte wirksam zu werden. Nur zwei Jahre nach dem Hubertusburger Frieden nahmen die beiden sächsischen Kunstakademien in Leipzig und in Dresden ihren Lehrbetrieb damit auf, den *Klassizismus* zu begründen. C. L. Hagedorn stand ihnen bis 1780 vor und gestaltete den Unterricht ganz im Sinne der neuen Theorie. In der Wohnung des Malers Oeser in der Großen Frauengasse in Dresden schrieb Winckelmann das Frühwerk »Gedanken über die Nachahmung der griechischen Werke in der Malerei und der Bildhauerkunst« und stellte fest: »Dresden wird nunmehr Athen für Künstler«, der Architekt Fr. A. Krubsacius formulierte 1759 die klassizistische Opposition gegen die Barockkunst: »Über Ursprung, Wachstum und Verfall der Verzierungen in den schönen Künsten« und der Maler A. Raffael Mengs theoretisierte »Über Schönheit und Geschmack in der Malerei«. »Es ist kein Zufall, daß die Rede von der rettenden Nachahmung der Griechen um jeden Preis, die Predigt des Klassizismus, im Schatten des Zwingers und der Katholischen Hofkirche sich erhoben hat.« Dieses berühmte Wort Carl Justis deutet eine Antwort an auf die Frage, warum gerade Dresden zu einem Zentrum auch dieser Stilepoche werden mußte: Nach dem barocken Überschwang verlangte man nach gemäßigten, beruhigten Formen.

Gottfried Semper war es, der im 19. Jahrhundert schließlich den Endpunkt einer Jahrhunderte dauernden Entwicklung des »Gesamtkunstwerkes Dresden« setzte. Er vollendete Pöppelmanns Zwingerpläne, freilich in ganz anderer Form. Aber das Ziel, die Schließung des Festspielraumes, wurde mit dem meisterlichen Bauwerk der Galerie erreicht. An sie wiederum schloß sich zur Nordseite hin einer der schönsten Plätze Europas mit der Oper an. Beide Gebäude gehörten zu den typischen Bauaufgaben der bürgerlichen Kultur. Theater, Museum und Opernhaus dokumentierten nicht nur in Dresden Bildungsbeflissenheit und Kunstfreudigkeit der neuen tragenden Gesellschaftsschicht. Es war nur symptomatisch, daß die liberale Verfassung Sachsens 1830 die Übergabe der bedeutenden Kunstsammlungen des Herrscherhauses in die Hände der Öffentlichkeit ermöglichte. Mit seinem Opernhaus hat Semper eine zukunftsweisende Lösung dieser neuen Bauaufgabe gefunden. Er schuf einen zugleich dem Zweck dienenden und ästhetisch befriedigenden Typus, der den Innenraum auch außen sichtbar macht. Das Museum konnte Semper nicht mehr selbst vollenden, er mußte – ebenso wie Richard Wagner – wegen revolutionärer Tätigkeit 1849 aus Dresden fliehen. Die Ausführung wurde deshalb E. Hähnel und E. Rietschel anvertraut, die als Fassadenschmuck ein historisierendes Figurenprogramm schufen, welches nur die gebildeten Zeitgenossen zu deuten vermochten.

Andere Aspekte hat die bürgerliche Kultur in Leipzig entfaltet. Der städtebauliche Schwerpunkt der Messe- und Handelsstadt prägte sich an der »Ringpromenade« aus, wo repräsentative Wohn- und Geschäftshäuser, luxuriöse Hotels und Banken emporwuchsen. Im Straßenbild findet man alle Möglichkeiten des *Histo-*

rismus beieinander, schlichten biedermeierlichen Klassizismus ebenso wie pompöse Neorenaissance. Im Unterschied zum Renaissancismus der Dresdner Semper-Schule fand der Leipziger Lokalstil ein wichtiges Vorbild im Palazzo der Kaufherrnstadt Venedig. Besonderes Kennzeichen ist die Betonung des oberen Stockwerkes eines Hauses. Typisch für den überladenen Gründerzeitstil ist das Haus Dittrichring 2 von A. Roßbach mit seinem überhöhten Erdgeschoß für eine zweigeschossige Ladenarchitektur und den darüberliegenden drei Wohngeschossen, wobei das Obergeschoß bereichernd hervorgehoben ist. Die Ecklösung besteht in einem kuppelbekrönten Turm, und die traditionellen Erker sind reich in barocken Formen ausgeschmückt.

Auch die *Malerei* das 19. Jahrhunderts erhielt aus Sachsen schöpferische Impulse von höchster Bedeutung. In Dresden entstanden die ersten Bilder der *Romantik*. Hier arbeitete C. D. Friedrich und entwickelte seine Landschaften, in denen zum erstenmal das Erfassen des Zuständlichen in der Natur wichtiger war als die Wiedergabe des Gegenständlichen. »Friedrich war es, welcher mit einem durchaus tiefsinnigen und energischen Geiste und auf absolut originelle Weise in den Wust des Alltäglichen, Prosaischen, Abgestandenen hineingriff und, indem er ihn mit einer herben Melancholie niederschlug, aus deren Mitte eine eigentümlich neue, leuchtend poetische Richtung hervorhob«. Es gibt wohl kaum eine treffendere Charakterisierung seiner schöpferischen Intention als dieses Urteil seines Schülers C. G. Carus, der zusammen mit G. Kersting und J. C. Claussen-Dahl zu einem Kreis gehört, der sich in Dresden als die Schule Friedrichs bildete.
Der Dresdner Ludwig Richter hat uns mit seinen poetisch-stimmungsvollen Landschaftsgemälden und volkstümlichen Holzschnittillustrationen zu Märchen- und Liederbüchern ein gültiges Bild von der Welt des Biedermeiers hinterlassen. Wie sehr sich sein romantisches Bewußtsein von dem seines Zeitgenossen C. D. Friedrich unterschied, erfahren wir aus seinen Lebenserinnerungen: »Jene dämmernde, mysteriöse Richtung war mir durch Reflexion zugeflogen und meiner innersten Natur nicht entsprungen, denn ich hatte meine Lust an der klaren Form, an Sonnenschein und bunter Tageshelle!« Seine naturverbundene Gefühlsbetontheit zeigen die Skizzen seiner Reisen durch Sachsen, die er als reifer Mann mehr genoß als die Italienfahrten seiner Jugendzeit. Ihm war alles, was ihn umgab, »auch das Geringste, die alltägliche Gegenwart«, willkommenes Motiv für seine liebevollen Szenen: »War nicht Feld und Busch, Haus und Hütte, Menschen und Tiere, jedes Pflänzchen und jeder Zaun und alles mein, was sich am Himmel bewegt und was die Erde trägt?«
Zu Beginn des 20. Jahrhunderts war Dresden noch einmal Schauplatz eines epochalen Kunstereignisses. Die Begegnung des in der Nähe von Chemnitz geborenen Malers Schmidt-Rottluff mit Erich Heckel und Ernst Ludwig Kirchner führte zu einer kritischen Auseinandersetzung mit der traditionellen Malerei, der schließlich die radikalen Bestrebungen zu deren endgültigen Überwindung folgen sollten. Die drei gründeten zur Durchsetzung ihrer vollkommen neuen Anschauungen und Ausdrucksformen im Jahre 1905 die Vereinigung der »*Brücke*« mit einem einzigen Ziel: die etablierte Kunstwelt zu verlassen und »alle revolutionären und gärenden Kräfte an sich zu ziehen« (Schmidt-Rottluff). Sie nahmen die Rebellion der französischen Impressionisten gen die Salon-Kunst auf, fanden

aber allmählich eine ganz andere Antwort, den *Expressionismus*. Zunächst hielten sie sich an deren Postulat, jeder Künstler dürfe – nur seinem subjektiven Empfinden vertrauend – nicht mehr ein an traditionellen Normen entwickeltes Repertoire verwenden, und verließen ihre Ateliers, um die Dinge im Sonnenlicht neu sehen zu lernen. Bald unterschieden sie sich aber grundsätzlich von den Franzosen, indem sie nämlich die Anschauung ihrer Umwelt nicht nur ihrem Auge überlassen wollten, sondern ihrer inneren Vorstellung vom Wesen der Dinge. Die Brücke löste sich bereits im Jahre 1913 wieder auf, aber ihre Mitglieder und Anhänger haben Wesentliches zur Erneuerung der Kunst im 20. Jahrhundert beigetragen.

Friedbert Ficker

VOLKSKUNDE

Einleitung

Volkskunde und Volkskunst sind zwei zusammengehörende Bereiche, in denen der geistig-kulturelle wie der materielle Erlebnisbereich der Bevölkerung einer bestimmten Landschaft mit ihren mannigfachen Ausdrucksformen einen Niederschlag finden. Es versteht sich von selbst, daß hier neben den wirtschaftlichen und gesellschaftlichen Strukturen auch der Charakter des betreffenden Landschaftsgebietes mit seinen Besonderheiten der Bodenform oder der Pflanzen- und Tierwelt wesentlichen Einfluß auf die Gesamtentwicklung und Entfaltung der jeweiligen Bevölkerung ausübt. Während z. B. das sächsische Tiefland in erster Linie von der Landwirtschaft geprägt ist, spielt im Vogtland der Wald eine nicht unwesentliche Rolle und für das Erzgebirge war der Bergbau über Jahrhunderte ausschlaggebend. Mit der Industrialisierung im 19. Jahrhundert haben dazu verschiedene Industrie- und Wirtschaftszweige das Land überlagert, die ebenfalls zu jeweils charakteristischen Lebensformen führten. Von den Siedlungsformen über Form und Material des Hausbaus oder von der Sprache und den lokalen Sagen über Festtags- und andere Brauchtumsformen bis zu Tracht, Liedgut oder volksmedizinischen Eigenheiten lassen sich derartige örtliche Varianten feststellen. Überblickt man daraufhin das Gebiet des Landes Sachsen, so begegnen wir einer außerordentlichen Differenziertheit und Mannigfaltigkeit, die Adolf Spamer, der verdienstvolle Altmeister der sächsischen Volkskunde, in treffende Worte gefaßt hat:

»Menschen und Vögel, die das Sachsenland überflügeln, blicken auf eine vielgestaltige Welt voll einprägsamer Reize. Thüringische Lieblichkeit führt zu den weiten Hochwäldern der vogtländischen Berge, in deren Grenzsiedlungen oberpfälzisch-fränkisches Wesen überschlägt. Aus der burgengekrönten Tälerromantik der das erzgebirgische Kernland umgreifenden Zwickauer wie Freiberger Mulde und der Zschopau verströmt der vereinte Muldenfluß in den mitteldeutschen Industrieraum. Aufwärts des Elbstromes gleitet das Flugauge an stillen Altdörfern und Landstädtchen der Lommatzscher Pflege, dem gesättigten Zuchtland von Gänsen und Edelschweinen, vorbei über besonnte Elbweindörfer der Lößnitzhügel zu den Felstürmen und nadeln des Elbsandsteindurchbruchs, dessen Wunder die Bilder Caspar David Friedrichs und Ludwig Richters in alle Welt trugen. Aus der sagenumwobenen Einsamkeit der Lausitzer Teichlandschaft hebt sich der Blick, Altbautzens Wehrtürme und Mauern hinter sich lassend, Oybins bizarrer Klosterruine und dem Zittauer Gebirge zu. Über dieses

ganze Land wechselreicher Schönheiten aber scheint gleichsam spielerisch eine Hand den Samen einer Industrie ausgeworfen zu haben, die sich fast unter den Augen des Beschauers immer breiter in die Ackerfluren, immer tiefer in die Fluß- und Bachtäler bis hinauf zu den Bergeshöhen einfrißt, da sich häuft und ballt, dort zerfließt und zerbröckelt, zuweilen auch noch keine rechten Wurzeln zu schlagen vermochte und die Sachsen zu einem dichtbevölkerten und industriereichen Lande gemacht hat.«
Bei aller Vielfalt der landschaftlichen, wirtschaftlichen und sonstigen Gliederung, die der Spamerschen Einleitung zu seiner »Volkskunst – Sachsen« entnommen werden kann, lassen sich dennoch deutlich unterscheidbare große Gruppierungen feststellen, die sich aus der Siedlungsgeschichte des Landes ergeben.

Siedlungsgeschichtliche Voraussetzungen

Etwa seit 300 v. Chr. dürfen im heutigen sächsischen Raum germanische Völkerschaften angenommen werden. Um die Zeitwende siedelten hier die Hermunduren, die sich über Thüringen und Sachsen bis zur Elbe ausbreiteten. Wenig später kamen östlich der Elbe die Burgunden hinzu. Mit dem Niedergang des Frankenreiches drangen seit dem 6. Jahrhundert slawische Stämme unaufhörlich nach Westen in die Gebiete vor, welche die germanischen Völker im Zuge der Völkerwanderung während der Zeit des vierten bis sechsten Jahrhunderts verlassen hatten. Dieses schrittweise Vorrücken in die Landstriche zwischen Elbe und Saale vollzog sich ohne ernsthafte kriegerische Auseinandersetzungen und dehnte sich sogar auf große Teile des Maingebietes aus.
Mit Karl dem Großen setzte dann ein Umschwung ein und es gelang dem wieder zu Macht gelangten Frankenreich, dem slawischen Vordringen Einhalt zu gebieten. Zunächst wurden von dem Frankenkönig eine Reihe Orte festgelegt, wie Regensburg, Forchheim, Hallstadt bei Bamberg, Erfurt oder Magdeburg, in denen sich der gesamte Grenzverkehr und vor allem der Handel mit den slawischen Nachbarn abzuspielen hatte. Mit der Errichtung dieser festen Plätze und sogenannter Grenzmarken im Gebiet von Böhmerwald, Saale und Elbe begnügten sich Karl der Große und seine Nachfolger zunächst damit, diese neue Grenze zu behaupten.
Mit dem Ausbau dieser Grenzmarken waren wesentliche Voraussetzungen für die ungefähr vom 10. Jahrhundert an einsetzende eigentliche Ostkolonisation geschaffen, mit der große Teile des während der Völkerwanderung von den Slawen besiedelten Landes zurückgewonnen wurden. Während sich die slawische Besiedlung auf friedlichem Wege vollzog, erfolgte die Rückgewinnung dieser Gebiete durch kriegerische Unternehmungen und militärische Besetzung. Bis zum Ende des 11. Jahrhunderts war die Kolonisation im wesentlichen eine Ansiedlung freier und unfreier Krieger, edler und dienstmännischer Rittergeschlechter. Dem Krieger folgte der Priester als Missionar und Kolonisator und zuletzt, seit etwa 1100, zog unter dem Schutz der weltlichen und geistlichen Herren in größeren Massen der deutsche Bauer vom Südwesten und Westen heran, um neues Land zu

gewinnen und sich urbar zu machen, da es ihm in der alten Heimat zu eng geworden war und er nun Erleichterungen seiner Feudallasten erhoffte. Zunächst wurden nur die slawischen Dörfer mit deutschen Einwanderern durchsetzt und deutsche Siedlungen in den Freilandschaften neu gegründet. Erst in der Hochkolonisation bis in die Zeit um 1250 drangen die Zuwanderer in die Wälder vor, um diese zu roden und dort Siedlungen als Waldhufendörfer anzulegen. Die höher gelegenen Gebiete des östlichen Vogtlandes wurden gar erst im 15. und 16. Jahrhundert durch die Anlage von Streusiedlungen erschlossen.

Die Ortsnamen

Wie sich an den Ortsnamen erkennen läßt, vollzog sich diese Siedlungsbewegung in vier großen Zügen. Vom Nordwesten drang der niederdeutsche Siedlerstrom vor. Ihm begegnen wir im Raum um Leipzig mit den auf -städt endenden Orten wie z. B. Markranstädt. Der mitteldeutsche Siedlungszug mit den Orten auf -hain, -walde und -rode, wie z. B. Großenhain, Dippoldiswalde oder Beilrode b. Torgau erstreckte sich als breiter Streifen am nördlichen Gebirgsrand und in der Ebene von Westen nach Osten. Daß es sich hier um die Rodungsnamen handelt, wird an der Ortsbezeichnung Beilrode besonders deutlich. Der dritte Siedlerstrom kam aus Oberfranken und dem westlichen Teil von Unterfranken und zog mainaufwärts in die Gebiete von Saale und Elster. Hier herrschen die Ortsnamen mit der Endung -grün wie Arnoldsgrün vor. Der vierte und für die Siedlungsgeschichte Sachsens kleinste Zug kam aus der Oberpfalz und bewegte sich egeraufwärts ins Vogtland bis in die Gegend von Adorf – Markneukirchen. Charakteristisch für dieses Gebiet sind die Ortsnamen auf -reuth wie z. B. Rebersreuth.

Die sächsischen Mundarten

Entsprechend der Besiedlung ergab sich ein Überwiegen bestimmter Mundartgruppen nieder-, mittel- und oberdeutscher Prägung in den jeweiligen Gebieten, aus denen nach dem Abschluß der Kolonisation durch den sprachlichen Ausgleich die sächsischen Mundarten hervorgegangen sind. Die wichtigste Rolle für den Sprachausgleich spielte die wettinische Landesherrschaft mit ihren von der meißnischen Kernlandschaft auf der Linie Leipzig – Meißen – Dresden – Freiberg nach Norden und Süden ausgehenden Sprachströmungen mitteldeutschen Charakters, die sowohl den nieder- wie den oberdeutschen Einfluß zurückdrängten. Dazu kommt der Ausgleich in den kleineren und mittleren Siedlungs- bzw. Herrschaftsräumen wie im Vogtland, im Osterzgebirge, dem sächsischen Niederland oder der Lausitz. Besonders günstig erwies sich dabei die nach der Kolonisation über einen längeren Zeitraum erhaltene politische Selbständigkeit wie im Vogtland oder der Oberlausitz.
Danach gliedert sich der obersächsische Mundartenraum in sechs Gruppen: das Obervogtländische oder Egerländisch-Nordbairische, das Vogtländische und

das Westerzgebirgische, das Vorerzgebirgische und das Osterzgebirgische, das Meißnische mit seinen vier nach den Himmelsrichtungen benannten Untergruppen und das Osterländische, das Lausitzische mit vier Untergruppen sowie als Folge der territorialen Neugliederung das Elbe-Elster-Gebiet und das Südbrandenburgische. Dazu kommt in der Lausitz das Sorbische – wie auch slawische Sprachenbestandteile als Folge des jahrhundertelangen Neben- und Miteinander seit der Kolonisation in die sächsischen Mundarten eingegangen sind.

Mundartliteratur

Wenn man sich vergegenwärtigt, daß Mundart die Sprache vor der Schrift ist, dann mutet es als ein Widerspruch an, wenn von Mundartliteratur die Rede sein soll. In der Tat verfügt Sachsen über zahlreiche Beispiele. Doch ist es bezeichnend, daß diese im allgemeinen verhältnismäßig spät auftreten bzw. ihren Höhepunkt erleben – zu einer Zeit um die Jahrhundertwende und in den folgenden Jahrzehnten, als im Gefolge der industriellen Entwicklung und des sprunghaften Anwachsens der Städte tiefgreifende Zerfallserscheinungen des bäuerlich-ländlichen Kulturbereiches deutliche Spuren hinterließen und andererseits eine erste Nostalgiewelle mit dem Bemühen um Erhaltung oder Rückgewinnung des verlorengegangenen Volksgutes einsetzte und sich rasch ausbreitete. Der Gedanke des Heimatschutzes und die Gründung von Heimatvereinen bildeten die notwendige Voraussetzung, um einen entsprechenden Interessentenkreis ansprechen zu können.
Entsprechend der zeitlichen Situation lieferten die heimatliche Geschichte und Sagenwelt ebenso willkommene Motive wie das Volksleben mit seinen Berufszweigen oder einzelnen charakteristischen Gestalten. Von hier aus ist es dann nur noch ein kleiner Schritt zum Volkshumor, der z. B. bei dem Vogtländer Louis Riedel oder in dessen Nachfolge bei seinem Landsmann Willy Rudert aus Falkenstein zu finden ist. Zu ihnen gesellen sich der Dorfstädter Erich Thiel, dem vor allem mehrere Bühnenstücke in vogtländischer Mundart verdankt werden, ferner der Ellefelder Otto Schüler, der zugleich als Volkskundler verdiente Dr. Friedrich Barthel aus Falkenstein sowie der Klingenthaler Max Schmerler. Das Erzgebirge kann dagegen mit seinem Ahnherrn des Mundartschrifttums, dem Pfarrer Christian Gottlieb Wild aus Breitenbrunn, auf das frühe 19. Jahrhundert verweisen. Ihm gesellt sich in der zweiten Hälfte des 19. Jahrhunderts der Volkserzähler Christian Röder zur Seite, während später der als »Saafnlob« bekannte Stefan Dietrich oder Richard Demmler folgen und Manfred Blechschmidt bis zur Gegenwart anschließt. Dieser auffallenden Konzentration im Westerzgebirge, die sich von der kulturellen Aktivität der Berg- und Industriestädte Schneeberg, Schwarzenberg, Annaberg oder Aue und der Tätigkeit des damaligen Erzgebirgsvereins erklärt, steht im wesentlich ärmeren Osterzgebirge der Zinnwalder Max Tandler zusammen mit Max Nacke aus Altenberg gegenüber. Endlich sei noch auf die Lausitz mit den aus Reichenau stammenden Richard Blasius und Wilhelm Friedrich, ferner auf den Altgersdorfer Rudolf Gärtner, den als »Bihms Koarle« bekannten August Matthes aus Wehrsdorf oder auf den Dürrhennersdorfer Oskar Schwär verwiesen.

Die obersächsische Umgangssprache

Eine nicht minder wichtige Rolle wie die Mundarten nimmt die obersächsische Umgangssprache ein – um so mehr, als sich dort der natürliche allgemeine Sprachwandel abzeichnet. Während die Mundart gesprochene Sprache ist, die sich unabhängig von der Schriftsprache entwickelt, setzt die Umgangssprache die Schriftsprache voraus und orientiert sich an ihr. Sie geht von den Städten als den für die Gesamtentwicklung wichtigen wirtschaftlichen und geistig-kulturellen Zentren mit ihrer gegenüber dem Land andersgearteten Struktur aus und hat sich nach Becker/Bergmann in den Jahrhunderten der Neuzeit herausgebildet. Zwar lassen sich dort mundartliche Elemente feststellen, doch werden diese allmählich zurückgedrängt – wie umgekehrt Formen der Umgangssprache von der Mundart aufgenommen werden. Dieser Wandel als Folge allgemeiner Sprachentwicklung vollzieht sich unterschiedlich und in sehr differenzierter Weise. So ist in den mundartlichen Rückzugsgebieten bereits weitgehend eine »Zweisprachigkeit« von Mundart und Umgangssprache festzustellen. Daneben kommt es in anderen Gebieten durch das Einsickern der Umgangssprache »von oben« zur sprachsoziologischen Schichtenbildung, an der das stufenweise Zurückdrängen der mundartlichen Formen abgelesen werden kann.

Aus Sachsens Sagenschatz

Reich und vielfältig wie die sächsische Sprachlandschaft ist auch ihr Schatz an Sagen und Erzählungen. Mit der Weihnachtszeit und dem Wald ist die vogtländische Sage vom wilden Jäger und seinem Heer verbunden. Dazu kommen die Moosleute und Holzweibchen des Schönecker Waldes, die aus dem östlichen Vogtland als Moosweibchen bekannt sind. In den Sagen vom Stelzenbaum, vom Lindwurm zu Kürbitz, der »Liekirch« bei Syrau oder vom Klappermann von Thierbach spiegelt sich die in der Überlieferung versuchte Bewältigung der Historie wider, wie die auch bei den Sagen vom Borberg bei Kirchberg, von den drei goldenen Broten im alten Schloß Pomsen bei Grimma, von den vierzehn Nothelfern bei Gottleuba oder vom Verräter Peter Preschwitz in Bautzen der Fall ist, um nur einige Beispiele herauszugreifen. Eine große Rolle hat im Volke von jeher die Vorstellung von verborgenen Schätzen gespielt. Dabei stehen wiederum zum Teil historische Erinnerungen im Hintergrund, wie dies im Vogtland bei den Sagen vom Hohen Stein bei Markneukirchen, von der Stundensäule bei Landwüst, vom alten Schloß Schönfeld zwischen Arnsgrün und Bärenloh sowie vom Alten Haus bei Freiberg im Tetterweintal in der Nähe von Adorf der Fall ist. Mehr noch gaben markante Berge, Felsen und Höhlen die Vorwürfe ab. Die Schatzsagen um den Greifenstein zwischen Thum, Geyer und Ehrenfriedersdorf sprechen ebenso dafür wie die Sagen von den sieben verwunschenen Rittern im Valtenberge bei Niederneukirch in der Lausitz, vom Goldkeller oder von der Wunderblume auf dem Löbauer Berge. Im engen Zusammenhang mit dem Kreis der Schatzsagen stehen wohl jene um den Bergbau wie die Sage vom Traum des Bergmannes Daniel Knappe in Annaberg oder vom Berggeist am Donat zu Freiberg. Weit verbreitet sind auch die Themen von verwünschten Menschen, von Kobolden und Geistern oder von der Begegnung mit dem Teufel, wie die Sagen von der Schloßjungfrau in Schandau, vom Mühlzwerg in Dittersdorf, vom Mühlgötzen zu Plauen bis hin zur Sage vom Scheunenbau in Mittweida, vom Teufelskopf bei Bergießhübel oder von dem als »wendischen Faust« bezeichneten Hexenmeister Krabat zeigen.

Volksglaube und Brauchtum

Ein weites Feld öffnet sich mit den Bereichen des Volksglaubens und des eng damit verbundenen Brauchtums, da nahezu alle Lebensbereiche in Haus, Stall und Feld, für Mensch und Tier, im Ablauf des Jahres wie für die entscheidenden Punkte des Lebens davon bestimmend geprägt wurden. Es kann hier nur an Hand einiger Sachgruppen eine Vorstellung davon vermittelt werden, wie weit auch in Sachsen der Glaube an übernatürliche Kräfte und das Bemühen um deren Bewältigung – entweder, um diese in ihrer schädlichen Wirkung zu entkräften, oder, um sie dienstbar zu machen – verbreitet war. Die tiefe Verwurzelung mag daraus erhellen, daß Teile dieses weitgehend magisch bestimmten Weltbildes mit ihren Auswirkungen bis in unsere unmittelbare Gegenwart verfolgt werden können.

Vom bösen Blick

In seinen Untersuchungen über die Zauberkraft des Auges und das Berufen als Abwehr böser Kräfte berichtet Seligmann z. B., daß als Folge des Glaubens, eine schwangere Frau sei gefährlich, im Vogtland Schwangere nicht Pate sein konnten, sonst stirbt das getaufte Kind oder ihr eigenes. Ähnliches galt für die Wöchnerin, die im Erzgebirge nicht über die Gartenbeete gehen durfte, da sonst nichts mehr wächst – während man im Vogtland glaubte, daß fremder Boden durch ihr Betreten unfruchtbar werde. Als sichtbares Zeichen für den bösen Blick sah man u. a. auch in Sachsen zusammengewachsene Augenbrauen an. Große Bedeutung wurde im vorliegenden Zusammenhang dem Spiegel beigemessen. Im Erzgebirge und Vogtland durften Kinder unter einem Jahr nicht in den Spiegel sehen, damit sie nicht stolz und eitel werden. Bis in die jüngste Gegenwart verhängte man im Vogtland die Spiegel beim Tod eines Familienangehörigen, damit sich dieser nicht spiegelt und so seine Ruhe nicht verliert. Ebenso war dort noch vor wenigen Jahren der Glaube lebendig, daß sich das Brautpaar auf dem Weg zur Kirche bzw. zum Altar nicht umdrehen dürfe, da dies sonst Scheidung oder Trennung bedeute. Nach Seligmann herrschte im Erzgebirge die Auffassung, die Kinder bekämen schiefe Hälse, wenn sich die Braut umsehe. Ebenso sollte man sich beim Leichenzug nicht umdrehen, da dies sonst den baldigen Tod des Betreffenden bedeute. Da die Brautzeit und das Brautpaar als besonders gefährdet gegen Neid und bösen Blick galten, sollten u. a. im Erzgebirge und Vogtland zwei Schwestern nicht

am gleichen Tag, auch nicht im gleichen Jahr heiraten, da es sonst unglückliche Ehen gibt. Ähnliche Sorge gilt bis heute den Kindern, deren Gesundheit nur mit dem Zusatz »unberufen« gelobt werden darf. Um aber festzustellen, ob ein Kind beschrieen war, leckten die Frauen die Stirn oder die Schläfe desselben ab; ein salziger, saurer oder bitterer Geschmack galt als sicherer Beweis dafür.
Geheimnisvolle Kräfte vermutete man auch im Blut und suchte diese gegen Krankheiten auszunützen, so z. B. gegen die ebenfalls als außergewöhnlich angesehene Epilepsie. Hovorka/Kronfeld berichten dazu in ihrer Vergleichenden Volksmedizin: »Den 6. Juni 1755 wurde Z., welcher in der Trunkenheit ... einen Menschen ermordet hatte, auf dem Rabensteine zu Dresden enthauptet ... Vor der Exekution baten nun zwei Altgesellen der Schneiderbrüderschaft zu Dresden den Premierminister Reichsgrafen Heinrich v. Brühl für ihren Mitgesellen Joh. Ge. Wiedemann, welcher stark an Epilepsie litt, darum, daß derselbe von dem ... Mörder ... zu seiner Genesung das Blut trinken dürfe. Eine Registratur meldet, daß Brühl dem Suchen stattgegeben, auch Wiedemann des Dekollierten Blut getrunken habe und danach ‚fortgelaufen' sei.« Ebenfalls ist dort zu erfahren, daß ein Pfarrer in der Nähe von Dresden die Fallsucht mit einer Suppe geheilt habe, in welcher eine Elster gesotten wurde. In den magisch-zauberischen Bereich führt auch der folgende Bericht in dem angegebenen Werk: »Im Vogtlande, besonders in Reichenbach, und in der Lausitz werden Zahnschmerzen und Brüche ‚vernagelt'. Man macht Holzstifte von Bäumen, in die der Blitz eingeschlagen hat, und schlägt sie unter Beobachtung gewisser Formeln, am liebsten an einem Karfreitag vor Sonnenaufgang in einen Baum. Gleichzeitig werden durch den Holznagel auch Gegenstände, die von dem Kranken herrühren, z. B. Haare, mit eingeklemmt. Zahnschmerzen vertreibt man in Reichenbach auch dadurch, daß man einen Zweig von einem Baum, ohne ihn abzuschneiden, zuspitzt und damit so lange in dem kranken Zahne stochert, bis Blut herauskommt. Das zugespitzte blutige Ende wird hierauf in die Rinde des Baumes festgesteckt, so daß von dem Zweig ein Öhr gebildet wird.«
Wie schon im Zusammenhang mit dem bösen Blick behandelt, gehörten die Schwangerschaft und damit die Schwangere zu den bevorzugten Themen des Volksglaubens und der Volksheilkunde. Nach Hovorka/Kronfeld durfte im Vogtland eine Schwangere ihren Zustand nicht verleugnen, um dem Kinde Schwierigkeiten beim Erlernen des Sprechens zu ersparen. Ebenso durfte sie nicht aus einer zerbrochenen Tasse trinken, da das Kind sonst eine Hasenscharte bekommt. Haben wir es hier sozusagen mit einem vorhomöopathischen Ähnlichkeitsdenken im Sinne der Signaturenlehre zu tun, begegnet in den Vorstellungen von kinderfeindlichen Wesen und dem Raub von Neugeborenen ausgesprochenes Zauberdenken, das bei den verschiedensten Völkern zu finden ist. Bei den Lausitzer Sorben glaubte man z. B., daß »alte Frauen« den Kindstausch vornehmen und stattdessen einen Wechselbalg zurücklassen.

Totenbrauchtum und Teufelsglaube

Die Vorstellungen von unheimlichen, für den Menschen gefährlichen Mächten und in der unmittelbaren Nachbarschaft davon der Tod als unausweichliches

Schicksal – bestimmten in vergangenen Zeiten zu einem nicht geringen Teil Weltbild und Brauchtum der ländlichen Bevölkerung. Weit verbreitet war beispielsweise das Beachten von »Anzeichen«. Bis in die jüngste Zeit galt es im Vogtland als sicher, daß in der Familie jemand stirbt, wenn eine aufgezogene Uhr stehenblieb oder wenn eine Henne durch das Fenster ins Innere des Zimmers blickte. Den Tod der betreffenden Person sollte es auch herbeiführen, die am Heiligabend mittags nach 12 Uhr einen Nagel einschlug. Ebenso galt es als unheilbringend, während der »Unternächte« große Wäsche zu waschen und im Freien zu trocknen. In den aufgehängten Leintüchern sah man dann das Vorzeichen für Leichentücher.
Neben dem Behängen der Spiegel hielt man auch die Uhren an, so lange der Tote im Hause lag. Noch vor dem Zweiten Weltkrieg war es im Vogtland üblich, daß während der drei Abende vor der Beerdigung die Nachbarn ins Haus kamen, um Beistand zu leisten. Doch mußte dort wie bei den Verwandten der Tod angesagt werden. In der Lausitz verständigte man selbst die Haustiere vom Ableben eines Familienangehörigen. Während im Vogtland noch vor dem Zweiten Weltkrieg der Tote nicht selten ein Feststagsgewand erhielt, hat sich in der Nachkriegszeit das Totenhemd eingebürgert. Beim Hinaustragen des Sarges mußte der Tote das Haus zuerst mit den Füßen verlassen. Dazu setzte man den Sarg auf der Türschwelle mit dem Fußende, in der Mitte und am Kopfende drei mal ab und warf die Böcke um, auf denen der Sarg aufgebahrt war, um zu verhindern, daß der Verstorbene jemand im Haus »nachhole«. Im Gebiet von Zschopau und mittlerer Mulde durfte während der Beerdigung niemand im Hause bleiben. Selbst Kranke mußten zum Nachbarn gebracht werden. Wurden das Sterben und der Tote mit großer Zurückhaltung betrachtet, so war der Glaube an böse Geister und an den Teufel nicht minder weit verbreitet. Zahlreiche Beispiele dafür sind allein aus dem Vogtland überliefert. So soll auf dem »Hupfauf«, einem Höhenzug zwischen Werda und Kottengrün, nachts ein Geist auf die Fußgänger aufgesprungen sein. Und die »Kappel«, eine Bergkuppe zwischen Tirschendorf und Raasdorf, hat ihren Namen von einer verfallenen Kapelle, bei deren Bau der Teufel nachts das Mauerwerk wieder abgetragen haben soll, das während des Tages errichtet worden war. Oder von einem Brotenfelder Haus erzählte man, daß dort nach dem ersten Weltkrieg der Teufel zu Hause war und der Haustochter mit der Frage, ob sie Geld brauche, leibhaftig erschienen sei. Ebenso soll wiederholt die aufgeschlagene Bibel von unsichtbarer Hand zugeklappt worden sein. Zahlreiche Berichte rankten sich bis zur Gegenwart um das Motrachsche Haus in Arnoldsgrün, wo bis in die fünfziger Jahre allerhand unerklärlicher Spuk bemerkt wurde. Bezeichnend für den teilweise noch heute tief verwurzelten Aberglaube ist es, daß ein Dorfbewohner mittleren Jahres vor wenigen Jahren bei der Beerdigung der alten Frau Motrach sich weigerte, den Sarg mit zu tragen – weil er deren teuflische Kräfte fürchtete und glaubte, sie könne ihm Schaden zufügen.

Pflanzen in Volksglaube und Brauchtum

Einem Analogiedenken begegnet man, wenn H. Marzell berichtet, daß man im Erzgebirge glaubte, die Petersilie an St. Peter säen zu müssen, oder wenn man den

Möhrensamen in einen großen weitbauchigen Topf gab, um damit entsprechend große und dicke Möhren zu gewinnen. Ebenso sollte es im Vogtland besonders langen Flachs geben, wenn der Sämann ein recht langes Tuch benutzt und es weit herunterhängen läßt. Auch sonst waren allerlei Regeln zu beachten beim Pflanzen und Säen. Im Erzgebirge mußte das Kraut am Gründonnerstag gesteckt werden, um es vor Raupenfraß zu bewahren. Trat dieser dennoch auf, so schnitt man in der Leipziger Gegend um die Mittagsstunde schweigend drei Birkenruten im Namen der Dreieinigkeit und peitschte damit das Krautfeld an seinem Ende mit den Worten: »Zu Markt, ihr Jungfrauen!« Nach der »Chemnitzer Rockenphilosophie«, einer Aberglaubensammlung des 17./18. Jahrhunderts, war der Raupenbefall des Krautes dadurch zu vermeiden, daß man ein Holzstück von einem aus der Erde gegrabenen Sarg in das Krautfeld steckte. Nach den Anweisungen des gleichen Buches durfte am Tage des Hl. Mauritius, dem 22. September, kein Weizen gesät werden, da dieser sonst »rußig« wird, d. h. vom Befall eines Brandpilzes einen rußigschwärzlichen Belag erhält.
Über den reinen offiziellen Wert hinaus waren zahlreiche Pflanzen in religiösen oder magischen Zusammenhängen bekannt und geschätzt. Die besagte »Rockenphilosophie« erklärte zum Beispiel die sich als Punkte auf den Blättern abzeichnenden, mit ätherischem Öl gefüllten Drüsen des Johanniskrautes im Zusammenhang mit einer geisterabwehrenden Wirkung: »Sankt Johanniskraut ist von so großer Krafft/ den Teufel und Hexen zu vertreiben/ dahero auch der Teufel aus Boßheit/ dieses Krauts Blätter mit Nadeln durchstach.« Hexenabwehrende Wirkung sprach man auch dem Knoblauch zu. Marzell weiß unter anderem zu berichten, daß man im Erzgebirge den Rindern von Zeit zu Zeit einige zerdrückte Knoblauchzehen mit Brot verabreichte oder kleine Bündel der Planze im Stall aufhängte. In ähnlicher Weise verwendete man die »Gutheinrichswurzel« (Chenopodium Bonus Henricus, hier aber vielleicht Glechoma hederacea) zum Kurieren des Viehes bei Verwüstungen durch Hexen, indem man beim Herausziehen der Pflanze aus dem Boden folgenden Spruch aufsagte:

»Gut Heinrich du bist mein Knecht,
Mit meiner Kuh ist's nicht recht;
Geh das Dorf auf und nieder,
Bring mir meinen Nutzen wieder!«

Aber auch für den Menschen spielte die Pflanzenwelt eine wichtige Rolle, wenn beispielsweise im Vogtland am Johannistag mittags um 12 Uhr ein Strauß mit neunerlei Blumen geholt wurde. Diesen durfte man aber nicht in das Haus hineintragen, sondern er mußte durch das Fenster hineingesteckt oder durch die Tür hineingeworfen werden, um dann in der Nacht mit seiner Hilfe den Zukünftigen beziehungsweise die Zukünftige zu sehen. Ebenso wurde ein Kranz aus neunerlei Blumen nach rückwärts auf einen Baum geworfen. Die Zahl der Würfe, bis der Kranz am Baum hängen blieb, verriet die Zahl der Jahre, die noch bis zur Hochzeit vergingen. Doch war bei alledem Stillschweigen während der Handlung geboten. Im Vogtland sah man ferner in der Schlehdornblüte um Walpurgis einen Hinweis auf den Kornschnitt an Jakobi.

Brauchtum im Jahreslauf

In dem zugrundeliegenden uralten Bemühen um die Bewältigung der zum Teil oft geheimnisvoll und unheimlich empfundenen Naturkräfte hatte sich auch in Sachsen ein reiches Brauchtum im Ablauf des Jahres gebildet. Zum Teil wurde es unabhängig von der Kirche gepflegt, zum Teil von dieser übernommen und im christlichen Sinne umgedeutet und meistens auch umgeformt oder es verfiel als mit dem Teufel zusammenhängender »Aberglaube« der Ablehnung. Verständlicherweise kam dabei dem Jahreswechsel große Bedeutung zu und man versuchte auf den Ablauf des neuen Jahres günstigen Einfluß zu gewinnen. So war man im Vogtland noch bis vor wenigen Jahren darauf bedacht, daß am Neujahrsmorgen zuerst eine männliche Person durch das Haus gehe. Glück sollte es ferner bringen, wenn der erste Besucher am Jahresanfang ein männliches Wesen war. Der Vormittag des Neujahrstages war in dem Zusammenhang dem Neujahrswünschen der Kinder vorbehalten, die von Haus zu Haus zogen und dafür mit Geld oder Süßigkeiten beschenkt wurden.

Die sorbische Vogelhochzeit

Zur Vogelhochzeit, die in der Gegend von Bautzen am 25. Januar als beliebtes Volksfest gefeiert wird, stellen die Kinder am Morgen einen Teller vor die Türe oder vors Fenster, damit dieser von den Vögeln mit verschiedenem Backwerk und Süßigkeiten gefüllt wird. Es handelt sich dabei im wesentlichen um aus Kuchenteig und Schaumgebäck geformte Vögel, ebenso Pfannkuchen und sogenannte Storchennester. Die Herkunft dieses Brauches ist bis heute ebenso unklar, wie die Bedeutung umstritten ist. Von verschiedener Seite hat man – sicher zu Unrecht – versucht, Beziehungen zu dem Lied von der Vogelhochzeit herzustellen. Ebenso hat der verstorbene Volkskundler Edmund Schneeweiß bestenfalls eine späte Wandlungsform erfaßt, wenn er auf die Beobachtung hinweist, »daß sich die hungernden Vögel zur Zeit der größten Kälte in der Nähe der menschlichen Behausungen ansammeln, ähnlich wie die Menschen bei Hochzeiten.« Diese Sinnwandlung kommt auch in dem Sprichwort »Pauli Bekehr! Gibs Ei her!« zum Ausdruck, das auf die Beobachtung des frühen Eierlegens der Vögel um diese Jahreszeit zurückgehen soll. Ebenso stellt die Auffassung von den Gaben als Dank der Vögel für das Füttern im Winter eine Spätform dar. Dem Ursprung der Vogelhochzeit kommt R. Needon mit der Vermutung etwas näher, es müsse sich dabei um eine Vorfrühlingsfeier aus heidnischer Zeit handeln, mit Opfern für die Fruchtbarkeit spendenden Gottheiten. In der Tat scheint der Brauch in die vorgeschichtliche Zeit zurückzuführen, aber im Zusammenhang mit totenkultischen Vorstellungen. Dort ist, ebenso wie bei manchen Naturvölkern oder im Volksmärchen, die Vorstellung lebendig, daß die Seelen der Verstorbenen die Gestalt von Vögeln annehmen. Diesen, und im weiteren Verlauf sicher auch Göttern und Naturgeistern, wurden Speiseopfer dargebracht, die sich in christlicher Zeit in Geschenke an die Kinder wandelten. Bereits nach dem Ersten Weltkrieg legte der 1920 gegründete sorbische Verein »Nadzija« bewußt seine Hauptversammlungen auf den 25. Januar. Mit der starken Förderung des sorbischen Volkstums seit dem Ende des Zweiten Weltkrieges lebte der Brauch der Vogelhochzeit wieder auf und entwickelte sich zum beliebtesten obersorbischen Volksfest.

Fastnachtsbräuche

Unter den Bräuchen des Jahreslaufs wurde einst im Vogtland die »Fosnet« oder »Fosent« (Fastnacht) als regelrechtes Fest begangen. Längst ist davon auch in anderen Teilen Sachsens nur noch die Kinderfastnacht mit Vermummung und Papplarven übriggeblieben. Doch wird auch von regelrechten Umzügen berichtet, besonders in der Oberlausitz, unter denen die Kinderfastnacht in Schirgiswalde eine Sonderstellung einnimmt. Die Kinder des Städtchens und der umliegenden Ortschaften haben dort in bunter Aufmachung teilgenommen. Märchengestalten wurden dargestellt, neben der besprochenen Vogelhochzeit waren Lausitzer Volkstrachten zu sehen und dem modernen Wandel entsprechend reichte der Bogen von Biedermeierbrautpaaren und holländischen Fischern bis zu Indianern oder Trappern. Die zentrale Rolle spielt die Sagenfigur des Pumphutes – eines Müllerburschen, der durch seine Zauberkunststücke den Müllern geholfen haben soll, wenn sie ihn aufnahmen, oder aber ihnen durch allerlei Schabernack böse mitspielte, wenn sie ihm die Tür wiesen. Die im Zug als große Puppe mitgeführte Gestalt hat die Funktion eines Winterdämons übernommen, der mit dem Umhertragen ausgetrieben wird. Im Frühlingsbrauchtum des Vogtlandes kommt dazu noch das Todaustreiben, das »Aufhaue«.

Osterbräuche in der Lausitz

Uraltes vorchristliches Frühjahrsbrauchtum ist auch im Osterreiten in der Lausitz enthalten. Fruchtbarkeitskultische Vorstellungen stehen hinter den Flurumritten und dem Begehen der Felder, um für diese die Fruchtbarkeit und eine gute Ernte zu erflehen. Während in früherer Zeit das Osterreiten auch im evangelischen sorbischen Bereich üblich war, hat sich dieser Brauch nur in einigen katholischen Dörfern der Lausitz erhalten. Mit festlich aufgeputzten Pferden, selbst im schwarzen Rock mit weißen Handschuhen und Zylinder, reiten die Teilnehmer der Prozession unter dem Läuten der Glocken und dem Singen von Chorälen sowie vom Altarkreuz und den Kirchenfahnen begleitet paarweise um die Kirche und dann ins nächste Kirchdorf. Nach dem Empfang durch den Pfarrer und einem Imbiss vollzieht sich der gleiche Ritt um Kirche und Dorfplatz, ehe der Heimweg angetreten wird. Diese gegenseitigen Besuche vollziehen sich immer zwischen zwei bestimmten Orten, so zwischen Ralbitz und Wittichenau, Crostwitz und Kloster Marienstern, Nebelschütz und Ostro oder Radibor und Horka – ohne daß sich die beiden Reiterzüge treffen dürfen. Hinzu kommen die »Saatreiter« der Zittauer Umgebung. Handelt es sich hier um ein Brauchtum, das an die gehobene Besitzerschicht des Dorfes mit dem Besitz von Pferden gebunden war, gehört das österliche Eierschieben zu den in allen Schichten verbreiteten Bräuchen. Wie am Proitschenberg in Bautzen werden die Eier über eine Rutschbahn hinabgerollt, um andere in einer Grube liegende Eier zu treffen. Bis in die vorchristliche Zeit zurückreichende Fruchtbarkeitsvorstellungen stehen dahinter, nach denen die Lebenskraft des Eies auf den Boden übertragen werden soll.

Walpurgis

Wenn in der Lausitz und in Westsachsen in der Nacht zum 1. Mai die Walpurgisfeuer brennen, flammt in diesem Frühjahrsbrauch der letzte Kampf mit den krankheitsverbreitenden, Mensch, Vieh und Feld schädigenden winterlichen Dämonen und Hexen auf. Die nach der Heiligen Walpurga, der Beschützerin gegen Hexenkünste, benannte Nacht wird im westlichen Erzgebirge »Walberohmd«, im Vogtland in der Umgegend von Falkenstein »Wallbrumm(d)« genannt. Neben den Feuern auf den Höhen kommt dem Abbrennen und in der Luft Schwenken von trockenen Reisigbesen eine große Rolle zu, denn sie vertreten das Alte, Abgestorbene im Gegensatz zu den grünenden Birkenzweigen, die das neue Leben symbolisieren. Daraus erklären sich auch die weiteren Bezeichnungen »Fakkelohmd« im Aschberggebiet, »Besenbrenne« in der Gegend zwischen Falkenstein und Klingenthal sowie bei Schöneck oder »Waabelohmd« im Lengenfelder Bereich – wobei »waabeln« so viel wie hin und her bewegen für den schwingenden Besen bedeutet.

Erntebrauchtum

Mit der »Kirwe« oder Kirmes, die im vogtländischen Arnoldsgrün als einzige Frühjahrskirwe erhalten ist, wird vom Frühjahrs- zum Herbstbrauchtum übergeleitet, das vor allem unter dem Zeichen der Ernte steht. Neben den ersten Ähren spielt die erste Garbe eine wichtige Rolle. Wenn man sich darauf setzt, ist man nach G. Jarosch gegen Kreuzweh und Verwundungen geschützt. Aus der ersten Garbe wurde im Erzgebirge auch der Erntekranz für die Kirche gebunden. In der Zeit des heranreifenden Getreides vermutete man in den Feldern die Roggenmuhme, im Vogtland die »Kornmumm«, die mit Vorliebe Kinder entführt, die in den Getreidefeldern Kornblumen oder Klatschmohn pflücken und dabei die Getreidehalme und Ähren zertreten. Vielfach nahm man einen männlichen Korngeist an, nach dem im Erzgebirge die letzte geerntete Garbe »der Alte« hieß. »Der Alte« erhielt die Gestalt einer Strohpuppe, bei deren Einbringen in den Gutshof in der Oberlausitz gesungen wurde: »Jetzt bringen wir den Alten.« Im Kreis Hoyerswerda galt es als segenbringend, wenn die Puppe des »Alten« gleich nach der Ernte in das noch nicht geschnittene Nachbarfeld gestellt wurde. Als eine unheilbringende Gestalt war ferner der »Bilmesschneider« oder »Bilwesschnitter« bekannt. Von dieser seit dem 16. Jahrhundert als Korngeist überlieferten Gestalt glaubte man, daß sie mit einer kleinen Sichel am rechten Fuß durch das Getreide gehe und dort schmale Wege herausschneide. Zu seiner Abwehr zeichnete man in

Sachsen die Ecken der Felder mit drei Kreuzen aus Liebstöckelöl und hängte Tannenzweige über das Scheunentor. Dem Fruchtbarkeitssymbolkreis des Lebenswassers entstammt dagegen der Brauch, wenn die Begleiter des letzten Fuders von den Nachbarn mit Wasser bespritzt wurden. Mit dem Abernten des letzten Ackers war im Vogtland »Flurfleck« gemacht, was aus dem Bereich des Rittergutes Schilbach als regelrechtes Fest bekannt ist. Weithin verbreitet war es, aus der letzten Garbe den Kranz zu winden und diesen auf dem Hof zu überreichen. Aus Sachsen ist dazu folgender Spruch überliefert:

»Guten Tag, Herrschaften insgemein,
ich bitt', nun ein Weilchen mal stille zu sein
Und meinen Worten hören zu,
Die ich weiter reden tu.
Wir haben gemacht den Erntekranz,
Der ist nicht halb, sondern der ist ganz.
Er ist nicht von Distel und Dorn,
Sondern von reinem, gewachsenem Korn.
Ich hatte ihn gemacht allerwegen,
Gedachte ihn meinem Herzallerliebsten zu geben.
Da der aber nicht da ist und nicht kommen kann,
Präsentier ich ihn meiner Herrschaft an.
So manches Ahr (Ähre),
So manches Jahr,
So manche Rispe,
So manche tausend Taler in des Herrn Geldkiste!
Ich will nun wünschen, daß die Pferde gut gehn
Und die Schwein' gut gedeihn
Und die Kinder reich frei'n.
Eins hab' ich noch vergessen,
Was wir heut abend essen,
Gebratene Fische und Forellen,
Dazu kommen Jungfern und Junggesellen,
Und dazu 'ne Pfeife Tabak,
Dann haben die Mannsleute auch etwas.
Und von der Herrschaft bitten wir Bier und Wein,
Und dabei woll'n wir recht lustig sein.
Spielt auf, Musikanten!«

Bis in die Nachkriegsjahre war es noch üblich, am Erntedanktag den Altar in der Kirche mit Ährenbüscheln, Früchten und Blumen zu schmücken und auf dem Taufstein die Früchte aus Feld und Garten aufzuhäufen.

Andreastag

Alt ist das Bemühen der Menschen, den Schleier der Zukunft zu lüften und mit magisch-zauberischen Mitteln sich außermenschliche Kräfte dienstbar zu machen. In solchen Zusammenhängen wurden in Sachsen am letzten Novembertag, dem St. Andreastag, allerlei Bräuche praktiziert. In der wendischen Lausitz, im Erzgebirge und im Vogtland waren verschiedene Liebesorakel wie Schuhwerfen, Baum- oder Zaunschütteln oder Scheiteziehen üblich, zu denen u. a. das Abschneiden von Zweigen zählte, deren Blühen an Weihnachten auf Liebes- und Eheglück hindeuten soll. Im Vogtland suchte man die Zukunft zu ergründen, indem man sich um die Mitternachtsstunde auf einem Kreuzweg in einen vorher gezogenen Kreis stellte und der vorbeiziehenden Erscheinungen harrte. Doch durfte man auch bei schrecklichen Gesichtern keinesfalls davonlaufen, weil dies den Tod im folgenden Jahr nach sich ziehen sollte.

Weihnachtliches Brauchtum in der Lausitz

Ein weites Feld tut sich mit dem Brauchtum um die Weihnachtszeit auf. In den sorbischen Dörfern der Lausitz werden Umzüge veranstaltet wie in der Gegend von Liskow, wo der mit Maske, Bart, Sack und Rute ausgestattete und von Spielleuten und jugendlichen Maskenträgern begleitete »Humpo« umherzieht. In der Oberlausitz kommt an einem Adventssonntag das Christkind, um die Kinder nach ihrem Verhalten zu befragen, die guten zu bescheren und den bösen mit der Rute zu drohen. Sein Begleiter ist der von Ruprecht abgeleitete »Rumpodich.« In den Dörfern um Schleife wird endlich von den jungen Mädchen das Bescherkind (dzecetko) mit seiner in Trebendorf auf die Tracht der Brautjungfrau zurückgehenden Sonntagsgewandung herausgeputzt und von Hof zu Hof geführt.

Der Dresdner Striezelmarkt

Weit über die Elbestadt hinaus ist Dresden mit seinem »Striezelmarkt« bekannt geworden, der bis zum Jahre 1434 zurückverfolgt werden kann und ursprünglich die Bevölkerung mit dem beliebten Weihnachtsgebäck der Striezel versorgen sollte. Später hat er sich zu einem vielfältigen Angebot mit den mannigfaltigsten Erzeugnissen aus der Gegend um Dresden und Meißen, der Lausitz oder dem Erzgebirge ausgeweitet und hat sich bis heute im wiederaufgebauten Stadtzentrum an Thälmannstraße und Altmarkt erhalten. Eine besondere Rolle spielen im Weihnachtsgeschehen die Stollen, die als Weihnachtsgebäck für Dresden, das Erzgebirge und das Vogtland charakteristisch sind und aus den Gebildbroten als Nachbildung des Wickelkindes hervorgegangen sind. Altes weihnachtliches Bildgebäck ist dazu in den Sebnitzer und Pulsnitzer Pfefferkuchen sowie in der vogtländischen »Zuckermännlebäckerei« überliefert, die sich allerdings nur noch vereinzelt in Werda gehalten hat.

Schneeberger Weihnachtsbräuche

Auf eine jahrhundertealte weihnachtliche Tradition kann die erzgebirgische Bergstadt Schneeberg verweisen. Von ihr berichtet bereits der Chronist der Stadt Christian Meltzer in seiner 1716 erschienenen »Schneeberger Stadt- und Bergchronika«. Auch heute noch gehören an den Adventsmontagen die bekannten Glückaufabende zum Bild der Stadt, an denen das alte bergmännische und weihnachtliche Liedgut des Schneeberger Bergbaugebietes gepflegt wird. An den Adventssonntagen treten dazu die Kurrendesänger in den Straßen und auf den Plätzen der Stadt auf. Zum besonderen Erlebnis wird endlich das von Trompeten und Pauken begleitete Turmsingen früh 3.30 Uhr in der Christnacht.

Weihnachtliche Volkskunst im Vogtland und im Erzgebirge

Überhaupt nehmen das Erzgebirge und Teile des Vogtlandes eine besondere Stellung ein. Naht die Weihnachtszeit heran, so kann man dort allerorten fleißige Hände beim Schnitzen, Basteln und Werkeln erleben, welche den verschiedenen Figuren und Gestalten um das Geschehen der Heiligen Nacht sprechende Form zu verleihen wissen. Teilweise geschieht dies als beliebte und auch heute noch gepflegte Freizeitbeschäftigung, zum Teil ist es aber auch Beruf wie im »Spielzeugland« um Seiffen und Olbernhau. Ihrem Ursprunge nach sind das Schnitzen und Basteln eng mit dem Bergmannsberuf verbunden, wie uns auch heute noch die lichtertragenden Bergmannsfiguren unschwer erkennen lassen. Gerade diese Lichtträger waren es, die dem verständlichen Sehnen der Bergleute nach Licht und Sonne Form und Gestalt verliehen haben. Mit dem Niedergang des Bergbaues entwickelten sich die Schnitzerei und das Basteln zu einer allgemeinen Volkskunst, in der aus dem vielfachen Erlebenskreis der einfachen Gebirgsmenschen manche Figur ihren Niederschlag gefunden hat.
Besonders in der Vorweihnachtszeit, die ohnehin stimmungsmäßig zu besinnlichem Tun und Treiben Anlaß bietet, entfaltet sich der Gestaltungswille des Erzgebirglers und des Vogtländers und läßt die zahlreichen bunten Gestalten und Dinge entstehen, die den Zauber des heimatlichen Weihnachtsfestes in sich bergen. Da sind dann hinter den Fensterscheiben die Lichterbergmänner und -engel zu sehen, die dem Vorbeigehenden anzeigen, wieviele Buben und Mädchen unter dem betreffenden Dache wohnen. Meist tragen die aus einem Drehkörper entwickelten Figuren in beiden Händen ein Licht, manchmal auch nur in einer Hand. Ältere Formen tragen ein Licht auf dem Kopfe oder sind über den Köpfen mit Lichterbögen beziehungsweise mit Lichterkronen ausgestattet. Wahrscheinlich ist das historische Vorbild in den sogenannten »Lichtscherben« – den Vorläufern der Blendlaterne – zu suchen, die der Bergmann vor Ort am Kopfe trug. Andere beliebte Formen finden sich in den Räuchermännern, die mit ihrem Duft und Qualm so recht zur festlichen Stimmung beitragen. Neben »Kümmeltürken« und »Wilden Männern« haben auch heimische Berufe, wie Förster, Eingang in den volkskünstlerischen Formenkreis gefunden. Dazu kommen die Nußknak-

ker mit bissigem Gesicht, mächtig wallendem Barte und meist prächtiger Uniform.

Zu den charakteristischen Eigenschaften des Gebirglers zählt seine Freude am Tüfteln und an bewegten Figuren. Diesem Hange vermögen vor allem die Pyramiden gerecht zu werden in ihren mannigfachen Abarten oder wie man sie im Vogtland zum Teil nennt: die Drehtürme. Von der einfachsten Gestaltung mit einer Scheibe und wenigen Figuren darauf bis zu kunstvollen Bauten mit zahlreichen Stockwerken gibt es fast ungezählte Varianten. Dazu kommt die Vielfalt des figürlichen Schmuckes, die heimische Volkstypen ebenso verwendet wie Sagen- und Spukgestalten oder den biblischen Formenkreis. Da erscheinen dann der Stülpner-Karl und der Förster neben der festlichen Bergparade und ein Stockwerk höher betrachtet ein erzgebirgischer »Schwammesucher« das Christkind im Stalle zu Bethlehem, der sich in eine erzgebirgische Bergkaue verwandelt hat. Eine weitere Besonderheit stellen die Deckenleuchter dar, die vor allem als »Spinne« mit ihren zahlreichen schlanken Zierarmen und dem bunten Glasperlen- oder Holzperlenschmuck sowie den Lichtnäpfchen geläufig sind. Daneben treten die aus Glasperlengehängen oder aufgereihten Holzkugeln hergestellten Kettenleuchter und die nach kirchlichem Vorbild gestalteten, im Zimmer frei schwebenden Lichterengel auf.

Den Höhepunkt all dieser weihnachtlichen Schnitzereien und Bastelarbeiten stellt der Weihnachtsberg dar, der seinen Ursprung wahrscheinlich in der Darstellung des Bergwerkes hat. Auch hier gibt es zahlreiche Formen, von der reinen heimatlichen Winterlandschaft mit den spitzgiebeligen Gebirgshäuschen bis zur stilechten orientalischen Landschaft mit der Geburt des Christkindes in der Krippe, oder vom »toten«, unbeweglichen »Berg« bis hin zur vollständigen Mechanisierung. Die Krippe hielt um 1820 von Böhmen herkommend ihren Eingang auch in das Feierabendschaffen der bergmännisch geprägten Volkskunst des Erzgebirges. Das Thema der weihnachtlichen Krippe mit der Geburt Christi wurde dabei eingefügt in die heimische Volkskunst der Herstellung von sogenannten »Buckelbergwerken« und bergartigen Darstellungen aus dem Montanwesen mit zum Teil kunstvollen Mechaniken und beweglichen Figuren. Später entwickelte sich eine Variante im orientalischen Stil, die ihre Vorbilder in der Kunst der Nazarener – zum Beispiel des seinen Vorfahren nach aus Schneeberg stammenden Schnorr von Carolsfeld – fanden. Eine Parallele hierzu findet sich im nordböhmischen Raum von Schluckenau und Rumburg. Diese Darstellungen aus dem Heiligen Lande gehen freilich nicht allein auf die Freude an jenem fernen Phantasieland zurück, wie R. Rudolf glaubte. Der Grund ist eher in der disziplinären Eingebundenheit in das Gefüge der katholischen Kirche zu sehen. Diese Ansicht wird erhärtet durch die Reise des Hintergrund-Malers Neumann aus Rumburg nach Palästina, um danach das Heilige Land in seinen Prospekten naturgetreu zu gestalten. Demgegenüber bot das protestantische Erzgebirge mit der Eingliederung des biblischen Geschehens in die heimische Umwelt mit ihren bergmännischen Berufsbezogenheiten sowie volkstümlichen Gestalten und Sagen viel eher die Möglichkeit zur eigenschöpferischen, phantasievollen Gestaltung.

Neben geschnitzten Darstellungen, wie wir sie etwa in Alfred Fickers Deutscher Krippe in Sehma vor uns haben, treten wiederum die mechanischen Berge in Erscheinung, die beredt Zeugnis ablegen von der Verbundenheit des Erzgebirglers mit technischen Vorgängen und seiner Freude am Tüfteln. Eines der bekanntesten Beispiele dafür ist der Brünloser Weihnachtsberg des Strumpfwirkers Nötzel, der 30 Jahre lang daran gearbeitet hat. Neben der individuellen Einzelleistung steht ebenso die Gruppenarbeit. In jedem Falle sprechen die Krippen und Berge, die sich in jüngster Zeit nur noch auf die Gestaltung der Landschaft beschränken, wie bei dem verstorbenen Altmeister Emil Teubner aus Aue, von der Liebe und Verbundenheit des Erzgebirglers mit seiner Heimat und dem alten Brauchtum. Weihnachten wird dort bis zu Gegenwart mit seinem Glanz nicht käuflich erworben, sondern in der persönlichen Auseinandersetzung schöpferisch gestaltet.

Das Spitzenklöppeln im Erzgebirge

Geradezu das weibliche Gegenstück zur männlichen Schnitzerei des Erzgebirges stellt das Klöppeln von Spitzen dar. Dieser vier Jahrhunderte alte Zweig der Heimarbeit, der nach dem Niedergang des Erzbergbaues einen willkommenen wirtschaftlichen Ausgleich bedeutete und manche Familie vor Not bewahrte, wurde von den Niederlanden zunächst nach Annaberg gebracht und hatte dort nicht nur sein Zentrum, sondern erlebte durch den tatkräftigen Einsatz der Verlegerin Barbara Uttmann einen beachtlichen Aufschwung. Erzgebirgische Klöppelspitzen hatten einen guten Ruf und waren begehrt in Europa, nicht zuletzt wegen ihrer selbst entworfenen eigenständigen Muster. Nach einem Rückgang im 19. Jahrhundert bemühte man sich nach 1900 um die Wiederbelebung mit der Gründung der Barbara Uttmann-Schule in Schneeberg zur Ausbildung von Klöppellehrerinnen. Heute bestehen insgesamt 52 Klöppelschulen im Erzgebirge, in denen die Tradition dieses schönen volkskünstlerischen Zweiges gepflegt und weiterentwickelt wird.

Erzgebirgischer Zinnguß

Ein typisches Stück erzgebirgischer Volkskunst ist die Zinngießerei vergangener Tage. Dieser einst in Innungen organisierte Erwerbszweig war eng mit dem seit der Zeit um 1240 über ein halbes Jahrtausend betriebenen Zinnbergbau verbunden. Die »Kannengießer«, wie man sie nannte, waren zunächst hauptsächlich mit der Herstellung von Innungskannen beschäftigt. Nach der Ablösung der Naturalwirtschaft durch die Geldwirtschaft war ein beachtlicher Aufschwung in der Verwendung des Zinns festzustellen, das in die Stuben der Bürger und Bauern seinen Einzug hielt. Aber auch die verarmten Kirchen bedienten sich nach den Plünderungen des Dreißigjährigen Krieges des billigeren Zinns für die Altarleuchter, Abendmahlskannen und Taufschalen. Verständlich, daß bei der bergmännischen Tradition auch Bergleute als Kerzenhalter auftreten wie beim Zöblitzer Altarleuchter von 1672 oder dem Werk des Schneeberger Meisters Johann Georg Junghans aus dem Jahre 1674.

Sebnitzer Kunstblumen

Eine lokale Besonderheit stellt die um 1840 im Sebnitz-Neustädter Raum aus Böhmen eingeführte Kunstblumenherstellung dar, die nach dem Sebnitzer Brand von 1854 dem dadurch verarmten Leinweberstädtchen neuen Auftrieb gab. Von Sträußen für Frauenhauben und Totenkränzen reichte das Angebot über Erntesträuße bis zu Blumen für spanische Wallfahrtsorte. Auch heute werden über 30 Länder mit den für Modezwecke, als Dekorationsartikel, als Schießblumen und für Totenkränze verwendeten Kunstblumen beliefert, die noch immer größtenteils mit der Hand hergestellt werden.

Die Großschönauer Damastweberei

Als weiteres Beispiel für den Ruf einzelner Orte sei hier die Damastweberei von Großschönau in der Südlausitz genannt, die in dem Bauern- und Handwerkerdorf 1666 von den Brüdern Lange eingeführt worden war. Bald erfreuten sich die mit eingewebtem Bildschmuck versehenen Tafel-Damaste trotz des hohen Preises großer Beliebtheit. Die große Kunstfertigkeit und der für den Zwischenhandel daraus erwachsende hohe Gewinn verschafften den Damastwebern bald eine Sonderstellung gegenüber den gewöhnlichen dörflichen Leinwebern. Mit der Einführung der mechanischen Weberei im 19. Jahrhundert vollzog sich ein Wandel, der die Handherstellung völlig verdrängte. Handgewebte alte Bilddamaste aus Großschönau gehören heute zu den seltenen Museumsstücken heimischer Produktionsweisen.

Blaudruck, Bäuerliche Hinterglas- und Möbelmalerei

Handelt es sich hier wie bei dem einst weit verbreiteten Blaudruck – der in der Lausitz zu einem seltenen Volkskunsthandwerk geworden ist – um gewerbliche Zweige mit unmittelbar praktischem Nutzen, so ist die Oberlausitzer Hinterglasmalerei trotz ihres einstigen Gebrauchswertes in erster Linie von der schmückenden Funktion her bestimmt. Die aus Niederbayern, Böhmen und Schlesien eingeführte Technik wandelte sich um die Mitte des 18. Jahrhunderts vom kunstgewerblichen Erzeugnis zur volkskünstlerischen Bildgestaltung. In der Gegenwart setzt Max Langer in Niederoderwitz die alte Tradition mit lebendigen Schilderungen aus dem Volksleben fort. Er pflegt auch die im 18. und 19. Jahrhundert blühende Lausitzer Bauernmöbelmalerei weiter, die in dem vom Egerland her beeinflußten oberen Vogtland ein formenreiches Gegenstück hatte. Blumenmotive – darunter bevorzugt das Tulpenmuster – sowie später Ornamente, ferner biblische Sprüche, Jahreszahlen und die Monogramme der Besitzer zierten die Lausitzer Schränke und Truhen mit ihrer ursprünglich grünen, später blauen oder rotbraunen Grundfarbe. Blumen und Ornamente sowie figürlicher Schmuck in den Feldern zieren neben den Monogrammen und Jahreszahlen die obervogtländischen Bauernmöbel.

Die Töpfereien Westsachsens

Bei den reichen Tonvorkommen Sachsens liegt es nahe, daß sich die Töpferei hier entfaltete und auf eine bis ins Mittelalter zurückreichende Entwicklung verweisen kann. Spamer hat dabei die drei Töpferlandschaften in Westsachsen mit dem Muldental als Zentrum, das Elbegebiet und die Lausitz herausgestellt. Unter den frühen Zeugnissen dieser Handwerkskunst mögen als Beispiele vom ausgehenden 15. Jahrhundert die Waldenburger Bartmannskrüge und Igeltöpfe mit ihren phantastischen Formen oder die Rodewischer Ofenkachel mit der Reliefdarstellung eines Edelknaben im Brustbild genannt sein. Neben den Tonstatuen Heinrichs II. und seiner Gemahlin in der Rochlitzer Kunigundenkirche ragt endlich die 1565 von Melchior Tatze gestaltete tönerne Kanzel in Strehla heraus. In Westsachsen erfreute sich vor allem Waldenburg mit seinen Gefäßen bereits im 16. Jahrhundert neben Zeitz eines guten Rufes. Die bald einsetzenden Verbindungen mit dem sächsischen Hof in Dresden lassen sich am häufigen Vorkommen des kursächsischen Wappens auf den Gefäßen ablesen. Neben einfacher grauer Steinzeugware mit kobaltblauen Linien und Ornamenten in Ritzverzierung treten braunglasierte Gefäße mit rahmenlosen figürlichen Darstellungen und eingedrücktem Medaillenschmuck auf, der mit Negativmatritzen hergestellt wurde. Daneben waren das Kohrener Gebrauchsgeschirr und die mit eingedrückten Quarzstückchen in Rosettenform geschmückten »Altenburger Perlkrüge« weit verbreitet.

Die Oberlausitzer Töpferei

In der Oberlausitz reichen die Belege über das Töpferhandwerk bis in das 16. Jahrhundert zurück. Wohl zu den ältesten Erzeugnissen zählt die aus dem Muskauer Gebiet kommende hart gebrannte Steinzeugware mit brauner oder grauer Oberfläche. Diese volkskünstlerischen Erzeugnisse, die im Laufe der Zeit verschiedene Einflüsse verarbeiteten und im späten 17. Jahrhundert ihrer Blüte zustrebten, waren in Europa weit verbreitet. Aus der Mitte des 18. Jahrhunderts haben sich bunte Lausitzer Teller mit Stadt- oder Baumdarstellungen erhalten, an denen die Neigung des Lausitzer Volkskunstschaffens zur Stilisierung deutlich wird. An der Wende vom 18. zum 19. Jahrhundert bildete sich die bis heute weit verbreitete braune Ware unter dem Einfluß des Bunzlauer Geschirrs heraus, die vielfach als Inbegriff der Oberlausitzer Töpferkunst galt. Als dritte Gruppe ist die mit Hilfe von geschnittenen Schwämmchenstempeln verzierte bunte Ware üblich, deren Schmuck an die Stelle der künstlerisch lebendigeren Malhörnchentechnik getreten ist. Am lebendigsten hat sich in Sachsen bis zur Gegenwart das Lausitzer Töpferhandwerk erhalten. Aber auch in Westsachsen ist man um die Fortsetzung der alten Tradition bemüht, wie das Schaffen Peter Tauschers in Waldenburg zeigt.

Ostereier aus der Lausitz

Als eng mit dem österlichen Brauchtum verbundener Zweig der Volkskunst mag noch auf die in den Gebieten um Schleife und Hoyerswerda bis heute gepflegte Verzierung der Ostereier hingewiesen werden. Bei der Wachstechnik erfolgt der Auftrag der Schmuckformen mit flüssigem Bienenwachs, das beim Färben der Eier die Ornamente ausspart und nach dem Abschmelzen freigibt. Auf diese Art ist die Verwendung mehrerer Farben möglich. In der Gegend um Hoyerswerda erfolgt die Verzierung der gekochten und gefärbten Eier mit einem spitzen Werkzeug durch Auskratzen, was besonders feine und zierliche Formen zuläßt. Bei der dritten, weniger gebräuchlichen Möglichkeit werden die Schmuckformen mit einer Schreibfeder und verdünnter Salzsäure auf die gefärbten Eier aufgetragen, die sich in die Farbschicht einfressen und dann weiß hervortreten.

Sächsische Volkstrachten

Bestandteil des Brauchtums war auch die Volkstracht, die sich in Sachsen nur noch in bescheidenen Resten in der Lausitz erhalten hat. Im Vogtland wies bis in die Mitte des 19. Jahrhunderts die um diese Zeit durch die Industrialisierung langsam ausgestorbene bäuerliche Tracht der Männer die »Dachmütz« und den »langen Rock« auf. Die Frauen trugen ein grobleinenes Hemd, den weiten Faltenrock, die seidene Schürze und den »Spenzer«, ein mit Watte gefüttertes Jäckchen. Das Prunkstück aber war die mit schwarzem Spitzenbesatz verzierte und mit langen schwarzseidenen Bändern versehene »Buckelhaube«, deren »Haubenfleck« oder »Schau« mit Bunt- oder Goldstickerei verziert war. Die jungen Burschen trugen zu kurzen ledernen Hosen und der buntseidenen Weste mit blanken Knöpfen das unter dem breiten Hemdkragen gebundene bunte Haltstuch aus Seide. Die Tracht der jungen Mädchen bestand aus dem weißen Leibchen, dem schwarzen Samtmieder, einem bunten seidenen Brusttuch, dem meist gestreiften weiten Faltenrock aus Seide und der dunklen seidenen Schürze darüber mit zur Schleife gebundenen Bändern. Dazu kam das seidene Kopftuch mit über der Stirn gebundenen Fransen an Stelle der Buckelhaube.
Zur Osterländer Tracht der altenburgischen Bauern zählte der kleine niedere Filzhut mit tellerartiger Form und vorn eingedrückter niederer Krempe sowie das schwarze Halstuch und Brusttuch, während die Weste fehlte. Dazu kamen die engen Kniehosen und hohe weite Stiefel. Die einst üblichen gelben Strümpfe sind schon früher verschwunden. Endlich trug der Bauer ein olivenfarbiges Jäckchen. Das Gewand der Bäuerin bestand aus einem kurzen Rock, der die Knie freigab. Sein Besatz hatte die gleiche Farbe wie der des kurzen Spenzers aus Tuch und wie die Strumpfbänder. Der eng plissierte Rock war vorn und hinten von einer Schürze bedeckt. Der hohe, bis zum Kinn reichende Brustlatz wies ebenso eine Versteifung auf wie das mit Pappflügeln versehene Kopftuch.
Während die wendische Männertracht – weißer Drillichrock mit bunter Einfassung – längst ausgestorben ist, begegnen wir im sorbischen Gebiet noch den farbenfreudigen Frauen- und Mädchentrachten, die sich gebietsweise durch Varia-

tionen unterscheiden. Um Hoyerswerda kennzeichnet die Jugend der rote Wollrock, über dem man eine gestreifte seidene Schürze trägt. Hinzu kommt die Haube aus Tüllstickerei sowie das farbige Schultertuch über dem weißen Kittelchen. In Schleife kommt zum roten Häubchen mit weißem Lochstickerei-Randmuster das mit blauen Schnüren zusammengehaltene dunkle Mieder und der weite gestreifte Wollrock mit der leinenen Blaudruckschürze darüber. Am Ostertag tragen die Frauen zum Kirchgang lange schwarze Röcke, langärmelige Jacken und ein weißes Tuch auf dem Kopf. Am Osternachmittag gehört zur Mädchentracht die farbige Schürze über dem langen Rock und das bunte Schultertuch über der weißen Bluse. Bei den seltenen Trachtenhochzeiten ist die Braut in Weiß und Grün gekleidet, während den Kopf die schwarze Borta ziert. Als Rest der Männertracht hat sich beim Hochzeitsbitter das vom linken Mantelknopfloch herabfallende bunte Tuch erhalten. Die Brautjungfern sind durch den gläsernen Brustschmuck gekennzeichnet. Eine Besonderheit ist die »Weiße Trauer« in der Lausitz, wo sich die Frauen in ein weißes Leintuch einhüllen, so daß nur noch ein Teil des Gesichtes zum Atmen und Sehen freibleibt. Hinter diesem Verhüllen als Unkenntlichmachen steht die alte Vorstellung vom Schutz vor dem Toten, falls dieser noch einmal zurückkehrt und sich rächen möchte.

Das Bauernhaus in Sachsen

Im Hausbau als einem wesentlichen Zeugnis der Volkskultur begegnen wir in Sachsen der Holz-, Lehm- und Massivbauweise mit Ziegeln oder Hausteinen. Nach Fiedler/ Helbig ist es dabei bis jetzt unklar, ob der reine Holzbau ursprünglich in allen Teilen Sachsens üblich war. Auf alle Fälle ist er vom Vogtland über das Erzgebirge und das Elbsandsteingebirge bis zum Zittauer Gebirge, zur Lausitzer Heide und dem Spreewald noch heute festzustellen.
Für den reinen Holzbau ist der Blockbau charakteristisch. Bis um die Jahrhundertwende war er im Vogtland und Westerzgebirge weit verbreitet. Heute kommt er dort nur noch vereinzelt und dazu nur in der Form von Blockstuben oder gelegentlich bei Nebengebäuden vor. Als wichtiges Denkmal ist der Speicherbau in Niederlungwitz von Bedeutung. Blockbauten finden sich ferner in der Sächsischen Schweiz, in der Lausitz und im Spreewald, wo diese alte Bauform noch nach dem Zweiten Weltkrieg verwendet wurde. Mit der vorwiegenden Verwendung des Baumaterials Holz ist im Vogtland, in der hinteren Sächsischen Schweiz und in der Oberlausitz als typische Bauform das Bohlenständerwerk des Umgebindehauses verbunden, welches die als selbständigen Baukörper ausgeführte Stube an den Außenwänden umstellt und Obergeschoß und Dach trägt. Mit großer Wahrscheinlichkeit hängt die Umgebindebauweise mit der Handweberei zusammen, denn beide Hauptverbreitungsgebiete decken sich. Mit dem in die Ständerwerkkonstruktion isoliert eingefügten Baukörper der Blockstube sollte vermieden werden, daß die von der Bedienung des Webstuhls hervorgerufenen Erschütterungen auf das ganze Haus übertragen werden. Als eines der schönsten Beispiele gilt das Reiterhaus in Neusalza-Spremberg.
Als von Westen her eingedrungene thüringisch-mitteldeutsche Bauform hat sich der Fachwerkbau in weiten Teilen Sachsens ausgebreitet. Am frühesten ist er

wohl in die Städte eingedrungen und wurde durch die Holz- und Feuerverordnungen des 16. Jahrhunderts begünstigt. Die Stiele oder Ständer genannten senkrechten Pfosten werden mit den als Schwellen und Riegel bezeichneten waagerecht liegenden Balken durch Verzapfung verbunden. Dieses Gefüge erhält durch die schräg eingesetzten Streben und Bänder weitere Festigkeit. Die Einfügung von kunstvoll ausgeschnittenen Andreaskreuzen weist aber neben der reinen Zierform auch auf deren alte Schutzfunktion im Abwehrglauben hin. Meistens wird das Fachwerk nur in den Obergeschossen verwendet. Doch tritt es im nordwestlichen Sachsen unter dem stärken Einfluß Thüringens auch im Erdgeschoß auf, das sonst – wie z. B. in Mittelfrona – massiv oder – wie im Vogtland und in der Oberlausitz – als Blockbau mit Umgebinde errichtet ist. Die schönsten Beispiele finden sich im oberen Vogtland mit seiner vom Egerland her beeinflußten Bauweise, wie beispielsweise in Raun.
Die Verwendung des Baumaterials Lehm war an die natürlichen Rohstoffvorkommen gebunden. Wir finden ihn deshalb vorwiegend in der Leipziger Tieflandsbucht sowohl als mit Häcksel vermengtes Lehmstampfwerk, als auch in der Form von luftgetrockneten Lehmziegeln. Ebenso ist die Lehmstockbauweise aus dem Vogtland bekannt, wo die Wände teilweise durch Umgebindekonstruktionen entlastet wurden. Der Lehmstock erhielt häufig zur besseren Haltbarkeit außen und innen einen Kalkputzbewurf und wurde farbig getüncht. Lehm wurde aber auch zur Füllung der Zwischenräume beim Fachwerkbau verwendet. Mit dem von den Städten ausgehenden Vordringen der Massivbauweise setzte sich mehr und mehr die Verwendung der gebrannten Ziegel durch. Charakteristische Ausdrucksformen dafür finden sich besonders in den Dörfern der Niederlausitz. Einzelne Landschaftsgebiete haben ferner durch das anstehende Naturgestein im Hausbau ihr besonderes Gepräge erhalten wie die Sächsische Schweiz durch den Elbsandstein.
Die vor allem in den Gebirgsgegenden häufig zum Schutz gegen Witterungseinflüsse verschalten und mit farbigen Anstrichen versehenen Giebel sind im Osterzgebirge auch mit Schindeln oder mit Schiefer verkleidet. Durch verschiedenes Legen der Schindeln kommen ornamentale Zierformen zustande, wie auch beim Schiefer die verschiedenartigsten Muster als Bäume, Rauten, Halbsonnen oder einfache Streifen durch farbiges Absetzen vorkommen. Beispiele für kunstvoll gestaltete Schiefergiebel finden sich im Vogtland, im Osterzgebirge – so in Niederfrauendorf – und in der Oberlausitz. In Großhennersdorf und in Großschönau fallen besonders die Halbsonnen auf, während in Leutersdorf auch die Herzform vorkommt. Um 1800 hat das Schieferdach die mit Schindeln oder Stroh gedeckten Dächer abgelöst. Lediglich auf dem Gebirgskamm des Erzgebirges trifft man noch Schindeldächer an. Wiederholt treten im Vogtland bei älteren Häusern Blechdächer auf. In der neueren Zeit hat das Ziegeldach immer mehr Verbreitung gefunden.
Überblickt man rückschauend noch einmal die Breite der einem ständigen historischen Wandel unterworfenen Ausdrucksformen materieller und geistig kultureller Art, so empfindet man mit Adolf Spamer zu Recht »die in aller Vielfalt ihrer Einzelzüge zu einer unlösbaren Einheit zusammengelebte Eigenform des sächsischen Gesichtes, das Natur, Geschichte und Menschenwerk geprägt« hat.

Bernhard Sowinski

SPRACHE

Wenn man heute außerhalb Sachsens vom »sächsischen« Dialekt spricht, meint man meistens die Umgangssprache der Bewohner des einstigen Königreiches und Landes Sachsen, die man – zur Unterscheidung vom Niedersächsischen – in Fachkreisen als *obersächsisch* bezeichnet. Im Norden, Westen und Süden Deutschlands wird dieses weich gesprochene Idiom häufig als eine Form der Verzerrung der deutschen Hochsprache angesehen und nachsichtig belächelt, ohne daß man ahnt, daß diese »Ähnlichkeit« mit ihr das Ergebnis eines langen Entwicklungsprozesses und somit geschichtlich bedingt ist und nicht auf einer Nachlässigkeit der Sprecher beruht.

In dieser historischen Entwicklung und strukturellen Eigenart unterscheidet sich das Obersächsische erheblich von anderen deutschen Dialekten. Es zählt nicht – wie das Fränkische, Alemannische, Bairische, Thüringische und Niederdeutsche – zu den »Altdialekten« jener westgermanischen Stämme, die sich in einer wechselvollen Geschichte zum Volk der Deutschen zusammengefunden hatten, sondern ist als *Siedlersprache* der einstigen Mark Meißen und einiger angrenzender Gebiete erst im Laufe des Hochmittelalters und Spätmittelalters entstanden. Dabei erfolgte die Besiedlung dieses Gebietes nicht wie in der germanischen Völkerwanderung durch geschlossene Stammesgruppen, sondern – wie bei der deutschen Ostkolonisation des Mittelalters üblich – in kleinen Gruppen aus dem westlicheren und südlicheren Altsiedelland, die sich – durch *Lokatoren* im Dienste der meißnischen und ihrer benachbarten weltlichen und geistlichen Fürsten angeworben – sowohl in den bereits von slawischen Sorben (Wenden) bewohnten »Offenlandschaften« als auch in den kaum bewohnten Waldlandschaften niederließen, eigene Dörfer und Städte gründeten (mit deutschen Ortsnamen auf -burg, -berg, -bach, -grün, -stein, -hain, -walde, -rode u. ä.) oder sich bereits vorhandenen sorbischen Siedlungen (mit slawischen Ortsnamen auf -itz, -itzsch, -ow (au) u. ä.) zugesellten.

Die Folge war eine jahrhundertelange Mischung und Angleichung der verschiedenen Siedlermundarten, mitunter auch mit der sorbischen Substratsprache, zu neuen Mundarten, die in einzelnen Landschaften, auch in den sich rasch entwikkelnden Städten sprachliche Dominanzen bestimmter Mundartmerkmale bedingten. Die Dialektforschung, die seit den späteren zwanziger Jahren insbesondere durch Theodor Frings und seine Schüler von der Universität Leipzig aus betrieben wurde, hat inzwischen eine Reihe von Erkenntnissen über die obersächsischen Mundarten erbracht, die deren Entstehung, Entwicklung und Gliederung in prägnanter Weise deutlich werden ließen.

Dabei kann sie sich auch heute noch auf ältere Forschungsarbeiten wie auf die Belege und Karten des Deutschen Sprachatlasses (DSA) und des Deutschen Wortatlasses (DWA) ebenso stützen wie auf neuere Arbeiten aus Frings' Schülerkreis.

Die dialektgeographischen Forschungsinstrumente des DSA und des DWA verdeutlichten als wichtiges Ergebnis die Abgrenzung von Dialektmerkmalen im geographischen Raum durch Linien *(Isoglossen)* und Linienbündel. Auch für den sächsischen Raum wurden auf diese Weise Dialektgrenzen sichtbar gemacht.
Aus diesen Forschungen ergibt sich zunächst, daß die mitteldeutschen Altlande, Thüringen vor allem, aber auch Hessen und in geringerem Maße die Rheinlande und Flandern, Ausgangspunkt der Besiedlung Sachsens waren. Der thüringische Spracheinfluß war bereits im Spätmittelalter, als die thüringischen und sächsischen Gebiete der Wettiner eine politisch-rechtliche Einheit bildeten, so groß, daß von einer *thüringisch-obersächsischen Spracheinheit* gesprochen werden kann. Neben dem West-Ost-Siedlerstrom in die einstige Mark Meißen muß es – den sprachlichen Befunden zufolge – einen Südwest-Nordost-Strom aus dem ostfränkischen und bairischen Gebiet in das Vogtland und Erzgebirge sowie in das nördliche Gebirgsvorland gegeben haben, der in mundartlichen Eigenheiten dieser Gebiete noch heute erkennbar ist.
In geringerem Maße sind auch Siedler aus dem flämischen und niederdeutschen Sprachgebiet nach Sachsen gezogen und haben hier ihre Sprachspuren hinterlassen, besonders in den nördlichen Gebieten Sachsens (vgl. die Hügellandschaft des *Fläming*). Die Besiedlung Obersachsens aus unterschiedlichen Gebieten führte zur Ausbildung folgender obersächsischer Mundartgebiete: 1. des Osterländischen, 2. des Meißnischen (mit West-, Nord-, Südost- und Südmeißnisch), 3. des Altenburgischen, 4. des Vogtländischen, 5. des Erzgebirgischen (mit West- und Osterzgebirgisch), 6. des Lausitzischen (mit West-, Ober- und Neulausitzisch).
In aller Kürze sollen diese Mundarten an einigen auffallenden Merkmalen gekennzeichnet werden, wie sie noch vor einigen Jahrzehnten üblich waren, heute aber zum Teil schon geschwunden sind.

1. das *Osterländische* im Gebiet eines ursprünglich niederdeutschen und flämischen Siedlungsanteils wird nördlich der Linie Weißenfels – Elsterwerda gesprochen, wobei allerdings heute der Raum Leipzig bereits starke Abweichungen vom ursprünglichen Osterländischen aufweist. Als wichtigstes Merkmal werden die »weiche« (stimmhafte) Aussprache des K (Kind: *Gind,* Kerl: *Gerl,* Kaffee: *Gaffee*) und die j-Aussprache des g angesehen (gegangen: *jejange*), deren Herkunft aus dem Rheinischen erklärt wird. Daneben hat das Osterländische viele Eigenheiten mit dem Meißnischen gemeinsam: z. B. den Ersatz vom mittelhochdeutschen *ei* durch *ee* (kein: *keen,* Stein: *steen*), vom mittelhochdeutschen *au* durch *oo* (Baum: *Boom,* laufen: *loofen*), die Gutturalisierung von *nd* zu *ng* (hinten: *hingne*, gefunden: *jefungen*), den t-Ausfall in ‚alte' (*aale*), die Erhöhung von *e / ö* zu *ii* (schön: *schiin*) und von *oo* zu *uu* (rot: *ruut*), den Ersatz von *pf* durch *f* (Pferde: *Ferde*), die Entrundung von *ö* zu *e, ü* zu *i, äu / eu* zu *ei.*

2. Das *Meißnische* macht den größten Teil der obersächsischen Dialekte aus. Im großen sächsischen Binnenraum zwischen dem Osterländischen im Nordwesten, dem Brandenburgischen im Norden, dem Lausitzischen und Schlesischen im Osten, dem Erzgebirgischen im Süden, dem Vogtländischen im Südosten und dem Altenburgischen im Westen gelegen, bildet es die Kernlandschaft dieser Mundartengruppe. Gemeinsame Merkmale des Meißnischen sind bzw. waren

neben der zahlreichen mitteldeutschen Mundarten eigenen Verschiebung von germanischem *p* im Anlaut zu *f* (pund: *fund* statt hochdeutsch Pfund), perd: *ferd* (statt hochdeutsch Pferd), die ursprünglich niederdeutschen Monophthonge z. B. in Kleid: *Kleed*, Baum: *boom*, Frau: *fraa*, die Erhöhung von langem *e* zu *ii*, z., B.: Schnee: *Schnie*, Weh: *Wieh*, schön (scheen): *schien*, hört (heert): *hiert*, die Erhöhung von *o* zu *u* z. B. in Ochsen: *Uksen*, gebrochen: *gebruchen*, hoch: *huuch*, groß: *gruuß*, die Senkung von *e* zu *a* z. B. in schlecht: *schlacht*, pfeffer: *pfaffer*, die Gutturalisierung von *nd*, *nt* zu *ng* in: hinten: *hing*, unten: *ung*, die Form *troiche* für »trocken«, *nau* für »neu«.
Durch verschiedene andere Isoglossenbündelungen zeichnen sich hier weitere Teilgebiete ab:

a) das *Nordmeißnische* (im Raum zwischen Grimma, Oschatz, Riesa, Großenhain im Norden; Rochlitz, Waldheim, Döbeln im Süden). Nur nordmeißnisch sind bzw. waren die Kontrahierungen von age zu *oi*, z. B. in: Wagen: *woin*, gesagt: *gesoit*, schlagen: *schloin*, fragen: *froin* und von ige zu *ei*, z. B. in: kriegen: *krein*, steigen mittelhochdeutsch, stîgen): *stein*, sowie die Erhaltung des *eu* in Scheune: *schoine*, teuer: *toier*, Beutel: *boitel*.

b) das *Südostmeißnische* (etwa zwischen Meißen, Freiberg, Altenberg, Bad Schandau, Bischofswerda): Es kennt z. B. statt der *oi*-Formen bei »Wagen, gesagt, schlagen« hier ein dumpfes *a*: *Waan*, *gesaat*, *schlaan*. Öfter findet sich hier auch die oberdeutsche Diminutivendung *-l* statt des mitteldeutschen *-chen*, z. B. Stückchen: *Stickl*, bißchen: *bißl*, wie auch die oberdeutsche p-Verschiebung bei *pfund* und *pferd* üblich ist. Mit den übrigen obersächsischen Mundarten (mit Ausnahme des Nordmeißnischen in bestimmten Fällen, s. o.) hat es auch die *Entrundung* von *ö* zu *e*, *ü* zu *i* und *eu/äu* zu *ei* gemeinsam. Schließlich hört man gelegentlich auch oberdeutsch *ni* statt mitteldeutsch *nich*. Der Einfluß Dresdens führt hier jedoch zu immer häufigeren Angleichungen an die hochdeutsche Standardnorm.

c) das *Südmeißnische* (etwa im kleinen Dreieck zwischen Roßwein, Freiberg und Frankenberg), ein Gebiet, das noch den oberdeutschen *e* Abfall der Endsilben kennt, z. B. in Sprache: *sprooch / spraach*; Woche: *wuch / woch*; Gänse: *gäns*; alle: *all*; braune: *braun*; gegen östlicheres *ni* und südlicheres *net* aber mitteldeutsches *nich* behauptet. Die Isoglossen sind aber gerade in diesem Gebiet - wohl unter Einfluß von Chemnitz – in ständiger Bewegung, wie etwa die Angaben über »steuern« und »Weg« und »hin/hen« bei R. Große und G. Bergmann zeigen.

d) das angrenzende *Westmeißnische* (westlich und südlich der Linie Grimma, Rochlitz, Waldheim etwa) erweist sich mehr als eine Übergangszone zwischen dem Altenburgischen (dessen *nau* es bewahrt) und den angrenzenden Mundartlandschaften.

3. das *Altenburgische*, der Dialekt in den Gebieten um Altenburg, Meuselwitz, Schmölln, Gößnitz, steht zwischen den thüringischen und den meißnischen Dialekten wie zwischen dem osterländischen und vogtländischen Einfluß. So schließt es sich mit dem Kurzvokal in *ebber* (für über) und der *nd*-Gutturalisierung in *hing* (für »hinten«) und *ong* (für »unten«) sowie im langen *o* für mittel-

hochdeutsch *ou* (z. B. *boum* für »Baum«) dem nördlicheren Einflußbereich an; im Zwischenlaut zwischen langem *o* und langem *a* in *fra* (Frau) dagegen nähert es sich dem Vogtländischen mit *fraa* für »Frau« gegen nördlicheres *fro*. Häufig begegnen wir auch Senkungen eines *e* zu *a* (z. B. Leben: *Laam*, merke: *marke*, her: *haar*) auch dort, wo hochsprachliches *i / ü* im Umlaut zu *e* gesenkt wurde (Kirche: *Karche*, Würmer : *Warmer*). Das hochsprachliche *a* erscheint dagegen oft als *o* (Bart: *bord*, Hand: *hond* usw.).

4. das *Vogtländische* (etwa zwischen Greiz, Mühltroff, Adorf, Klingenthal, Kirchberg). Hier zeigt sich der mainfränkische und nordbairische Siedlungseinfluß neben einem anderen »Tonfall« in einigen charakteristischen Mundartmerkmalen: der Verschiebung von germanischem *p* zu *pf* (*apfl*, *epfl*), dem *n*-Ausfall bei Mann (*ma*), Wein (*wai*) u. ä., der Verneinungsform *net*, der *e*-Apokope bei Leute (*leut*), alle (*all*), Gänse (*gäns*), der Diphthongierung von hoch (*huech*) der älteren Form für ohne (*aan*), dem *e*-Ausfall in der Vorsilbe *ge*-: gesagt: *gsagt* u. a. m.

5. das *Erzgebirgische* schließt sich östlich an das Vogtländische an und reicht etwa bis Altenberg, wobei das Westerzgebirgische im Dreieck zwischen Zwickau, Klingenthal und Olbernhau das größere Gebiet ausmacht. Die Flußtäler des Erzgebirges sind seit dem 12. Jahrhundert zunächst von Rodungsbauern von Nordwesten her besiedelt worden, im 15. und 16. Jahrhundert lockte der Silberbergbau viele Zuwanderer aus Franken, Ober- und Niedersachsen ins Land. Das *Erzgebirgische* in seiner Eigenart, die auch literarisch fixiert worden ist, beruht so auf einer alten Mischmundart. Vom Oberdeutschen kennt es die *e*-Apokope und den *n*-Ausfall (Leute: *lait*, Gänse: *gens*); den *e*-Ausfall in *ge*- und *be*-Vorsilben (gesagt: *gsogt*, bestellen: *bsteln*, behalten: *phalen*), beachtet dagegen nur das *Osterzgebirgische*. Das *Westerzgebirgische* bewahrt *e* nicht nur in den Vorsilben, sondern auch, wie das Mittelhochdeutsche, in Wörtern wie glauben (*gelaan*) Glocke (*gelog*), Glück (*gelick*), aber auch: glitzern (*gelitsern*), Glas (*gelas*). Ferner gilt für das Westerzgebirgische: *-gen* wird zu *-ng*: Augen: *aang*, legen: *leng*, fliegen: *fling*; *ou* wird zu *aa*: Baum: *baam*, Kaufen: *kaafn* (osterzgebirgisch: *kääfn*), ei zu *aa*: Kleid: *klaad*, j wird zu g: Junge: *gung*, Jäger: *gaacher*, e zu *a* (Schwester: *schwaster*, schlecht: *schlacht*), oo zu *uu* (Lohn: *luun*, Brot: *bruut*), ee / ö zu *ii* (schön: *schii*, gehen: *gii*, aber: *schnee*).
Einsilbige Wörter, die auf Konsonanten auslauten, wurden gedehnt: Topf: *doob / duub*; altes zwa wird mehr und mehr durch das obersächsische *zwee* ersetzt. Zum Mitteldeutschen gehört das Erzgebirgische auch durch unverschobenes *p* im Inlaut (apl) und Auslaut nach Konsonant (*strump*).

6. das *Lausitzische*. Mit den drei Mundarten *Oberlausitzisch* (zwischen Sebnitz, Löbau und Zittau), *Westlausitzisch* (um Kamenz und Bischofswerda) und *Neulausitzisch* (im Sorbengebiet um Bautzen) bildet die Lausitz die östlichste Mundartenlandschaft Sachsens. Wegen seiner jahrhundertelangen Zugehörigkeit zu Böhmen und Schlesien hat sie eine recht eigenständige Prägung seiner Mundarten entwickelt, die Merkmale aus dem Schlesischen wie (in zunehmendem Maße) aus dem Obersächsischen aufweisen. So entspricht etwa dem obersächsischen Lautwandel von e zu *a* hier vor *ch*, *k*, *g*, *lt*, *ld*, *nt*, *nd* ein solcher von e zu *aj* (z. B. recht:

rajcht, Ente: *Ajnte*), »in« erscheint als *ei* oder *a* (in die Stadt; *ei/a de schtat*), die Verkleinerungsform ist *-l* wie im Schlesischen und allen südsächsischen Dialekten, gelegentlich aber auch *-chl*; *ok* erscheint anstelle von »nur«, *nö* oft statt »nicht«, *a brinkl* statt »ein bißchen«, *a* wird häufig zu *o*, pf erscheint verschoben; die mittelhochdeutschen Diphthonge *uo,üe*, und *ie* erscheinen als kurze Monophthonge, besonders vor t: *gutt* (guot), *hüttl* (hüetl), *sitt* (sieht). »hinten« erscheint in der südlichen Oberlausitz nicht gutturalisiert, jedoch mit Dentalausfall *(hinn)*, im Norden als *hing*, westlich als hinten.
Der sächsische Mundartenraum hat neben dem Ausgleich der Siedlermundarten schon im Spätmittelalter Ausgleichsbewegungen erlebt, die – unter thüringischem und oberdeutschem Einfluß – besonders in den Städten zu Vereinheitlichungen in der Schrift – und wohl auch in der Umgangssprache führten. Auf dieser *thüringisch-obersächsischen Verkehrssprache* baute im 16. Jahrhundert die sächsische Kanzleisprache auf, der, nach einem Zitat in den »Tischreden«, Martin Luther bei seinen Bibelübersetzungen und deutschen Schriften folgte. Luther, der gleichzeitig »dem Volk aufs Maul schaute«, verwendete zwar kein »Kanzleideutsch«, wohl aber eine volksnahe Schriftsprache, die (neben ober- und niederdeutschen Einflüssen) weitgehend der seines thüringisch-obersächsischen Lebensraumes entsprach. Daraus wird verständlich, daß das Lutherdeutsch und die dadurch beeinflußte Schriftsprache der obersächsisch-thüringischen Verkehrssprache besonders nahestand, was von keiner anderen landschaftsgebundenen Umgangssprache gesagt werden kann. Im 17. und frühen 18. Jahrhundert galt daher die obersächsische Aussprache des Deutschen in weiten Teilen Deutschlands als die ideale Aussprachenorm, die dem Motto »Sprich, wie du schreibst« am ehesten entsprach. Deutlich abgehoben davon wurden allerdings die sächsischen *Landmundarten*, deren Eigenheiten hier an Beispielen aufgezeigt wurden.

Mit dem Siebenjährigen Krieg (1756-63) und dem politischen Niedergang Sachsens bahnte sich eine Wende in der Bewertung der obersächsischen Aussprache an. Mit der zunehmenden Vorrangstellung Preußens erfuhr auch die niederdeutsch bestimmte Aussprache des Schriftdeutschen, wie sie in Norddeutschland üblich geworden war, eine zunehmende Hochschätzung, bis sie 1898 im ersten deutschen Aussprachewörterbuch, der »Deutschen Bühnenaussprache« von Theodor Siebs, endgültig sanktioniert wurde.
Das *Obersächsische* jedoch, das nun als verzerrtes Hochdeutsch wirkte, mußte es sich gefallen lassen, daß es im 19. Jahrhundert in der trivialen Bliemchen-Literatur und im 20. Jahrhundert in den Ulbricht-Parodien außerhalb Sachsens zum Instrument sprachlicher Komik gemacht wurde. Die zunehmende Industrialisierung hatte hier ohnehin im Umkreis der großen Städte Leipzig, Dresden und Chemnitz zur Umwandlung der älteren Mundart in regionale *Umgangssprachen* geführt und ältere mundartliche Eigenheiten schon teilweise verdunkelt – ein Prozeß, der in den vergangenen Jahrzehnten auch auf konservativere Dialektgebiete übergegriffen hat, so daß heute vielfach nur noch von einer *sächsischen Umgangssprache* (Altenburger o. a. Prägung) gesprochen werden kann.

Georg Hermanowski

LITERATUR

Reizvoll wäre es, mit den »Merseburger Zaubersprüchen« zu beginnen; doch damit wäre die Grenze nach Sachsen-Anhalt überschritten. Gewiß, Grenzen sind fließend im Bereich der Kultur; immer wieder kommt man zu dieser Feststellung, wenn man sächsischem Literaturschaffen auf die Spur geht. Hier gilt es nicht, Literaturgeschichte zu schreiben. Schlaglichter sollen Momente erhellen, die den Beitrag des Landes Sachsen in wesentlichen Zügen festlegen. Die Vogelperspektive fordert Beschränkung auf Unumstrittenes. So sei mit der lapidaren Feststellung begonnen:
»Die Sprache der »Meißnischen Kanzleien« wurde durch Luthers Bibelübersetzung zur Schriftsprache ganz Deutschlands.« Eine Leistung ohnegleichen!
Zur Zeit des Minnegesanges begegnen wir *Heinrich von Morungen* und *Heinrich von Meißen*, genannt Frauenlob. Ihre Beiträge zählen zur Hochblüte, können sich als Auftakt einer Landeskultur sehen lassen.
Zwei Dichterwerke aus der ersten Hälfte des 17. Jahrhunderts stehen im unmittelbaren Zusammenhang mit dem Dreißigjährigen Krieg. *Paul Fleming* aus Hartenstein im Erzgebirge (1609-1640), der bedeutendste Opitz-Schüler, der persönlichste Barockdichter, ein Dr. med., 1631 zum Dichter gekrönt, weinte mit Andreas Gryphius »Tränen des Vaterlandes«. Seine »Neujahrsode von 1633« begann er mit der Klage:

O, du zweimal wüstes Land
von der Feinde böser Hand,
auch, du liebes Meißen, du,
wie bist du gerichtet zu!

Wer damals von Meißen sprach, meinte damit Sachsen.
Zum Dankfest des Westfälischen Friedens am 10. Dezember 1648 schrieb der aus Eilenburg stammende Kantor, später Pfarrer, Poeta laureatus, der Autor des Lutherdramas »Der eislebische christliche Ritter«, der Kirchenliederdichter *Martin Rinckart* (1586-1649) das bis heute gesungene Dankgebet:

Nun danket alle Gott
mit Herzen Mund, und Händen,
der große Dinge tut
an uns und allen Enden.

Im 18. Jahrhundert ging von Sachsen die Reform des Theaters aus. Die erste große deutsche Schauspielerin, zugleich Stückeschreiberin, *Friederike Karoline*

Neuberin, geborene Weißenborn, aus Reichenbach im Vogtland (1697-1760) erlebte im Juni 1734 auf dem Leipziger Schauplatz die Uraufführung ihres »Deutschen Vorspiels«. Ein Ereignis nicht nur für die sächsische Theatergeschichte.
Der große Reformer aber war zugleich Sachsens größter Dichter, *Gottfried Ephraim Lessing* aus Kamenz (1729-1781). Sinngedichte begann er – in der Nachfolge des Schlesiers Friedrich von Logau – mit dem – durchaus berechtigten – Appell an den Leser:

Wer wird nicht einen Klopstock loben?
Doch wird ihn jeder lesen? – Nein!
Wir wollen weniger erhoben,
Doch fleißiger gelesen sein.

Lessings Dichtung war im Gegensatz zur Erlebnisdichtung seiner Zeit rein geistigen Ursprungs. Vor allem lag ihm daran, den Dialog zur höchsten Kunstform zu entwickeln, die Sprache aufs Äußerste zu präzisieren. In seinem Anti-Goeze finden wir das Bekenntnis: »Ich kenne keinen blendenden Stil, der seinen Glanz nicht von der Wahrheit mehr oder weniger entlehnt. Wahrheit allein gibt echten Glanz.« Lessing wollte ein Anwalt der Wahrheit sein, wobei ihm das Streben nach der Wahrheit mehr galt als ihr Besitz.
Er schrieb die »Parabel der Humanität«: »Nathan der Weise«, mit der berühmten Ringerzählung. Versöhnung aller Religionen, aller Menschen war sein Ziel. Er strebte ein Urchristentum an, ein Christentum der Nächstenliebe, zu dem er alle Menschen führen wollte. 1780 erschien Lessings »Erziehung des Menschengeschlechtes«, schmal, doch überaus bedeutsam für sein Schaffen, ausklingend in das Bekenntnis: »Was habe ich denn zu versäumen? Ist nicht die ganze Ewigkeit mein?« Er stellte darin die Hoffnung über den Glauben. Als »einziger deutscher Aufklärer von Rang«, als »Begründer der modernen Literatur«, als Kritiker, der der Literaturkritik erstmals Maßstäbe setzte und sie aus der provinziellen Enge befreite, ging er in die Literaturgeschichte ein. Als Künder der Humanität auf den deutschen Bühnen lebt er in seinem »Nathan« fort.
Nur 22 Jahre wurde der aus Dresden stammende erfolgreiche Hoftheaterdichter *Theodor Körner* (1791-1813) alt. Seine einst bühnenwirksamen Stücke sind vergessen; nur der patriotische Dichter der Freiheitsbewegung lebt noch fort. Die aus dem persönlichen Erleben gestalteten Lieder von »Leyer und Schwert« verraten Temperament und Begeisterung, die ihn im Lützowschen Korps zum frühen Tod führten.
In Körners Todesjahr wurde in Leipzig der »Schöpfer des Gesamtkunstwerks« *Richard Wagner* (1813-1883) geboren. Unter dem Einfluß Friedrich Nietzsches und Arthur Schopenhauers war er bemüht, die griechische Tragödie auf »germanisch-mittelalterlichem Boden« zu erneuern. Die Romantik der Zeit kam ihm dabei zugute. Er entwickelte die Idee des Gesamtkunstwerkes, in das Drama, Tanz, Musik einbezogen sein sollten. Als Schöpfer großer Bühnenweihspiele vereinte er kompositorische mit dichterischen Fähigkeiten, schrieb seine Texte selbst, dem musikalischen Schaffen durchaus ebenbürtig.
Wie die Tragödie ihr Satirspiel, hat auch die Dichtung ihren poeta ludens. Ein solcher war *Hans Bötticher* aus Wurzen an der Mulde – an der Wurze, wie er sie

nannte –, bekannt geworden unter dem Namen Ringelnatz (1883-1934). Seit dem sechsten Lebensjahr zeigte er sich »der Dichtkunst auf höchst eigenwillige Weise zugetan«. Als reisender Vortragskünstler, später als Hausdichter des »Simpl« war er bemüht, »sinnlose Gedanken folgerichtig zu Ende zu denken«. In seinem Tiefsinn lag Humor. Seine Sprache war die des kindlichen Herzens. »Die einfachsten Dinge behängte er mit Flitter und Glanz einer Poesie, die mit der Welt der Erscheinungen vollkommen willkürlich und selbstherrisch umging und nur allzugern einen Purzelbaum schlug und den Leser in toller Lust und Laune in ein unbeschwertes Traumland entführte.« Ernst Alker nannte seine Gedichte »Manifeste einer grotesken Existenz«. Das Gedicht »Leipzig« schließt er mit der Mahnung:

Es ist doch billig, über die Sachsen zu lachen.
Der müßte selbst ein
(und würde kein) Sachse sein,
Der einmal recht ihre Vorzüge sagt.

Zu den literarischen Strömungen des 20. Jahrhunderts hat das Land Sachsen seinen Beitrag geleistet. Mit dem Lyrik-Band »Arbeiterseele« trat der aus Loschwitz bei Dresden kommende *Max Barthel* (1893-1975), ein ungelernter Fabrikarbeiter, erstmals als Arbeiterdichter hervor. Dem Band folgten Erzählungen, anfangs im Sinne der in Leipzig begründeten Arbeiterbewegung, später vorübergehend dem Nationalsozialismus zugewandt.
Mit dem Drama »Schlageter« trat 1933 der aus Seerhausen bei Riesa stammende *Hanns Johst* (geb. 1890) in die vorderste Reihe der dem nationalsozialistischen Regime verschworenen Autoren. Während des Dritten Reiches war er Präsident der Reichsschrifttumskammer und der Deutschen Akademie der Dichtung.
Aus Dresden kam der zeitkritisch-satirische Schriftsteller *Erich Kästner* (1899-1974), der in Versen und Prosa rücksichtslos mit treffsicherem Witz spießbürgerliche Moral, Militarismus und Faschismus anprangerte. Seine Bücher wurden 1933 öffentlich verbrannt und verboten. Nach 1945 wurde er Feuilletonredakteur und Mitglied des Münchner Kabaretts »Die Schaubude«. In seinem ergreifenden »Nachruf auf eine Stadt« (Dresden) schreibt er:
»Ich habe mitten in dieser endlosen Wüste gestanden und wußte nicht, wo ich war. Zwischen zerbrochenen, verstaubten Ziegelsteinen lag ein Straßenschild. ›Prager Straße‹ entzifferte ich mühsam. Ich stand auf der Prager Straße?
Auf der weltberühmten Prager Straße? Auf der prächtigsten Straße meiner Kindheit? Auf der Straße mit den schönsten Schaufenstern? Auf der herrlichsten Straße der Weihnachtszeit? Ich stand in einer kilometerlangen, kilometerbreiten Leere. In einer Ziegelsteppe. Im Garnichts.«
Autoren aus dem Land Sachsen schreiben heute diesseits und jenseits der Mauer. Zwei von ihnen kamen 1957/1958 in die Bundesrepublik Deutschland, beide zeitkritische Prosaiker von Rang, Lyriker und Essayisten; aus Dresden stammend *Peter Jokostra* (geb. 1912), aus Gablenz im Vogtland *Gerhard Zwerenz* (geb. 1925), der in seinem Buch »Die Liebe der toten Männer« den Aufstand in der DDR vom 17. Juni 1953 romanhaft gestaltet hat. Ebenfalls aus der DDR, wenn auch später, kam *Rainer Kunze* (geb. 1933 in Oelsnitz im

Erzgebirge), der durch bestechende Kurzprosa eine große Leserschaft gewann.
Bedeutendster Vertreter der »mittleren Generation« ist *Peter Härtling* (geb. 1933 in Chemnitz), der 1964 einen Roman um Nikolaus Lenau, »Niembsch oder Der Stillstand«, veröffentlich hat. Zu den bekanntesten Autoren, die in der DDR wirkten, zählen die drei Chemnitzer *Stefan Heym* (geb. 1913), *Stephan Hermlin* (geb. 1915) und *Rolf Schneider* (geb. 1932), ferner *Dieter Noll* aus Riesa (geb. 1927) und *Karl Mickel* aus Dresden (geb. 1935).
Einen besonderen Raum in der sächsischen Literaturgeschichte nehmen die »volksnahen« Schriftsteller ein, die es durchweg zu beachtlichen Auflagen brachten. Ihre Reihe beginnt mit dem Predigersohn *Christian Fürchtegott Gellert* aus Hainichen (1715-1769), der mit seinen mittelmäßigen Fabeln und Erzählungen »mit belehrendem Inhalt und von gesundem Humor durchzogen« eine erstaunliche Breitenwirkung erzielte und 1747/48 den ersten »bürgerlichen Roman« (Das Leben der schwedischen Gräfin von G.) in Deutschland veröffentlichte. Fast zur selben Zeit schrieb *Gottlieb Wilhelm Rabener* aus Wachau bei Leipzig (1714-1771), den man den »deutschen Swift« nannte, seine bürgerlichen Satiren, prangerte darin individuelle Schwächen und Modetorheiten an. Beide Autoren waren Schüler der Fürstenschule Meißen.
Karl May muß in diesem Zusammenhang genannt werden. Der Ernstthaler (1842-1912) schrieb über 60 Abenteuerromane, in denen er die »Moral des Edelmenschen« pries und den Sieg des Guten über das Böse verherrlicht. Mit starker Faszinierungskraft wußte er jung und alt in seinen Bann zu ziehen; seine Bücher wurden in viele Sprachen übersetzt, immer neu aufgelegt und auch verfilmt. *Kurt Arnold Findeisen* aus Zwickau (1883-1963) war der eigentliche »Heimatschriftsteller« Sachsens. Er schrieb eine Reihe volkstümlicher Romane, im Mittelpunkt seine Heimat, deren Grenzen er allein in seinen ebenfalls volkstümlichen Musikerromanen zu sprengen vermochte.
Doch nicht allein die Söhne eines Landes bestimmen dessen Beitrag zum Kulturpatrimonium. Auch der Schaffensraum als solcher meldet sich zu Worte. So soll abschließend – wenn auch kurz – auf die beiden wichtigsten Literaturzentren des Landes Sachsen verwiesen werden: *Leipzig und Dresden*. An der Leipziger Universität lehrte der vor den Werbern des preußischen Soldatenkönigs aus seiner ostpreußischen Heimat geflüchtete *Johann Christoph Gottsched* (1700-1766), der »allmächtige Lehrmeister des Geschmacks« und Wegbereiter der deutschen Klassik. Als Erzieher zur Literatur und Rhetorik wirkte er in Leipzig hochgeachtet und auch umstritten, machte die Stadt zum deutschen Zentrum der Sprach- und Literaturpädagogik und zu einer beachtenswerten Stätte der Aufklärung. Er war der erste Professor für Poesie. Klopstock schrieb hier die ersten drei Gesänge seines »Messias«; weiter verzeichnete die Universität Lessing, Goethe und Jean Paul als ihre großen Schüler.
In Loschwitz bei Dresden entstand Friedrich Schillers Don Carlos – »Geben Sie Gedankenfreiheit, Sire!«. Ernst Theodor Amadeus Hoffmann schrieb in Dresden den »Goldenen Topf«; Heinrich von Kleist und Ludwig Tieck weilten längere Zeit im »Elb-Florenz«; für die Romantiker Wackenroder, Novalis, Schelling war die Stadt ein Anziehungspunkt, wie auch Winckelmann hier seine entscheidende Prägung erhielt.

So rundet sich der Beitrag des Landes Sachsen zur deutschen Literatur – nahezu untrennbar verflochten mit dem Beitrag zur bildenden Kunst und zur Musik. Wurde eingangs die Sprache der Meißnischen Kanzleien als die Grundlage der deutschen Schriftsprache erwähnt, so kann abschließend festgestellt werden, daß die literarische Leistung der Söhne des Landes Sachsen – vermehrt um die Leistung jener, die das Erleben dieses Landes prägte – sich als Mosaikstein zur deutschen Literatur und zum deutschen Geistesleben schlechthin sehen lassen kann.

Klaus Edgar Herfurth

BUCHHANDEL UND PRESSEWESEN

Eine Reihe von Faktoren hat dazu geführt, daß Sachsen vom 17. Jahrhundert an bis tief ins 20. Jahrhundert eine einzigartige Sonderstellung einnahm, und innerhalb Sachsens wiederum die Stadt *Leipzig*. 1481, vier Jahrzehnte nach Erfindung der Buchdruckerkunst, war mit Marcus Brandis der erste Buchdrucker nach Leipzig gekommen, zur gleichen Zeit finden wir dort die ersten Buchhändler oder Buchführer, wie man damals sagte, Peter Drach und Stefan »Buchführer«, der wahrscheinlich Stefan Fischer hieß.

1497 gab Kaiser Maximilian I. Leipzig ein Privileg für drei Handelsmessen im Jahr, zu Neujahr, zu Ostern und zu Michaelis, und 1507 gab ihm derselbe Kaiser das Stapelrecht für einen Umkreis von 15 Meilen, Dresden, Magdeburg und Erfurt fielen in diesen Umkreis. Hatte sich die streng katholische Haltung des Herzogs Georg des Bärtigen in der Frühzeit der Reformation nachteilig für die Buchproduktion in Sachsen ausgewirkt, so förderte die Einführung des lutherischen Glaubens durch dessen Nachfolger Heinrich den Frommen 1539 schlagartig die Ausbreitung des gedruckten Schrifttums in Sachsen.

Einige besondere Umstände kamen nun Leipzig sehr zustatten. In der Frühzeit des Handels mit gedruckten Büchern hatte Frankfurt am Main dank seiner günstigen Lage eine überragende Position. 1569 entstanden gleichzeitig in Frankfurt die kaiserliche, in Sachsen die kursächsische Bücherkommission; wesentliche Aufgabe waren Zensur und Verbot unerwünschter Bücher. Die Frankfurter Bücherkommission erwies sich bald als engherzig, der lutherische Rat der Reichsstadt fügte sich bald Anordnungen, die einseitig das katholische Schrifttum begünstigten, um nicht manche Vorteile wie die Kaiserwahl, die Kaiserkrönung und andere zu gefährden. Die sächsische Bücherkommission war liberaler, der Rat der Stadt Leipzig förderte mit allen Kräften den Buchhandel und so verlor Frankfurt langsam seine europäische Vormachtstellung im Buchhandel an das gleichfalls verkehrsgünstig gelegene Leipzig. Waren 1616 zum ersten Mal mehr Bücher in Leipzig als in Frankfurt verlegt worden, so gewann Frankfurt vorübergehend den Vorrang zurück, da es im Dreißigjährigen Krieg als Reichsstadt geschickt lavierend neutral blieb, indes Leipzig in der zweiten Hälfte dieses Krieges Schwerstes zu erdulden hatte, und die schwedische Besatzung (ab 1642) erst zwei Jahre nach dem Westfälischen Frieden 1650 abzog. Um so erstaunlicher war der Wiederaufstieg in 30 Jahren. Ab 1681 wurden ständig in Leipzig mehr Bücher als in Frankfurt verlegt, der 1564 von Georg Willer begründete Frankfurter Meßkatalog ging 1749 ein, der 1594 vom Buchhändler Henning Grosse in Leipzig begründete Leipziger Meßkatalog florierte bis 1860, wo Christian Gottlob Kaysers Bücherverzeichnis die bisherigen Kataloge erübrigte. 1764 besuchte Philipp Erasmus Reich, der Teilhaber der Firma Weidmann und führende deutsche Buchhändler seiner Zeit, zum letzten Mal die Frankfurter Buchmesse und erklärte dann, er habe diese Messe sozusagen begraben. Damit war Leipzigs Monopolstellung im deutschen Buchhandel auch äußerlich definitiv entschieden und blieb bis zum Zweiten Weltkrieg unangefochten.

Mit der Stadt Leipzig waren schon im 17. Jahrhundert die glänzendsten Namen des deutschen *Buchhandels* verbunden. Henning Grosse aus Halberstadt (1553-1621) begründete sein Unternehmen 1577 in Leipzig – daß er der Initiator des Leipziger Meßkatalogs war, ist schon erwähnt. Er starb als gewählter Bürgermeister von Leipzig, drei seiner Söhne, Enkel, Urenkel und Ururenkel von ihm wurden Buchhändler. Sein Ururenkel Johann Georg Beyer verkaufte den Verlag des Meßkatalogs 1759 an die Weidmannsche Buchhandlung, den übrigen Verlag an Nathanael Frommann in Züllichau, später in Jena. Thomas Schürer (1563-1615) begründete einen Verlag, den sein Schwiegersohn Matthias Götz und sein Enkel Thomas Matthias Götz fortführten; des letzteren Tochter Catharina Margaretha heiratete in erster Ehe 1666 den Buchhändler Johann Fritsch († 1680), in zweiter Ehe 1681 den Buchhändler Johann Friedrich Gleditsch (1653-1716). Fritsch, Vater des großen Verlegers Thomas Fritsch, wurde Stammvater aller Freiherrn von Fritsch (die das Signet von Gutenbergs Mitarbeitern Fust und Schöffer in ihr Wappen nahmen als Nachkommen vieler Buchhändler), Gleditsch, der größte deutsche Verleger des Barockzeitalters. Als Friedrich Roth-Scholz seine Bildnisse von Buchhändlern 1726 herausgab, widmete er den Band dem »unsterblichen Ruhm der Familie Gleditsch«. Der aus Speyer zugewanderte Moritz Georg Weidmann, wie Gleditsch ein Pfarrerssohn, war der dritte Mann in diesem Gestirn. Als er früh 1693 starb, heiratete Johann Ludwig Gleditsch (1663-1741), der jüngere Bruder des Johann Friedrich, die Witwe und dehnte den Verlag weiter aus, um ihn dann an seinen Stiefsohn Moritz Georg Weidmann jun. (1686-1743) weiterzugeben, der, von Kaiser Karl VI. mit einer goldenen Kette begnadet und kursächsischer Hof- und Akzisrat, oft Sprecher der Leipziger Buchhändler bei der Regierung in Dresden war. Seine Witwe gewann den aus Laubach gebürtigen Arztsohn Philipp Erasmus Reich (1717-1787) als Geschäftsführer, der, seit 1762 Teilhaber der Weidmannschen Buchhandlung, als der große Reformer in die Geschichte des deutschen Buchhandels eingegangen ist. Bis zu Reichs Zeiten war auf den Messen das »Stechen« üblich, d. h. die Buchhändler tauschten ihre Bücher, die ungebunden in Fässern zur Messe gebracht wurden. Reich führte die Barzahlung gegen Rabatt ein. Von den süddeutschen Buchhändlern wurde diese Neuerung zunächst erbittert bekämpft, setzte sich aber schrittweise durch. Reich war der Verleger Christoph Martin Wielands, dessen Werk Weimars klassische Periode einläutete.

Von da ab riß der Strom großer Namen nicht mehr ab. Johann Gottlob Immanuel Breitkopf (1719-1794), bahnbrechender Erfinder auf dem Gebiet des Notendrucks, hat den heute noch blühenden Musikverlag gegründet, nachdem sein aus Clausthal zugewanderter Vater Bernhard Christoph Breitkopf bereits ein ansehnliches Verlags- und Druckhaus aufgebaut hatte. Gottfried Christoph Härtel (1763-1827) aus Schneeberg, anfangs Teilhaber und dann Besitzer des Verlages Breitkopf, führte ihn unter dem bis heute gültigen Namen Breitkopf und Härtel zu neuem Ruhm. Georg Joachim Göschen (1752-1828) erwarb als Drucker und als Verleger (von Wieland und vor Cotta von Goethe) gleichermaßen Ruhm. 1808

erwarb Friedrich Arnold Brockhaus (1772-1823) das unvollständig gebliebene Lexikon des Dr. Renatus Gotthelf Löbel auf der Leipziger Messe. Er sorgte für Vollendung und Modernisierung: das berühmte Brockhaus'sche Konversationslexikon war geboren und ist seithin in immer neuen Auflagen erschienen. 1811 gründete Benedikt Gotthelf Teubner (1784-1856) seinen Verlag, der bald ein Verlag führender Wissenschaftler wurde. 1828 hat der damals 21jährige Anton Philipp Reclam (1807-1896) sein Unternehmen ins Leben gerufen, seine größte Tat, die Begründung der »Reclam-Hefte«, fiel erst in das Jahr 1867: in diesem Jahr wurde der Nachdruck der deutschen Klassiker frei. 1874 siedelte das »Bibliographische Institut« von Hildburghausen nach Leipzig über, »Meyers Großes Konversations-Lexikon« erschien ab dritter Auflage (16 Bände) in Leipzig. Dieser kleine Ausschnitt mag zeigen, welch einzigartige Stellung Sachsens größte Stadt im internationalen Buchhandel errungen hatte. Diese Stellung strahlte naturgemäß auch auf andere Städte des Landes, in erster Linie auf die Residenzstadt Dresden, aus; so finden wir hier auch im 18. Jahrhundert bereits mehrere namhafte Verleger, wie den vielseitigen, auch im Pressewesen tätigen, aus Bautzen stammenden Siegmund Ehrenfried Richter (1711-1762) und den als Verleger, Buchhändler und Antiquar gleichbedeutenden Georg Conrad Walther (1710-1778), dessen Unternehmen noch bis zur dritten Generation in der gleichen Familie blieb.
Der Zweite Weltkrieg, in dessen Verlauf das Leipziger Buchhändlerviertel im Dezember 1943 den Bomben zum Opfer fiel, und die Zweiteilung Deutschlands, haben nach einem Vierteljahrtausend Leipzigs Sonderstellung beendet, wiewohl es bis heute ein bedeutendes Buchhandelszentrum geblieben ist.
Der rasche Aufstieg Leipzigs im Buchhandel mußte sich auch auf das im 17. Jahrhundert entstehende *Pressewesen* auswirken. Daß auch hier die Stadt des Buches in Sachsen der Vorreiter wurde, ergab sich beinahe zwangsläufig.
Die große Handelsmetropole Mitteleuropas litt zwar sehr unter der von 1642-1650 dauernden schwedischen Besatzung, aber die Messen fanden trotzdem statt und die Handelsleute waren begierig, »Zeitungen«, d. h. Nachrichten aus aller Welt zu bekommen, um zu erfahren, ob das Kriegsgeschehen nun bald ein Ende nehmen würde. Schon im Dreißigjährigen Kriege erwirkten zwei Geschäftsleute, Pörner und Kormart, vom kurfürstlichen Postamt in Leipzig die Erlaubnis, »Zeitungen« herauszugeben – aber das waren noch keine periodischen Erzeugnisse, eher Flugblättern vergleichbar, und kein Exemplar davon ist erhalten geblieben.
Ende 1648, nach Beendigung des Krieges, aber vor Beendigung der schwedischen Besatzung, richtete der Leipziger Buchdrucker Johann Bauer ein Gesuch an die kursächsische Regierung, »wöchentliche Zeitungen und Avisen« herausgeben zu dürfen. Dies Gesuch wurde vom Oberkonsistorium in Dresden am 27. Januar 1649 abgeschlagen, »da mit solchen Zeitungen öffters große Unrichtigkeit vorgehet«, wie es in der Begründung hieß.
Es war der Buchdrucker, Buchhändler und kaiserliche Notar Timotheus Ritzsch (1614-1678), der schrittweise durchsetzte, daß er ein Privileg zur Herausgabe regelmäßig erscheinender »Zeitungen« erhielt. Ritzsch war der Sohn des sehr rührigen aus »Skitahl in Böhmen« gebürtigen Druckers Gregor Ritzsch (1584-1643), der es trotz der Kriegswirren zu Wohlstand gebracht hatte und seinem Sohn eine glänzende Erziehung zuteil werden ließ. Der jüngere Ritzsch erlernte die italieni-

sche, französische und holländische Sprache so gut, daß er in diesen Sprachen erschienene Werke ins Deutsche übersetzen und publizieren konnte. Er hat offensichtlich in der Zeit der schwedischen Besatzung bereits »Zeitungen«, wohl Flugblätter mit zeitgenössischen Nachrichten, herausgegeben, denn nach dem Dreißigjährigen Kriege kauften Pörner und Kormart, deren eigene Blätter nicht fortgesetzt wurden, diese Blätter auf und vertrieben sie auf eigene Rechnung, ja, 1562 kam es zu einem Vertrag zwischen Ritzsch und Kormart zum Vertrieb von »Zeitungen«. Dies rief den Leipziger Postmeister Christoph Mühlbach auf den Plan. Nach damaligem Recht stand die Befugnis, Flugblätter aller Art, also »Zeitungen«, zu veröffentlichen, allein dem Postamt als Teil des Postregals zu. Kaum waren die Schweden abgezogen, so richtete Mühlbach in kurzer Folge drei Beschwerden gegen Ritzsch ein, und diese wurden zumindest teilweise in der erneuerten Bestallungsurkunde Mühlbachs vom 21. November 1657 anerkannt. Er erhielt die Berechtigung, Avisen und Zeitungen, die an ihn gesandt wurden, zu vertreiben, wenn zuvor ein Exemplar zur Prüfung des Inhalts an die Regierung in Dresden eingeschickt worden war. Ritzsch ließ sich aber durch Mühlbachs Einwände nicht beirren. Er bekam 1659 eine Konzession, »daß er seine von anderen Orten herhabende Correspondenzen mit dem Anfang des, Gott gebe, glücklichen und gesegneten heranrückenden Neuen Jahres möge anfangen zu drucken«. Kurfürst Johann Georg II. ordnete an, daß Ritzsch hierüber ein Privileg auf zwölf Jahre auszufertigen sei, was am 1. Mai 1660 geschehen ist.
Dies war die Geburtsstunde der *»Leipziger Zeitung«*, die seitdem bis 1921 ununterbrochen, nach wenigen Monaten bereits täglich, erschienen ist. Es war zugleich die Geburtsstunde des sächsischen Pressewesens. Der Titel war entsprechend der Sitte des Barockzeitalters zunächst sehr schwülstig und umständlich: »Erster Jahr Gang der Täglich neu einlauffenden Kriegs- Und Welthändel oder Zusammengetragene unparteyliche Nouvelles Wie sich die im Jahre 1660 in- und außer der Christenheit begeben und von Tagen zu Tagen in Leipzig schrifftlich eingekommen In guter Ordnung und vernehmlichen Stilo nebst einem Register unter Churf. Durchl. zu Sachsen gnädigster Freyheit also colligirt von Timotheus Ritzsch Lips. Not.P.C.«. Die Mitteilungen beschränkten sich auf die tatsächlichen Vorgänge und enthielten sich stets jeder Kritik. 1662 erreichte Ritzsch für seine »Zeitungen« erhebliche Zensurerleichterungen und 1664 die Zusicherung, daß sein Privileg verlängert und nach seinem Tode auf seine Söhne ausgedehnt würde. Dies rief wiederum den Postmeister Mühlbach auf den Plan, der sich schwer geschädigt fühlte. Er erreichte im Jahre 1665 eine schiedsrichterliche Entscheidung, daß das Privileg von Ritzsch nur für die 1660 bewilligten zwölf Jahre gelten solle und daß Mühlbach »ein baar Blätter absonderliche Postzeitungen« drucken lassen dürfe. Obwohl dies Konkurrenzblatt nur zweimal wöchentlich erschien, erschwerte es doch Ritzsch, die 500 Taler aufzubringen, die er jährlich für die Konzession an den Staat abzuführen hatte. 1672 ging die Zeitung in die Verwaltung des Postmeisters Mühlbach über und sie erhielt nun den neuen Titel »Leipziger Post- und Ordinari-Zeitungen«. Als Mühlbach 1681 starb, ging die Verwaltung an den neuen Oberpostmeister Egger über, der sie wie Mühlbach als Pächter des Staates, des Eigentümers der Zeitung, weiterführte. Ihm folgte 1684 Wilhelm Ludwig Daser, von dem 1691 unter Kurfürst Johann Georg IV. ein Pachtgeld von 5.000 Taler statt der bisherigen 1.000 gefordert wurde. Hierauf

glaubte Daser nicht eingehen zu können, und so ging die Oberpostmeisterstelle an den Ratsherrn Johann Jakob Kees über, der bereit war, die 5.000 Taler jährlich an den Staat abzuführen. Kees, der einem Ratsgeschlecht von Lindau im Bodensee entstammte, wo er 1645 zur Welt kam, war in jungen Jahren dank seiner Tatkraft zu Wohlstand gekommen und 1689 zum kursächsischen Kommerzienrat ernannt worden. Unter Kees nahm die Zeitung einen enormen Aufschwung. Dies erweckte den Neid des ehemaligen Oberpostmeisters Daser, der nun 1694 bereit war, jährlich ebenfalls 5.000 Taler Pachtgeld zu bezahlen und dem es so gelang, vorübergehend Kees zu verdrängen. Seine Verwaltung war jedoch derart mangelhaft, daß er schon 1696 endgültig abtreten und die Stelle Kees wieder überlassen mußte. In diesem Jahre erschienen in der Zeitung zum ersten Mal Hofnachrichten, 1700 erstmalig Leipziger Lokalnachrichten, wie der Nachruf auf den Bürgermeister Adrian Steger. Nach dem Tode des älteren Kees war 1705-1712 der gleichnamige Sohn Oberpostmeister und Pächter der Zeitung. Nach seinem Rücktritt 1712 kamen das Postwesen und damit die Zeitung unter direkte Verwaltung des kurfürstlichen Kammerkollegiums, wobei die Zeitung von der Regierung weiterhin verpachtet wurde, 1712-20 und 1730-32 an den Kammerkommissionsrat Sebastian Evert, zwischendurch an den Kabinettsminister von Manteuffel und 1732-1764 an die so bedeutende Weidmannsche Buchhandlung in Leipzig. 1769-1787 war der berühmte Sprachforscher Adelung Redakteur der Zeitung. Das Pachtsystem fand 1830 ein Ende, der letzte seit 1818 die Pacht innehabende Pächter Grieshammer ließ, nur auf Bereicherung bedacht, die Zeitung verkommen, die Kosten für Auslandskorrespondenten wurden eingespart. So kam die Zeitung am 1. Januar 1831 unter direkte fiskalische Verwaltung des sächsischen Staates, sie wurde mit besserem Format und auf besserem Papier hinfort bei B. G. Teubner in Leipzig gedruckt. Die Zeitung, die als staatliche Zeitung bei reichhaltigem Inhalt einen konservativen Charakter beibehielt, blieb bis 1919 im Besitz des sächsischen Staates. 1921 wurde sie mit der »Leipziger Allgemeinen Zeitung« und 1926 mit dem »Leipziger Tageblatt« verbunden und führte hinfort den Titel »Neue Leipziger Zeitung«. Als solche stand sie der demokratischen Partei (Staatspartei) der Weimarer Republik nahe und mußte 1943 nach 283jährigem Erscheinen eingestellt werden.

Der Titel der Zeitung war 1711-1734 »Leipziger Postzeitungen«, 1734-1810 »Leipziger Zeitungen«, dann »Leipziger Zeitung«.

Die zweitälteste Leipziger Zeitung war das bereits kurz erwähnte *»Leipziger Tageblatt«*, 1897 vom Buchhändler Beygang gegründet und 1832 an die Buchdrukkerfamilie Polz übergegangen; dieses Blatt vertrat in den Tagen des Kaiserreichs vorwiegend die Interessen der nationalliberalen Partei.

1860 gründete der Buchdruckereibesitzer Guido Reusche die *»Leipziger Nachrichten«*, die 1892 an den Verleger und späteren Geh. Hofrat Dr. h.c. Edgar Herfurth und dessen Bruder, den Domherrn Paul Herfurth, unter der Firma »Edgar Herfurth und Kompanie« übergingen. Geh. Rat Dr. h.c. Edgar Herfurth war einer der genialsten Zeitungsverleger der ersten Hälfte des 19. Jahrhunderts und unter seiner Leitung wurde die Zeitung, seit 1892 unter dem Titel »Leipziger Neueste Nachrichten«, die größte bürgerliche Zeitung ganz Mitteldeutschlands. Schon fünf Jahre nach Erwerb der Zeitung durch die Brüder Herfurth hatte sie mehr Abonnenten als alle anderen Leipziger Zeitungen.

In den Tagen des »Neuen Kurses« Kaiser Wilhelms II. verfocht diese Zeitung, ohne sich für eine bestimmte politische Partei zu engagieren, die Richtung der Bismarckschen Außenpolitik, deren Preisgabe sich so verhängnisvoll für Deutschland auswirken sollte. In den Tagen der Weimarer Republik verfolgte sie eine gemäßigt konservative Linie, konnte daher 1933 bestehen bleiben, wenngleich die neue nationalsozialistische Presse nun eine schwere Konkurrenz darstellte, und der letzte Chefredakteur dann im Zweiten Weltkrieg schweren Verfolgungen ausgesetzt war.

Das Jahr 1945 bedeutete das Ende aller bisherigen Leipziger Zeitungen mit Ausnahme einer einzigen, die wiederum unter dem Hitlerregime verboten war. Das war die *»Leipziger Volkszeitung*, die als »Leipziger Volksblatt« am 1. April 1887 als Organ der sozialdemokratischen Partei gegründet war. Drucker und Verleger war Albert Seebach, der erste Redakteur Albert Schmidt. Diese Zeitung wurde bereits mit Nummer 18 verboten, sie erstand wieder als »Der Beobachter«, der schon am 18. Juli 1887 verboten wurde, dann als »Der Landtagswähler«, ab November 1887 als »Der Wähler«. Ab 1. Oktober 1894 wurde der Titel in den heutigen »Leipziger Volkszeitung« geändert. Das Blatt der sozialdemokratischen Partei wurde ab 1894 in der »Buchdruckerei und Verlagsanstalt der Leipziger Volkszeitung G. Heinisch« gedruckt. Es wurde wie alle kleineren linksgerichteten Blätter 1933 von der Regierung Hitler verboten und erstand 1945 wieder, nachdem Leipzig ein Teil der damaligen sowjetischen Besatzungszone geworden war. Es war in Leipzig das offizielle Blatt der Sozialistischen Einheitspartei (SED).

In den anderen Städten Sachsens konnte sich mit zahlreichen kleineren Tageszeitungen das Pressewesen erst im 19. Jahrhundert nach Einführung der konstitutionellen Monarchie (1831) und besonders nach Anschluß Sachsens an den Norddeutschen Bund (1866) und an das neue deutsche Reich (1871) entfalten. Es sei dabei auch erwähnt, daß Sachsen und hier wiederum Leipzig Verlagssitz einiger der verbreitetesten deutschen Zeitschriften wurde, erwähnt seien die 1853 von Ernst Keil gegründete Unterhaltungszeitschrift *»Die Gartenlaube«*, die bis 1944 erschien, und die in den 1870er Jahren mit einer Auflage von über 400.000 die meistgelesene deutsche Zeitschrift ihrer Art war, gefolgt von der *»illustrierten Familienzeitschrift DAHEIM«*, die im Oktober 1864 gegründet wurde und gleichfalls in Leipzig erschien. Auch die gediegene *»Leipziger Illustrierte Zeitung«*, die 1843-1944 erschien, im Leipziger Verlag J. J. Weber, erfreute sich weitester Verbreitung.

Besondere Beachtung verdient noch das Pressewesen in *Dresden*, dessen Anfänge freilich weit später als die Leipziger liegen. Mit Recht wird in einem bedeutenden zeitungsgeschichtlichen Werk gesagt, daß das Dresden des 18. oder gar des 17. Jahrhunderts für die Geschichte der politischen Zeitungen gar keine Rolle spielte. Dennoch fällt die Urgründung einer der namhaftesten bürgerlichen Zeitungen Dresdens, freilich nur als Anzeigeblatt, in die erste Hälfte des 18. Jahrhunderts. Der Auktionator Johann Christian Crell (1690-1762) richtete am 30. März 1730 an den König und Kurfürsten August den Starken ein Gesuch, ihm das Privileg für einen »wöchentlichen Frage- und Antwort-Zettul« zu geben. Noch ehe hierüber eine Entscheidung fiel, hatte der Buchhändler und Pfarrerssohn Gottlob Christian Hilscher (1705-1748) am 20. August 1730 ebenfalls ein Gesuch an den

König-Kurfürsten gerichtet, ihm die Veröffentlichung wöchentlicher Frage- und Anzeige-Nachrichten zu gestatten, letztlich ein reines, aber recht umfassendes Annoncenblatt. Dies Gesuch hatte den Erfolg, daß der König-Kurfürst am 19. September 1730 sowohl Crell wie auch Hilscher ein Privileg erteilte. Hilscher hatte gute Vorarbeit geleistet und sein Blatt konnte sofort erscheinen, Crell versuchte als Konkurrent ihm das Wasser abzugraben und ging auf einen Vorschlag des versöhnlichen Hilscher, mit ihm den Gewinn zu teilen, nicht ein. Er gab ein Konkurrenzblatt heraus, von dem sich kein Exemplar erhalten hat, und das 1735 einging.

Hilscher, der 1733 Hofbuchhändler wurde und der als Urgründer des Dresdner Anzeigers anzusehen ist, ist im November 1748 gestorben. Bereits am 25. Januar 1749 bewarb sich der Buchhändler und Hoffaktor Siegmund Ehrenfried Richter um die Erlangung der durch Hilschers Tod erloschenen Konzession und am 30. Mai 1749 wurde sie ihm durch den König-Kurfürsten August III. (in Sachsen Friedrich August II.) bewilligt. Der Text wurde nun durch eine Beilage »Gelehrte Anzeigen« erweitert. Der am 16. März 1711 als Sohn und Enkel eines Buchdrukkers in Bautzen geborene Siegmund Ehrenfried Richter war neben Conrad Walther der genialste Dresdner Verleger und Drucker des 18. Jahrhunderts. Nach gründlicher Ausbildung und Tätigkeit in Würzburg, Altdorf und Augsburg übernahm er 1736 die Zipper'sche Druckerei in Görlitz, die er zu hoher Blüte führte. Mitte der 1740er Jahre ging er nach Dresden, wo er Verleger der vielbändigen, heute noch wertvollen *»NEUEN EUROPÄISCHEN STAATS- UND REISEGEOGRAPHIE«* wurde, dreizehn Bände dieses Werkes gab sein Schwager Karl Gottlob Dietmann (1721-1804), Pfarrer im damals noch sächsischen Lauban, heraus, der auch 5 Bände seiner umfassenden kursächsischen Presbyteriologie bei Richter verlegen ließ. In Dietmanns Pfarrer-Biographien zeigte Richter »die beliebten Dresdner Frag- und Anzeigen« auf der letzten Seite mit anderen Werken an. Richter, auch dichterisch und schriftstellerisch begabt, verstand es, den *»Anzeiger»* in ganz Sachsen trotz der Schwernisse des Siebenjährigen Krieges zu verbreiten. Sein früher Tod bedeutete einen schweren Verlust für sein Lebenswerk: Er stab am 2. Juni 1762 in Hosterwitz bei Dresden. Am 23. Juni wurde das Privileg auf seine Witwe Friederike Christiane geb. Schill aus Lauban übertragen. Gleichzeitig bewarben sich aber Michael Gröll und Carl Gotthelf Kennel und dann als deren Besitznachfolger der Leipziger Verleger Johann Gottlob Immanuel Breitkopf um das Privileg für den »Anzeiger«. Das wurde abgeschlagen, und alles blieb, während der »Anzeiger« weiter erschien, in der Schwebe, bis am 15. September 1790 Dr. Carl Christian Richter Breitkopf die Gröllsche Buchhandlung abkaufte und bereit war, für das »Anzeigen«-Privileg 6.000 Taler zu bezahlen. Ihm erteilte Kurfürst Friedrich August III. am 6. April 1796 anstandslos die Genehmigung, Rechtsnachfolger der Witwe des S. E. Richter, nun in zweiter Ehe Hofrätin Heymann, zu werden. Dr. C. C. Richter starb im Juni 1796 noch vor der hochbetagten Hofrätin Heymann, die im November desselben Jahres starb. Nach mancherlei Mühen wurde der Witwe des Dr. Richter das Privileg übertragen, indes nun jahrelang wechselnde Pächter den »Anzeiger« betreuten, der trotz aller Wirren eine lukrative Quelle blieb. Die Witwe Richter starb am 4. Juli 1829, und das Privileg ging an ihre Enkelin, eine Freifrau von Schlichten, die es 1837 an den Dresdner Stadtrat Dr. Güntz verkaufte.

Absichtlich ist dies alles relativ ausführlich dargestellt, um zu zeigen, wie kompliziert oft die Geschichte einer großen Tageszeitung gewesen ist. Mit Dr. Güntz beginnt die Geschichte der bedeutenden Dresdner Zeitung als »Zeitung« im heutigen Sinne. Er erreichte schon 1839, daß der »Anzeiger« das Amtsblatt der Stadt Dresden wurde, die Auflage stieg schnell an. Die Revolutionsjahre 1848/49 brachten vorübergehend volle Pressefreiheit, dann aber auch den Maiaufstand und die Barrikadenkämpfe in Dresden. Richard Wagner hat an diesen Kämpfen teilgenommen und im »Dresdner Anzeiger« damals einen die Republik befürwortenden Aufsatz verfaßt. Nach Niederschlagung der Revolution mußte er, steckbrieflich verfolgt, in die Schweiz flüchten. Güntz aber, durch schwere Schicksalsschläge in der Familie getroffen, schenkte den »Dresdner Anzeiger« als Stiftung am 1. Oktober 1856 der Stadt Dresden. Langsam wurde der »Dresdner Anzeiger« vom Inseratenblatt zur modernen Zeitung, politische Nachrichten und Theater-Rezensionen nahmen einen breiteren Platz ein, aber erst 1900 erschienen eigene Leitartikel mit individuellen Ansichten. So lange brauchte es in Sachsens Residenzstadt, bis eine den Leipziger Zeitungen gleichwertige Zeitung erschien. Nur wenige Jahrzehnte waren noch – wie der Mehrzahl aller Zeitungen – dem Dresdner Blatt mit zum Teil hervorragenden Mitarbeitern gegönnt, bereits 1933 eingeengt, ist auch diese Zeitung, die hier stellvertretend für viele weniger bedeutende Zeitungen des sächsischen Raumes genannt sei, ein Opfer des Zweiten Weltkrieges geworden.
Betrachtet man zusammenfassend die Entwicklung des Pressewesens in Sachsen, so erkennt man unschwer, daß wie im Buchhandel auch im Zeitungs- und Zeitschriftenwesen Leipzig eine Sonderstellung einnimmt. Die »Encyclopaedia Britannica« – das englische Konversationslexikon –, erwähnt in ihrem Artikel »Newspapers« (Zeitungen), bei Behandlung des deutschen Zeitungswesens, daß es in Leipzig 8 Tageszeitungen gibt (1926), keine andere sächsische Stadt wird genannt; und die 6. Auflage von »Meyers Grossem Konversationslexikon« (1908) führt im Artikel »Zeitungen« außer den namentlich genannten großen Leipziger Zeitungen an sächsischen Presseerzeugnissen nur die »Dresdner Neuesten Nachrichten« an, in Vorkriegstagen die auflagenstärkere Konkurrenz des hier behandelten »Dresdner Anzeigers« – aber sonst keine sächsische Zeitung.
Sachsen ist ein Beispiel dafür, daß sich das Buch- und Pressewesen ganz überwiegend auf *eine* Stadt konzentriert, die allerdings auf diesem Gebiet lange Zeit die bedeutendste ganz Deutschlands war und nur im Zeitungssektor allmählich von der alten Reichshauptstadt Berlin eingeholt und teilweise überflügelt wurde. Ein Sonderfall im gesamtdeutschen Gebiet!

Isolde Maria Weineck

MUSIK

Über mehrere Jahrhunderte lang war das Kurfürstentum und spätere Königreich Sachsen eines der Zentren der deutschen und der europäischen Musikgeschichte. Die Entwicklungslinien einer sich langsam aus vielen verschiedenen musikalischen Einflüssen bildenden nationalen Musik liefen in jenem Landstrich zusammen, der historisch einem wechselnden Geschick unterworfen war und der geographisch bald einen größeren, bald einen kleineren Raum umspannte. Zum Kurfürstentum Sachsen gehörten einst Ländereien Thüringens, der nachmaligen Provinz Sachsen und Schlesiens. Es reichte in der Zeit seiner größten Ausdehnung von der Werra im Westen bis zur Oder und Queis im Osten, vom Kamm des Erzgebirges im Süden bis zum Spreewald und bis nach Magdeburg im Norden. Wegen der geographisch sich im Verlauf von sechs Jahrhunderten ständig verschiebenden Grenzen ist eine Betrachtung über das Thema »Sachsen in der Musikgeschichte« mit definitorischen Schwierigkeiten behaftet. Im wesentlichen soll hier von dem »albertinischen Sachsen«, einem sächsisch-mitteldeutschen Raum mit den Zentren Dresden – Leipzig – Meißen – Freiberg ausgegangen werden, wie er 1815 durch die Entscheidungen des Wiener Kongresses entstanden war. Musikalische Entwicklungen der ehemals zu Sachsen gehörenden Residenzen in Wittenberg, Weißenfels und Torgau spielen jedoch ebenfalls eine Rolle.
Der Einfluß, den sächsische und in Sachsen wirkende Komponisten, Musiker, Instrumentenbauer und Musikwissenschaftler auf den allgemeinen Gang der Musikgeschichte nahmen, ist bedeutend. Die Stichworte: Entwicklung der protestantischen Kirchenmusik von Luther und Walter über Schütz zu Bach; Einschmelzung italienischer Stilelemente wie Mehrchörigkeit, generalbaßbegleitete Monodie und konzertanter Stil mit deutschem Musik- und Sprachempfinden durch Prätorius, Haßler, Schütz, Rosenmüller und Schein; Übernahme der italienischen Oper und Umformung dieser Gattung bis hin zu einer deutschen nationalen Oper durch Schütz, Strungk, Bontempi, Telemann, Krieger, Hasse, Heinichen, Naumann, Hiller, Weber und Wagner; Hochblüte des deutschen Generalbaßliedes durch Adam Krieger; Bach-Renaissance sowie Symphonik und Klaviermusik der Romantik mit Mendelssohn und Schumann.
Außer für Komponisten, die die Entwicklung der verschiedenen musikalischen Gattungen beeinflußten und teilweise zur Vollendung führten, war Sachsen die Heimat für Männer, die sich dem Instrumentenbau, dem Notendruck, dem Musikalienhandel, der musikalischen Lexikographie und der Musikpublizistik widmeten und auch auf diesen Gebieten bedeutende Leistungen vorwiesen. Auch im Bereich des Chor- und Konzertwesens und der Musik-Interpretation trugen so berühmte Chöre wie der Dresdner Kreuzchor und der Leipziger Thomanerchor, so bedeutende Orchester wie die königlich-sächsische Hofkapelle und das Ge-

wandhausorchester sowie zahllose virtuose Instrumentalisten, Sänger und Dirigenten den Ruhm Sachsens weiter über die Landesgrenzen hinaus. Der nachfolgende Überblick versucht, die Linien der allgemeinen Musikentwicklung etwa vom 13. Jahrhundert bis 1945 nachzuzeichnen, wobei die Fülle der Daten und Ereignisse zu sehr summarischer Darstellung zwingen.

Die Zeit bis zur Reformation

Nachrichten aus der Zeit vor der Reformation sind rar. Trotz allem kann man aus bildlichen Darstellungen, einigen Handschriften, alten Anstellungsverträgen und Mitteilungen über die kirchliche Musik an Kloster- und Domschulen eine lebendiges Bild der *spätmittelalterlichen Musik* gewinnen. So werden in Sachsen bedeutende Namen im Bereich des *Minnesangs*, der Standeskunst der ritterlichen Gesellschaft, genannt. Das Zentrum der Pflege dieser einstimmigen mittelhochdeutschen weltlichen Lyrik lag in Sachsen wohl am Hof der Markgrafen von Meißen. Um 1211/12 stand Walther von der Vogelweide in deren Dienst. Markgraf Heinrich der Erlauchte (1215/1221-1288) war Verfasser von sechs Liedern der berühmten Manessischen Handschrift. Ein von ihm komponiertes Gloria und Kyrie wurde von Papst Innocenz IV. zur allgemeinen liturgischen Benutzung freigegeben. Der Minnesänger Heinrich von Morungen (+ 1222) gehörte zu den Ministerialen des Markgrafen Dietrich von Meißen. Wegen seiner Verdienste erhielt er eine beachtlich hohe Rente und verbrachte seinen Lebensbend im Leipziger Thomaskloster. Heinrich von Meißen, in der Musikgeschichte meist »Frauenlob« genannt (weil ihn bei seinem Tod in Mainz im Jahre 1318 Frauen beweint und zu Grabe getragen haben sollen), gilt als einer der bedeutendsten Vertreter des späten klassischen Minnesangs. Er wurde vermutlich in Meißen geboren und an der Meißner Domschule erzogen. Später wirkte er in Mainz. Die große Heidelberger Liederhandschrift des 14. Jahrhunderts zeigt eine Abbildung Frauenlobs, auf der er im Kreise eines mittelalterlichen Spielmannsorchesters zu sehen ist. Spieler mit Trommel, Flöte, Schalmei, Fideln, Psalterium und Sackpfeifen umrahmen den Sänger und lassen uns die bunte Klangwelt dieser versunkenen Musik erahnen.
Eine geregelte Musikausübung war außer an den Höfen durch *Kirchen und Klöster* gewährleistet. Die reichhaltige Ausstattung der Gottesdienste entsprach römischer Tradition. Nationale Eigenheiten, wie etwa die Ausbildung des germanischen Choraldialekts mit seiner Neigung zu Terzsprüngen und der Vermeidung zu stark ausgeprägter Melismenbildung mögen in geringem Maße vorhanden gewesen sein; ins Gewicht fielen sie nicht. Kleriker und Schüler der den Klöstern angeschlossenen Choralschulen waren es, die das musikalische Leben zu gestalten hatten. So lassen frühe bruchstückhafte Berichte der Klosterschule St. Thomae in Leipzig (1212 gegründet) oder der Choralschule der »capella sanctae crucis«, der späteren Kreuzkirche in Dresden (1225) oder der Domschule von St. Afra in Meißen (1205), der Stiftsschulen von Bautzen und Wurzen, der Schulen von Görlitz, Oschatz, Freiberg und Plauen das Bild eifriger kleiner Sänger in Chormänteln entstehen, die sich nach damaliger Sitte mit den Klerikern um das große Chorpult scharten, um Gottes Lob zu singen.

Eigenes Profil gewann diese kirchliche liturgische Musik noch nicht. Vornehmlich wurde der einstimmige gregorianische Choral gepflegt. Als die Leistungsfähigkeit der Chöre stieg, wurde auch mehrstimmig, oft unter Hinzuziehung von Instrumentalisten musiziert. Man bevorzugte im 14. und 15. Jahrhundert Musiziergut burgundischer und niederländischer Herkunft, wenn es um Figuralmusik ging. Die Meisterwerke der niederländischen Polyphonie gehörten zu den Notenschätzen der großen Domchöre. Sächsische Komponisten griffen in dieser Zeit noch nicht in das kompositorische Geschehen ein, sieht man einmal von Adam von Fulda (1445-1505) ab, der sich um 1490 in Wittenberg bemühte, den burgundisch-spätgotischen Stil im »musikalischen Kolonialland Deutschland« mit eigenen Kompositionen in deutscher Sprache heimisch zu machen. – Einige der frühesten in Deutschland nachweisbaren Orgelwerke standen in Sachsen. So sind Orgeln um 1356 im Kloster Eicha bei Leipzig, um 1444 in Meißen und um 1450 in Freiberg und Dresden bezeugt.
Neben der geistlichen stand immer die *weltliche Musik*. Feste ohne Musik waren dem mittelalterlichen Menschen undenkbar. In unübersehbarer Zahl traten fahrende Musikanten, Trommler, Pfeifer, Pauker und Dudelsackbläser auf, um auf Hochzeiten, Tanzfesten und Kirchweihfesten aufzuspielen. Ritterliche Waffenspiele mit Hörner-, Pfeifen-, Trommel-, Trompeten- und Paukenklang wurden zu Volksfesten. Eine geregelte *Ratsmusik* mit von den Städten angestellten Stadtpfeifern gab es etwa von der Mitte des 14. Jahrhunderts an. Mitwirkung bei der Kirchenmusik, Blasen vom Turm, Wachdienst vom Turm, Aufspielen bei Fürstenempfängen, Hochzeiten und Gastmählern gehörten zum Aufgabenbereich dieser Ratsmusiker.
Abgesehen von der kirchlichen, höfischen und städtischen Musikpflege galt der mitteldeutsche sächsisch-thüringische Raum von jeher als Zentrum einer allgemeinen Sanges- und Musizierfreudigkeit, die nicht so sehr dem jeweils herrschenden Kunstgeschmack angepaßt war, sondern die einer urmusikantischen Lebensfreude Raum gab. In diesem Bereich wird das *deutsche Lied*, das Volkslied im ursprünglichen Sinne, wichtigster Ausdruck dieser Musizierfreudigkeit gewesen sein. Von Mund zu Mund weitergegeben, textlich und musikalisch variiert, von einem unbekannten Verfasser ins Leben gerufen, bildete es die musikalische Grundschicht, von deren reicher Substanz die Komponisten Mitteldeutschlands bis hin zum 20. Jahrhundert zehren.

Das 16. Jahrhundert

Eine eigenständige Rolle im Musikleben begann Sachsen erst mit dem Wirksamwerden der *Reformation* zu spielen. So ist das 16. Jahrhundert auch für Sachsen das Jahrhundert der Reformation und ihrer Auswirkung. *Martin Luther* (1483-1546) war durch den Unterricht an der Magdeburger Domschule und durch seine Universitätsstudien musikalisch und musikwissenschaftlich ausgebildet. Es ist bekannt, daß er sehr gut Laute spielte und komplizierte Motetten vom Blatt sang. Er schätzte die polyphone Musik der Niederländer, vor allem aber Josquin des Prez (um 1440-1521) sehr und bestellte sich bei dem deutsche Komponisten Senfl seine Sterbemotette. Luthers Ziel war es, dem (lateinischen und deutschen) Choralgesang, dem mehrstimmigen figurierten Chorgesang und der Instrumentalmusik einen festen Platz im Gottesdienst zuzuweisen. Seine Motivation mag vielfältiger Natur gewesen sein, andachtspsychologische Momente spielten ebenso eine Rolle wie seine hohe Wertschätzung der Musik, der er nach der Theologie den zweiten Rang im Kranz der Wissenschaften einräumte. So erklärte er: »Ich bin gar nicht der Meinung, daß durchs Evangelium sollten alle Künste zu Boden geschlagen werden und vergehen, sondern ich wollte alle Künste, sonderlich die Musica gern sehen und im Dienste dessen, der sie geschaffen hat.« Luther verstand die Musik nicht nur als Sinn- und Abbild von Weltordnung und Zahl, wie es mittelalterlicher Lehrmeinung entsprach, sondern für ihn bedeutete Musik auch sehr subjektiv leidenschaftlicher Ausdruck, Mittel der Verständigung und damit Möglichkeit zur Beeinflussung von Menschen.

An diesem Punkt setzt die Bedeutung der durch Luthers Wirken entstandenen Schöpfung des deutschsprachigen Kirchenliedes und dessen Verankerung als liturgiefähiger Bestandteil im Gottesdienst ein. Der Luther-Choral, dessen musikalische Wurzeln im deutschen Volkslied, in vorreformatorischen kirchlichen Gesängen und im gregorianischen Choral zu suchen sind, wurde als Wir-Lied zum Bekenntnislied der gesamten protestantischen Kirchengemeinde und entbehrte in dieser Funktion auch nicht einer politischen Komponente.

Die »Erfindung« des Gesangbuchs zur Verbreitung des neuen Liedtypus schloß sich an. Das 1524 durch Johann Walter (auch Walther) herausgegebene »Geystlich Gesangk-Büchleyn« enthielt 30 deutsche Lieder in 2- bis 6stimmigen Sätzen. Luther wollte gern für die ganze Gemeinde im Gottesdienst den mehrstimmigen Gesang; ein Wunsch, der sich nicht realisieren ließ. Luthers Ziel, die Gemeinde mit Hilfe des Chorgesangs zu einer ständig singend sich bekennenden Gemeinde zu machen, hatte musikgeschichtlich weitreichende Konsequenzen. Zum einen wurde dem deutschen Kirchenlied und seiner mehrstimmigen Bearbeitung sowohl vokal als auch instrumental größte Bedeutung beigemessen, zum anderen brauchten die Gemeinden leistungsfähige, von den Klosterschulen unabhängige Chöre, die den mehrstimmigen, figurierten Gesang übernahmen, sog. *Kantoreien*. Die sich im sächsisch-thüringischen Raum machtvoll ausbreitende evangelische Lehre begünstigte den Aufbau und Ausbau einer sich immer mehr entfaltenden deutschen Kirchenmusik. Im albertinischen Sachsen setzte sich die Reformation relativ spät durch: in Freiberg 1537, in Leipzig, Dresden und Meißen 1539.

Einer der wichtigsten Vertreter der sächsischen Musikgeschichte des 16. Jahrhunderts wurde der Torgauer *Johann Walter* (1490-1570), der »lutherische Erzkantor«. Als musikalischer Berater Luthers schuf er (zusammen mit Luther und Conrad Rupsch) die »Deutsche Messe«, beriet Luther bei seinen Liedkompositionen und stellte durch die Herausgabe des ersten deutschen evangelischen Gesangbuchs und anderer Sammlungen Lied- und Musiziergut für die gottesdienstliche Musik bereit. Seine eigenen zahlreichen Kompositionen stellten den Choral im Sinne des alten deutschen Tenorliedes in den Mittelpunkt. Seine aus der Kantorei Kurfürst Friedrichs des Weisen hervorgegangene Torgauer Schulkantorei (1530), die außer den Schülern auch erstmals Mitglieder aller Schichten der Torgauer Bürgerschaft vereinigte, wurde als »kirchlich-schulisch-stadtbürgerliche« Institution zum Vorbild der sich jetzt schnell in allen Städten und größeren Orten

Sachsen bildenden Kantoreien, die sich lutherischem Geist, lutherischer Theologie und der damit verbundenen Musikausübung verpflichtet fühlten. Zehn Jahre nach der Torgauer Kantoreigründung existierten solche Sangesgemeinschaften bereits in Oschatz, kurz darauf in Wurzen. Noch kurz vor dem Ende des Jahrhunderts gab es in Sachsen zahllose dieser »Zivilkantoreien«, die in ihrer künstlerisch-sozialen Organisation die stärkste Stütze des Luthertums in Sachsen wurden. Stimmliche Basis dieser Kantoreien waren die durch den Musikunterricht in den städtischen Schulen (deren Lehrpläne Melanchthon maßgeblich beeinflußt hatte) geschulten Kurrendesänger, die als Knabenstimmen Sopran und Alt übernahmen. Die Männerstimmen sangen die sogenannten Adjuvanten, d. h. ehemalige Kurrendaner und die Lehrer. Da auch das gesellige Leben nicht zu kurz kam und den Kantoreien oft städtische und kirchliche Privilegien zuflossen, war der Andrang groß und die Mitgliedschaft begehrt. Außer der Motettenkunst der niederländischen Komponisten kamen jetzt auch deutsche Tonsetzer zu Ehren: Ludwig Senfl, Jacobus Gallus, Johann Walter, Caspar Othmayr, Adam Gumpelzheimer, Cornelius Freundt, Johann Kugelmann, Balthasar Resinarius, Andreas Raselius und zum Ausklang des Jahrhunderts Hans Leo Haßler. Musikalisch überwog die mehrstimmige Choralbearbeitung in der Art des Tenorliedes, in der die Choral melodie in langen Notenwerten in der Tenorstimme unbearbeitet erhalten bleibt, während die übrigen Stimmen als kompliziertes kontrapunktisches Gewebe diesen »cantus firmus« umspielen. Daneben entstand der Typ des Cantionalliedes, des klassischen 4stimmigen Satzes, bei dem die Melodie in der Oberstimme liegt, dadurch dominiert und dem Hörer, der Gemeinde, besser erkenntlich wird. Aber auch durchimitierte Sätze nach dem Vorbild der niederländischen Musik waren »modern«. Das liedhafte Element, vor allem das dem deutschen Menschen vertraute Lied, gewann auch in der mehrstimmigen Bearbeitung an Gewicht.
Die beiden leistungsfähigsten Schulchöre Sachsens, der Chor der nunmehr städtischen Schulen von St. Thomas in Leipzig und der Dresdner Kreuzkirche erhielten protestantische Kantoren. Die musikalische Kompetenz der bis auf den heutigen Tag nur aus Knaben- und Männerstimmen bestehenden Chöre wuchs stetig. Einstimmiger liturgischer Choralgesang wurde ebenso gepflegt wie der mehrstimmige Figuralgesang. Aus dem Repertoire sind 6- bis 16stimmige Motetten erhalten, deren Aufführung intensive Schulung und solides Können der kleinen Sänger voraussetzte. Außerdem waren Festmusiken einzustudieren, Hochzeiten und Beerdigungen zu besingen und das tägliche Kurrendesingen, der Choralgesang der Schüler in den Straßen, zu leisten. Ein wahrhaft anstrengendes Pensum neben dem Schulunterricht.
1548 entschloß sich *Kurfürst Moritz von Sachsen*, dem Beispiel anderer Höfe und großer Residenzen zu folgen und eine eigene Kantorei, d. h. eine eigene kleine *Hofkapelle* mit Sängern und einigen Instrumentalisten zu gründen. Er traf damit eine kulturgeschichtlich weitreichende Entscheidung, die für Sachsens musikalische Bedeutung äußerst wichtig werden sollte. Die Gründungsurkunde und »Cantoreyordnung« unterschrieb Moritz am 22. September 1548. Als Leiter verpflichtete er den inzwischen als Komponisten, Organisator und Kapellmeister berühmten Torgauer Kantor Johann Walter, der dem Institut lange Jahre den Stempel seiner orthodoxen lutherischen Gesinnung aufdrückte. Der Kapelle gehörten zunächst nur 12 Berufssänger und ein Organist an. 1555 unter Herzog Au-

gust waren es schon 25 Sänger und 8 Instrumentalisten, am Ende des Jahrhunderts hatte die Kapelle bereits 43 Mitglieder. Zu den Dienstverpflichtungen gehörte außer dem Kirchendienst die Aufwartung »bei der Tafel« und die Ausgestaltung zahlreicher Hoffestlichkeiten. Unter Augusts Regierungszeit (1553-1586) wurde die Dresdner Hofkapelle zu einer der besten ihrer Zeit. Andere Fürstenhöfe schickten ihre Musiker zur Ausbildung an die Elbe, vor allem die »Zinken – und Trummetbläser« genossen hohes Ansehen. Als Nachfolger Walters wurden berühmte Komponisten verpflichtet: Mathias le Maestre, Antonio Scandelli, Georg Forster und Michael Rogier. Die Zahl der angestellten Sänger überwog die der Instrumentalisten bei weitem. Aus den ersten Kantoreiordnungen ist zu entnehmen, daß die Instrumentalisten zunächst nur der Verstärkung des Sängerchores dienten und die gesungenen Stimmen »colla parte« mitspielten. In der zweiten Hälfte des Jahrhunderts nahm die Zahl der Instrumentalisten stark zu. Zumeist waren es Italiener, die nun auch selbständige Instrumentalmusik boten. In der »Instrumentenkammer« fand man Zinken, Cornette, Lauten, Hackbrett, Sackpfeifen, Flöten, Posaunen, Trompeten, Hörner, Schalmeien und Pauken; Blasinstrumente überwogen. Eine verwirrende Anzahl verschiedener Klangkörper, die vor allem bei den in der zweiten Hälfte des Jahrhunderts sich häufenden Dresdner Hoffestlichkeiten eingesetzt wurden. Zahlreiche bildliche Darstellungen jener Zeit sind erhalten geblieben, aus denen der malerisch-dekorative und repräsentative Charakter der Festmusiken zutagetritt.
Aus diesen Anfängen entwickelte sich die später so glanzvolle »königlich-sächsische musikalische Kapelle«, die heutige Staatskapelle Dresden, die 1948 ihr 400jähriges Bestehen feierte, das älteste Orchesterinstitut Deutschlands. Die Dresdner Kapelle wurde auch durch die großzügige Unterstützung, die ihr die jeweiligen Herrscher angedeihen ließen, zum Mittelpunkt der sächsischen Musikpflege. Ihr Glanz und ihr Ansehen zog die besten Kapellmeister und Musiker der jeweiligen Epochen an.

Die Epoche Heinrich Schütz

Mit dem Ende des 16. Jahrhunderts ging die Herrschaft der niederländischen Schule in der Kunstmusik zu Ende. Die Elemente einer grundlegend neuen, sehr sinnlichen Musik kamen aus Italien. Der ihr innewohnende Ausdruckswille war der Wunsch nach einer Befreiung der Musik von den Fesseln des Kontrapunkts zur Spiegelung und Abbildung der menschlichen Affekte. Zu einer Freiheit des Wortes, des Textes von dem oft zu übermächtig sich gebärdenden Anspruch der Musik. Aus Venedig kam etwa um 1580 Andrea und Giovanni Gabrielis stereophone Klangarchitektur mit dem Spiel der vokal und instrumental gemischten mehrchörigen Klanggruppen, in Florenz entwickelte sich um 1600 aus dem Bemühen um eine Wiedergeburt der antiken Oper die generalbaßgestützte Monodie und darauf aufbauend der affektreiche virtuose Sologesang. Das konzertante Prinzip als Gegen- und Miteinander von Stimme, Instrument, Chören und Orchester belebte die Vokal- und Instrumentalmusik und begünstigte die neuen Gattungen Oratorium, Kantate, Oper und Instrumentalkonzert. Der

Ruhm der neuen italienischen Musik drang schnell an die deutschen Fürstenhöfe. Dort bemühte man sich um Kapellmeister und Musiker, die in Italien studiert hatten. Hans Leo Haßler (1564-1612), der vermutlich bereits um 1585 bei Andrea Gabrieli in Venedig gewesen war, wurde als erster Sendbote italienischer Musik in Dresden von 1608 bis zu seinem Tod als Hoforganist verpflichtet. Er war ein glänzender Orgelspieler und gilt als wichtigster Erneuerer des deutschen Liedes. Es gelang ihm, die oberitalienischen Formen einzudeutschen und so die Grundlage zu einer barocken Liedkultur zu schaffen. Von allergrößter Bedeutung für die Durchsetzung des neuen Stils in Sachsen und dadurch im protestantisch-deutschen Raum war die Verpflichtung des aus Köstritz stammenden *Heinrich Schütz* (1585-1672) als Kapellmeister der Dresdner Hofkapelle ab 1617 durch Kurfürst Johann Georg I. Auch Schütz hatte bei Gabrieli in Venedig studiert und sich die neuen Techniken angeeignet. 55 Jahre lang blieb Schütz Dresdner Hofkapellmeister. 1628/29 ging er noch einmal nach Italien, um sich weiter zu vervollkommnen. Schütz wurde zum bedeutendsten deutschen Komponisten seines Jahrhunderts und wirkte von Dresden aus in die gesamte damalige musikalische Welt. Die stilistischen Neuerungen verschmolz er mit deutschem Musik und Sprachempfinden und kontrapunktischer Technik. Dem Sinn- und Affektgehalt des Textes gab er mit seiner Musik eindringliche und überwältigende Gestalt. Im Zentrum seines kompositorischen Wollens stand die Verkündigung des Bibelworts: er schuf Motetten, geistliche Konzerte (lateinisch und deutsch), Oratorien, Passionsmusiken, Choräle.

In unablässigem Einsatz bemühte er sich – auch während der unsagbar schwierigen Zeit des Dreißigjährigen Krieges – um den Aufbau anderer deutscher Hofkapellen und Kantoreien; er bildete zahlreiche Schüler von Rang aus und prägte mit seinem Wirken die evangelische Kirchenmusik bis Johann Sebastian Bach. Schütz' Verpflichtungen beschränkten sich nicht allein auf die Komposition von Kirchenmusik. Im Jahre 1627, als weder Venedig, Neapel noch Rom eine eigene Opernbühne hatten, schrieb Schütz bereits die erste deutsche (leider verschollene) Oper für den Dresdner Hof, die Oper »Dafne« in der Textgestaltung von Martin Opitz. Sicher ist auch, daß er mehrere Ballett- und Aufzugsmusiken und andere opernähnliche dramatische Werke komponierte. Während des Dreißigjährigen Krieges lag die Pflege der höfischen Musik darnieder und die Kirchenmusik wurde mit geringem personellen Einsatz aufrechterhalten. Schütz' unablässigem Bemühen ist es zu danken, daß die Hofkapelle, wenn auch stark reduziert, überhaupt erhalten blieb.

1662 ließ Johann Georg II. in Dresden ein großes Opernhaus errichten, das 2.000 Personen faßte. Der höfische Kunstgeschmack war inzwischen über Schütz' deutsche Opernversuche hinweggegangen und orientierte sich jetzt am Vorbild der italienischen Oper. Die Anzahl der italienischen Kräfte an der Hofkapelle nahm schnell zu. Die italienischen Kapellmeister Bontempi und Pallavicino entfalteten unter gewaltigem Kostenaufwand die für Dresden gewünschte Opernpracht, die den Kurfürsten in die Lage versetzte, mit dem Glanz des Münchener und Wiener Hofes zu konkurrieren.

Die ersten Ansätze zu der Gestaltung einer deutschen Oper von Schütz fanden gegen Ende des Jahrhunderts ihre Entsprechung in der Tätigkeit von Nikolaus Strungk (1640-1700), der im welt- und handelsoffenen Leipzig ab 1693 ein eigenes

Opernunternehmen zur Messezeit eröffnete, auf dem nur deutsche Opern gegeben wurden. Volkstümliche, liedhafte Elemente herrschten in Strunkgs Musik vor, Leipziger Studenten und sogar Thomasschüler (worüber sich Thomaskantor Kuhnau sehr ärgerte) wirkten bei diesen volkstümlichen Opern mit. Auch im benachbarten Weißenfels etablierten der Hofkomponist Johann Krieger und sein Sohn Johann Gotthilf Krieger um die Jahrhundertwende ein deutsches Opernunternehmen, das seinerzeit den jungen Händel beeindruckte.

In Leipzig wirkte zu Beginn des Jahrhunderts Schütz' Freund *Johann Hermann Schein* als Thomaskantor (in Leipzig 1616-1630). Außer seinen geistlichen Konzerten, die auch »im neuen Stil« gearbeitet waren, entstand, wohl angeregt durch das Klima der Universitätsstadt, viel weltliche Musik. Er komponierte zahlreiche ein- bis dreistimmige gesellige Chorlieder mit Generalbaß und wandte sich der Komposition von Tanzmusik zu. Er gab der Gattung der Instrumentalsuite einen thematisch geschlosseneren Charakter und ging in die Musikgeschichte als Schöpfer der »Orchestersuite in Variationenform« ein. Vermutlich wurden seine Werke in studentischen collegia musica aufgeführt. Aber auch die Thomaskantoren Schelle (1648-1701), Knüpfer (1632-1676) und Kuhnau (1660-1722) wirkten auf dem Gebiet der geistlichen Musik, erweiterten das Klangbild des Konzerts, der Kantate, der Klaviermusik und gaben dem Amt des Thomaskantors künstlerische Bedeutung.

Viele andere Namen, die im 17. Jahrhundert das Gesicht der »Musik in Sachsen« maßgebend prägten, sind zu nennen. So etwa: Andreas Hammerschmidt (1611-1675), Zittau, Komponist konzertierender geistlicher Musik; Christoph Demantius (1567-1675), Freiberg, Komponist geistlicher Musik sowie Suiten und mehrstimmiger Lieder; Johann Rosenmüller (1619-1684), Wolfenbüttel und Leipzig, Schöpfer einer farbigen Orchestermusik, die kurfürstlich-sächsische Kantorentradition mit venetianischem Klangrausch verbindet; Mathias Weckmann (1619-1674), Hamburg und Dresden, Schütz-Schüler und späterer sächsischer Hofkapellmeister, Schöpfer bedeutender Kammermusik, geistlicher Lieder und Konzerte; Johann Christoph Pezel (1639-1694), konzertanter Clarinbläser und »Rathsmusicus« in Leipzig, Komponist vieler »Turmmusiken«; Adam Krieger (1634-1666), Organist in Leipzig, Hoforganist in Dresden, Klavierlehrer der kurfürstlichen Prinzessin, wichtigster Vertreter des mehrstimmigen barocken weltlichen Generalbaßliedes seiner Zeit; Christoph Bernhard (1627-1692), Dresden, Schütz-Schüler, Kapellmeister in Dresden, Musiktheoretiker und Komponist, der vor allem Schütz' Kompositonslehre überlieferte. Diesen Namen könnte man noch viele hinzufügen. Sie alle stehen für die Fülle des blühenden Musiklebens in Sachsen im 17. Jahrhundert. Sächsische und in Sachsen wirkende Musiker und Komponisten waren es, die auf dem Gebiet der evangelischen Kirchenmusik, der Kammermusik, der Orchestermusik und der Liedkomposition des Hochbarocks grundlegende Arbeiten vorlegten.

Das 18. Jahrhundert: J. S. Bach und J. A. Hasse

Zu Beginn des 18. Jahrhunderts waren wesentliche Entwicklungen im sächsischen Musikleben abgeschlossen und wichtige Organisationsformen eingespielt. Die sächsische Hofkapelle in Dresden war durch Tradition und gute Besetzung ein anerkanntes Orchesterinstitut; die Schulchöre der Thomaner und Crucianer hatten ein beachtliches Niveau und leistungsfähige Kantoren, die meist auch selbst komponierten; die kirchlichen Gemeinden verfügten selbst in den kleinsten Orten über geschulte Organisten, zu deren Amtspflicht die Komposition gehörte; die Zunft der Stadtpfeifer und Ratsmusiker sorgte für eine geordnete instrumentale städtische und kirchliche Musik; die sich überall konstituierenden (studentischen) collegia musica begannen, das musizierende Bürgertum zu zunächst laienmäßigen Musiziervergnügen zusammenzufassen. Das kompositorische Interesse galt mehr und mehr der *Instrumentalmusik* (Ausprägung von concerto grosso, Solokonzert, Sonata da chiesa und Sonata da camera, Opernsinfonia, Orchester-Klavier- und Lautensuiten) und der *neapolitanischen Oper* mit Rezitativ und da-capo-Arie als einer Folge von geschlossenen Musiknummern.
Die erste Hälfte des Jahrhunderts war durch zwei gewaltige Höhepunkte gekennzeichnet: *Johann Sebastian Bach* (1685-1750) in Leipzig und Johann Adolf Hasse (1699-1783) in Dresden.
Leipzig wurde zum Ort wichtigster musikalischer Ereignisse, selbst wenn man das dort nicht so recht merkte. Seit der Zeit des großen ersten Thomaskantors Georg Rhau (1488-1548) hatten berühmte und weniger berühmte Komponisten das Thomaskantorat verwaltet; Sethus Calvisius, Johann Hermann Schein, Johann Schelle und Johann Knüpfer haben Musikgeschichte geschrieben. Aber bis in unsere Zeit wird mit der Institution des Thomaskantorats der Name Johann Sebastian Bach (in Leipzig 1723-1750) untrennbar verbunden, wenngleich seine alles überragende Lebensleistung nicht gerade auf dem Gebiet der Schulmusik lag. Bachs einzigartige Stellung innerhalb der europäischen Musikgeschichte wird dadurch erklärt, »daß sein Wirken rückschauend noch einmal die gesamten Voraussetzungen und Bedingungen, auf denen durch Jahrhunderte das Musikwesen Europas geruht hatte, umfaßt ... und er gleichzeitig weit die Tore eines neuen Zeitalters öffnete« (Friedrich Blume). In Bachs Leipziger Zeit entstanden u. a. ein Großteil der Kantaten, die Passionen und Oratorien, Messesätze, einige Orgel- und Klavierwerke sowie seine Spätwerke »Kunst der Fuge« und »Musikalisches Opfer«, die von einer letzten Verfeinerung des kontrapunktischen Prinzips gekennzeichnet sind. Bachs vielschichtige Stilmittel werden, soweit sie sich verbal fassen lassen, so beschrieben: »Durchdringung der Klaviersuite und der sonata da chiesa mit den Formen des Konzerts, Durchdringung des Konzerts mit Kontrapunkt, langlinige Ornamentalität der Sologesangsstimmen und der obligaten Instrumentalstimmen, oft hochgespannte Alterationsharmonik, energiegeladene Motiv- und Linienbildung (Kurths »kinetische Energie«), Vorliebe für rhythmisch einheitliche Verläufe und für quasiostinate Baßbehandlungen, Dichte der Polyphonie, gerne bis zu den äußersten Grenzen ausgreifende Melodik, Präzision des metrischen Gefüges« (Friedrich Blume). Komponisten wie Mozart und Beethoven, Schumann, Brahms, Bruckner, Reger und Strawinsky, um nur einige aus der Schar der ehrerbietigen Bewunderer herauszugreifen, verneigten

sich demütig vor der Kunst Bachs, die die Jahrhunderte überdauert hat und überdauern wird.

Für das bürgerliche Konzertwesen wurden die studentischen *collegia musica* wichtig, die schon unter Bachs Vorgängern existiert hatten. Auch Georg Philipp Telemann und Bach leiteten in Leipzig diese studentischen Liebhaberorchester, die die konzertante Kirchenmusik und die Leipziger Oper zu versorgen hatten und daneben noch regelmäßig öffentliche Konzerte gaben. Eine dieser Vereinigungen, das sog. »Große Concert« (ab 1743), dessen Wirken vor allem musikliebende Kaufleute finanziell förderten, wurde zur Urzelle des ältesten Konzertorchesters auf deutschem Boden, des berühmten *Gewandhausorchesters*. Den Namen bezog es von dem Konzertsaal, der für eben dieses Orchester im leerstehenden ersten Stock des Messehauses der Tuchweber und Wollwarenhändler 1780/81 ausgebaut wurde. Maßgeblich beteiligt am Aufstieg dieses Orchesters war Thomaskantor und Gewandhauskapellmeister Johann Adam Hiller (1728-1804), dessen unermüdliche Organisationsgabe, Orchesterschulung und dessen Sinn für musikalische Qualität diesen Klangkörper formten. Auf dem Programm stand immer neueste Musik. Das Eröffnungskonzert hatte ausgesprochen frühklassischen Charakter und bis zum Jahr 1835 – wir greifen etwas vor – waren insgesamt 576 Kompositionen von Haydn und 655 Werke von Mozart aufgeführt worden.

Außer dieser Organisationsleistung wurde Hiller für die Geschichte der deutschen Oper wichtig durch die Komposition *deutscher Singspiele*, bei denen liedhafte, volkstümliche Gesangsnummern in gesprochenem Text eingebettet sind. Diese bei dem Leipziger Bürgertum ungeheuer beliebten Volksopern gelten als Wegbereiter einer deutschen nationalen Oper schlechthin, wenngleich ähnliche Arbeiten zu gleicher Zeit auch in Gotha, Bonn und vor allem in Wien vorgelegt wurden. Die Voraussetzungen zum Ausbau eines deutschen Opernunternehmens waren im weltoffenen und bürgernahen Leipzig angesichts des wachsenden bürgerlichen Wohlstandes, der Messen und der steigenden Studentenzahlen günstig, vor allem weil im höfischen Dresden der italienischen Oper der Vorzug gegeben wurde.

In Dresden verlief die Musikentwicklung anders. Unter der Regentschaft von August dem Starken (1964-1733) und Friedrich August II. (1733-1763) brach für die Residenzstadt eine Zeit größter höfischer Prachtentfaltung, auch im musikalischen Bereich, an. Der Hof verpflichtete die besten Solisten und bemühte sich um namhafte Komponisten. Opern, Serenaden, Schäferspiele, Ballette und Konzerte jagten einander in Dresden, Moritzburg, Hubertusburg und Pillnitz. Die jeweiligen Kapellmeister hatten alle Hände voll zu tun, diese Feste mit Musik zu versorgen. Der Kapelle gehörten so berühmte Solisten wie die Geiger und Komponisten Pisendel, Volumier und Veracini, der Orgelspieler Christian Petzold (Kompositionslehrer von Graun), Pantaleon Hebenstreit (Erfinder des neuen Instruments Pantaleon), der berühmte Lautenspieler Silvius Weiß (der mehrmals bei Bach in Leipzig zu Besuch war), der Flötist Buffardin (Lehrer von Quantz) und viele andere mehr an, die zu den Besten ihrer Zeit zählten. Wohl aus Repräsentationsgründen entschloß sich August der Starke, 1717 wieder eine italienische Oper zu gründen, die sein Vorgänger hatte eingehen lassen. In Italien wurden dafür zahlreiche erstklassige Sänger und die Komponisten Antonio Lotti und Johann David Heinichen aus Weißenfels gewonnen. Die große Zeit der Dresdner italienischen Oper begann aber erst 1733 mit der Verpflichtung des aus Bergedorf bei Hamburg stammenden Komponisten Johann Adolf Hasse (1699-1783) und seiner italienischen Frau Faustina Bordoni, der damals berühmtesten Mezzo-Sopranistin des Kontinents. Hasse, der mit seiner Frau 30 Jahre in Dresden wirkte, komponierte allein für den sächsischen Hof 48 Opern, 8 Oratorien, 10 Messen, 2 Requiems, 4 Te deums laudamus, 44 Psalmen und zahllose andere geistliche und weltliche Stücke. Obwohl er kein Sachse war, war sein Ruhm als Dresdner Kapellmeister selbst in Italien so bekannt, daß man ihn dort nur »il divino Sassone«, den »göttlichen Sachsen« nannte. Hasse und Konzertmeister Pisendel schulten die Hofkapelle zu messerscharfer Präzision, die seinerzeit ihresgleichen suchte. Aus ganz Europa kamen die Besucher, und auch Johann Sebastian Bach, das ist verbürgt, machte sich mit Sohn Friedemann aus Leipzig auf, um die »schönen Dresdner Liederchen« zu hören. Viele Namen wären noch zu nennen, die deutlich machen, wie eng das Wirken der Dresdner Kapelle mit dem Musikgeschehen Europas verflochten war. Das Dresdner Opernbarock endete mit dem Tod Friedrich August II. und dem Desaster des Siebenjähriger Krieges und der sofort erfolgten Entlassung Hasses und seiner Frau. Nachfolger des genialen Hasse wurde wenig später der fleißige Johann Gottlieb Naumann (1741-1801), der die italienische Operntradition weiterführte. Aber auch die geistliche Musik war in den Dresdner Opernjahren nicht zu kurz gekommen. Nach der Konversion August des Starken 1697 zum katholischen Glauben war von da an auch der katholische Hofgottesdienst (im protestantischen Sachsen) mit Kompositionen zu versehen. Der von Bach hochgeschätzte J. D. Zelenka (in Dresden 1835–1745), ferner Johann David Heinichen (in Dresden 1717-1729), Antonio Lotti (in Dresden 1717-1719), Hasse und Naumann (in Dresden seit 1764) komponierten eine Vielzahl von Oratorien, Messen und vielstimmigen liturgischen Stücken. Der Kreuzkantor und Bachschüler Gottfried August Homilius (1714-1785) galt seinen Zeitgenossen als bedeutendster Kirchenkomponist der zweiten Hälfte des Jahrhunderts. Er war einer der letzten Vertreter der mitteldeutschen evangelischen Kantorentradition, komponierte mindestens zwei Jahrgänge Kantaten, 14 Oratorien, Choralbearbeitungen und Choralvorspiele, spielte vorzüglich Orgel und führte darüberhinaus den Kreuzchor zu technischer Vollendung. Die singgewandten Kreuzschüler taten sogar regelmäßig und mit großer Begeisterung im Opernchor Dienst.

Doch schon zu Bachs Zeiten hatten sich der volle künstlerisch-soziale Abstieg des Organisten- und Kantorenamts und eine damit verbundene Aufwertung des höfischen Musikerstandes vollzogen. Die große Zeit der protestantischen Kirchenmusik, die in Sachsen von Luther über Johann Walter, Heinrich Schütz bis hin zu Johann Sebastian Bach einen gewaltigen Bogen gespannt hatte, ging mit Bachs Tod ihrem Ende entgegen. Selbst Bachs Söhne, von Friedemann einmal abgesehen, gewannen ihre Bedeutung nicht im kirchlichen Raum, sondern in der höfischen Musikpflege. Die sächsische Heimat bot ihnen und ihrer eminenten, am heimischen Kantorentum geschulten Begabung kein adäquates Auskommen mehr.

Eine Zeit des *Atemholens und des Übergangs* begann. Die Folgen des Siebenjährigen Krieges (1756-1763) schlugen Sachsen und seiner Bevölkerung gewaltige Wunden. Obwohl die Dresdner höfische Musik unter Kurfürst Friedrich August

III. (1750/1763-1827) nach einiger Zeit ebenso wie die kirchenmusikalischen Amtshandlungen unter den Bach-Nachfolgern Harrer und Doles in bewährten Gleisen weiterliefen, war nicht zu verkennen, daß sich die Zentren der Musikgeschichte längst verlagert hatten. Hamburg, Berlin, Mannheim, München und Wien boten einer Musik die Heimstätte, deren Traditionen nicht letztlich im lutherischen Musikverständnis und der Praxis des mitteldeutschen Kantoren- und Stadtpfeifertums wurzelten, sondern die sich einem »uneingeschränkten Subjektivismus« zuneigte, der sich in jähen Gegensätzen in Dynamik, Melodik und Instrumentation sowie in erhöhter Entfaltung von Orchestereffekten zeigte und die gesamte Ausdrucksskala zur expressiven Seite hin erweiterte. Die Übergänge vom Spätbarock zum musikalischen Rokoko und der Frühklassik waren fließend und vollzogen sich unmerklich unter stilistischen Überschneidungen. Gegenstand der Auseinandersetzung des neuen Musikempfindens war die Instrumentalmusik mit den Gattungen *Sinfonie und Streichquartett*. Sonatenhauptsatzform als Satzform und Sonatenform als zyklische Form gewannen Gestalt, ebenso das klassische Rondo und die Liedformen der langsamen Sätze. Es ist kein Zweifel, daß in diesen Jahren des Übergangs von sächsischen Musikern fruchtbare Arbeit geleistet wurde und weitreichende Anregungen ausgingen.
Bachs Söhne Carl Philipp Emanuel (1714-1788), Hofcembalist bei Friedrich dem Großen und später Musikdirektor in Hamburg, Johann Christoph Friedrich (1732-1795), Kapellmeister in Bückeburg, und Johann Christian (1735-1782), Musikmeister der englischen Königin in London, suchten kompositorisch neue Wege, die die *heraufbrechende Klassik* einleiteten. Die Brüder Graun aus Wahrenbrück, beide Kreuzschüler, wurden am Hofe Friedrich II. als Violin- und Opernkomponisten berühmt; Reinhard Keiser (1674-1739) aus Teuchern bei Weißenfels, Thomasschüler, begründete die Tradition der Hamburger Oper am Gänsemarkt; Georg Philipp Telemann (1681-1767) aus Magdeburg, unerhört fruchtbarer Komponist aller Gattungen, löste sich frühzeitig aus der Formenwelt des deutschen Barocks und gilt als Vertreter des »galanten Stils« und Wegbereiter der Klassik. Wolfgang Amadeus Mozart hat aus der Begegnung mit Johann Christian Bach in London und mit der empfindsamen Musik Carl Philipp Emanuels tiefgreifende Beeinflussungen erfahren. Beethovens, Haydns und Mozarts späte Auseinandersetzungen mit Johann Sebastian Bachs Musik sind bekannt.

Oper- und Konzertwesen

Nach einer mehrere Jahrzehnte währenden Phase der mehr rezeptiven und reproduzierenden Auseinandersetzung mit der Musik der Klassik gewann Sachsen in der 1. Hälfte des 19. Jahrhunderts mit dem Wirken Webers und Wagners in Dresden und der Tätigkeit Mendelssohns und Schumanns in Leipzig noch einmal musikgeschichtliche Bedeutung.

Während in Leipzig außer Mendelssohn vorwiegend Dirigenten und Komponisten das Musikleben beeinflußten, bemühte sich der sächsische Hof, seine kulturelle Führungsrolle zu behaupten. Der aus Eutin in Holstein gebürtige *Carl Ma-*

ria von Weber (1786-1826) wurde als Musikdirektor einer »Deutschen Oper« in Dresden verpflichtet, um endgültig die Vorherrschaft der italienischen Oper zu brechen, die das musikdramatische Geschehen Dresdens seit Schütz' Zeiten geformt und überfremdet hatte. Nur zehn Jahre waren dem genialen Weber in Sachsen vergönnt. Obwohl der »Freischütz«, der als Hauptwerk der Epoche der deutschen romantischen Oper angesehen wird, nicht in Dresden uraufgeführt wurde, fand er doch hier seine kongeniale Interpretation. »Euryanthe« (1923 in Wien uraufgeführt) und »Oberon« (1926 in London uraufgeführt) entstanden in der Dresdner Zeit. Dresden verdankte Weber hervorragende Mozart-Aufführungen und merkwürdigerweise daneben die Pflege der französischen Oper. Er war ein genialer Orchestererzieher und ein blendender Dirigent. An seiner Dirigierkunst entzündete sich seinerzeit der junge *Richard Wagner* (1813-1883), und wie Mendelssohn galt er als einer der besten Dirigenten seiner Zeit. Weber-Nachfolger Reißiger verhalf Richard Wagner mit der Uraufführung seiner Oper »Rienzi« zu seinem ersten großen Erfolg und zur anschließenden Anstellung als Kapellmeister 1842 in Dresden. Die Rolle, die die sächsische Heimat für Richard Wagner spielte, wird sicher unterschätzt. Wagner wird meistens im Zusammenhang mit Zürich, München und Bayreuth gesehen. Dabei war der geborene Leipziger zeitweise Kreuzschüler in Dresden und Thomasschüler und Student in Leipzig. In seine Dresdner Zeit fiel die Uraufführung des »Fliegenden Holländer« (1843), des »Tannhäuser« (1846) sowie die Komposition des »Lohengrin«. Nahezu sein gesamtes kompositorisches Lebenswerk entstand als Gedankenkonzept in Dresden. Doch der Hitzkopf Wagner geriet in Dresden in die Krise, politisch, menschlich, geschäftlich. Nach seiner überstürzten Flucht 1849 nach der Beteiligung am Maiaufstand lag die Dresdner Kapelle lange Zeit in routinierter Erstarrung, die sich erst nach der Verpflichtung des später geadelten Dirigenten Ernst Schuch 1872 wieder zu lösen begann. Berühmte Interpreten und vorzügliche Aufführungen machten Dresden noch einmal zum Opern-Mekka Deutschlands. Außer einer intensiven Wagner Pflege begannen 1901 die *Strauß-Aufführungen* . »Salome« (1905), »Elektra« (1909), »Rosenkavalier« (1911) waren nur einige der spektakulären Höhepunkte. Fast 3.000 Aufführungen, davon allein 150 Uraufführungen, leitete Schuch während seiner Zeit in Dresden.

Unter der Direktion *Felix Mendelssohn-Bartholdys* (in Leipzig 1835-1847) gewann das Gewandhausorchester und damit Leipzig einen Ruf als wahrhaft europäisches Musikzentrum. Mendelssohn führte als Orchestererzieher die Musiker zu höchsten Leistungen. Darüber hinaus war er einer der ersten bedeutenden Orchesterdirigenten (ähnlich wie Weber in Dresden und Mosel in Wien) und zeichnete für eine zielbewußte, auch die seinerzeitige Moderne fördernde Programmgestaltung verantwortlich. Große Verdienste erwarb er sich durch seine »historischen Konzerte«, in denen er (ausgerechnet in Leipzig!) einer *Bach-Renaissance* den Weg ebnete. Aber auch die Gründung des Leipziger Konservatoriums als führendes Ausbildungsinstitut für Orchestermusiker 1843 geht maßgeblich auf ihn zurück. Die Lücke, die sein Tod riß, war kaum zu füllen. Zu seinem alten Glanz fand das Gewandhausorchester erst wieder unter der Ära des Dirigenten Artur Nikisch (1895-1922 in Leipzig) zurück, unter dessen Stabführung das große Repertoire der musikalischen Romantik gepflegt wurde, der sich aber trotz

der konservativen Leipziger Tradition auch nicht der aufbrechenden Moderne verschloß.
Der aus Zwickau gebürtige Robert Schumann (1810-1856) wirkte in Dresden (Dirigent der Liedertafel und des Vereins für Chorgesang) sowie in Leipzig (Lehrer am Konservatorium). Die Leipziger Jahre waren Höhepunkte seines kompositorischen Schaffens. Hier entstand ein Großteil der lyrischen Charakterstücke für Klavier und des Liedschaffens, hier aber engagierte er sich auch auf dem Gebiet der Musikpublizistik, so daß er im übrigen Deutschland zeitweise als Musikkritiker berühmter war denn als Komponist. Eine eigenständige Oper konnte sich in Leipzig zunächst noch nicht etablieren, sie blieb Pächtern anvertraut. Sogar das Wirken Albert Lortzings (in Leipzig 1844/45), der doch immerhin der deutschen romantischen Oper und der deutschen komischen Oper so lebensfähige Werke wie »Zar und Zimmermann«, »Wildschütz« und »Undine« schenkte, blieb ohne große Nachwirkung auf die Messestadt.
Etwa seit der zweiten Hälfte des 19. Jahrhunderts ist zu beobachten, daß immer größere Perfektion der Chor- und Orchestergruppen das Musikleben Sachsens bestimmte – nicht aber Ausstrahlung und Schaffen schöpferischer Komponisten. Kern der Musikpflege blieb die mehr rezeptive und nachschaffende Auseinandersetzung mit der Musik. Eine neue Mobilität begann, ortsgeprägte landschaftliche Bindung der Dirigenten und Komponisten abzulösen. So finden wir bei Gewandhausorchester und Oper immer wieder namhafte Gastdirigenten aus dem In- und Ausland wie Bruckner, Wagner, Brahms, Mahler und Tschaikowsky.
In den zahlenmäßig immer mehr wachsenden Städten Sachsens hatten sich längst eigene städtische Kapellen etabliert, die mitunter aus den Stadtpfeifer-Traditionen hervorgegangen waren, so u. a. in Chemnitz, Freiberg, Zittau und Zwickau; teilweise wurden auch eigene Opern- und Schauspielhäuser errichtet. In Dresden entstand neben der Königlich-Sächsischen-Kapelle die »Dresdner Philharmonie« zur Pflege der Sinfonie und der »Tonkünstlerverein« zur Aufführung moderner Werke. Überall im Lande hatte im 19. Jahrhundert die Liedertafelbewegung an Boden gewonnen und die Gründung von Männerchören begünstigt. Die ehemals so blühende protestantische Kirchenmusik war durch das allmähliche Fehlen eines durchgebildeten Organistenstandes zur Bedeutungslosigkeit herabgesunken. Die Kirchenmusik gestalteten die Schulchöre, durch Lehrer und Kantor in Personalunion geleitet. Bei den Thomanern und Crucianern entdeckte man, Hand-in-Hand mit der Bach-Renaissance im 19. Jahrhundert, die klassische Einheit von Gottesdienst und Kirchenmusik neu. Das alte Erbe der Kantaten und Motetten wurde wieder hingebungsvoll gepflegt, wenngleich auch bei diesen beiden Chören Epochen größerer und minderer Leistungsfähigkeit wechselten. Gegen Ende des Jahrhunderts leiteten bedeutende Chorerzieher auch hier die Schütz- und Bachpflege ein.
Internationale Bedeutung gewannen die Thomaner durch Gustav Schreck (1892-1918), Karl Straube (1918-1939) und Günther Ramin (1939-1956) sowie die Crucianer durch Otto Richter (1906-1930) und vor allem durch Rudolf Mauersberger (1930-1971), der sich auch als Komponist einen Namen machte. Konzertreisen in alle Welt gaben Zeugnis von der Beliebtheit und dem Können der beiden sächsischen Knabenchöre, die auch heute mühelos die größten Konzertsäle der Welt füllen.

Die Ereignisse der beiden Weltkriege ließen die Arbeit der großen Orchester und Opernhäuser teilweise stagnieren. Die Namen berühmter Dirigenten wie u. a. Fritz Busch (1922-1933) und Karl Böhm (1934-1943) in Dresden, Wilhelm Furtwängler (1922-1928), Bruno Walter (1929-1933) und Hermann Abendroth (1934-1945) in Leipzig waren trotz aller Behinderungen Garanten einer lebendigen und qualitätvollen Musikpflege. So führte Busch die Tradition der Strauß-Uraufführungen (»Intermezzo« und »Ägyptische Helena«) weiter und gab der Moderne (Pfitzner, Hindemith, Busoni, Weill, Schoeck) weiten Raum. Unter Böhm gab es glanzvolle Premierenabende mit den Straußopern »Die schweigsame Frau« (1935) und »Daphne«, darüber hinaus anerkannte Wagner- und Mozartpflege. Tonkünstlerverein und Dresdner Philharmonie versuchten trotz aller kulturpolitischen Hemmnisse auch zeitgenössische Musik zu pflegen und in der Kreuzkirche erklangen auch noch nach 1933 die Werke ansonsten verfemter Komponisten.
Nach dem Zusammenbruch von 1945 erwachte das sächsische Musikleben als eine starke geistesbildende Kraft erstaunlich schnell zu neuem Leben. Unter oft erbärmlichen äußeren Bedingungen erklangen die unsterblichen Werke eines Schütz, Bach und Händel nicht selten in den Trümmern der zerstörten Kirchen. Die Dresdner Oper stand nach 1945 unter der Leitung von Joseph Keilberth, der die Tradition weiterführte. Die Staatskapelle feierte 1948 ein musikalisch glanzvolles 400jähriges Jubiläum; die Dresdner Philharmonie (seit 1950) »Staatliches Orchester Sachsen«) ergänzt das Spektrum der kulturellen Vielfalt. Auch Leipzig hatte durch die Kriegseinwirkung nahezu sämtliche Theater- und Konzertsäle verloren. In einem Kinosaal und im Festsaal des Leipziger Zoos begann das Gewandhausorchester (Franz Konwitschny 1949-1962, Kurt Masur ab 1970) mit der Aufbauarbeit. Gewandhaus, Rundfunksinfonieorchester (hier insbesondere Hermann Abendroth 1949-1956) und Thomanerchor machten Leipzig in kurzer Zeit wieder zu einem bedeutenden musikalischen Zentrum.
Das Musikschulwesen nimmt sich durch die überall im Land entstandenen Volksmusikschulen der musikpädagogischen Arbeit mit der Jugend an. Betriebschöre und Betriebsorchester fördern die musische Freizeitarbeit mit oft erstaunlichen künstlerischen Ergebnissen. Die Staatlichen Hochschulen für Musik, die Landeskirchenmusikschule und nicht zuletzt das musikwissenschaftliche Institut der Leipziger Universität widmen sich der Ausbildung des musikalischen und wissenschaftlichen Nachwuchses.

*

Die Musikkultur eines Landes wird nicht nur von den Leistungen der Komponisten, Orchester, Chöre und Solisten bestimmt. Ihre Entfaltung als spezifisch landsmannschaftliche Leistung ist nur möglich, wenn eine grundsätzliche Bejahung musischen Tuns und die damit verbundene Freude an schöpferischer musikalischer Gestaltung – in welcher Art und welcher Vollkommenheit auch immer – bei der Bevölkerung vorhanden ist.
Die sächsisch-mitteldeutsche Musik ist nicht denkbar ohne die Leistungen der Bürger, die sich in den Kantoreien und Gesangvereinen zusammenschließen, ohne die Leistungen der Schüler, die in den berühmten Schulchören Dienst tun, sie

ist letztlich nicht denkbar ohne jene latente Sanges- und Musizierfreude der gesamten Bevölkerung.
So stand und steht der *Musikinstrumentenbau* bis zur heutigen Zeit in hoher Blüte. Die Namen der Orgelbauer Gottfried Fritzsche (1578-1638), Gottfried und Andreas Silbermann (1685-1753 bzw. 1678-1734) Johann Sebastian Bach (1685-1750 Viola pomposa), Pantaleon Hebenstreit (1667-1750, Pantaleon) und Joseph Hampel (1705-1771, Inventionshorn) mögen stellvertretend für die vielen Instrumentenbauer stehen, die im Laufe der Jahrhunderte meisterliche Instrumente entwarfen und Erneuerungen und Verbesserungen ersannen. Vor allem im handwerklich orientierten Erzgebirge entstand eine blühende Musikinstrumentenindustrie, die bis heute ihr Zentrum in Markneukirchen hat.
Für den *Musikalienhandel* spielte die Universitäts- und Handelsstadt Leipzig die wichtigste Rolle. Die Musikkataloge der Oster- und Michaelismessen (von 1594-1860) haben größte Bedeutung für die Musikgeschichte und Handelsgeschichte gleichermaßen. Verlage wie Breitkopf & Härtel, Peters, Merseburger, Kistner sowie Hofmeister und Kühnel waren (und sind teilweise heute noch) Angelpunkte des Musikalienvertriebs.
Die Geschichte der *Musikkritik* ist nicht denkbar ohne die Ansätze Lorenz Mizlers in seiner Zeitschrift »Neu eröffnete musicalische Bibliothek oder gründliche Nachricht nebst unpartheyischem Urtheil von musicalischen Schrifften und Büchern« (Leipzig ab 1743), ohne seine Monatszeitschrift »Musicalischer Staarstecher« (Leipzig 1739/40), ohne Friedrich Rochlitz' »Allgemeine musicalische Zeitung« (Leipzig ab 1798), ohne Hillers »wöchentliche Anmerkungen, die Musik betreffend« (Leipzig 1766-1770) und ohne Robert Schumanns Rezensionen für Rochlitz' AmZ, den »Komet«, das Leipziger Tageblatt und vor allem ohne seine bahnbrechende »Neue Zeitschrift für Musik«, die in gewandelter Form noch heute besteht.
Das Fach *Musikwissenschaft* fand in Sachsen im 20. Jahrhundert an der Universität Leipzig eine Heimstatt. Hermann Kretzschmar, Hugo Riemann, Hermann Abert, Walter Serauky und Heinrich Besseler gaben ihm weitreichende Geltung.
Das Erbe sächsischer Musik ist nicht im Staub der Archive versunken. Noch nie war es so lebendig wie gerade jetzt. Die Spielpläne unserer Opernhäuser und die Programmzettel der Konzerte in aller Welt geben davon ein deutliches Zeugnis.

Eduard Zysno

MEDIZIN

Medizingeschichte gibt stets Anlaß zu Reflexion, besonders über die Entwicklungen, wie sie gesamthaft und eigenständig in den medizinischen Fächern verlaufen sind. Kristallisationszentren sind die Lehr- und Ausbildungsstätten, an denen Theorie und Praxis der Medizin vermittelt wurden.

Im ausgehenden *Mittelalter* stand zunächst in der sogenannten »Kloster- und Mönchsmedizin« die Sorge und das Gebet für den Kranken im Vordergrund. In den Klöstern waren Bibliothek und Klostergarten zusammen mit Hospiz (für die Pilger) und Spital (fur die erkrankten Armen) durch bauliche Nähe zum Komplex zusammengewachsen. So existierte auch in Leipzig als Stiftung seit 1212 das Klosterspital St. Jakob. Dresdens älteste Hospitäler waren das St. Jakobs-Spital, das St. Bartholomäus-Spital und das Pestkrankenhaus außerhalb der Stadt, aus dem sich das Stadtkrankenhaus Friedrichstadt entwickelte. Das Clarissenkloster in Seußlitz war im Besitz des 1337 gegründeten St. Materni-Hospitals am Frauenkirchof, das nach fünfhundert Jahren durch einen Neubau von Semper ersetzt wurde. Während die chirurgischen Aufgaben hauptsächlich im militärischen Bereich lagen, waren sehr wohl Bader und Scherer als nicht ausgebildete Steinschneider, Starstecher usw. medizinisch als »Wundärzte« tätig. Zwar wurde 1409 in Leipzig, nachdem Studenten und Professoren aus Prag wegen der dortigen Benachteiligung ausgewandert waren, die Universität gegründet, doch standen von 22 Promovierten nur 5 medizinische Doktoren im Lehrbereich. Die medizinische Fakultät selbst wurde erst 1415 gegründet.

In der Medizin herrschten die *Lehren Galens* als sogenannte »Buchmedizin« vor. Man bemühte sich durch scholastische Methodik, die Wahrheitsfindung und Problemlösung vorwiegend durch den Disput herbeizuführen. Kausalitätsbewußtsein und naturwissenschaftliches Experiment fanden hierzulande keinen Boden, im Gegensatz zu den Universitäten in Salerno und Montpellier. Deshalb wanderten viele Studenten dorthin ab, so daß Leipzig an Bedeutung verlor. Erst 1438 wurden hier Professuren für Pathologie und Therapie sowie 1453 für Physik, Chirurgie und Anatomie eingerichtet. Die Universitätsordnung erließ Kurfürst August schließlich 1580, auch mit der Maßgabe, das Kurpfuschertum zu bekämpfen und die Ausbildung von Barbieren und Ärzten zu regulieren. Eine regelmäßige Visitation der Apotheken durch Ärzte wurde eingeführt und gesetzlich verankert. Der Examensabschluß an der Universität führte zum Magister der Medizin oder dem Physikat. Barbiere, Bader und Wundärzte galten nach dem Reichsgesetz von 1779 als Handwerker und durften nur die sogenannte niedere Chirurgie ausüben. Allerdings unterstanden sie der Aufsicht durch den Stadtphysikus.

Die Augenheilkunde als selbständiges Fach wurde von *Georg Bartisch* aus Königsbrück bei Dresden (1535-1606) erstmalig durch seine »Ophthalmoduleia« hervorgehoben. Seine Schielbrille, sein löffelartiges Operationsinstrument und seine Behandlungsmethoden der differenten Starformen zeichneten ihn als versierten Praktiker aus.
Der Universitätschirurgikus *Gottlob Eckholdt* erfand in seiner Leipziger Zeit (1799-1809) zahlreiche Instrumente und Operationsmethoden und richtete im Hospital nicht nur Operations- und Verbandsäle ein, sondern auch einen Massageraum und eine Badestube.
Aus Meißen stammt der Begründer der Homöopathie *Christian Friedrich Samuel Hahnemann* (1755-1843), der nach der Promotion in Erlangen seine Lehre zunächst in verschiedenen Städten Mitteldeutschlands, dann in Paris praktisch und in Veröffentlichungen verbreitete.
Im 18. Jahrhundert wurde in Leipzig in der Klosterstiftung St. Jakob am Krankenbett unterrichtet. Auch erfolgten Sektionen im Theatrum anatomicum. Eine Brandkatastrophe zerstörte St. Jakob und für die Universität wurde ein neues klinisches Gebäude benötigt. Die permanenten Streitereien der eher fortschrittsfeindlichen Stadtverwaltung mit der medizinischen Fakultät in Leipzig verhinderten zunächst, daß das Klosterspital als Universitätsklinik genutzt wurde.
Zwar war seit 1801 ein einjähriges Studium für Chirurgen Pflicht, doch erst 1812 wurden Anatomie und Chirurgie getrennt und ab 1824 bildete die Universität *Leipzig* Vollmediziner aus. Für diesen evolutionären Schritt gingen gerade von Leipzig starke Impulse aus. Für wissenschaftlich ausgebildete Chirurgen fiel aber der Zunftzwang erst 1802. Obwohl seit 1830 die chirurgische Poliklinik in Leipzig bestand, erlosch erst 1847 die sogenannte niedere Chirurgie. Damit war die Spaltung zwischen Chirurgie und Medizin beseitigt.
In *Dresden* war die älteste Medizinschule 1749 als Collegium Medico-Chirurgicum in der Neustadt von August III. gegründet worden, um die »Chirurgie in Sachsen auf besseren Fuß zu setzen«, nachdem vorher bereits das katholisch-königliche Krankenstift in der Friedrichstadt seine Pforten geöffnet hatte. Die Aufklärung veränderte in der Medizin das ärztliche Denken zu einem kritischen Empirismus und exakter Diagnostik. Durch die Schaffung des klinischen Lehrinstitutes war das Collegium beispielhaft und richtungsweisend geworden. Gleichzeitig sollte auch die Ausbildung der Hebammen verbessert werden, wofür 1775 im Anatomieflügel der Kaserne Räume eingerichtet wurden, nebst 6 Betten für Schwangere und Gebärende. 1781 wurde eine Lehrkanzel für Heilmittellehre angegliedert. 1786 folgten auch Lehrveranstaltungen für Zahnchirurgie. So hatte das Collegium Medico-Chirurgicum auch gegenüber Leipzig einen vorzüglichen Ruf und Ausbildungsstand, bis es in den napoleonischen Kriegen geschlossen wurde.
Die benachbarte Universität zu *Wittenberg* war 1502 gegründet worden und deren Gründungsrektor *Martin Pollich von Mellrichstadt* zugleich Leibarzt des Kurfürsten Friedrich des Weisen. Pollich, der seine Ausbildung an der Universität Leipzig erworben hatte, war ein ungemein gebildeter und angesehener Arzt. Verdienste erwarb er besonders durch den Einsatz in der Seuchenbekämpfung der Syphilis. Später wurde der von 1601-1637 in Wittenberg tätige Internist *Daniel Sennert* durch seine Beschreibung und Behandlung des Scharlachs bekannt.

Die Universität wurde 1813 geschlossen, nachdem Wittenberg durch die Franzosen besetzt worden war. Sie wurde nicht mehr eröffnet, womit die medizinische Ausbildungsstätte erlosch. 1817 wurde sie mit der Universität Halle vereinigt, die eine gute medizinische Tradition besaß. 1754 war dort übrigens die erste Frau zum Dr. med. promoviert worden.
In Dresden wurde während der Jahre 1813/14 das Kurländer Palais als Lazarett benutzt und ab 1815 Sitz der chirurgisch-medizinischen Akademie mit Hörsälen, Bibliothek und anatomischen, physikalischen und naturhistorischen Sammlungen. Ferner bestand ein Klinikum. 1814 wurde auch *Carl Gustav Carus*, Leibarzt dreier sächsischer Könige, zum Leiter der Entbindungsschule bestellt, wo er bis 1827 wirkte. Mit J. W. von Goethe und Alexander von Humboldt befreundet, als Künstler fast mehr bekannt, stellte er ein geistiges Zentrum in Dresden dar. Von seinen zahlreichen wissenschaftlichen Publikationen waren die wichtigsten: das »Lehrbuch der Gynäkologie« sowie das »System der Physiologie« und die »Vorlesungen über Psychologie«. Zur Gründung der Gesellschaft Deutscher Naturforscher und Ärzte, die heute noch nichts von ihrer Bedeutung eingebüßt hat, wurde C. G. Carus 1822 von *L. Oken* nach Leipzig eingeladen. Die fünfte Tagung der Gesellschaft Deutscher Naturforscher und Ärzte fand 1826 in Dresden statt. Bereits 1818 war in Dresden die »Gesellschaft für Natur- und Heilkunde« mit einer eigenen Zeitschrift gegründet worden. Ihr folgte 1843 die Gründung des ärztlichen Vereins zu Dresden. Die Auflösung der chirurgisch-medizinischen Akademie wurde 1864 angeordnet. Sie sollte erst wieder 1954 als Carl-Gustav-Carus-Akademie neu entstehen.
Seuchen-hygienische und sozial-medizinische Aspekte sind in der medizin-geschichtlichen Entwicklung meist eng verknüpft worden. In den meisten größeren Städten wurden sogenannte *Pestilenz-Lazarette* eingerichtet. In Dresden lag es z. B. an der alten Weißeritz. Besonders während und nach dem 30jährigen Krieg waren diese Einrichtungen überbelegt. Soweit bereits ein Stadtphysikus vorhanden war, oblag diesem die »ärztliche Betreuung«, sonst meistens dem Pestbarbier oder einem sogenannten Pestilenzmedicus. Erst im 18. Jahrhundert dienten diese Seuchenlazarette mehr im Sinne eines allgemeinen Krankenhauses. Bei der Pest war meistens die Seuche ganz allgemein genannt, wobei die bakteriologische Klassifizierung erst viel später erfolgen konnte.
Die schweren Seuchezüge von *Pockenerkrankungen* kumulierten um 1770, die bei 25 % der Gesamtbevölkerung tödlich verliefen. Im »Archiv für Ärzte und Seelsorger wider die Pockennot« wurde von *Juncker* in Halle zwischen 1796 und 1798 die jährliche Todeszahl für Deutschland mit 70.000 Personen angegeben.
Auch während der *Cholera*-Epidemie in Sachsen 1831 bestanden sanitätspolizeiliche Vorkehrungen zur Verhütung der Einschleppung, so z. B. die gesetzliche Bestimmung einer genauen Kontrolle durch einen »Gesundheitspass« oder eine Quarantäne. Es ist erstaunlich, daß trotz des Nichtwissens, daß es sich bei der Cholera um eine Infektionserkrankung handelt, wie z. B. bei der Epidemie in den Jahren 1848 bis 1850, die Maßnahmen doch sehr wirkungsvoll waren, obschon sie durch die Revolutionswirren dramatisiert wurden. Während der Cholera-Epidemie 1854/55 kam es besonders in Dresden und Leipzig zu Todesfällen, wobei in Dresden z. B. im Stadtkrankenhaus in der Friedrichstadt etwa 40 Kranke lagen sowie 8 Krankenpflegerinnen. Obwohl es keine strenge Isolation gab, war die

Desinfektion der Exkremente zur Eindämmung der Seuche sehr effektiv, so daß erst zwischen 1865 und 1867 erneut die Cholera ausbrechen konnte. Die schwerste Epidemie war im Verlaufe der kriegerischen Ereignisse 1866 auch durch den Durchmarsch der Truppen hervorgerufen. So waren in Leipzig 1.658 Cholera-Todesfälle zu beklagen. In ganz Sachsen waren damals 6.736 Personen an der Cholera gestorben. Insgesamt hatte Sachsen im 19. Jahrhundert ca. 10.000 Cholera-Tote zu verzeichnen.

Die Wandlung in der Medizin mit sozial-medizinischen Gesichtspunkten und einer naturwissenschaftlich orientierten Medizin machte es auch notwendig, den *Krankenhausbau* zu intensivieren. So folgte die Errichtung des Stadtkrankenhauses in Leipzig (etwa 350 Betten) in den Jahren 1869/70. Anderweitige Neueinrichtungen und auch ein Barackenlazarett wurden in Leipzig für die Verwundeten des deutsch-französischen Krieges von 1870/71 mit 600 Betten errichtet. Schon damals bevorzugte man eine gewisse Leichtbauweise und Zusammenfassung von kleineren Blöcken.

Einerseits war durch die *Bakteriologie* der Zusammenhang von Epidemien aufgedeckt worden, andererseits waren schon durch die Einführung der Antisepsis die chirurgischen Erfolge möglich. Vor allem in der Geburtshilfe durch die Desinfektion von Wäsche und Personal, z. B. in Dresden in der Frauenklinik, konnte die Sterblichkeitsrate auf 0,9 % gesenkt werden. Auch die Entdeckung der Tuberkelbakterien oder der Diphtherie gab Anlaß zu neuen therapeutischen Ansätzen, die insbesondere die Impfung als Prävention und Therapie mit sich brachten. Die Variolation als Prophylaxe vor Erkrankung an echten Pocken war bereits bekannt und das sächsische Serumwerk hat gerade auf diesem Sektor hervorragendes geleistet. So konnte auch *Zenker*, nachdem im Marcolini-Palais das Stadtkrankenhaus in Dresden 1864 als größere öffentliche Anstalt errichtet worden war, den Nachweis führen, daß Trichinen tödliche Erkrankungen verursachen konnten. Daraufhin erfolgte die Einführung der offiziellen Trichinenschau erstmalig 1862 in Plauen. So waren jene hygienischen Maßnahmen nicht nur auf die Seuchen im einzelnen beschränkt, sondern brachten eine Wasser- und Wohnhygiene mit sich. Mit dem Aufschwung der Bakteriologie kam auch die moderne Chemie von der naturwissenschaftlichen Seite mit neuen Lösungen diesen Problemen zu Hilfe.

1838 hat *Prinz* in Dresden Pockenschutzimpfungen ausgeführt, wobei er selbsthergestellte Kuhpockenlymphe benutzte. Dies führte 1839 zur Gründung eines zentralen Impfinstituts, das 1877 in eine städtische Impfanstalt übergeführt wurde. Ab 1886 konnten die öffentlichen Pockenschutzimpfungen in der Poliklinik im Kurländer Palais durchgeführt werden und 1887 wurde schließlich die »staatliche Lymphanstalt« errichtet.

Sozialmedizinisch wichtig erscheint die Eröffnung der »chemischen Zentralstelle für öffentliche Gesundheitspflege« 1871 im Kurländer Palais. Der Gedanke der Feuerbestattung wurde 1874 erstmalig in Dresden realisiert. Es handelt sich um die Einäscherung einer Engländerin in einem Regeneratorofen der Glasfabrik. 1908 wurde aus privater Initiative das »Sächsiche Serumwerk und Institut für Bakteriotherapie« gegründet. Dies war die Ausgangssituation für die internationale Hygiene-Ausstellung 1911 und die Gründung des Deutschen Hygienemuseums.

Als entschiedener Verfechter der Turnhygiene war *E. F. Richter* (Dresden) bekannt geworden. Er gab auch den Anstoß für die notwendigen Medizinalreformen und die zu schaffende Standesvertretung. Desgleichen initiierte er 1872 bei der Naturforscher-Versammlung in Leipzig die Gründung des Deutschen Ärzte-Vereinsbundes. Unter *F. Renk* wurde 1912 das Landesmedizinal-Kollegium mit der Kommission für das Veterinärwesen zum Landesgesundheitsamt vereinigt. Mitte des 19. Jahrhunderts fanden bereits regelmäßige Fortbildungsdemonstrationen für die Ärzte Dresdens und Umgebung durch die Pathologen statt und in ähnlicher Weise wirkte von 1901 bis 1924 der Verein für Ärztekurse, der im Oktober ein 3wöchiges Seminar für »praktische Medizin« anbot. Seit 1924 bestand die »Akademie für ärztliche Fortbildung«, um auch die praktische- und Sozialmedizin sowie die Hygiene wissenschaftlich zu fördern. Daraus erwuchs auch 1926 die Hygiene-Akademie mit eigenen Publikationen.

Der Leipziger Internist *K. A. Wunderlich* hatte gerade während der Cholera-Epidemie 1866 große Aufgaben zu erfüllen. Pathologisch-anatomisch konnte er zeigen, daß der Fieberverlauf, als graphische Kurve dargestellt, eine wesentliche Charakterisitik der betreffenden Infektionskrankheit darstellt. Er führte das Thermomoter als ärztliches Instrument ein. *H. Curschmann* konnte diese Arbeiten über Infektionskrankheiten, insbesondere Pocken, Typhus und Fleckfieber weiterführen und das Ansehen des Leipziger Klinikums mehren. Die 1879 neu erbaute medizinische Klinik war durch die fehlenden Arbeitsplätze im Laboratorium, für Elektrotherapie und klinische Chemie fast zu klein. Ebenfalls machte die wachsende Studentenzahl neue Arbeitsplätze erforderlich. In der Chirurgie war *K. Thiersch* ein führender Kliniker und entwarf mit *K. A. Wunderlich* den Plan, nach dem das Krankenhaus St. Jakob als Musteranstalt 1871 neu erbaut wurde, und zwar ebenfalls in einem aufgelockerten Stil mit Leichtbauweise. Besonders zu erwähnen ist, daß nach einer Stiftung 1906 ein Institut für Geschichte der Medizin als erstes in Deutschland gegründet wurde, das von *Karl Sudhoff* geleitet, zu einer der berühmtesten medizin-historischen Schulen wurde. Sein Schüler *Henry Sigerist* übernahm diese Arbeit später, emigrierte jedoch 1932 nach den USA.

Die stürmische Entwicklung der Naturwissenschaften und Medizin im 20. Jahrhundert erhöhte das Ansehen der medizinischen Fakultät in Leipzig um so mehr, als auch hier wiederum wesentliche Forschungsarbeiten geleistet wurden, wie z. B. von den Anatomen *W. Spalteholz* mit seinem berühmten Handatlas oder *W. Erb*, dgl. *A. von Strümpel*, der als Internist ebenso bekannt wurde, sowie *Max Bürger*. Als Nachfolger von K. Thiersch leitete zunächst *Friedrich Trendelenburg* bis 1911 die chirurgische Universitätsklinik in Leipzig. Zahlreiche neue Operationsmethoden, wie z. B. die Asepsis, und klinische Zeichen tragen seinen Namen. Ihm folgte *E. Payr*, einer der großen Protagonisten in der Gelenkchirurgie und Nahttechnik von Gefäßen. In der Gynäkologie und Geburtshilfe stellten die Operationserfolge insbesondere von *W. Stoeckel* einen gewichtigen Höhepunkt dar und wurden von seinem Nachfolger *H. Sellheim* weitergeführt. Auch Dresdner Mediziner, namentlich die Chefärzte des 1849 gegründeten Stadtkrankenhauses Friedrichstadt, erlangten hohes Ansehen und wurden an Universitäten berufen. Die staatliche Frauenklinik genoß Weltruf unter Professor Warnekros.

Auf der Grundlage des gewerblichen Sammelns von Heilpflanzen entwickelte sich die Heilmittelindustrie. Dresden erhielt bedeutende pharmazeutische Betriebe wie Madaus, von Heyden und die Lingner-Werke. Die Sanatorien von Lahmann in Bad Weißer Hirsch und Weidner in Oberloschwitz erlangten internationalen Ruf.
Die in den dreißiger Jahren zunehmenden Notverordnungen, Kürzungen des Etats und andere Sparmaßnahmen schränkten nicht nur die Bautätigkeit ein, sondern störten den wissenschaftlichen Betrieb außerordentlich. Nach einem relativen Aufschwung kamen die einschneidenden Rückschläge durch den Zweiten Weltkrieg, wobei 1943 in Leipzig von 92 Kliniken bzw. Instituten bereits 58 schwer getroffen waren und 1945 70 völlig zerstört waren. Dabei gingen nicht nur die wertvollen Fachbibliotheken, sondern auch die gesamten Labor- und klinischen Einrichtungen zugrunde, was besonders die operativen Fächer betraf. Im Februar 1945 versank nach dem schweren Bombenangriff auch die Stadt *Dresden* in Schutt und Asche und mit ihr viele Krankenhäuser und klinische Einrichtungen. Erhalten blieben das Stadtkrankenhaus Johannstadt und ein großer Teil des Stadtkrankenhauses Friedrichstadt.

Diese medizingeschichtlichen Aspekte zeigen, wie weit die praktizierte Medizin von der Ausstrahlung unterrichteter Medizin an den Universitäten und Hochschulen abhing und diese wiederum in ihrer Leistungsfähigkeit von dem medizinischen Umfeld abhängig waren. Medizingeschichte läßt sich auch nicht herauslösen aus dem Kontext der gleichzeitig ablaufenden historischen Entwicklung und verdichtet sich zum persönlichen Erlebnis in erfahrbarer Biographie. Schwerpunkte der Medizin sind im Wandel der Geschichte oft von einem Extrem in das andere verlagert worden, haben aber nie etwas von ihrer Aktualität für den Betroffenen, nämlich den Patienten, eingebüßt. Auch in Sachsen mußte die Medizin – in Ausbildung und Ausübung – nach Kriegsende und Zusammenbruch 1945 sich den Forderungen des neuen Zeitabschnittes stellen.

Heinz Maegerlein

SPORT

Wer in den achtziger Jahren die Listen der Olympiasieger, Welt- und Europameister betrachtet hätte und aus den erstaunlichen Zahlen von sächsischen Sportlerinnen und Sportlern in diesen Reihen schließen würde, daß die Sachsen seit eh und je Sportmeister in großer Zahl hervorgebracht hätten, irrt. Die internationalen Erfolge bei großen Meisterschaften und Länderkämpfen finden wir in dieser Häufung erst in den siebziger und achtziger Jahren unseres Jahrhunderts. Sie waren nicht das Resultat besonderer landsmannschaftlicher Begabung im Sport, sondern sind zurückzuführen auf eine mit exakten wissenschaftlichen Methoden herbeigeführte Züchtung von Athleten nach vorhergehender gründlicher Auslese bereits im Kindesalter. Hinzu kam, daß ein Sportsieg für einen Bürger der DDR einen ganz anderen, ungleich höheren Stellenwert besaß als für die Sportler in der Bundesrepublik Deutschland und in allen westlichen Ländern, beispielsweise in Frankreich, Großbritannien, den skandinavischen Ländern. Denn sportliche Erfolge öffneten einem Sportler der DDR nicht nur die Grenzen, sie brachten auch zahlreiche Erleichterungen für das Leben im Alltag. So ist es kein Wunder, daß erst seit dem Mauerbau zahlreiche Sportler und noch mehr Sportlerinnen aus dem Gebiet der einstigen DDR, ganz besonders aus Sachsen, zu den Besten der Welt zählten.

In den Jahrzehnten davor stellte Sachsen zwar auch viele Deutsche Meister, aber zur sportlichen Elite der Welt gehörten doch nur wenige. Einer allerdings hob sich durch wahrhaft sensationelle Leistungen heraus: der Leichtathlet *Rudolf Harbig*, der Mittelstreckler aus Dresden. Wie phantastisch vor allem seine beiden Weltrekorde über 400 m und 800 m waren, zeigt sich nicht allein darin, daß sie ein gut Stück über den Zeiten seiner Konkurrenten aus aller Welt lagen. Noch weit aufschlußreicher ist, daß sie in der sonst so schnellebigen Zeit des Sports, in der Rekordmarken meist nur wenige Monate bestehen, viele Jahre hindurch in den Rekordlisten standen.

Harbigs Weltrekordzeit über 400 m – 46.0 Sek. – 1939 in Frankfurt/Main aufgestellt, wurde erst neun Jahre später unterboten; sein Fabelweltrekord über 800 m – 1:46.6 min. – 1939 in Mailand im Kampf gegen den zweitbesten Läufer seiner Zeit, den Italiener Mario Lanzi erzielt, hielt allen Angriffen der besten Mittelstreckler der Welt gar sechzehn Jahre hindurch stand! Es gibt in der ganzen Welt der Leichtathletik tatsächlich nur noch eine einzige Parallele: Bob Beamons Weitsprung von 8,90 m bei den Olympischen Spielen von 1968 in der Höhe von Mexico-City. Mit vollem Recht ehrt der Deutsche Leichtathletikverband der Bundesrepublik Deutschland Rudolf Harbig noch heute, indem er alljährlich zum Abschluß der Deutschen Meisterschaften einem besonders erfolgreichen Leichtathleten oder einer Leichtathletin, dem, wie es in den Vergabebestimmungen heißt, »würdigsten Athleten« den Rudolf-Harbig-Gedächtnispreis überreicht. Harbig, 1913 in Dresden geboren, lief 1941 auch über 1.000 m Weltrekord, war siebenmal Deutscher Meister und gewann 1938 in Paris die Europameisterschaft über 800 m. Als Schlußläufer der deutschen 4 × 400 m-Staffel errang er bei den Olympischen Spielen 1936 die Bronzemedaeille. Die Krönung seiner sportlichen Laufbahn, der Olympiasieg, blieb ihm 1940, zu einer Zeit, in der er allen Läufern der Welt klar überlegen war, versagt: der Krieg vereitelte die Austragung der Spiele. 1944 fiel Harbig, der größte Läufer, den Deutschland je besessen hat, als Soldat in Rußland.

Das gleiche Schicksal erlitt Deutschlands erfolgreichster Weitspringer aller Zeiten, der Leipziger *Luz Long*. Der fünffache Deutsche Meister, der dem Ausnahmeathleten Jesse Owens bei den Olympischen Spielen 1936 in Berlin einen großen Kampf lieferte, bei dem er mit 7.87 m die Silbermedaille gewann, starb 1943 auf Sizilien. Sein Deutscher Rekord, 1937 mit 7,90 m aufgestellt, war neunzehn Jahre lang Europarekord und 23 Jahre Deutscher Rekord.

Schon lange vor Harbig und Long waren sächsische Leichtathleten Deutsche Meister geworden. Besonders erfolgreich war der Sprinter *Vincenz Duncker* aus Mittweida, der 1906 (in 11,2 Sek.) und 1907 (11,0) Deutscher Meister über 100 m wurde, in den gleichen Jahren auch den Titel über 400 m und von 1905 bis 1907 in der 110 m-Hürdenstrecke gewann. Im Ersten Weltkrieg war bei diesen Meisterschaften wieder ein Sachse erfolgreich: *Hans Müller* von Wacker Leipzig war dreimal Titelträger über 100 m und 200 m. 1912 und 1913 war Walter Martin (Leipziger BC, später VfB Leipzig) Hürdenmeister, und im gleichen Jahr 1913 gewann ein Sachse, Lüdecke aus Mittweida den Marathonlauf über 42,2 km.

In den dreißiger Jahren zählte der Chemnitzer *Max Gebhardt* zu den besten deutschen Langstrecklern. 1933 wurde er Deutscher Meister über 5.000 m, 1936 lieferte er dem überragenden deutschen Langstreckler dieser Jahre, *Max Syring* aus Wittenberg als Zweiter einen großen Kampf über 10.000 m. Über diese Strekke war schon 1929 *Erich Kraft* aus Bautzen Meister geworden. 1932 und 1933 stellte Sachsen den besten deutschen Hochspringer: *Werner Bornhöfft* aus Limbach wurde mit den respektablen Höhen von 1,93 m und 1,94 m jeweils Deutscher Meister, übrigens ganz überlegen, denn der Zweite blieb sieben Zentimeter zurück!

1929 gewann *Dr. Ernst Allwardt*, Assistent am Institut für Leibesübungen an der Universität Leipzig, ganz überraschend den deutschen Titel über 400 m Hürden. *Willi Drechsel* vom ATV Thalheim wurde 1931 erstmalig deutscher Dreisprungmeister und wiederholte seinen Sieg 1932 und 1935. Im Olympiajahr gewann wieder ein Sachse, *Heinz Wöllner* vom ASC Leipzig, diesen Wettbewerb bei den Meisterschaften. Seine Leistung von 15,06 m wurde erst vierzehn Jahre später in der Meisterschaft überboten.

Viermal hintereinander – was bis heute keinem anderen Werfer gelungen ist –, von 1932 bis 1935, siegte *Gottfried Weimann* (Wacker Leipzig) bei den Deutschen Meisterschaften im Speerwurf. Seine Weite von 1936, 72,24 m, die ihm den Titel vor dem Olympiasieger dieses Jahres, *Gerhard Stöck*, brachte, blieb Meisterschaftsrekord bis 1955! Dreimal in Folge wurde *Karl Heinz Berg* (TSV 1867 Leipzig) von 1939 bis 1941 Deutscher Meister in der gleichen Disziplin.

Von den sächsischen Frauen und Mädchen in der Leichtathletik war vor allem *Käthe Krauß* (Dresdner Sportclub) erfolgreich: Sie war sechsmal Deutsche Meisterin über 100 m – von 1933 bis 1938 – und lief als erste Deutsche die 100 m unter 12 Sekunden. Auch über 200 m (dreimal war sie Deutsche Meisterin) und im Weitsprung gewann sie Meistertitel. Über 100 m belegte sie bei den Olympischen Spielen 1936 den dritten Platz. Die Krönung ihrer Laufbahn hätte die Goldmedaille in der 4 × 100 m-Staffel werden können: ein Stabverlust beim letzten Wechsel, als die deutsche Staffel einen uneinholbaren Vorsprung von zehn Metern herausgelaufen hatte, machte die große Hoffnung zunichte.
Bei diesen Spielen 1936 gewann *Luise Krüger* (Dresdner Sportclub) die Silbermedaille im Speerwurf. Sie war, wie auch Käthe Krauß, eine vielseitige Athletin und gewann 1941 und 1942 den Deutschen Meistertitel im Fünfkampf.
Sucht man unter den besten deutschen *Fußballspielern* nach Sachsen, so trifft man vor allem auf die Spieler der beiden erfolgreichsten Vereine: den VfB Leipzig und den Dresdner Sport-Club.
Der *VfB Leipzig* war sogar der erste deutsche Fußballmeister überhaupt: 1903 gewann er auf dem Altonaer Exerzierplatz das entscheidende Spiel gegen den DFC Prag mit 7:2. Das Spiel konnte erst mit halbstündiger Verspätung beginnen, weil – kein Ball da war! Es kamen rund 2.000 Zuschauer. Das Eintrittsgeld wurde mit dem Hut eingesammelt: 1.333 Mark. Der Leipziger Verein wiederholte seinen Meisterschaftssieg noch zweimal: 1906, als er in Nürnberg gegen den 1. FC Pforzheim mit 2:1 gewann, und 1913, als er im Endspiel den Duisburger Spielverein mit 3:1 schlug. Zweimal stand der VfB noch im Endspiel, verlor aber: 1911 und 1914. Der sensationellste Erfolg gelang dem Leipziger Club, als er sich 1936 den DFB-Vereinspokal durch einen 2:1-Sieg gegen die hochfavorisierte Elf von Schalke 04 sicherte. Neun Nationalspieler gehörten dem VfB Leipzig an: Camillo Ugi (15 Nationalspiele), Otto Paulsen (6), Eduard Edy (3), Heinrich Riso und Dr. Johannes Schneider (je 2), Adalbert Friedrich, Leopold Richter, Karl Uhle und Dr. Willy Völker (je 1). Einer der ungewöhnlichsten Spieler war Eduard Edy, der Mittelläufer. Selbst als er, alt geworden, fast nur noch aus dem Stand spielte, stand er immer im Mittelpunkt des Spiels, weil er einen untrüglichen Instinkt für die Entwicklung eines gegnerischen Angriffs hatte. Otto Paulsen war zu seiner Zeit einer der schnellsten Außenstürmer in Deutschland.
Ähnlich erfolgreich war der *Dresdner Sport-Club*. Er wurde zweimal Deutscher Meister: 1943 (3:0 gegen den FV Saarbrücken) und 1944 (4:0 gegen den Luftwaffen Sportverein Hamburg). Schon vorher, 1940 und 1941 hatten die Dresdner den Deutschen Vereinspokal in die sächsische Hauptstadt entführt: 1940 nach Sieg über den 1. FC Nürnberg und 1941 gegen Schalke 04, beide Male mit dem gleichen Resultat von 2:1. Vierzehn Nationalspieler stellte der DSC, vor allem in den Zeiten von 1927 bis 1943. an der Spitze steht Richard Hofmann mit 25 Berufungen. Dabei war er viermal sogar Kapitän. Der ursprünglich für Meerane 07 spielende Halbstürmer gilt noch heute als einer der stärksten Stürmer, die Deutschland je besaß. Berühmt waren sein Spielwitz, seine schnellen Dribblings, vor allem aber seine unheimlich scharfen Torschüsse. Insgesamt erzielte er 24 Tore in der Nationalelf. Krönung seiner Leistungen waren seine drei Tore, die er 1930 im Grunewaldstadion beim 3:3 gegen England schoß. Zwei kaum minder berühmte Spieler folgten mit je 16 Spielen in der Nationalmannschaft: Willy

Kress, der Torwart, der mit Recht in einem Atemzug mit den berühmtesten Torhüter der frühen Fußballjahre, Stuhlfauth, Lohrmann und Jakob, genannt wird, und der Stürmer Helmut Schön. Obwohl dieser glänzende Techniker in seinen 16 Länderspielen von 1937 bis 1941 siebzehn Tore schoß, lag seine Stärke in seiner beispielhaften Spielübersicht und seinen genauen Pässen, die er oft über 35 bis 50 Meter schlug. Schön war von 1964 bis 1978 ein sehr erfolgreicher Bundestrainer. Er führte die deutsche Nationalmannschaft u. a. zur Weltmeisterschaft 1974. Die weiteren Nationalspieler des DSC: Karl Miller (12), Georg Köhler (5), Walter Dzur und Helmut Schubert (je 3), Richard Gedlich und Friedrich Müller (je 2), Rudolf Berthold, Martin Haftmann, Arno Neumann, Karl Schlösser und Kurt Stössel (je 1).
Sächsische Nationalspieler, die aus anderen Vereinen kamen: Willy Arlt, Riesaer SV (11), Walter Hempel, Sportfreunde Leipzig (11), Ernst Willimovski, Polizei Chemnitz (8), August Sackenheim, Guts-Muths Dresden (4), Erich Hänel, BC Hartha und Rudolf Leip, Guts-Muths-Dresden (je 3), Erich Albrecht, Wacker Leipzig, Karl Joppich, SV Hoyerswerda, Paul Reisland, Wacker Leipzig, Martin Reissmann, Guts-Muths Dresden, Lothar Richter, Chemnitzer BC, Walter Rose, Spielvereinigung Leipzig, Hans Riso, Wacker Leipzig und Ernst Rockosch, Sp. Vg. Leipzig (je 1). Sachsen gewann den deutschen Länderwettbewerb um den Bundespokal zweimal: 1936 gegen Südwest mit 9:0 und 1941 gegen Bayern mit 2:0.
In keiner anderen Sportart haben Sachsen vor dem Zweiten Weltkrieg so viele Erfolge in nationalen und internationalen Kämpfen errungen wie in der *Leichtathletik* und im *Fußball*. Im *Schwimmen* gab es nur einen herausragenden sächsischen Sportler, den 1899 in Leipzig geborenen Kraulschwimmer Herbert Heinrich. Er gewann zwischen 1921 und 1931 fünfzehn Deutsche Meisterschaften, stellte 34 Deutsche Rekorde auf und nahm an 21 Länderkämpfen teil. Er war auch international erfolgreich: Bei den Europameisterschaften kam er über 400 m zweimal auf den zweiten Platz. 1926 und 1927 wurde er mit der deutschen 4 × 200-Kraulstaffel sogar Europameister. Ein Kuriosum, heute undenkbar: bei den Europameisterschaften 1934 spielte er in der deutschen Wasserballmannschaft.
Im *Feldhandball* brachte es eine sächsische Mannschaft, MTSA Leipzig auf drei Deutsche Meisterschaften. Von 1937 bis 1939 war diese Militärmannschaft die stärkste Handballmannschaft Deutschlands. Zehn Jahre zuvor, als die Mannschaften der Deutschen Turnerschaft und der Sportbehörde für Leichtathletik noch getrennt ihre Meister kürten, hatte der TV Chemnitz-Gablenz die Meisterschaft der DT gewonnen. Im *Hockey* stellten Leipzig und Dresden die besten sächsischen Mannschaften. Vor allem der Leipziger Sportclub gehörte zu den stärksten deutschen Mannschaften. Gerhard Milner, der Mittelläufer des LSC war jahrelang auch Mittelläufer der deutschen Nationalmannschaft. Leipzig war in den dreißiger Jahren auch zweimal Schauplatz von Länderspielen: 1931 spielte die deutsche Mannschaft gegen Holland 2:2, und 1935 wurde Österreich mit 10:2 geschlagen.
Schon um 1880 entstanden die ersten privaten *Tennisplätze* in Sachsen. Sehr erfolgreich waren Leipziger und Dresdner Spieler in den ersten drei Jahrzehnten unseres Jahrhunderts. Dora Koering, Toni Schomburgk und Kurt Bergmann gehörten nicht nur zu den besten deutschen Spielern, sondern errangen auch inter-

national große Erfolge. Das bedeutendste Ergebnis buchten Dora Koering und Heinrich Schomburgk 1912, als sie bei den Olympischen Spielen in Stockholm die Goldmedaillen im Mixed gewannen. Dora Koering wurde dabei auch Zweite im Damen-Einzel. Beide waren mehrfach Nationale und Internationale Deutsche Meister. Heinrich Schomburgk war später auch mit seiner Frau Toni oftmals Sieger in großen Turnieren. Er war ein ausgezeicheneter Netzspieler. War ein Ball für ihn unerreichbar, so tönte stets sein »Toni, lauf!« über den Platz. Ähnliche Erfolge reiften in späteren Jahren nur noch bei Annelies Ullstein, der späteren Gräfin Bellani. Bei den Herren waren große Erfolge sächsischer Spieler später spärlich. Der Beste, Louis Hänsch kam lediglich 1932 auf den fünften Platz der deutschen Rangliste.

Im *Rudern* stellte Sachsen 1936 bei den Olympischen Spielen auf der Regattastrecke in Berlin-Grünau den Sieger im Einer: Gustav Schäfer aus Dresden gewann den olympischen Endlauf genau so wie er zwei Jahre zuvor das Finalrennen bei der Europameisterschaft gewonnen hatte.

Im *Gewichtheben* gewann Kurt Helbig aus Plauen bei den Olympischen Spielen 1928 in Amsterdam die Goldmedaille im Leichtgewicht. Der fünfmalige Deutsche Meister, der 1931 und 1933 jeweils Zweiter der Europameisterschaft wurde, stellte in seiner Laufbahn drei Weltrekorde und vier Deutsche Rekorde auf.

Im *Skilauf* kamen aus dem Vogtland, aus dem Aschberggebiet bei Klingenthal, aus dem Erzgebirge, aus Oberwiesenthal (das mit 920 m Höhe die höchstgelegene deutsche Stadt war!) und Johanngeorgenstadt einige der besten deutschen Springer und Langläufer. Walter Glass aus Klingenthal wurde 1930 und 1931 sogar Österreichischer Meister in der Nordischen Kombination. Paul Kraus und Haeckel gehörten in den dreißiger Jahren zur Elite der deutschen Springer und waren den bayerischen Springern absolut ebenbürtig. Paul Kraus hielt 1941 sogar für kurze Zeit den Weltrekord im Skifliegen, als er in Planica 112 m weit flog. Die heutigen ausgezeichneten Skisportler konnten also auf einer guten Tradition aufbauen.

Im *Turnen* stellte Sachsen zwar mit dem ATV Leipzig von 1845 einen der ältesten und mit über 4.000 Mitgliedern auch einen der größten deutschen Turn- und Sportvereine, es besaß auch leitende Männer der Turnbewegung wie Max Schwarze, Dr. Thiemer und Martin Schneider, aber große Meister an den Geräten kamen nicht aus dem Land. Dafür fanden große Feste in Leipzig statt: das Turnfest der Deutschen Turnerschaft 1913 und das 1. Bundessportfest des Arbeiter Turn- und Sport-Bundes 1922, an dem rund 100.000 Arbeitersportler, darunter fast 15.000 Ausländer teilnahmen. In Leipzig erschien auch in den Jahren bis 1933 die »Arbeiter-Turnzeitung«, hier entstand 1926 auch die vorbildlich eingerichtete Bundesturnschule des ATSB. Es war daher nur folgerichtig, daß hier in Leipzig nach dem Zweiten Weltkrieg die »Deutsche Hochschule für Körperkultur« gegründet wurde, die heute einen hohen wissenschaftlichen Ruf in der Welt besitzt.

ZEITTAFEL

892	14. Juli Tod des Bischofs Arn von Würzburg in der Nähe des späteren Chemnitz (das älteste bekannte Datum auf sächsischem Boden)
929	*König Heinrich I. gründet die Burg Meißen* (die Mark Meißen entsteht)
968	*Kaiser Otto der Große stiftet das Bistum Meißen*
1015	Die Polen dringen in die Mark Meißen ein und belagern vergeblich die Burg
1089	*Heinrich von Eilenburg wird als erster Wettiner Markgraf von Meißen*
1124–1156	Konrad (der Große), Heinrichs Vetter, Markgraf von Meißen. Mit ihm beginnt die fortlaufende Reihe der Wettiner, wie sie auf dem »Fürstenzug« in Dresden zu sehen ist Er stiftet das Kloster auf dem Petersberg bei Halle, in dem er begraben wird
1125	stirbt Wiprecht von Groitzsch
1156–1190	*Markgraf Otto* (der Reiche). Freiberg und Leipzig werden gegründet. 1162 wird das Zisterzienserkloster Altzella als Grablege gestiftet. Der Silberbergbau beginnt
1190–1195	Markgraf Albrecht (der Stolze)
1197–1221	Markgraf Dietrich (der Bedrängte), Zeit der Städtegründungen, so auch Dresden
1222–1288	Markgraf Heinrich (der Erlauchte). 1247 Anfall der Landgrafschaft Thüringen und der Pfalz Sachsen, Walther von der Vogelweide in Meißen, 1243 Erwerbung des Pleißnerlandes (um Altenburg, Chemnitz und Zwickau)
1288–1307	Markgraf Albrecht II. (der Entartete)
1307	Schlacht bei Lucka
1308–1324	Markgraf Friedrich I. (der Freidige oder der Gebissene)
1324–1349	Markgraf Friedrich II. (der Ernsthafte)
1349–1381	Markgraf Friedrich III. (der Strenge)
1353	Erwerb der Pflege Coburg
1382–1428	*Markgraf Friedrich IV.* (der Streitbare), *als Kurfürst von Sachsen Friedrich I.*, der Dom zu Meißen wird Grablege
1409	Gründung der Universität Leipzig
1420–1485	Hussitenkriege, 1426 Schlacht bei Aussig
1423	Markgraf Friedrich wird Kurfürst von Sachsen
1428–1464	Kurfürst Friedrich II. (der Sanftmütige)
1455	7. Juli der Prinzenraub
1464–1500	Albrecht der Beherzte, Herzog von Sachsen

1485	*26. August die Leipziger Teilung*, neue reiche Silberfunde im Erzgebirge führen zur Gründung zahlreicher neuer Städte, die Albrechtsburg wird erbaut, *Dresden wird Haupt- und Residenzstadt des albertinischen Sachsens*
1500–1539	Herzog Georg (der Bärtige)
1539–1541	Herzog Heinrich (der Fromme), *1539 Einführung der lutherischen Reformation im albertinischen Sachsen*, der Dom zu Freiberg wird wettinische Grablege
1541–1553	Herzog Moritz, ab *1547 Kurfürst von Sachsen*, 1547 Schlacht bei Mühlberg, die Fürstenschulen in Meißen, Grimma und Schulpforta werden gegründet, Schloß Moritzburg wird erbaut
1553	9. Juli Schlacht bei Sievershausen, Kurfürtst Moritz stirbt, tödlich verwundet, zwei Tage darauf
1553–1586	*Kurfürst August (Vater August)*, die Augustusburg erbaut, Nosseni schmückt die Freiberger Fürstenkapelle
1580	Konkordienbuch
1586–1591	Kurfürst Christian I., Kanzler ist Nikolaus Crell
1591–1611	Kurfürst Christian II,
1611–1656	Kurfürst Johann Georg I., Heinrich Schütz ist Hofkapellmeister in Dresden
1635	Erwerbung der Lausitzen
1656–1680	Kurfürst Johann Georg II., 1657 Leipziger Zeitung, 1678 Leipziger Börse
1680–1691	Kurfürst Johann Georg III. (der sächsische Mars), Aufstellung eines stehenden Heeres, 1682 Handels- und Wechselordnung
1683	12. September Sieg über die Türken am Kalhenberg bei Wien
1691–1694	Kurfürst Johann Georg IV.
1694–1733	*Kurfürst Friedrich August I. (der Starke)*, konvertiert 1697 zur röm.-kath. Konfession und wird als *August II. König von Polen*, Beginn des »Augusteischen Zeitalters«, der Personalunion Sachsen-Polen (bis 1763)
1703	Generalkonsumptionsaccise
1705	Malerakademie in Dresden gegründet
1706	24. September Frieden von Altranstädt beendet für Sachsen den Nordischen Krieg
1709	Erfindung des weißen Porzellans durch Friedrich Böttger in Dresden
1710	*Gründung der Porzellanmanufaktur Meißen*, der ersten in Europa
1713	Sächsische Landeslotterie
1716	Zuchthaus Waldheim eingerichtet
1724	Codex Augusteus
1725	Kadettenkorps eingerichtet, Landvermessung durch A. Zürner; Permoser, Dinglinger, Pöppelmann, Bähr wirken in Dresden, J. S. Bach Thomaskantor in Leipzig
1730	Lustlager bei Zeithain (große Heeresschau)
1733	Kurfürst und König August der Starke stirbt in Warschau und wird in Krakau beigesetzt, sein Herz kommt nach Dresden

1733–1763	*Kurfürst Friedrich August II., als König von Polen August III.,* Johann Adolf Hasse und Faustina Bordoni in Dresden, die Gemäldegalerie wird reich vermehrt (Sixtina), Schloß Hubertusburg wird erbaut
1746	Graf Heinrich v. Brühl wird Premierminister
1760	Dresden wird von den Preußen belagert und verwüstend beschossen
1763	15. Februar Frieden von Hubertusburg beendet den Siebenjährigen Krieg
1763	Kurfürst Friedrich Christian
1763–1827	Kurfürst Friedrich August III. (der Gerechte), als erster König von Sachsen Friedrich August I.
1763–1768	Prinz Xaver von Sachsen Administrator für den noch unmündigen Kurfürsten
1765	Endgültiger Verzicht auf den polnischen Königsthron
1765	Bergakademie Freiberg und Kunstakademie Dresden gegründet
1806	Ende des alten Deutschen Reichs, Sachsen wird, wie alle deutschen Staaten, souverän
1806	*11. Dezember, Kurfürst Friedrich August erklärt sich zum König von Sachsen* und schließt sich dem Rheinbund an, Minister Detlev von Einsiedel
1815	*Wiener Kongreß*, durch den erzwungenen Vertrag vom 15. Januar 1815 verliert Sachsen mehr als die Hälfte seines Staatsgebietes an Preußen
1817	Carl Maria von Weber Hofkapellmeister in Dresden
1827–1836	König Anton (der Gütige)
1828	Polytechnische Schule in Dresden gegründet
1830	Schwere Unruhen in Dresden und Leipzig, Prinz Friedrich August wird Mitregent
1831	*4. September moderne Verfassung*, Sachsen wird konstitutionelle Monarchie
1832	Ablösung der bäuerlichen Lasten (Landrentenbank)
1834	Anschluß an den Deutschen Zollverein
1839	Im April beginnt die erste Ferneisenbahn auf deutschem Gebiet, von Leipzig nach Dresden, den Fahrbetrieb
1836–1854	König Friedrich August II.
1849	Mai-Revolution in Sachsen, schwere Straßenkämpfe in Dresden
1849	Ein sächsisches Truppenkontingent kämpft im Auftrag des Deutschen Bundes in Schleswig-Holstein (Erstürmung der Düppeler Schanzen). Bis 1849 Richard Wagner als Hofkapellmeister in Dresden
1850	Erste sächsische Briefmarke
1854–1873	König Johann
1864	Wieder kämpft ein sächsisches Bundeskontingent in Schleswig Holstein
1866	Im deutschen Bruderkrieg geht am 3. Juli die Schlacht bei Königgrätz für Sachsen und Österreich verloren

1866	*Durch Friedensschluß erzwungener Beitritt Sachsens zum Norddeutschen Bund*
1870/71	Sachsen nimmt am Deutsch-Französischen Krieg teil
1873–1902	König Albert
1889	800 Jahrfeier des Hauses Wettin
1896	Neues Wahlgesetz (Dreiklassenwahlrecht)
1898	Die Polytechnische Schule in Dresden wird Technische Hochschule
1902–1904	König Georg
1904–1918	König Friedrich August III.
1914	Beginn des Ersten Weltkriegs, Sachsen stellt zum letztenmal eine eigene Armee (Generaloberst von Hausen)
1918	*Revolution in Sachsen*, am 10. November Ausrufung der Republik Sachsen
1920	Am 1. November neue Verfassung des Freistaates Sachsen
1923	Die kommunistisch geführte Staatsregierung Zeigner in Sachsen führt das Land gegen das Reich, Reichsexekution
1933–1945	Nationalsozialistische Landesregierungen in zunehmender Abhängigkeit von Berlin
1945	Ende des Zweiten Weltkriegs, am 6. Juli beginnt die »Landesverwaltung Sachsen« unter sowjetrussischer Oberhoheit ihre Arbeit, am 11. September Bodenreform
1946	Am 11. Dezember Regierungsbildung in Sachsen, die Landesverwaltung verschwindet. Ministerpräsident Friedrichs und neun Minister
1947	Der Landtag beschließt am 28. Februar die neue Verfassung des Bundeslandes Sachsen
1949	Nach Gründung der Deutschen Demokratischen Republik (DDR) wird Sachsen ein Land in der DDR
1952	*23. Juli Auflösung der Länder in der DDR, letzter Ministerpräsident Sachsens Seydewitz, und Aufteilung Sachsens in drei »Bezirke« Dresden, Leipzig, Chemnitz*
1990	*Auflösung der DDR, Neubildung des Landes Sachsen und Eingliederung in die Bundesrepublik Deutschland*

Verzeichnis der Städte

Einwohnerzahlen des Jahres *1939* nach dem amtlichen Gemeindeverzeichnis des Deutschen Reiches von 1941.
Einwohnerzahlen der Jahre *1950* und *1988* nach den Statistischen Jahrbüchern der DDR nur für die Städte über 10000 Einwohnern. Gebietsumfang nach dem Stand von 1952.

	1939	1950	1988
Adorf	7 669		
Altenberg	2 032		
Annaberg (-Buchholz)	19 278	36 660	25 953
Aue	25 445	35 785	26 660
Auerbach	18 656	21 765	22 406
Augustusburg	2 905		
Bärenstein	1 325		
Bautzen	41 879	41 592	52 394
Berggießhübel	1 817		
Bernstadt	1 518		
Bischofswerda	10 191	11 973	13 507
Borna	14 611	17 807	24 475
Brand-Erbisdorf	6 029		
Brandis	5 170		
Burgstädt	17 906	18 329	13 420
Chemnitz	337 645	293 373	311 765
Colditz	6 054		
Coswig	12 625	17 401	27 672
Crimmitschau	27 225	34 541	24 003
Dahlen	3 562		
Dippoldiswalde	4 917		
Döbeln	25 330	31 037	28 000
Dohna	5 088		
Dresden	630 216	494 187	518 057
Ebersbach	9 553	11 789	13 563
Ehrenfriedersdorf	6 043		
Eibenstock	8 656		
Bad Elster	4 546		
Elsterberg i. V.	5 240		
Elstra	1 613		
Elterlein	2 617		

	1939	1950	1988
Falkenstein	14 550	17 244	10 605
Flöha	6 338	7 010	13 272
Frankenberg	15 366	15 264	15 429
Frauenstein	1 477		
Freiberg	36 063	44 491	51 341
Freital	37 167	40 048	42 372
Frohburg	3 861		
Geising	1 513		
Geithain	4 506		
Geringswalde	4 279		
Geyer	6 450		
Glashütte	3 490		
Glauchau	33 830	35 387	27 648
Görlitz	93 808	100 147	77 609
Bad Gottleuba	2 144		
Grimma	14 126	15 837	18 526
Groitzsch	6 245		
Großenhain	16 374	18 847	19 437
Großröhrsdorf	8 840		
Grünhain	3 354		
Hainichen	7 998		
Hartenstein	2 915		
Hartha	7 811		
Heidenau	17 774	19 559	21 175
Herrnhut	1 627		
Hohenstein-Ernstthal	17 362	18 015	17 341
Hohnstein	1 124		
Hoyerswerda	7 232	7 365	69 361
Jöhstadt	2 420		
Johanngeorgenstadt	6 861		
Kamenz	14 483	14 331	18 126
Kirchberg	7 377		
Klingenthal	6 295	17 399	12 773
Klotzsche	12 269	(zu Dresden)	
Königsbrück	5 211		
Königstein	4 598		
Kohren Salis	1 136		
Lauenstein	974		
Bad Lausick	5 393		
Lauter	7 862		

	1939	1950	1988
Leipzig	707 365	617 574	545 307
Leisnig	9 776		
Lengefeld i. Erzgeb.	3 404		
Lengenfeld i. V.	8 132		
Lichtenstein	12 441	13 581	12 233
Liebstadt	769		
Limbach (-Oberfrohna)	17 188	28 493	22 891
Löbau	13 937	17 442	18 183
Lößnitz	7 485		
Lommatzsch	4 455		
Lugau	10 632	11 370	10 364
Lunzenau	3 732		
Marienberg	7 974	9 252	11 292
Markkleeberg	18 109	20 130	18 841
Markneukirchen	8 303		
Markranstädt	9 846		
Meerane	24 438	26 519	22 172
Meißen	48 309	49 455	36 767
Mittweida	18 734	20 459	18 216
Mügeln	3 268		
Mühltroff	1 991		
Muskau	7 825		
Mutzschen	1 527		
Mylau	6 985		
Naunhof	4 975		
Nerchau	2 948		
Netzschkau	7 374		
Neugersdorf	11 027		
Neusalza-Spremberg	3 698		
Neustadt	5 256	5 937	12 472
Neustädtel	5 158		
Niesky	7 724	8 309	12 660
Nossen	6 814		
Oberfrohna	10 209		
Oberlungwitz	9 602		
Oberwiesenthal	2 446		
Oederan	7 335		
Oelsnitz i. Erzgeb.	18 597	19 632	12 434
Oelsnitz i. V.	15 296	17 572	13 531
Olbernhau	10 297	15 961	12 036
Oschatz	16 438	16 471	19 214
Ostritz	3 870		

	1939	1950	1988
Pausa	4 217		
Pegau	6 450		
Penig	8 527		
Pirna	36 203	38 679	45 224
Planitz	22 513	(zu Zwickau)	
Plauen	111 872	84 438	77 593
Pulsnitz	22 513		
Rabenau	3 266		
Radeberg	16 200	16 440	15 238
Radebeul	37 652	44 293	33 109
Radeburg	3 835		
Regis-Breitingen	3 516		
Reichenbach O.-L.	2 822		
Reichenbach i. V.	31 681	32 320	26 211
Riesa	29 943	36 150	48 366
Rochlitz	6 110		
Rodewisch	11 237		
Rötha	4 980		
Roßwein	9 692		
Rothenburg O.-L.	1 949		
Ruhland	4 145		
Sayda	1 326		
Bad Schandau	4 189		
Scheibenberg	2 739		
Schirgiswalde	4 076		
Schlettau	3 256		
Schneeberg	14 545	32 992	21 966
Schöneck	4 230		
Schwarzenberg i. Erzg.	12 446	20 269	20 271
Sebnitz	12 082	15 279	11 449
Siebenlehn	2 368		
Siegmar-Schönau	19 896	(zu Karl-Marx-Stadt)	
Stollberg	10 439	13 284	12 435
Stolpen	1 787		
Strehla	4 200		
Taucha	15 667	16 662	12 588
Thalheim i. Erzg.	9 154		
Tharandt	3 946		
Thum	4 394		
Trebsen	2 940		
Treuen i. V.	8 701		

	1939	1950	1988
Waldenburg	5 090		
Waldheim	13 170	12 588	10 162
Wehlen	1 843		
Weißenberg	1 353		
Weißwasser	14 383	13 844	37 343
Werdau	21 354	25 864	20 991
Wildenfels	2 581		
Wilkau-Haßlau	13 729	14 917	10 376
Wilsdruff	3 985		
Wittichenau	3 174		
Wolkenstein	2 021		
Wurzen	19 767	26 456	19 421
Zittau	36 628	46 692	38 144
Zöblitz	2 818		
Zschopau	8 854	9 994	12 936
Zwenkau	9 507		
Zwickau	85 142	138 844	121 749
Zwönitz	6 992	10 617	10 875

LITERATUR

Vor- und Frühgeschichte – Geschichte – Fürstenhaus – Wappen – Militärgeschichte – Sozialgeschichte

Ausgrabungen und Funde 3, 1958, S. 145 ff.

Blaschke, K. H.: Die Kirchenorganisation in den Bistümern Meißen, Merseburg und Naumburg um 1500, Weimar 1969

Brockhaus' Konversationslexikon, Bd. 5 (Artikel: Deutsches Heerwesen), Berlin und Wien 1892, und Bd. 14 (Artikel: Sachsen), 1895

Coblenz, W.: Kunst und Kunstgewerbe aus der Ur- und Frühgeschichte Sachsens, Berlin 1975

Czok, C.: Über Traditionen sächsischer Landesgeschichte (= Sitzungsber. d. Sächs. Akad. d. Wissensch. 1983)

Dietrich, A.: Geschichte des Freistaates Sachsen, 1931

Eberhardt: Die sächsische Armee (= Deutsche Heeresgeschichte, hg. v. K. Linnebach, Hamburg 1936, S. 246-260)

Ermisch, H.: Das sächsische Bergrecht des Mittelalters, 1887

Falkenstein, J. P. v.: Johann – König von Sachsen, Dresden 1879

Forberger, R.: Die Manufaktur in Sachsen, Berlin 1958

Franz, G.: Der deutsche Bauernkrieg, München-Berlin 1933–35

Friedrich der Große: Geschichte meiner Zeit, Wiesbaden o. J.

ders.: Geschichte des Siebenjährigen Krieges, Wiesbaden o. J.

Gebhard, B. (Hg.): Handbuch der Deutschen Geschichte, 2. Bd., Stuttgart, Berlin, Leipzig 1901

Gurlitt, C.: August der Starke, Dresden 1924

Haake, P.: August der Starke, Berlin 1926

Haenel, E., Watzdorf, E. v.: August der Starke, Frankfurt/M. 1980

Hermann, A.: Leben und Tugenden der Allerdurchlauchtigsten Frauen, Frauen Maria Josepha, Königin in Pohlen, Churfürstinn zu Sachsen, geb. Erzherzogin von Österreich, Leipzig 1766

Herrmann, J. (Hg.): 25 Jahre archäologische Forschungen in der Deutschen Demokratischen Republik (= Ausgrabungen und Funde 21, 1976, S. 1 ff.)

Herzfeld, H.: Staats-, Gesellschafts- und Heeresverfassung (= Schicksalsfragen der Gegenwart, Bd. III, hg. v. Bundesministerium f. Verteidigung, Tübingen 1958)

Isenburg, K., Prinz v.: Stammtafeln zur Geschichte der europäischen Staaten, Bd. I u. II, Marburg 1953

Kaemmel, O., Donaldini, A.: Festschrift zur 800jährigen Jubelfeier des Hauses Wettin, Dresden 1889, Nachdruck Schwäbisch-Gmünd 1982
Kötzschke, R., Kretzschmar, H.: Sächsische Geschichte – Werden und Wandlungen eines Deutschen Stammes und seiner Heimat im Rahmen der Deutschen Geschichte, Neuaufl. Frankfurt/M. 1965
Kracke, F.: Friedrich August III., Sachsens volkstümlichster König – Ein Bild seines Lebens und seiner Zeit, München 1964
Kremer, Chr. J.: Die Freundschaft der Pfälzer mit den Sachsen aus der Geschichte erwiesen, Mannheim 1769
Kretschmar, A. v.: Anleitung zur Darstellung von Wappen, Dresden 1913
Kretzschmar, H. (Hg.): Lebenserinnerungen des Königs Johann von Sachsen. Eigene Aufzeichnungen des Königs über die Jahre 1801-1854, Göttingen 1958

Lauckner, M.: Das Sächs. Staatswappen (= Sächs. Heimat, 1947, S. 101 ff.)
Lippert, W.: Das sächsische Hauptstaatsarchiv, ^{2}1930
Lütge, F.: Deutsche Sozial- und Wirtschaftsgeschichte, 1960
ders.: Die mitteldeutsche Grundherrschaft, Stuttgart 1957

Müller, J. S.: Des Chur- und Fürstlichen Hauses Ernestin- und Albertinischer Linien Annales von Anno 1400-1700, Leipzig 1701

Oestreich, G.: Soldatenbild und Heeresgestaltung im Zeitalter des Absolutismus (= Schicksalsfragen der Gegenwart, Bd. I, hg. v. Bundesministerium f. Verteidigung, Tübingen 1957)
Orthband, E.: Das deutsche Abenteuer – Deutsche Geschichte von Cäsar bis zur Gegenwart in Erlebnisberichten der Zeitgenossen und Augenzeugen mit verbindendem Text, Baden-Baden 1960

Ploetz, K.: Auszug aus der Geschichte, 2. Bd. 1956
Pölitz, K. H. L.: Die Regierung Friedrich Augusts König von Sachsen, Bd. I/II, Leipzig 1830
Posecker, W.: Die Buzici als Vorfahren der Wettiner und Posecker (= Genealogisches Jb., Bd. 15, S. 40 ff.)
Posse, O.: Die Wettiner, Genealogie des Gesamthauses, 1897
Prinz Friedrich Christian-Stiftung (Hg.): Königskapelle Imst/Brennbichl, München-Zürich 1971

Raab, H.: Clemens Wenzeslaus und seine Zeit, Bd. I, Freiburg i. Brsg. 1962

Sachsen Albert, Herzog zu: Die Polenpolitik August des Starken (= Bohemia-Jb. d. Collegium Carolinum, Bd. 13, München-Wien 1972, S. 131-154)
ders.: König Johann von Sachsen als Wirtschafts- und Sozialpolitiker (= Blätter f. Sächs. Heimatkunde, Nr. 19/20, München 1974, S. 391-401)
ders.: Die genealogischen Beziehungen der Häuser Wittelsbach und Wettin-Albertinische Linie (= Bl. d. Bayer. Landesver. f. Familienkd., Jg. 42, Bd. XIII, H. 9/10, München 1979, S. 335-349)
ders.: Die Verfassung des Königreichs Sachsen vor 150 Jahren (= Jb. d. Coburger Landesstiftung 1981, Coburg 1981, S. 181-198)
Sachsen, Ernst Heinrich Herzog zu: Mein Lebensweg – Vom Königsschloß zum Bauernhof, Frankfurt/M. 1979

Sachsen, Friedrich Christian, Herzog zu: Plaudereien über Kultur am Sächsischen Hof, München 1962/63
Sachsen Maria Emanuel, Herzog zu: Mäzenatentum in Sachsen, Frankfurt/M. 1968
Sächsische Lebensbilder, hg. i. A. der Sächs. Kommission für Geschichte, 1930
Schladebach, J.: König Friedrich August II. von Sachsen, Dresden 1854
Schlesinger, W.: Die deutschen Territorien, B. Der Osten (= Gebhard, Handbuch d. deutschen Geschichte Bd. 2, Stuttgart 1970)
Schmidt, O. E.: Kursächsische Streifzüge, 7 Bde., 1912/1930
Schmidt, O. E., Sponsel, J. L.: Bilderatlas zur sächsischen Geschichte, 1909
Sturmhoefel, K.: Illustrierte Geschichte der sächsischen Lande und ihrer Herrscher, Bd. I/II, Leipzig 1908
Schuster, O., Francke, F. A.: Geschichte der sächsischen Armee, 1885

White, M. J.: Lorbeer und Rosen – Graf Moritz von Sachsen, Maréchal de France, Tübingen 1962

Siedlungsgeschichte – Städte – Geographie – Landeskunde

Barsch, H. u. a.: Geomorphische Studien über einige Gebiete der Deutschen Demokratischen Republik, Potsdam 1974 (= Lehrbriefe für das Fernstudium der Lehrer)
Barthel, H.: Braunkohlenbergbau und Landschaftsdynamik, Gotha 1962 (= Petermanns Geogr. Mttlg., Erg.-H. 270)
ders.: Bergbau, Landschaft, Landesnatur in der DDR, Gotha, Leipzig 1976 (= Geogr. Bausteine N.F. 18)
Blaschke, K.: Historisches Ortsverzeichnis von Sachsen, 1957
Blüher: Zur Geschichte der Verfassung der sächsischen Städte (= Jahrbuch Sachsen 1925)

Frenzel, W., Karg, F., Spamer, A.: Grundriß der sächsischen Volkskunde, 1932

Gellert, J. F., Kramm, H. J.: DDR – Land, Volk, Wirtschaft in Stichworten, Wien 1977 (= Hirt's Stichwortbücher)

Haase, G.: Leitlinien der bodengeographischen Gliederung Sachsens (= Beiträge zur Geographie 29, 1978, S. 7-19)
Herz, K.: Das Lommatzscher Land. Eine historisch-geographische Untersuchung (= Wiss. Veröfftlg. d. Deutschen Inst. f. Länderkunde N.F. 17/18, 1960, S. 209-282)
ders.: Die Ackerflächen Sachsens im 18. und 19. Jahrhundert, Dresden 1964 (= S. A. Sächs. Heimatblätter)

Keyser, E.: Deutsches Städtebuch, Bd. II, 1941
Kohl, H. u. a. (Hg.): Die Bezirke der Deutschen Demokratischen Republik, 2. Aufl., Gotha, Leipzig 1974
Kötzschke, R.: Markgraf Dietrich von Meißen als Förderer des Städtebaues (= Neues Archiv 45, S. 7 ff.)
ders.: Die Entwicklung der sächsischen Städte: Sachsen 1.000 Jahre deutsche Kultur, 1929
ders.: Ländliche Siedlungen und Agrarwesen in Sachsen, Remagen 1953 (= Forschungen z. dtsch. Landeskunde 77)
Kretzschmar, J.: Die Entstehung von Stadt und Stadtrecht zw. mittl. Saale u. der Lausitzer Neiße (Unters. z. dtsch. Staats- und Rechtsgeschichte, H. 75, 1905)

Lehmann, E. (Hg.): Das Leipziger Land. Physisch-geographische und ökonomisch-geographische Studien, Leipzig 1964
Lubin, G.: Entwicklung und Bedeutung der mitteldeutschen Industrie

Meynen, E. u. a. (Hg.): Handbuch der naturräumlichen Gliederung Deutschlands, Remagen 1953 ff.

Pietzsch, K.: Abriß der Geologie von Sachsen, Berlin 1956

Richter, G., Sperling, W.: Transparentatlas Deutschlands im Weltraumbild, Braunschweig 1983

Schlegel, S., Mai, D. H.: Die Oberlausitz. Exkursionen, Gotha, Leipzig 1980 (= Geogr. Bausteine N.F. 20)
Schlesinger, W.: Sachsen, Stuttgart 1965 (= Handbuch d. hist. Stätten Deutschlands 8)
Schlüter, O.: Die frühgeschichtlichen Siedlungsflächen Mitteldeutschlands (= Beiträge z. Landeskunde Mitteldeutschlands, Berlin 1929, S. 138-154)
Schlüter, O., August, O. (Hg.): Atlas d. Saale- und mittl. Elbegebietes, Gotha 1959-1961
Schultze, J.-H.: Die naturbedingten Landschaften der Deutschen Demokratischen Republik, Gotha 1955 (= Petermanns Geogr. Mttlg., Erg.-H. 257)
Stier, H. E. (Hg.): Völker, Staaten und Kulturen, ein Kartenwerk z. Geschichte, 1952

Wagenbrett, Steiner, O. W.: Geologische Streifzüge. Landschaft zw. Kap Arcona u. Fichtelgebirge, Berlin 1982
Wuttke, R.: Sächs. Volkskunde, ^{2}1901

Zeissig, H. (Hg.): Harms – Geschichts- und Kulturatlas, 1950

Wirtschaft – Gesetzgebung – Rechtsprechung und Verwaltung

Baring, M.: Die Verwaltungsgerichtsbarkeit in Sachsen (= Aus 100 Jahren Verwaltungsgerichtsbarkeit, Festschrift 1963)
Bergakademie Freiberg (Hg.): Festschrift zur 200Jahr-Feier, 2 Bde. Leipzig 1965
Beschorner, H.: Geschichte der sächs. Kartographie im Grundriß, 1917
Blaschke, K.: Bevölkerungsgeschichte von Sachsen bis zur industriellen Revolution, Weimar 1967
Boehm, E.: Der Schöppenstuhl zu Leipzig und der sächsische Inquisitionsprozeß im Barockzeitalter (= ZStW, Bd. 59 (1940), Bd. 60 (1941), Bd. 62 (1942))
Boelcke, W. A.: Bauer und Gutsherr in der Oberlausitz, Bautzen 1957

Conrad, H.: Deutsche Rechtsgeschichte 2 Bde., Karlsruhe 1966
Czok, K.: Über Forschungen zur Regionalgeschichte (= Jb. f. Regionalgeschichte 8, 1981)

Engel, E.: Die Baumwollen-Spinnerei im Königreich Sachsen seit Anfang dieses Jahrhunderts bis auf die neueste Zeit, Dresden 1856
Ermisch, H.: Das sächsische Bergrecht im Mittelalter, 1887

Fischer, G.: Aus zwei Jahrhunderten Leipziger Handelsgeschichte 1929
Fischer, W. u. a., Hohorst, G. u. a., Petzina, D. u. a. (Hg.): Sozialgeschichtliches Arbeitsbuch, Bd. 1-3, München 1975, 1978, 1982
Forberger, R.: Die Manufaktur in Sachsen, Berlin (O) 1958
ders.: Die Industrielle Revolution in Sachsen, Bd. I, 1; I,2, Berlin (O) 1982

Gebauer, H.: Die Volkswirtschaft im Königreich Sachsen, 3 Bde. 1889/1893
Geschichte der Technischen Universität Dresden 1828-1978, Dresden 1978
Glock, A., Kloß, H.: Das im Königreich Sachsen geltende Reichs- und Landesrecht, Karlsruhe u. Leipzig 1906, 1909
ders.: Handwörterbuch des Sächs. Verwaltungsrechts, Leipzig 1907

Hasse, E.: Geschichte der Leipziger Messen, 1885
Hoppe, O.: Der Silberbergbau in Schneeberg bis zum Jahre 1500, 1908

Jaeger, E., Apelt, W.: Sächsische Landesgesetze, Leipzig 1925

Kloß, R., Müller, H.: Sächsisches Landesprivatrecht, Halle 1927
Köckritz, S. v.: Die Bedeutung des Willens für den Verbrechensbegriff Carpzovs in der Practica nova imperialis Saxonica rerum criminalium, Diss. Bonn 1955
Krause, B.: Sachsen-Atlas, Dresden 1926
Kretzschmar, J.: Die Entstehung von Stadt und Stadtrecht in den Gebieten zwischen der mittleren Saale und der Lausitzer Neiße (= Unters. z. dtsch. Staats- u. Rechtsgesch., hg. v. Gierke, H. 75, 1905)

Laube, A.: Studien über den erzgebirgischen Silberbergbau von 1470 bis 1546, Berlin (O) 1974
Lobe, A.: Ursprung und Entwicklung der höchsten sächsischen Gerichte, 1909
Lorenz, K.: Grundzüge der inneren Verwaltung im früheren Freistaat Sachsen (= Sächs. Heimat 1967/3-5)

Mayer, O.: Das Staatsrecht des Königreichs Sachsen, Tübingen 1909
Mosel, C. v. d.: Repertorium der Kgl. Sächs. Verfassungs- und Verwaltungsgesetzgebung der Jahre 1815 bis 1875, Plauen 1875

Pönicke, H.: Bibliographie der Veröffentlichungen von H. Pönicke, Hamburg, 1970; Nachtrag, Hamburg 1974

Röllig, G.: Wirtschaftsgeographie Sachsens, 1928

Schmidt, E.: Einführung in die Geschichte der deutschen Strafrechtspflege
Schumann, E.: Die Herausbildung der Fabriken in Leipzig 1830-1871, phil. diss. Leipzig 1971
Sellner, D.: Durchbruch der Lehre vom Verbrechensversuch im sächsischen Strafrecht als Ausfluß der Rezeption, Diss. Bonn 1961
Sieber, S.: Studien zur Industriegeschichte des Erzgebirges, Köln 1967
Sonnemann, R., Wächtler, E. (Hg.): Johann Friedrich Böttger – Die Erfindung des europäischen Porzellans, Leipzig 1982

Tipton, F. B.: Regional Variations in the Economic Development of Germany during the 19th Century, Middleton, Conn. 1976

Weichhold, A.: Johann Andreas Schubert, Leipzig 1968
Weinhold, R. (Hg.): Volksleben zwischen Zunft und Fabrik, Berlin (O) 1982
Weißenborn, B.: Die Elbzölle und Elbstapelplätze im Mittelalter, 1900
Wieske, A.: Der Elbhandel und die Elbhandelspolitik bis zum Beginn des 19. Jahrhunderts (= Beitr. z. mitteld. Wirtschaftsgesch. u. Wirtschaftskd., H. 6, 1927)

Kirchen, Freikirchen, Sekten

Blankmeister F.: Sächsische Kirchengeschichte, Dresden 1899
Blaschke, K.: Sachsen im Zeitalter der Reformation, Gütersloh 1970
Buchwald, G. (Hg.): Neue sächsische Kirchengalerie, 19 Bde. 1901-1914

Drews, P.: Das kirchliche Leben der Ev.-luth. Landeskirche des Königreichs Sachsen, Tübingen, Leipzig 1902

Eggenberger, O.: Die Freikirchen in Deutschland und in der Schweiz und ihr Verhältnis zu den Volkskirchen, Zürich 1964

Fischer, J.: Die sächsische Landeskirche im Kirchenkampf 1933-1937, Göttingen 1972

Gabriel, M.: Die reformierten Gemeinden in Mitteldeutschland, Witten 1973

Henkys, R. (Hg.): Die evangelischen Kirchen in der DDR – Beiträge zu einer Bestandsaufnahme, München 1982
Hutten, K.: Seher, Grübler, Enthusiasten, Stuttgart 1958

Lau, F., Bizer, E.: Reformationsgeschichte Deutschlands, Göttingen 1964

Machatschek, E.: Geschichte des Hochstifts Meißen, 1884
Maron, G.: Die röm.-katholische Kirche von 1870-1970, Göttingen 1972
Müller, G.: Verfassungs- und Verwaltungsgeschichte der sächsischen Landeskirche, 2 Bde. 1893, 1895

Schlesinger, W.: Kirchengeschichte Sachsens im Mittelalter, 2. Bd. Köln 1962
Schulz, O.: Modell für die Kirche von morgen? (= Ökumenische Arbeitshefte 7/8, Frankfurt/M. 1970)

Bildungswesen

Busse: Die forstliche Hochschule Tharandt (= Mttlg. d. Ver. Sächs. Heimatschutz, Bd. XVII/1928, S. 300-308)

Dörffel, E.: Johann Friedrich Christ, sein Leben u. seine Schriften, Diss. Leipzig 1878

Geß, F.: Leipzig u. Wittenberg (= N. A. f. sächs. Gesch. XVI, S. 43)
Großmann, K. (Hg.): Sachsen – 1.000 Jahre Dtsch. Kultur, Dresden o. J.

Helbig, H.: Universität Leipzig, Frankfurt/M. 1962
Heydenreich, E.: Aus der Geschichte des Schneeberger Lyceums (= N. A. f. sächs. Gesch. XVI, S. 229)
Hoffmann, W.: Bergakademie Freiberg, Frankfurt/M. 1959
Hunger, J.: Die Anfänge des Fortbildungsschulwesens in Sachsen (= N. A. f. sächs. Gesch. XLVI, S. 124, XLVII, S. 254)

Kittel, R.: Die Universität Leipzig im Jahr der Revolution 1918 (Rektoratserinnerungen), Stuttgart, Leipzig 1930
Kötzschke, R.: Höhezeiten i. d. Geschichte Leipzigs als Universitätsstadt (= Leipziger Jb. 1942)
Koloc (Hg.): 125 Jahre Techn. Hochschule Dresden, Festschrift Dresden 1953
Kroker, E.: Die Universität Leipzig im Jahre 1742 (= Leipziger Kalender 1909)

Leskien, E.: Der Leipziger Historiker und Ratsherr Johann Jacob Mascov (= N. A. f. sächs. Gesch. LIV, S. 28)

Mitteldeutscher Kulturrat (Hg.): Sächs. Gymnasien (= Aus der Gesch. bedeutender Schulen Mitteldeutschlands, Bd. 1, Troisdorf 1961)
Müller, G.: Die Anfänge d. dtsch. Schulwesens in Dresden 1539-1600 (= N. A. f. sächs. Gesch. VIII, S. 272)
ders.: Die Leipziger Universität im 19. Jahrhundert (= Leipziger Kalender 1909)
Müller, J.: Die Anfänge des sächs. Schulwesens (= N. A. f. sächs. Gesch. VIII, S. 1, S. 243)

Pohle, O.: Der Seminargedanke in Kursachsen und seine erste staatliche Verwirklichung in Kursachsen, Dresden 1887

Richter, J.: Geschichte der sächsischen Volksschule (= Monumenta Germaniae Paedagogica, Bd. 59, 1930)

Simon, Ch. A.: Quellenschriften zur Geschichte der Volksschule und der Lehrerseminare im Königreich Sachsen, Leipzig 1910

Zeitler, J.: Die Leipziger Universitätsbauten (= Leipziger Kalender 1909)

Bildende Kunst-Architektur

Asche, S.: Drei Bildhauerfamilien an der Elbe, Wien-Wiesbaden 1961
ders.: Balthasar Permoser – Leben und Werk, Berlin 1978

Balzer, W.: Dresdner Galerie, Leipzig 1956
Börsch-Supan, H., Jähning, K.: C. D. Friedrich, München 1973

Dehio, G. (Hg.): Handbuch d. dtsch. Kunstdenkmäler, Die Bezirke Dresden, Karl-Marx-Stadt, Leipzig, Berlin (O) 1965

Eckardt, G. (Hg.): Schicksale dtsch. Baudenkmale im zweiten Weltkrieg, eine Dokumentation d. Schäden u. Totalverluste a. d. Geb. d. DDR, 2 Bde., Berlin (O) 1980

Hartmann, H. G.: Pillnitz – Schloß, Park und Dorf, Weimar 1981
Heckmann, H.: Matthäus Daniel Pöppelmann – Leben und Werk, München-Berlin 1972

Inst. f. Denkmalpfl. Arb.-st. Dresden (Hg.): Denkmale – Sachsen, Weimar 1979

Kempe, L., Rössing, R. u. R.: Schlösser und Gärten um Dresden, Leipzig 1979

Löffler, F.: Die Stadtkirchen in Sachsen, Berlin (O) 1973
ders.: Das Alte Dresden, Leipzig – Frankfurt/M. ^{6}1981

Mrusek, H.-J., Beyer, K. G.: Drei sächsische Kathedralen, Dresden 1976

Rietschel, C.: Dorfkirchen in Sachsen, Berlin (O) 1963
Richter, L.: Lebenserinnerungen eines deutschen Malers, hg. von Wagner, K., Berlin 1982

Schmidt, P. F.: Geschichte der modernen Malerei, Stuttgart 1954
Schubert, D.: Von Halberstadt nach Meißen, Köln 1974
Steche, R., Gurlitt, C. (Hg.): Beschreibende Darstellung der älteren Bau- und Kunstdenkmäler des Königreichs Sachsen, 41 Bde. 1882 ff.

Volkskunde – Sprache – Literatur – Buchhandel und Pressewesen

Becker, H.: Mundart und Geschichte im Osterzgebirge (= Mitteldeutsche Studien 4, Halle 1933)
ders.: Sächs. Mundartenkunde; Entstehung, Geschichte und Lautstand der Mundarten Sachsens und Nordböhmens, Dresden o. J. (1939)
Becker, H., Bergmann, G.: Sächsische Mundartenkunde, Halle 1969
Bellmann, G.: Mundart und Umgangssprache in der Oberlausitz. Sprachgeographische und sprachgeschichtliche Untersuchungen zwischen Schwarzwasser und Lausitzer Neiße (= Deutsche Dialektgeographie 62, Marburg 1961)
ders.: Sprache in Obersachsen – Grundlagen und Entwicklungen (= Asche, S. (Hg.): Sachsen, Schriftenreihe f. Ost-West-Begegnung, Troisdorf 1968)
Bergmann, B.: Mundarten und Mundartforschung, Leipzig 1964
ders.: Das Vorerzgebirgische, Mundart u. Umgangssprache im Industriegebiet um Karl-Marx-Stadt, Zwickau (= Mitteldeutsche Studien 27, Halle 1965)
Brockhaus, E.: 100 Jahre Brockhaus, 1905
Bunte Bilder aus dem Sachsenland, 4 Bde., Leipzig 1903/1909

Clauß, H.: Geschichte und Sprache des sächsisch-böhmischen Westerzgebirges (= Mitteldeutsche Studien 7, Halle 1934)
ders. u. a.: Das Erzgebirge, Frankfurt/M. 1967
Craß, E.: Deutsches Brauchtum im Jahresablauf, Leipzig 1935

Eichler, I., Bergmann, G.: Zum meißnischen Deutsch. Die Beurteilung des Obersächsischen vom 16. bis 19. Jh. (= Beitr. z. Gesch. d. dtsch. Sprache u. Literatur 89, Halle 1967)
Erich, O. A.: Deutsche Volkstrachten, Leipzig 1934

Ficker, F.: Das Vogtland, Frankfurt/M. 1976
ders.: Die Pechgewinnung des Vogtlandes und des Westerzgebirges (= Bayerisches Jb. f. Volkskunde, 1969)

Fiedler, A., Helbig, J.: Das Bauernhaus in Sachsen, Berlin 1967
Frenzel, W., Karg, F., Spamer, A.: Grundriß der Sächsischen Volkskunde, 2 Bde., Leipzig 1932/33
Frings, Th., Schmitt, L. E.: Der Weg z. dtsch. Hochsprache (= Jb. d. dtsch. Sprache 2, 1944)
ders.: Sprache und Geschichte III (= Mitteldeutsche Studien 18, Halle 1956)
Fritzsch, K. E.: Zur Geschichte des erzgebirgischen Spielzeugs, Dresden 1967

Germanische Dialektologie. Festschrift f. W. Mitzka I, Wiesbaden 1968
Große, R.: Die meißnische Sprachlandschaft. Dialektgeographische Unters. z. obersächs. Sprach- u. Siedlungsgeschichte (= Mitteldeutsche Studien 15, Halle 1955)

Henne, H.: Das Problem des meißnischen Deutsch oder »Was ist Hochdeutsch?« im 18. Jh. (= Ztschrft. f. Mundartforschung 35, 1968)
Historische Kommission d. Börsenvereins d. Deutschen Buchhändler zu Leipzig (Hg.): Archiv für Geschichte des deutschen Buchhandels, 20 Bde. 1878-98, 21. Bd. 1930
Hovorka, O. von, Kronfeld, A.: Vergleichende Volksmedizin, 2 Bde., Stuttgart 1908/09
Hübscher, A.: 150 Jahre Brockhaus, Wiesbaden 1955

Jarosch, G.: Erntebrauch und Erntedank, Jena 1939

Kalender »Sächsische Gebirgsheimat« 1960-1975, Ebersbach/Oberlausitz
Kapp-Goldfriedrich: Geschichte d. deutschen Buchhandels, 4 Bde., Leipzig 1886-1913, Register 1923
500 Jahre Buchstadt *Leipzig*, Leipzig 1981

Marzell, H.: Die heimische Pflanzenwelt im Volksbrauch und Volksglauben, Leipzig 1922
Müller-Fraureuth, K.: Wörterbuch der obersächs. u. erzgebirgischen Mundarten, 2 Bde., Dresden 1911-14

Nadler, J.: Literaturgeschichte der deutschen Landschaften und Stämme, 1912

Pierers Universal-Lexikon, Bd. 19, Altenburg [4]1865, Artikel »Zeitungen«
Polenz, P. von: Die altenburgische Sprachlandschaft. Unters. z. ostthür. Sprach- u. Siedlungsgeschichte (= Mitteldeutsche Forschungen 1, Tübingen 1954)
Protze, H.: Das Westlausitzische und Ostmeißnische, Dialekt-geographische Unters. z. lausitzisch-obersächsischen Sprach- u. Siedlungsgeschichte (= Mitteldeutsche Studien 20, Halle 1957)
Putschke, W.: Ostmitteldeutsche Dialektologie(= Ztschrft. f. Mundartforschung, Beihefte NF 5)

Salzer, A.: Illustrierte Geschichte der deutschen Literatur von den ersten Anfängen bis zur Gegenwart, Regensburg 1926
Schädlich, H. J.: Phonologie des Ostvogtländischen, Berlin 1966
Schmitt, L. E.: Untersuchungen zur Entstehung und Struktur der »neuhochdeutschen Schriftsprache«, Bd. 1 (= Mitteldeutsche Forschungen 36/1, Köln, Graz 1966)
Schulze, F.: B. G. Teubner 1811-1911, Geschichte der Firma, Leipzig 1911
Seibicke, W.: Beiträge zur Mundartkunde des Nordostobersächsischen (östl. d. Elbe) (= Mitteldeutsche Forschungen 53, Köln, Graz 1967)
Seligmann, S.: Die Zauberkraft des Auges und das Berufen, Hamburg 1922
Sieber, H. (Hg.): Morgen Kinder wirds was geben, Frankfurt/M. 1966
Spamer, A.: Deutsche Volkskunst, Sachsen, Weimar [2]1954

Witkowski, G.: Geschichte des literarischen Lebens in Leipzig, 1909
Wuttke, R.: Sächsische Volkskunde, Dresden ^{2}1901

Zeissig: Eine deutsche Zeitung – 200 Jahre »Dresdner Anzeiger 1730-1930«, Dresden 1930
Ziehnert, W.: Sachsens Volkssagen, Annaberg 1839

Musik

Bennemann, P.: Musik und Musiker im alten Leipzig, Leipzig 1920
Blume, Fr. (Hg.): Die Musik in Geschichte und Gegenwart, Kassel 1952 ff., darin Artikel Städte: Dresden (H. Schnoor u. Karl Laux); Freiberg (E. Flade); Görlitz (Fr.-J. Machatius); Leipzig (G. Hempel); Meißen (P. Krause); Zittau (J. G. Krauer); Zwickau (G. Eismann)
Brückner, R.: Die Musikinstrumentenindustrie in Markneukirchen, Diss. Jena 1923

Callenberg, E. Fr.: Das obersächsische Barocklied, Diss. Freiburg/Br. 1952

Engel, H.: Die Musik in Sachsen, Troisdorf, 1968

Forner, J. (Hg.): Die Gewandhauskonzerte zu Leipzig, Leipzig 1981
Fürstenau, M.: Beiträge zur Geschichte der Königlich-Sächsischen Musicalischen Kapelle, Dresden 1849
ders.: Zur Geschichte der Musik und des Theaters am Hofe zu Dresden, Dresden 1861/62

Hennenberg, F.: Das Leipziger Gewandhausorchester, Leipzig 1962
Herrmann, W. (Hg.): Musikgeschichte von Freiberg (= Mttlg. des Freiberger Altertumsvereins, H. 68, Freiberg 1939)
Hofmann, E. H.: Capella sanctae crucis, Berlin 1956

Knick, B.: St. Thomas zu Leipzig, Wiesbaden 1963
Kretzschmar, H.: Sachsen in der Musikgeschichte (= Gesammelte Aufsätze über Musik, Leipzig 1910)

Ludwig, F.: Kurzgefaßte Musikgeschichte des Erzgebirges, Kaaden 1924

Pembauer, K.: Drei Jahrhunderte Kirchenmusik am Sächsischen Hofe, Dresden 1920
Petzold, R.: Der Leipziger Thomanerchor, Leipzig 1963
Pietzsch, G.: Sachsen als Musikland, Dresden 1938

Rautenstrauch, J.: Luther und die Pflege der kirchlichen Musik in Sachsen, Diss. Leipzig 1907

Sachsen Albert, Herzog zu: Das Haus Wettin und die Entwicklung des Musiklebens in Dresden (= Bl. f. Sächs. Heimatkd., H. 1/2, München 1978, S. 5-18)
Schnoor, H.: Dresden – 400 Jahre Deutsche Musikkultur, Dresden 1848
Stütz, O.: Über Musiker und Instrumentenbauer des Erzgebirges, Kaaden 1924

Medizin

Eulner, H. H.: Die Entwicklung der med. Spezialfächer an den Universitäten des deutschen Sprachgebietes, Stuttgart 1970

Fischer-Homberg, E.: Geschichte der Medizin, Berlin, Heidelberg, New-York ²1977

Gauß, C. J., Wilde, B.: Die deutschen Geburtshelferschulen, München-Gräfelfing 1956

Giese, E., Hagen, B. von: Geschichte der med. Fakultät der Friedrich-Schiller-Universität Jena, Jena 1958

Haeser, H.: Lehrbuch der Geschichte der Medizin, Bd. 1-3, Jena 1875

Kleine-Natrop, H. E.: Das heilkundige Dresden, Dresden, Leipzig 1964

Lichtenthaler, C.: Geschichte der Medizin, Bd. 1-2, Köln-Lövenich 1974

Matthaes, R.: Die ältesten Hospitäler Dresdens (= Wiss. Ztschr. d. TH Dresden 6 (1956/57) H. 1, S. 29)

Murken, A. H.: Das Bild des deutschen Krankenhauses im 19. Jahrhundert, Münster 1978

Rothschuh, K. E.: Geschichte der Physiologie, Berlin, Göttingen, Heidelberg 1953

Schneider, K.: Die Geschichte der Cholera in Sachsen, Berlin 1938

Steudel, J.: Aus der Geschichte der med. Fakultät in Leipzig (= Arzneimittelforschung 9, 1959, S. 723-725)

Valentin, B.: Geschichte der Orthopädie, Stuttgart 1961

AUTOREN

Prinz Albert, Herzog zu Sachsen

Geboren 1934 in Bamberg. Ab 1955 Studium der Volkswirtschaftslehre an der Universität München, ab 1962 der Geschichte und Volkskunde. Dr. phil. 1961 Gründung der »Studiengruppe für Sächsische Geschichte und Kultur e.V.«. Lebt in München. Veröffentlichungen über sächsisch-mitteldeutsche Landesgeschichte und Kultur.

Sigfried Asche

Geboren 1906 in Dresden. Studium der Geschichte, Kunstgeschichte, Germanistik und Philosophie in Dresden, Wien und Leipzig. Dr. phil., Professor. Von 1932-1960 Museumsdirektor in Zwickau, Görlitz, Prag, Berlin, zuletzt auf der Wartburg. 1985 verstorben.
Veröffentlichungen: »Die Wartburg« (1954, 1960), »Drei Bildhauerfamilien an der Elbe« (1961), »Die Wartburg-Geschichte und Gestalt« (1962), »Balthasar Permoser und die Barockskulptur des Dresdner Zwingers« (1966) »Balthasar Permoser – Leben und Werk« (1978).

Ulrike Asche-Zeit

Geboren 1954 in Eisenach. Studium der Geschichte, Kunstgeschichte und Philosophie in Bonn und Freiburg. Dr. phil. Während des Studiums freie Mitarbeit im Hause des Deutschen Ostens in Düsseldorf. Lebt in Gelsenkirchen.
Veröffentlichungen: »Roms Weltherrschaftsidee und Außenpolitik in der Spätantike« (1983).

Friedbert Ficker

Geboren 1927 in Arnoldsgrün i. V. Studium der Malerei und Grafik in Plauen i. V., Leipzig und Dresden, der Germanistik, Kunstgeschichte und Archäologie in Leipzig, der Volkskunde, Vor- und Frühgeschichte und Politischen Wissenschaften in München. 1968 F. L. Professor.

Lehrtätigkeit seit 1973 an der Kunstakademie München (Geschichte der Grafik, Kunst der Vorzeit und der alten Kulturen) und seit 1980 an der Universität München (Kunstgeschichte Südosteuropas).
Veröffentlichungen: »Wilhelm Rudolph – Maler und Holzschneider«, München 1968; »Das Vogtland«, Frankfurt/Main 1975; »Lovis Corinth«, Bonn 1975; »Albrecht Altdorfer«, Mailand 1977, München, Florenz/Graz 1983.

Klaus Edgar Herfurth

Geboren 1917 in Leipzig, dort Abitur Thomasschule, Buchhändler- und Verlagsausbildung in München. Nach Kriegsdienst 1945 u. a. Verlagsleiter der Zeitung »Das Saarland«, Saarbrücken, Verlagsmitarbeiter »Hamburger Allgemeine Zeitung«, Hamburg, deutscher Geschäftsführer »Die Neue Zeitung« Frankfurt. 1954 Gründung des eigenen Verlages Klaus Edgar Herfurth, Frankfurt, Herausgeber, Verlagsleiter und Chefredakteur der »Leipziger Neueste Nachrichten – Mitteldeutsche Rundschau« bis Dezember 1982 und bis heute der »Dresdner Monatsblätter«, Initiator und Leiter der Ausstellung »Mitteldeutschland – ein Kernland deutschen Geisteslebens« in Frankfurt 1962.
Veröffentlichungen über Mitteldeutschland.

Georg Hermanowski

Geboren 1918 in Allenstein. Studium der Germanistik, Kunstgeschichte und Archäologie in Bonn. Freier Schriftsteller, Arbeitsgebiete: Lyrik, Satire, Biographie, Essay und Bühne, Übersetzungen flämischer Literatur. Lebt in Bonn-Bad Godesberg.
Veröffentlichungen: »Twintig Jaar voor Vlaanderen«, »Gedichte aus Flandern 1920-1970«, »Nikolaus Kopernikus«, »Ostpreußen-Lexikon«, »Ostpreußen-Wegweiser«, »Ermland, unserer lieben Frauen Land«.

Wilhelm Hoffmann

Geboren 1906 in Eberswalde (Kurmark), Studium der Theologie und Philosophie in Leipzig und Berlin. Pfarrer i. R.
Veröffentlichungen: Zeitschriftenartikel über sächsische Geschichte. Vorträge im Deutschlandfunk über Dresdner Crucianer, die Leipziger Thomaner und August Hermann Francke.

Wolfdietrich Kopelke

Geboren 1914 in Neuwied/Rhein. Studium der Kunstgeschichte, Literaturgeschichte und Geschichte in Halle/Saale, Dr. phil. Bis 1979 Leitender Lektor, seither freier Schriftsteller, lebt in Bonn-Bad Godesberg.

Veröffentlichungen: Romane »Zeitspur« (1964) und »Ein Kaiser stirbt – Napoleon auf St. Helena« (1966); Gedichtbände »Saborje« (1967) und »Schritte im Niemandsland« (1974); Schauspiele »Kleist« (1942) und »Grenzstation« (1978); Essay »Vaterland und Nation in dieser Zeit« (1965), Dokumentationen zur Kriegsgefangenengeschichte »Du bist es, auserwählt« (1965, zus. m. Fritz Rabe) und »Zeugnisse einer Gefangenschaft« (1962).

Julius Paul Martin Lauckner

Geboren 1909 in Dresden. Studium der Theologie und Geschichte in Tübingen, Berlin, Wien und Leipzig. Dr. phil. Pfarrer in Ehrenfriedersdorf, dann in Deutschenbora, ab 1967 Pastor und Oberarchivrat in der Ev.-Luth. Landeskirche Schleswig-Holsteins, seit 1975 im Ruhestand, lebt in Hamburg. Redakteur der Monatszeitschrift »Sächsische Heimat«.
Veröffentlichungen: »Die Städtewappen im einst mark-meißnischen Gebiet, Beschreibung und Entstehungsgeschichte« (1936). Zahlreiche Artikel über Sachsen und sächsische Geistesschaffende.

Heinz Maegerlein

Geboren 1911 in Leipzig. Abitur 1931 (Nikolaischule), Studium der Germanistik, Geschichte und des Sports in Leipzig und Innsbruck. Staatsexamina 1935/36. Ab 1932 freier Mitarbeiter beim Rundfunk, ab 1937 hauptberuflich am Reichssender Leipzig. Nach dem Kriege freier Sportjournalist. Ab 1953 Sportkommentator im Fernsehen. Von 1958-1976 Sportchef des Bayerischen Rundfunks für das Fernsehen. Ca. 200 Fernsehfilme, darunter »Vor dem neuen Skiwinter«. Studiosendungen: »Wandel des Sports«, »Die Rolle der Medizin«, »Zehn Jahre nach dem Erfolg«, »Mit Fünfzehn ein Star«, »Haben sich die Olympischen Spiele überlebt?«. Außerdem von 1957-1969 Quizmaster von »Hätten Sie's gewußt?«.
Veröffentlichungen: ca. 40 Titel, darunter 9 Olympiabücher, »Faszination Ski – 100 Jahre Skilauf«, »Ein Hauch von Sport«, »Leipzig – so wie es war«, »Garmisch-Partenkirchen – Sport und Charme«, »Engadin – ein Zipfel vom Paradies«.

Gerhard Mildenberger

Geboren 1915 in Naumburg/Saale, Studium der Vor- und Frühgeschichte, Geschichte, Geographie und Völkerkunde in Göttingen, Königsberg und Halle. Dr. phil. 1939 und 1947-49 Mitarbeiter im Landesmuseum für Vorgeschichte in Halle, 1949 Assistent Universität Leipzig, dort 1954 Professor mit Lehrauftrag, 1959 außerplanmäßiger Professor in Marburg, 1965-1980 ordentlicher Professor in Bochum. Lebt in Bochum.

Veröffentlichungen: »Die germanischen Funde der Völkerwanderungszeit in Sachsen« (1959), »Mitteldeutschlands Ur- und Frühgeschichte« (1959), »Sozial- und Kulturgeschichte der Germanen« (1972, ²1977), »Germanische Burgen« (1978).

Helmut Möller

Geboren 1918 in Karwesee/Osthavelland. Studium der Geschichte, Geographie und Erziehungswissenschaft in Jena. Dr. phil. 1972 Professor für Erziehungswissenschaft an der Universität Gießen.
Veröffentlichungen zur Geschichte der Pädagogik in Sammelbänden, Festschriften und Zeitschriften.

Franz Helmut Richter

Geboren in Chemnitz-Bernsdorf. Studium der Rechts- und Staatswissenschaften in Rostock, Jena und Leipzig. Dr. jur. utr. Gerichtsreferendar in Chemnitz, Augustusburg, Leipzig, Klingenthal und Dresden. Rechtsanwalt in Chemnitz. Von 1946-1953 Rechtsanwalt, Notar und Steuerberater in Stollberg/Erzgebirge. Ab 1953 Rechtsanwalt in Stuttgart. Lebt in Fellbach.
Veröffentlichungen über sächsisch-mitteldeutsche Landesgeschichte und Kultur, Mitarbeiter am Chemnitzer Tageblatt und Erzgebirgischen Beobachter.

Walter Schlesinger

Geboren 1908 in Glauchau (Sachsen). Von 1927-1934 Studium der Germanistik und Geschichte in Tübingen und Leipzig. D., Dr. Dr. h.c. 1939-1945 Dozent und außerordentlicher Professor an der Universität Leipzig, seit 1954 Ordinarius für mittlere Geschichte an der Freien Universität Berlin, seit 1960 bzw. 1964 an den Universitäten Frankfurt/Main und Marburg, 1973 emeritiert. 1984 verstorben.
Veröffentlichungen: »Die Schönburgischen Lande bis zum Ausgang des Mittelalters« (1935), »Die Entstehung der Landesherrschaft. Untersuchungen vorwiegend nach mitteldeutschen Quellen« (1941, ⁶1983), »Die Anfänge der Stadt Chemnitz und anderer mitteldeutscher Städte« (1952), »Meißner Dom und Naumburger Westchor. Ihre Bildwerke in geschichtlicher Betrachtung« (1952), »Die Landesherrschaft der Herren von Schönburg« (1954), »Mitteldeutsche Beiträge zur deutschen Verfassungsgeschichte des Mittelalters« (1961), »Kirchengeschichte Sachsens im Mittelalter« (2 Bände 1962, ²1983), »Handbuch der historischen Stätten Deutschlands. Band 8: Sachsen« (1965).

Bernhard Sowinski

Geboren 1931 in Hergisdorf / Eisleben, Studium der Germanistik und Geschichte in Halle und Köln. Dr. phil. 1958-66 höherer Schuldienst, 1966-70 Studienrat i. H., 1970-82 Studienprofessor an der Universität Köln, 1981 Habilitation, ab 1982 Professor für deutsche Philologie an der Universität Köln.
Veröffentlichungen zur deutschen Sprache (u. a. Germanistik I, Deutsche Stilistik, Textlinguistik, Werbeanzeigen u. -sendungen), zur deutschen Literatur (u. a. Lehrhafte Dichtung im Mittelalter, Helmbrecht, Literatur der Neuzeit in Thüringen) und Fachdidaktik (Fachdidaktik Deutsch).

Walter Sperling

Geboren 1932 in Groß-Gerau. Studium der Kulturwissenschaft und Geographie in Frankfurt/M. Dr. phil. Professor der Geographie und ihrer Didaktik an der Universität Trier. Mitglied des Zentralausschusses für deutsche Landeskunde, des Wissenschaftlichen Arbeitskreises für Mitteldeutschland, korr. Mitglied des Johann-Gottfried-Herder-Forschungsrats.
Veröffentlichungen zur Regionalen Geographie Mitteleuropas, zur Landeskunde und Kulturgeographie, Bibliographien, u. a. »Geographie und Geographieunterricht in der DDR« (1977), »Landeskunde DDR. Eine annotierte Auswahlbibliographie« (1978), »Tschechoslowakei« (1981), »Geographieunterricht und Landschaftslehre« 5 Bände (1981 ff). Herausgeber: »Neues Schrifttum zur deutschen Landeskunde«. Mitherausgeber: »Berichte zur deutschen Landeskunde«, »Forschungen zur deutschen Landeskunde« u. a.

Rudolf Steude

Geboren 1914 in Geringswalde/Sachsen. Abitur 1938 neben beruflicher Tätigkeit. Zwölf Jahre als Eisenbahninspektor und 30 Jahre als Versandleiter in einem Industriebetrieb tätig. Lebt seit 1977 im Ruhestand in Hameln. Mitarbeiter an der Zeitschrift »Sächsische Heimat« (Bonn) seit 1956 und an der »Wandelhalle der Bücherfreunde«. Verstorben.
Veröffentlichungen: »Clemens Brentano und das Buch« (1978), »Clemens Brentano und Koblenz« (1978), »Bibliophile Bemühungen um Theodor Fontane« (1982). »Die Gesellschaft der Bücherfreunde zu Chemnitz« in Imprimatur NF VII. »Deutsche Bibliophilie 1899-1945« in Imprimatur NF VIII. Vorworte zu den Neudrucken K. A. Findeisen: »Hausbuch sächsischer Dichtung« (1982), O. E. Schmidt: »Sachsenland« (1983).

Wolfhard Weber

Geboren 1940 in Bremen, Studium der Geschichte in Marburg und Hamburg. Dr. phil. Seit 1976 Professor für Wirtschafts- und Technikgeschichte an der Ruhr-Universität Bochum.
Veröffentlichungen über das Berg- und Hüttenwesen in vorindustrieller und industrieller Zeit, zur Regionalgeschichte, zur Geschichte des technischen Transfers und der technischen Neuerungen sowie zu Problemen des Erhaltes technischer Denkmäler.

Isolde Maria Weineck

Geboren 1937 in Dresden, Studium der Kirchenmusik an der Landeskirchenmusikschule in Herford, der Musikwissenschaft, Kunstgeschichte und Publizistik in Münster, Dr. phil. Redakteurin und freiberufliche Musik-Journalistin, lebt in Rheine.
Veröffentlichungen: »Christian Lahusen – Leben und Werk unter besonderer Berücksichtigung seiner liturgischen Kompositionen« (1981), »Heit is wieder Hutzenohmd« (Neue Lieder aus dem Erzgebirge, 1981) »Sequenzen«, (Bd. 17 der Beiträge zur Westf. Musikgeschichte, 1982), »... beydes. VOCALITER und INSTRUMENTALITER ...« (Über die Möglichkeiten der Wiederbelebung der Kantoreipraxis durch Blockflötenchöre, 1982); »Einführung in die Melodiegestalt der Lieder Anton Günthers« (1983); »Anton Günther – Erzgebirgische Lieder« (Hg. zus. mit Gerhard Heilfurth, 1983); »Katalog mitteldeutscher Musiker« (als Ms. vervielfältigt). Wissenschaftl. Beratung zum Fernsehfilm: »Die Orgeln der Gebrüder Silbermann« (WDR Dez. 1981). »Musik aus Deutschlands Mitte« (Hg., 1985), Bd. 7 d. Reihe d. Mitteld. Kulturrates Bonn »Aus Deutschlands Mitte«.

Eduard Zysno

Geboren 1925 in Oppeln. Studium der Medizin und Naturwissenschaften in Kiel. Dr. med. Dr. rer. nat. Habilitation Universität Tübingen 1967. Professor a. e. Universität Gießen 1970. Professor und Vorsteher der Abteilung Physikalische Medizin und Rehabilitation, Zentrum Radiologie der Medizinischen Hochschule Hannover seit 1974.
Veröffentlichungen: etwa 170 wiss. Aufsätze in Fachzeitschriften über Grundlagen und klinische Forschungen in der physikalischen Medizin, Mitarbeit an acht Lehr- und Handbüchern.

PERSONENVERZEICHNIS

Abendroth, H. 225
Abert, H. 226
Adam von Fulda 213
Adelung, J. C. 207
Adolf von Nassau, König 12
Agnes von Hessen 163
Albert, König 24, 25, 34, 35
Albrecht I., König 12
Albrecht I., Herzog 27, 101
Albrecht II., Herzog 27
Albrecht III., Kurfürst 27
Albrecht Alcibiades von Brandenburg-Kulmbach, Markgraf 20
Albrecht der Beherzte, Herzog 20, 27, 67, 161, 238
Amalie Auguste von Bayern 24
Anna von Dänemark 21, 163
Anna Sophie von Dänemark 22
Arlt, W. 236
Arn von Würzburg 238
August, Kurfürst 14, 20, 21, 42, 96, 102, 104, 138, 140, 163, 216, 227, 239
August, O. 71
Augustin 137
Aurang Zeb 23
Albrecht, E. 236
Alexander V., Papst 136
Allwardt, E. 234
Alker, E. 199
Andreae, J. 140
Arnold 161

Bach, C. P. E. 222
Bach, F. 221
Bach, J. C. 222
Bach, J. C. F. 222
Bach, J. S. 15, 23, 211, 217, 219-223, 225, 226, 239
Bähr, G. 165
Baker Eddy, M. 134
Barthel, F. 172
Barthel, M. 199
Bartisch, G. 228
Bauer, J. 205
Beaumont, B. 233
Bebel, A. 16, 17, 45
Beck 143
Beethoven, L. van 219, 222
Berg, K. H. 234
Bergmann, K. 236
Berlich, M. 104
Bernadotte, J.B. 33
Bernhard von Weimar, Herzog 33, 35
Bernhard, C. 218
Berthold, R. 236
Besseler, H. 226
Beust, F. F. Graf von 16
Beuther, A. 107
Beyer, J. G. 204
Beygang 207
Binding, K. 144, 145
Bismarck, O. Fürst von 16
Blaschke, K. 127
Blasius, R. 172
Blechschmidt 172
Blume, F. 219
Bodt, J. de 164
Böhm, K. 225
Böhme, J. 163
Böttger, J. F. 165, 239
Bötticher, H. (Ringelnatz) 198, 199
Bontempi 211, 217
Bordoni, F. 221, 239
Borner, C. 137
Bornhöfft, W. 234
Brahms, J. 219, 224
Brandenburg, E. 149
Brandis, M. 203
Breitkopf, B. C. 204
Breitkopf, J. G. J. 204, 209, 226
Brockhaus, F. A. 205
Bruckner, A. 219, 224
Brühl, H. Graf von 15, 110, 163, 164, 175, 236
Bürger, M. 231
Buffardin 220
Busch, F. 225
Busoni, F. 225

Calvisius, S. 219
Camerarius, J. 138

Canaletto, B. 164
Carus, C. G. 167, 229
Chiaveri, G. 164
Christ, J. F. 140
Christian I., Kurfürst 239
Christian August, Herzog 130
Caroline von Baden 24
Caroline von Wasa 24
Carpzow, B. 104, 105
Cesare, C. di 163
Coch, F. 129
Comenius, J. A. 128
Cotta, H. 142, 204
Cranach, L. 159-161
Credner, H. 144
Crell, J. C. 208, 209
Crell, N. 239
Curschmann, H. 231
Czok, K. 93

Dahl, J. C. 167
Daser, W. L. 206, 207
Dedi I. 19
Dedi II., Markgraf 19
Dedi von Zörbig 19
Delekat, F. 129
Demantius, C. 217
Demmler, R. 172
Dietmann, K. G. 209
Dietrich II., Markgraf 19, 54, 212, 238
Dietrich der Bedrängte 63, 67
Dietrich von Buzici 19
Dietrich, S. 172
Dinglinger, J. M. 23, 164, 239
Dittes, F. 118
Doles 222
Drach, P. 203
Drechsel, W. 234
Driesch, H. 149
Duncker, W. 234
Dzur, W. 236

Eberhardt 31
Eck, J. 137
Eckholdt, G. 228
Edy, E. 235
Ekkehard I., Markgraf 10, 52
Egger 206
Einsiedel, D. von 240
Elisabeth Helene, Prinzessin von Thurn und Taxis 24
Erasmus, D. 137
Erb, W. 231
Ernesti, J. A. 142
Ernst der Fromme, Kurfürst 12, 20, 161
Eugen, Prinz von Savoyen 35

Evans, D. 98
Evert, S. 207

Federnagel, H. 40
Fichte, J. G. 129
Ficker, A. 184
Fiedler 189
Findeisen, K. A. 200
Fischer, K. 129
Fischer, P. 203
Fleming, P. 197
Flemming, C. H. Graf von 109, 110
Forster, G. 216
Francke, A. H. 140
Freundt, C. 215
Friedrich August I. der Starke, Kurfürst; als König von Polen August II. 14, 22, 23, 33, 57, 67, 109, 130, 131, 140, 164-166, 208, 220, 221, 239
Friedrich August II., Kurfürst; als König von Polen August III. 14, 22, 23, 131, 209, 221, 239
Friedrich August III., Kurfürst; als König Friedrich August I. der Gerechte 15, 24, 28
Friedrich August II., König 24, 240
Friedrich August III., König 11, 17, 22, 25, 240
Friedrich I. Barbarossa, Kaiser 12, 19, 53
Friedrich Christian, Prinz 24
Friedrich der Freidige, Markgraf 12, 238
Friedrich II. der Große, König 33, 35, 57, 222
Friedrich der Sanftmütige, Kurfürst 238
Friedrich der Streitbare, Markgraf, Kurfürst 12, 19, 27, 68, 238
Friedrich der Strenge, Markgraf 238
Friedrich der Weise, Kurfürst 13, 127, 128, 160, 214
Friedrich Wilhelm I., König 33
Friedrich Wilhelm von Brandenburg, der Große Kurfürst 32
Friedrich, A. 235
Friedrich, C. D. 167, 169
Friedrich, W. 172
Frings, T. 191
Fritsch, C. M. 204
Fritsch, J. 204
Fritsch, T. 204
Fritzsche, G. 226
Frommann, N. 204
Fürstenberg, A. E., Fürst von 109
Furtwängler, W. 225
Fust 204

Gabrieli, A. 216, 217
Gabrieli, G. 216

Gärtner, R. 172
Galen, G. 227
Gallus, J. 215
Gebhardt, M. 234
Gedlich, R. 236
Gellert, C. F. 129, 141, 200
Georg, König 24, 35, 240
Georg der Bärtige, Herzog 13, 14, 20, 27, 67, 128, 137, 159, 203
Georg Wilhelm von Braunschweig-Lüneburg, Herzog 28
Gero 19
Glass, W. 237
Gleditsch, J. F. 204
Gleditsch, J. L. 204
Goeschen, G. L. 204
Goethe, J. W. von 15, 200, 204, 229
Goetz, M. 204
Goetz, T. M. 204
Gottsched, J. C. 141, 200
Graun 220, 222
Grieshammer 207
Groell, M. 209
Groitzsch, W. von 153
Grosse, H. 203, 204
Gruner, V. 136
Güntz 209, 210
Gumpelzheimer, A. 215
Gustav Adolf von Schweden 33
Gutenberg, J. 204

Haase, G. 76
Haehnel, E. J. 29, 166
Haenel, E. 236
Haertel, G. C. 204, 226
Haertling, P. 200
Haftmann, M. 236
Hagedorn, C. L. von 142, 166
Hahn, H. 129
Hahnemann, C. F. S. 228
Hammerschmidt, A. 217
Hampel, J. 226
Harbig, R. 233, 234
Harrer 222
Hartmann, R. 68
Hasse, J. A. 15, 23, 211, 219, 221, 239
Haßler, H. L. 211, 215, 217
Haubold, C. G. 69, 98
Haupt, M. 144
Hausen, M. Freiherr von 35, 240
Haydn, J. 220, 222
Hebenstreit, P. 220, 226
Heckel, E. 167
Heermann, G. 163, 164
Heilmann, J. 158, 161
Heinichen, J. D. 211, 220, 221
Heinisch, G. 208
Heinrich I., König 10, 52, 238
Heinrich II., Kaiser 187
Heinrich IV., Kaiser 11
Heinrich V., König 19
Heinrich VI., Kaiser 12
Heinrich der Erlauchte, Markgraf 12, 54, 63, 212, 238
Heinrich von Eilenburg, Markgraf 11, 19, 238
Heinrich der Fromme, Herzog 20, 203, 239
Heinrich der Löwe, Herzog 12
Heinrich von Meißen 197, 212
Heinrich von Morungen 197, 212
Heinrich, H. 236
Helbig 189
Helbig, K. 237
Hempel, W. 236
Hendel, M. 77
Herder, J. G. von 128
Herfurth, E. 207
Herfurth, P. 207
Hermann, G. 140
Hermlin, S. 200
Herz, K. 83
Hetzner, T. 149
Heyne, C. G. 140
Hildebrand, R. 144
Hiller, J. A. 211, 220, 226
Hilscher, C. 208, 209
Hindemith, P. 225
Hitler, A. 18, 208
Hoffmann, E. T. A. 200
Hoffmann, C. 133
Hofmann, R. 235
Hofmeister 226
Homilius, G. A. 221
Hovorka 175
Hoym 110
Hülße 142
Humboldt, A. von 229
Huß, J. 135

Ihmels, L. 129
Innozenz IV., Papst 212

Jakob 236
Jakostra, P. 199
Jantzen, H. 156
Johann (Philalethes), König 24, 25, 28, 240
Johann der Beständige, Kurfürst 128, 160
Johann von Lauenburg, Herzog 27
Johann Friedrich der Großmütige, Kurfürst 20, 21, 33, 128, 160
Johann Georg I., Kurfürst 21, 32, 105, 109, 217, 239
Johann Georg II., Kurfürst 103, 206, 217, 239

Johann Georg III., Kurfürst 22, 25, 32, 239
Johann Georg IV., Kurfürst 206
Johst, H. 199
Jonas 128
Joppich, K. 236
Julius Franz, Herzog 28
Juncker 229
Junghans, J. G. 185
Justi, C. 166

Kändler, J. J. 165
Kästner, A. G. 140
Kästner, E. 199
Karl I. der Große, Kaiser 12
Karl IV., Kaiser 12, 19
Karl V., Kaiser 20, 33, 103, 128
Karl VI., Kaiser 204
Karl XII., König von Schweden 33
Karlstadt 137
Kayser, C. G. 203
Kees, J. J. 207
Keil, E. 208
Keilberth, J. 225
Keiser, R. 222
Kennel, C. G. 209
Kerrl 129
Kersting, G. 167
Kirchner, E. L. 167
Kirchner, G. 165
Kistner 226
Kleist, H. von 200
Klopstock, F. G. 200
Klotsche 129
Knöffel, J. C. 164
Knüpfer, J. 217, 219
Köhler, G. 236
Koering, D. 236, 237
Köster, A. 144
Kötzschke, F. 71
Kötzschke, R. 144, 147
Kohlschütter, K. L. 44
Konrad III., Kaiser 19
Konrad der Große, Markgraf 11, 19, 53, 54, 61, 238
Konwitschny, F. 225
Korff, H. A. 144
Kormart 205, 206
Kraus, P. 237
Krauß, K. 235
Kreß, W. 236
Kretzschmar, H. 226
Kretzschmar, J. 44
Krieger, A. 217
Krieger, J. 211, 217
Krieger, J. G. 217
Kronfeld 175
Krubsacius, F. A. 166
Krüger, L. 235
Kühnel 226
Kugelmann, J. 215
Kuhnau 217
Kunze, R. 200
Kurth, E. 219

Lamprecht, K. 144
Langer, M. 186
Lanzi, M. 233
Lecoq, von 30
Lehmann 232
Leibniz, G. W. 140
Leip, R. 236
Leopold I., Kaiser 22
Leopold I. der Alte Dessauer, Fürst 33
Lessing, G. E. 129, 198, 200
Liebknecht, K. 17, 45
Litt, T. 149
Loebel, R. G. 205
Löffler, F. 162
Löscher, V. E. 141
Löwendal, Baron von 109
Lohrmann 236
Long 234
Longuelune, Z. 164
Lortzing, A. 224
Lothar III. von Supplinburg, Kaiser 19
Lotter, H. 162
Lotti, A. 220, 221
Louis Ferdinand, Prinz 33
Lüdicke 234
Luther, M. 13, 103, 127, 128, 137-139, 160, 161, 211, 213-215, 221

Maestre, M. le 216
Mahler, G. 224
Manteuffel, E. C. Reichsgraf von 109, 207
Maria Amalie Auguste von Pfalz-Zweibrükken 24
Maria Anna von Portugal 24
Maria Leopoldine von Bayern 24
Marx, K. 69
Marzell, H. 176
Maskov, J. J. 140
Masur, K. 225
Matthes, A. 172
Mauersberger, R. 224
Max, Prinz 131
Max I. Joseph von Bayern, König 24
Maximilian I., Kaiser 31, 203
May, K. 200
Melanchton, P. 21, 128, 137, 139, 215
Mencke, J. B. 140
Mendelssohn-Bartholdy, F. 222, 223

Mengs, A. R. 166
Merseburger 226
Mickel, K. 200
Miller, K. 236
Milner, G. 236
Mirbeau, O. 31
Mizler, L. 226
Moritz, Herzog, Kurfürst 12, 14, 20, 21, 25, 127, 128, 137, 138, 163, 215, 239
Moritz von Sachsen, Graf 35
Mozart, W. A. 219, 220, 222
Mühlbach, C. 206
Müller, F. 236
Müller, H. 234
Münsterberg, J. O. von 136
Muhs 129

Nacke, M. 172
Napoleon I., Kaiser 9, 15, 23, 24, 33, 34, 131
Naumann, J. G. 211, 221
Needon, R. 178
Neef, E. 72
Neuberin, F. K. 197
Neumann 184
Neumann, A. 236
Nikisch, A. 223
Noll, D. 200
Nosseni, J. M. 21
Novalis (Hardenberg, Freiherr F. von) 200

Oeder, M. 71
Oeser, A. F. 166
Oken, L. 229
Opitz, M. 217
Othmayr, C. 215
Otto I. der Große, Kaiser 10, 52, 127, 238
Otto der Reiche, Markgraf 11, 61, 63, 238

Pallavicino 217
Paul, Jean (Richter, J. P. F.) 200
Paulsen, O. 235
Payr, E. 231
Permoser, B. 164, 165, 239
Peter Ernst II., Graf 35
Peter von Dresden 127
Peter der Große, Zar 23
Peter von Prina 138, 161
Peters 226
Petzold, C. 220
Pezel, J. C. 218
Pfitzner, H. 225
Pflüger, K. 161
Pflug 110
Pinder, W. 149
Pisendel, J. G. 220, 221
Pöppelmann, M. D. 164, 165, 239
Pörner 205, 206
Pollich von Mellrichstadt, M. 228
Polz 207
Posecker, W. 19
Prätorius, M. 211
Prater, G. 129
Prez, J. de 213
Prinz 230
Pufendorf, S. 104, 140

Quantz, J. J. 220

Rabener, G. W. 200
Ramin, G. 224
Raselius, A. 215
Ratzel, F. 144
Ratzinger, J. 134
Reclam, A. P. 205
Reger, M. 219
Reich, P. E. 204
Reinhard 129, 141
Reisland, P. 236
Reißiger 223
Reißmann, M. 236
Renk, F. 231
Resinarius, B. 215
Reynier 34
Rhau, G. 219
Richter, C. C. 209
Richter, E. F. 231
Richter, F. C. 209
Richter, L. 167, 169
Richter, L. 235
Richter, O. 224
Richter, S. E. 205, 209
Riedel, L. 172
Riemann, H. 226
Rietschel, E. 166
Rinckart, M. 197
Riso, H. 235, 236
Ritzsch, G. 205
Ritzsch, T. 205, 206
Rochlitz, F. 226
Rockosch, E. 236
Röder, C. 172
Römer, M. 40
Rogier, M. 216
Roscher, W. 144
Rose, W. 236
Rosenmüller, J. 211, 217
Rossbach, A. 167
Roth, S. 139
Roth-Scholz, F. 204
Rudert, W. 172
Rudolf II., Kurfürst 27
Rudolf, R. 184

Rupsch, C. 214
Rutowski, F. A. Graf von 33

Sackenheim, A 236
Scandelli, A. 216
Schade, P. (Mosellanus) 137
Schäfer, G. 237
Scharnhorst, G. J. D. von 31
Schein, J. H. 211, 217, 219
Schelle, J. 217, 219
Schelling, F. W. J. von 200
Schenk, P. 71
Schiller, F. von 200
Schlesinger, W. 45
Schlichten, von 209
Schlösser, K. 236
Schlüter, O. 71
Schmerler, M. 172
Schmidt, A. 208
Schmidt-Rottluff, K. 167
Schneeweiß, E. 178
Schneider, J. 235
Schneider, M. 237
Schneider, R. 200
Schoeck, O. 225
Schöffer 204
Schön 236
Schönherr, Gebr. 98
Schöning, H. A. von 109
Schönwetter, J. T. 102
Schomburg, H. 237
Schomburg, T. 236, 237
Schubert 142
Schubert, D. 157
Schubert, H. 236
Schuch, E. 223
Schüler, O. 172
Schürer, T. 204
Schütz, H. 211, 217, 218, 221, 225
Schumann, R. 219, 222, 224, 226
Schwar, A. 172
Schwarze 237
Sellheim, H. 231
Senfl, J. 213, 215
Sennert, D. 228
Serauky, W. 226
Sigismund, Kaiser 19, 27
Silbermann, A. 226
Silbermann, G. 226
Silvestre, L. de 164
Spalatin 128
Spalteholz, W. 231
Spamer, A. 169
Spener, P. J. 141
Steger, A. 207
Stein, K. Reichsfreiherr vom und zum 123
Stieda, W. 144
Stöck, G. 234
Stoeckel, W. 231
Stössel, K. 236
Straube, K. 224
Strauß, R. 223
Strawinsky, I. 219
Strümpel, A. von 231
Strungk, N. 211, 217, 218
Stuhlfauth 236
Sudhoff, K. 231
Süßer, C. M. 163, 164
Süßer, J. 163, 164

Tandler, M. 172
Tatze, M. 187
Telemann, G. P. 211, 220, 222
Teubner, B. G. 205, 207
Teubner, E. 185
Thiel, E. 172
Thielemann 33
Thiemer 237
Thiersch, K. 231
Thimo 19
Thomasius, C. 104, 140
Tieck, L. 200
Tilly, J. Graf von 33
Trendelburg, F. 231
Tschaikowsky, P. 224
Tschirnhaus, W. von 165
Tylich, J. 136

Uhle, K. 235
Ulbricht, W. 195
Uttmann, B. 185

Veracini, F. M. 220
Volker, W. 235
Volumier 220

Wach, A. 144
Wach, J. 149
Wackenroder, W. H. 200
Wackerbarth, A. Graf von 109
Wagner, R. 166, 198, 210, 211, 223, 224, 240
Wahl 131
Wallenstein, A. Herzog 32, 33
Walter, B. 225
Walter, J. 211, 214, 215, 221
Walther, C. 209
Walther II, H. 163
Walther, S. 163
Walther von der Vogelweide 212, 238
Weber, C. M. von 211, 223, 240
Weber, J. J. 208
Weckmann, M. 217

Weidmann, M. G. 204
Weidner 232
Weill, K. 225
Weimann, G. 234
Weiß, S. 220
Wenzel, König 135
Werner, A. G. 142
Werthern, G. Graf von 109
Whitefield, W. 98
Wieck, F. G. 98
Wiedemann, J. G. 175
Wieland, C. M. 204
Wild, C. G. 172
Wilhelm, Markgraf 135
Willer, G. 203
Willimovski, E. 236
Winckelmann, J. J. 166, 201
Wiprecht von Groitzsch 11, 16, 19
Witkowski, G. 144
Wöllner, H. 234
Wolff, C. 140
Wunderlich, K. A. 231
Wundt, W. 144

Zeigner 17, 240
Zenker 230
Zelenka, J. D. 221
Zeuner 142, 145
Zimmermann, J. von 69
Zinzendorf, N. L. Graf von 66, 129
Zürner, A. F. 71, 110, 239
Zwerenz, G. 199

ORTSVERZEICHNIS

Adorf 119, 171, 173, 194, 242
Altdorf 209
Altenberg 39, 41, 48, 56, 74, 78, 85, 119, 147, 172, 193, 242
Altenburg 19, 21, 28, 29, 50, 53, 62, 73, 90, 154, 187, 188
Altenkirchen 53
Altgersdorf 172
Altranstädt 33, 239
Altzelle 53, 127, 136
Altzschillen 153
Amsterdam 237
Annaberg 13, 39, 41, 48, 56, 64, 65, 69, 95, 96, 119, 125, 127, 138, 158, 161, 162, 172, 173, 185, 242
Arnoldsgrün 171, 180
Arnsgrün 173
Arnshaugk 21
Aue 59, 65, 104, 119, 172, 185, 242
Auerbach 96, 119, 125, 242
Auerstädt 33
Augsburg 14, 20, 48, 127, 159, 209
Augustusburg 119, 242
Aussig 238

Bärenloh 173
Bärenstein 242
Bamberg 170
Bautzen 9, 11, 16, 22, 48, 49, 53,62,65,69, 113, 114, 119, 120, 125, 127, 130, 131, 135, 143, 169, 173, 178, 180, 194, 205, 209, 212, 234, 242
Bayreuth 223
Beaumont 34
Bergedorf 221
Berggießhübel 174, 242
Beilrode 171
Berlin 34, 35, 67, 68, 71, 132, 163, 165, 210, 222, 234, 237
Bernstadt 119, 242
Berzdorf 89
Biberach 23, 164
Bischofswerda 14, 62, 119, 193, 194, 242
Bitterfeld 74
Blauenthal 95
Bodenbach 7
Bonn 220
Borna 48, 56, 73, 85, 91, 119, 125, 154, 242
Borodin 33
Bosau 53
Radiumbad Brambach 88, 145
Brand-Erbisdorf 66, 119, 242
Brandis 242
Braunschweig 154
Brehna 19
Breitenbrunn 172
Breitenfeld 33, 91
Breslau 25, 48, 94
Brotenfeld 176
Brünlos 185
Buchholz 41, 64, 65, 95
Budapest 22
Bückeburg 222
Bunzlau 187
Burck 49
Burgstädt 119, 242

Callnberg 64, 119
Cannae 33
Celle 28
Chemnitz 11, 44, 48, 53, 58, 62, 63, 65, 68, 69, 77, 78, 94, 96-98, 113, 118, 119, 125, 127, 130, 132-134, 140, 143, 145, 147, 148, 154, 167, 169, 177, 193, 195, 200, 224, 234, 236, 241, 242
Clausthal 204
Coburg 12
Colditz 128, 242
Coswig 64, 65, 242
Cottbus 74
Crimmitschau 17, 119, 132, 242
Crostwitz 179

Dahlen 165, 242
Danzig 48
Delitzsch 74, 85, 91
Diesbar 77
Dippoldiswalde 119, 125, 145, 171, 242
Dittersdorf 174
Döbeln 65, 73, 119, 125, 146, 193, 242

Dohna 242
Dorfchemnitz 104
Dorfstädt 172
Dresden 5, 6, 8-10, 14-18, 20-23, 30, 34, 35, 39, 43, 44, 47, 48, 51, 53, 57, 58, 62-65, 67, 68, 72-75, 77-79, 90, 96-98, 104, 113, 114, 116, 118-120, 125, 127-130, 132-135, 137, 140-143, 145, 148, 150, 163-166, 169, 171, 175, 182, 187, 193, 195, 198-200, 203-206, 208-225, 227-242
Düppel 35
Dürrhennersdorf 172
Duisburg 235

Ebersbach 119, 242
Ehrenfriedersdorf 84, 119, 173, 242
Eibenstock 119, 242
Eicha 213
Eilenburg 19, 197
Eisenach 28
Eisenberg 21, 29
Eisenhüttenstadt 59
Ellefeld 172
Bad Elster 64, 88, 242
Elsterberg i. V. 119, 242
Elstertrebnitz 51
Elsterwerda 192
Elstra 242
Elterlein 242
Erfurt 48, 62, 94, 132, 170, 203
Erla 98
Erlangen 228
Ernstthal 64, 200
Eulau 51
Eutin 222

Falkenstein 119, 172, 180, 242
Fehrbellin 32
Flöha 64, 104, 125, 242
Florenz 164, 216
Forchheim 170
Frankenberg 119, 132, 193, 242
Frankfurt/Main 48, 94, 102, 107, 203, 204, 233
Frankfurt/Oder 48,96, 137
Frauenstein 119, 242
Freiberg 9, 11, 13, 16, 20, 21, 38,39, 41, 44, 48, 62, 63, 65, 69, 71, 73, 84, 95-97, 103, 107, 119, 125, 127, 130, 134, 135, 137-139, 141-144, 150, 154, 157, 171, 173, 193, 211-214, 224,238-240, 242
Freiburg 107
Freital 64, 65, 119, 242
Frohburg 119, 242
Fulda 48, 130

Gablenz 199, 236
Gastein 28
Gatersleben 5
Gaunitz 50
Geising 242
Geithain 11, 119, 154, 242
Gelenau 132
Geringswalde 25, 138, 242
Geyer 41, 85, 146, 173, 242
Glashütte 145, 242
Glauchau 16, 25, 65, 113, 118, 119, 125, 242
Görlitz 22, 47, 53, 62, 77, 154, 209, 212, 242
Gössnitz 193
Göttingen 140
Goslar 63, 154
Gotha 12, 220
Bad Gottleuba 173, 242
Graupen 95
Gravelotte 35
Greifswald 72
Greiz 194
Grimma 5, 65, 90, 119, 125, 128, 138, 173, 193, 242
Grimschleben 19
Groitzsch 242
Großenhain 49, 62, 73, 77, 89, 90, 119, 125, 137, 171, 242
Großhennersdorf 190
Großröhrsdorf 242
Großschönau 119, 186, 190
Grünau 237
Grünhain 127, 242
Grünhainichen 146

Hainichen 51, 119, 242
Halberstadt 157, 204
Halle 74, 85, 104, 130, 140, 229, 238
Hallstadt 170
Hamburg 48, 67, 94, 107, 218, 222, 235
Hannover 17
Hartenstein 25, 113, 119, 197, 242
Harth 5
Hartha 242
Heidelberg 68, 104, 212
Heidenau 64, 65, 242
Hellerau 16
Henneberg 29
Herbisleben 21
Herford 164
Herrnhut 15, 64, 119, 129, 242
Hildburghausen 205
Hof 62
Hohenstein-Ernstthal 64, 119, 242
Hohnstein 242
Horka 179
Hosterwitz 209

Hoyerswerda 73, 180, 188, 189, 236, 242
Hubertusburg 220

Imst/Brennbichl 24

Jena 15, 33, 138, 204
Jöhstadt 119, 242
Johanngeorgenstadt 64, 84, 86, 119, 237, 242

Kamenz 22, 53, 62, 119, 125, 130, 194, 198, 242
Kesselsdorf 33
Kirchberg 119, 173, 194, 242
Klingenthal 57, 74, 119, 172, 180, 237, 242
Klotzsche 64,65,242
Köln 68, 95, 102, 130
Königgrätz 25, 34, 35, 240
Königsbrück 53, 62, 113, 119, 228, 242
Königstein 33, 34, 57, 119, 134, 242
Köstritz 217,
Kötzschenbroda 64, 119,
Kohren 187, 242
Konstanz 136
Krakau 23, 48, 239
Kulkwitz 85

Landsberg 29
Landwüste 173
Laubach 204
Lauban 209
Lauenburg 12, 27, 28
Lauenstein 119, 242
Bad Lausick 73, 119, 242
Lauter 64, 242
Laxenburg 30
Leipzig 5, 6, 9, 11, 13-17, 20, 23, 24, 30, 33, 34, 39, 44, 45, 47, 48, 51, 53-56, 58, 62-65, 68, 71, 72, 74, 77, 81, 85, 87, 90, 91, 94-98, 102, 104, 107, 110, 113, 114, 118-120, 125, 127-130, 132-138, 140, 141, 143-147, 149, 150 154, 161, 162, 166, 167, 169, 171, 177, 190-192, 195, 198-200, 203, 205-215, 217-232, 234-239, 241, 242
Leisnig 11, 119, 128, 242
Lengefeld i. Erzgeb. 119, 242
Lengenfeld i. V. 119, 180, 242
Leutewitz 83
Lichtenstein 25, 64, 113, 242
Liebstadt 65, 243
Limbach 64, 65, 119, 234, 243
Lindau 103, 207
Liskow 182
Löbau 62, 119, 125, 194, 243
Löbejan 19
Lößnitz 119, 243
Löthain 74

Lommatzsch 9, 48, 50, 73, 83, 119, 169, 243
London 222, 223
Loschwitz 119, 200
Lucka 12, 238
Lübeck 48
Lüneburg 107
Lützen 33, 35
Lugano 21
Lunzenau 17, 73, 86, 243

Magdeburg 8-10, 14, 48,107, 127, 157, 170, 203, 213, 222
Mainz 34, 62, 102, 155, 212
Manchester 68
Mannheim 222
Mansfeld 35
Marienberg 34, 39, 56, 64, 96, 119, 125, 243
Marienstern 13, 22, 127, 179
Marienthal 13, 22, 127
Markkleeberg 5, 64, 65, 243
Markneukirchen 119, 173, 226, 243
Markranstädt 171, 243
Meerane 17, 25, 65, 119, 235, 243
Meißen 5, 9-12, 14, 15, 19-21, 23, 25, 27, 28, 32, 37, 38, 40, 43, 47, 48, 52, 53, 55, 63, 65, 67, 69, 74, 80, 96, 102, 113, 119, 125, 127, 130, 132, 135, 136, 138, 142, 150, 153, 155-158, 161, 166, 171, 182, 192, 197, 200, 211-214, 228, 238, 239, 243
Merseburg 10, 14, 19, 21, 32, 52, 62, 136, 155, 197
Meuselwitz 85,91, 193
Mexico-City 233
Mittelfrona 190
Mittweida 119, 145, 174, 234, 243
Montpellier 227
Morea 22
Moritzburg 220
Mügeln 48, 119, 243
Mühlberg 12, 20, 33, 67, 128, 163, 239
Mühltroff 194, 243
München 67, 199, 217, 222, 223
Münster 130
Muskau 187
Mutzschen 243
Mykene 49
Mylau 243

Naumburg 10, 14, 21, 25, 52, 94, 155, 157, 158
Naunhof 243
Neapel 217
Nebelschütz 179
Nerchau 146, 243
Neschwitz 165
Netzschkau 243
Neugersdorf 243

Neusalza 119, 189, 243
Neustadt 119, 186, 243
Neustädtel 64, 243
Neuzelle 53
Niederfrauendorf 190
Niederneukirch 173
Niederoderwitz 186
Niederplanitz 133
Nienburg 19
Niesky 243
Nossen 119, 243
Nürnberg 48, 62, 95, 107, 159, 235

Oberfrohna 64, 65, 243
Oberlungwitz 64, 243
Oberschlema 145
Oberwiesenthal 64, 88, 109, 119, 237, 243
Öderan 119, 133, 243
Oelsnitz i. Erzgeb. 17, 64, 73, 86, 96, 200, 243
Oelsnitz I. V. 119, 125, 243
Ofen 22, 32
Olbernhau 64, 119, 183, 194, 243
Orlamünde 29
Oschatz 50, 73, 90, 119, 125, 193, 212, 215, 243
Ostritz 22, 119, 243
Ostro 179
Oybin 169

Paderborn 130
Pahna 85
Paris 228, 234
Passau 14
Pausa 119
Pegau 11, 48, 53, 127, 243
Penig 26, 113, 119, 243
Pforzheim 235
Pillnitz 220
Pirna 53, 57, 59, 62, 65, 69, 119, 125, 130, 243
Planitz 132, 243
Plauen 13, 41, 48, 59, 62, 65, 88, 118, 119, 125, 133, 135, 143, 145, 154, 174, 212, 237, 243
Pleißen 29
Pöhl 79
Posen 131
Potsdam 72, 96, 128
Prag 21, 57, 68, 94, 127, 135, 136, 163, 164, 227, 235
Preske 51
Pulsnitz 53, 119, 182, 243

Raasdorf 176
Rabenau 243
Radeberg 119, 243
Radebeul 64, 65, 243
Radeburg 119, 243
Radibor 179
Ralbitz 179
Raun 190
Rebersreuth 171
Regensburg 103, 170
Regis-Breitingen 66, 243
Reibersdorf 113
Reichenau 119, 172
Reichenbach i. V. 65, 119, 133, 135, 175, 243
Reims 157
Remse 113
Riesa 5, 6, 8, 47, 64, 65, 119, 193, 199, 200, 243
Rochlitz 11, 119, 125, 154, 183, 187, 243
Rochsburg 26, 113
Rodewisch 64, 187, 243
Rötha 119, 243
Rom 217
Ronneburg 74
Roßwein 119, 145, 193, 243
Rückmarsdorf 91
Ruhland 243
Rumburg 184

Saalfeld 33
Saarbrücken 235
Sächsstadt 63
Salerno 227
Salzburg 57
Sayda 103, 119, 121, 243
Bad Schandau 119, 174, 193, 243
Scheibenberg 64, 119, 243
Schirgiswalde 119, 179, 243
Schlackenwerth 28, 163
Schleife 182, 188
Schlettau 243
Schluckenau 184
Schmölln 193
Schneeberg 13, 39, 40, 56, 64, 65, 69, 95, 119, 127, 143, 161, 163, 172, 183-185, 204, 243
Schöneck 119, 173, 180, 243
Schulpforta 138, 143
Schwarzenberg i. Erzgeb. 53, 96, 119, 172, 243
Sebnitz 119, 182, 186, 194, 243
Sedan 34, 35
Seerhausen 119
Sehma 184
Seiffen 146, 183
Seußlitz 77, 227
Sibyllenort 25
Siebenlehn 243
Siegmar 64
Sievershausen 20, 239
Speyer 204
Spremberg 119, 189
Stein 113
St. Joachimsthal 41

Stollenberg 119, 125, 243
Stolpen 14, 62, 119, 243
St. Privat 25, 34, 35
Strehla 62, 187, 243
Stuttgart 131
Syrau 173

Taucha 91, 119, 243
Teuchern 222
Thalheim i. Erzgeb. 104, 243
Tharandt 16, 44, 47, 71, 142, 150, 243
Thierbach 173
Thorn 48
Thum 173, 243
Tischendorf 176
Torgau 33, 57, 128, 154, 171, 211, 214, 215
Trebendorf 182
Trebsen 243
Treuen i. V. 119, 243
Trier 102

Unterwiesenthal 64

Venedig 167, 216, 217
Verdun 35
Versailles 111

Wachau 200
Wagram 33
Wahrenbrück 222
Waldenburg 25, 109, 113, 119, 187, 243
Waldheim 119, 193, 239, 243
Warschau 22, 24, 164
Wechselburg 26, 113, 154, 157
Wehlen 243
Wehrsdorf 172
Weida 9, 21
Weigmannsdorf 163
Weimar 12, 17, 28, 35, 45, 116
Weißenberg 243
Weißenborn 81
Weißenfels 143, 192, 211, 218, 220
Weißwasser 243
Weißig 49
Werda 182
Werdau 119, 125, 153, 243
Wermsdorf 82
Wettin 19
Wetzlar 26
Wien 9, 15, 21, 22, 24, 28, 32, 67, 68, 153, 211, 217, 220, 222, 223, 239
Wildenfels 13, 113, 119, 243
Wilkau-Haßlau 243
Wilsdruff 119, 243
Wittenberg 12, 13, 20, 27, 102, 127-130, 137, 138, 141, 159, 160, 162, 211, 213, 228, 229, 234
Wittichenau 179
Wolfenbüttel 218
Wolkenstein 56, 119, 243
Worms 103, 107, 127, 155
Wurzen 14, 55, 57, 62, 113, 119, 127, 130, 135, 154, 198, 212, 215, 243

Zeithain 33, 239
Zeitz 10, 52, 53, 90, 127, 155, 187
Ziegenrück 21
Zinnwald 172
Zittau 22, 50, 51, 65, 69, 75, 89, 118, 119, 125, 134, 135, 145, 169, 189, 194, 218, 224, 243
Zöblitz 119, 243
Zörbig 19
Zschillen 53, 127
Zschopau 119, 176, 243
Züllichau 204
Zürich 223
Zweibrücken 24
Zwenkau 119, 243
Zwickau 11, 13, 16, 17, 19, 40, 48, 53, 57, 62, 65, 73, 86, 97, 98, 107, 113, 114, 118-120, 125, 127, 130, 133, 135, 137 139, 145, 200, 224, 243
Zwönitz 119, 243

Abbildungsnachweis

Landkarte: Studio Freudenthal, Hamburg (Landesgrenzen von 1949). Wappen (nach Otto Hupp): Barbara Brade, Wedel.
Abbildungen: Nach Kötzschke (7); Bildarchiv Albert Herzog zu Sachsen (8); Stier: Völker, Staaten und Kulturen, 1952 (3); Schicksale deutscher Bauten im 2. Weltkrieg, 1980 (1); Magirius: Städtebauliche Denkmale in Sachsen, 1979 (2); Festschrift 125 Jahre TH Dresden, 1953 (4); Geller: 150 Jahre deutsche Landschaftsmalerei, 1951 (1); Ausstellungskatalog Altonaer Museum, 1969/70 (1); Bildarchiv Asche (1); Löffler: Das alte Dresden, 1981 (1); Bildarchiv Ficker (1); Weidlich: Sachsen (1); nach Meiche (1); Bildarchiv Herfurth (6); Bildarchiv Weineck (3); alle übrigen: Bildarchiv Stiftung MKR.

WAPPEN SÄCHSISCHER STÄDTE

Darstellung nach Hupp. Abgesehen von permanent erfolgenden Modernisierungen, haben einige Städte, besonders nach 1945, neue Wappen erhalten. Den Stand von 1985 enthält das »Lexikon Städte und Wappen der Deutschen Demokratischen Republik«.

schwarz gold silber rot blau grün

Annaberg

Aue

Auerbach

Augustusburg

Bärenstein

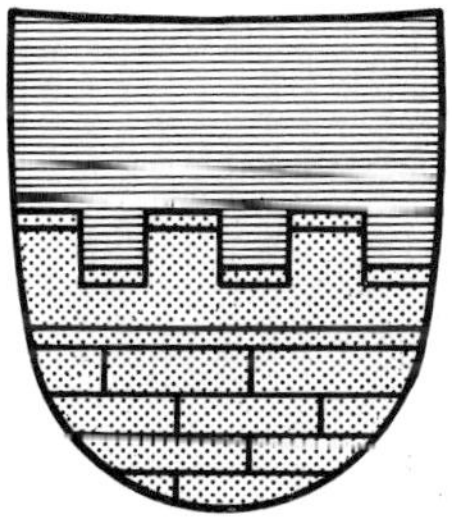

Bautzen

Berggießhübel

Bischofswerda

Borna

Brandis

Brand-Erbisdorf

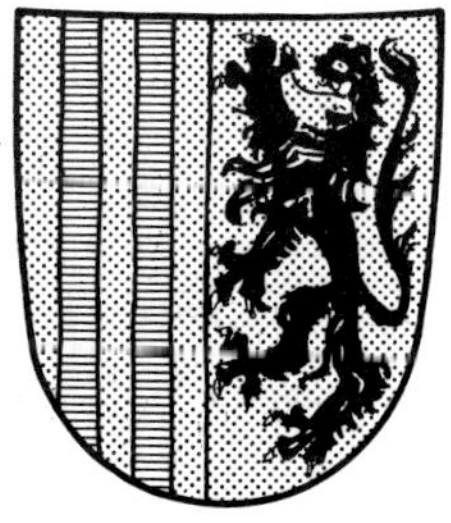

Chemnitz

Colditz

Crimmitschau

Dippoldiswalde

Döbeln

Dohna

Dresden

Eibenstock

Bad Elster

Frankenberg

Freiberg

Freital

Geithain

Glashütte

Glauchau

Bad Gottleuba

Grimma

Groitzsch

Großenhain

Hainichen

Heidenau

Hohenstein-Ernstthal

Johanngeorgenstadt

Kamenz

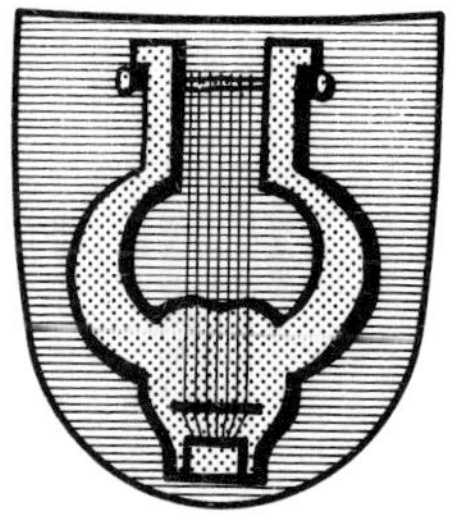

Klingenthal

Königsbrück

Königstein

Bad Lausick

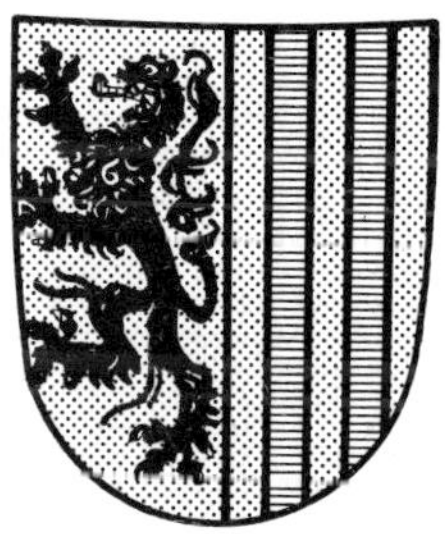

Leipzig

Lengefeld i. Erzg.

Lengenfeld

Lichtenstein

Limbach

Löbau

Lommatzsch

Lugau

Marienberg

Markranstädt

Meerane

Meißen

Mittweida

Naunhof

Neugersdorf

Neustadt

Neustädtel

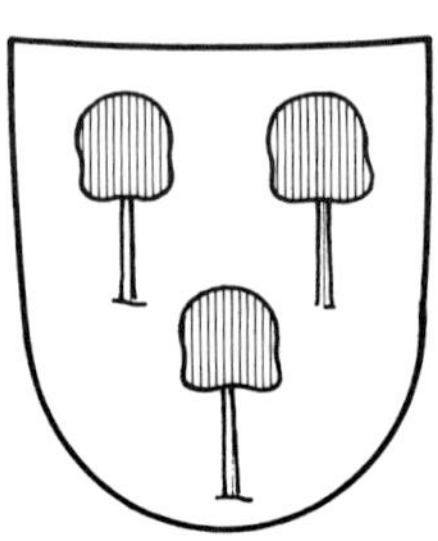
Nossen

Oberwiesenthal

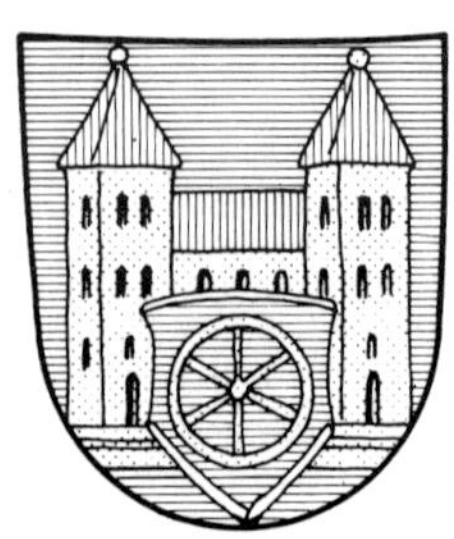
Oederan

Ölsnitz i. Erzg.

Ölsnitz i. Vogtl.

Olbernhau

Oschatz

Pegau

Pirna

Plauen

Pulsnitz

Rabenau

Radeberg

Radebeul

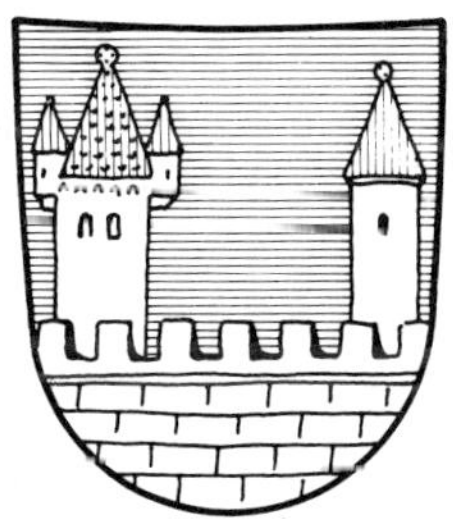
Radeburg

Reichenbach

Riesa

Rochlitz

Rötha

Roßwein

Bad Schandau

Schneeberg

Sebnitz

Strehla

Stollberg

Taucha

Tharandt

Waldheim

Werdau

Wilsdruff

Wurzen

Zittau

Zwenkau

Zwickau

Zwönitz

Zschopau

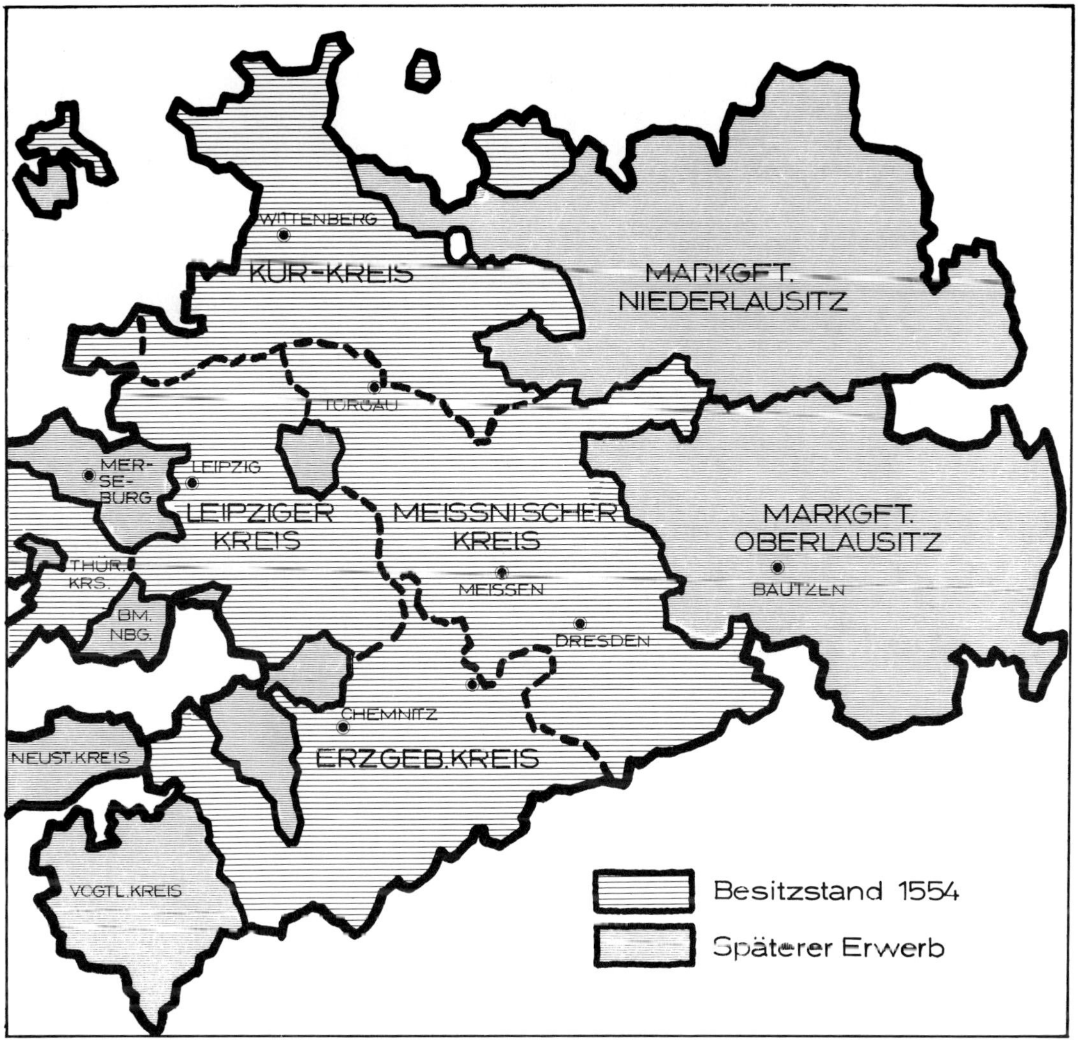

Der Kurstaat Sachsen mit Nebenlanden 1554-1815

DAS FÜRSTENHAUS

Kurfürst Friedrich der Streitbare (1370/1382-1428). Grabplatte im Meißner Dom

Herzog Albrecht der Beherzte (1443/1485-1500)

Herzog Georg der Bärtige (1471/1500-1539) mit seiner Gemahlin Barbara und Aposteln und Heiligen. Gemälde von Lucas Cranach d. Ä.

Kurfürst Moritz (1521/1541-1553). Stich von Lucas Cranach d. Ä.

Kurfürst August (1526/1553-1586)

Kurfürstin Anna von Sachsen (1532-1585). Gemahlin des Kurfürsten August

Kurfürst Johann Georg III. (1647/1680-1691)

August der Starke (1670/1694-1733) Kurfürst von Sachsen, König von Polen. Gemälde von Louis de Silvestre

Friedrich August der Gerechte (1750/1763-1827) Kurfürst und König. Gemälde von Vogel von Vogelstein

König Johann (1801/1854-1873)

König Albert (1828/1873-1902)

König Friedrich August III. (1865/1904-1918/1932)

SIEDLUNGSGESCHICHTE

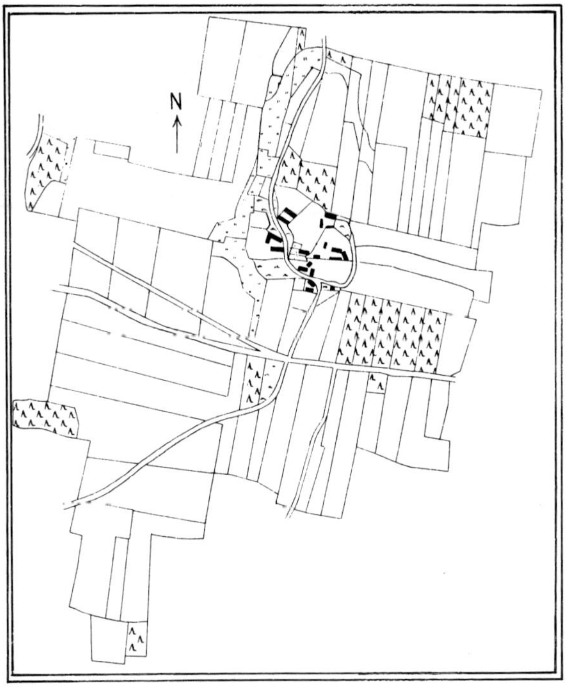

Gewannflur
(Passditz, jetzt Ortsteil von Storcha, Nordwestlich von Bautzen)

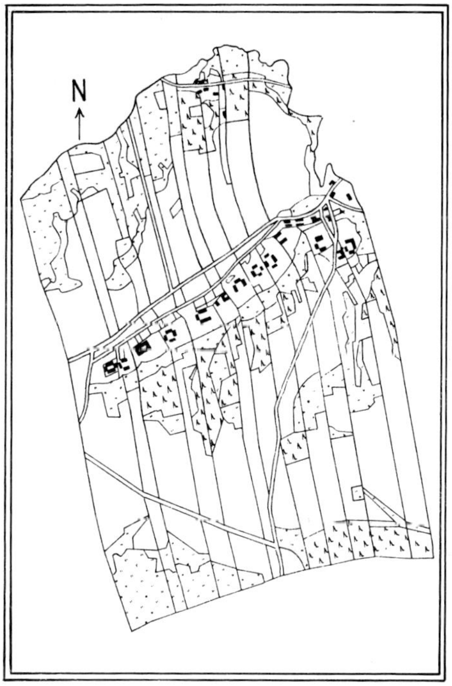

Waldhufendorf
(Dittmannsdorf bei Geringswalde, nordöstlich von Rochlitz)

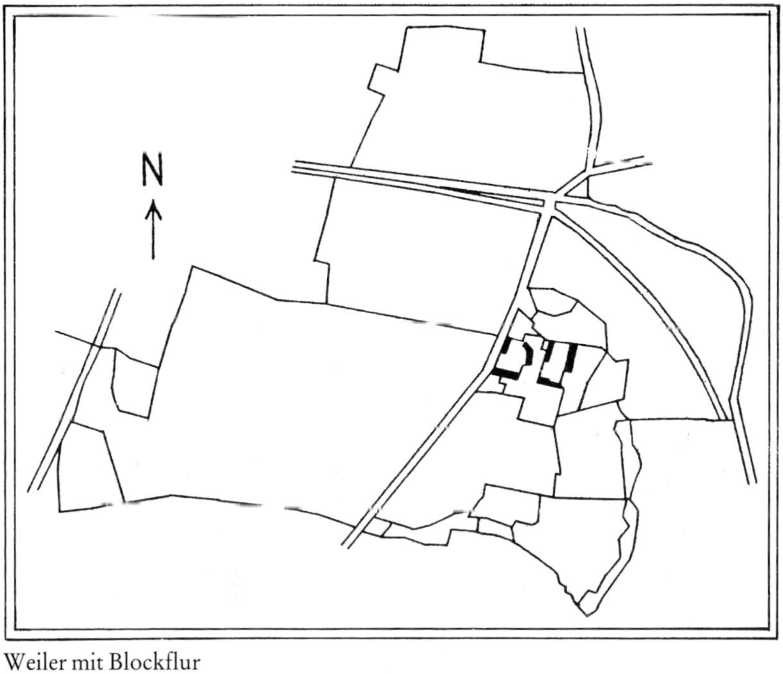

Weiler mit Blockflur
(Libon, jetzt Ortsteil von Storcha, nordwestlich von Bautzen)

HISTORISCHE STADTKERNE

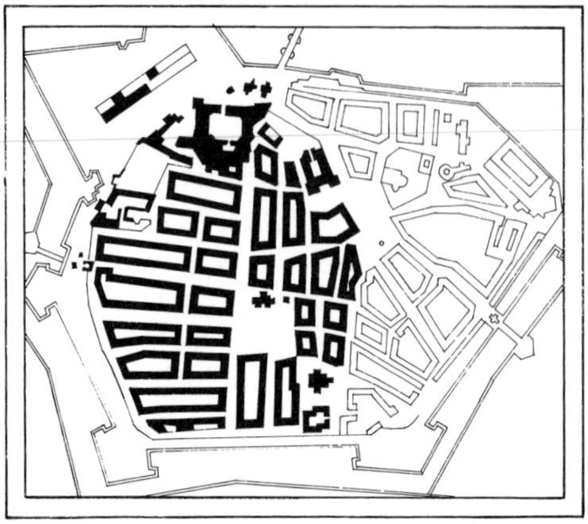

Dresden

Leipzig

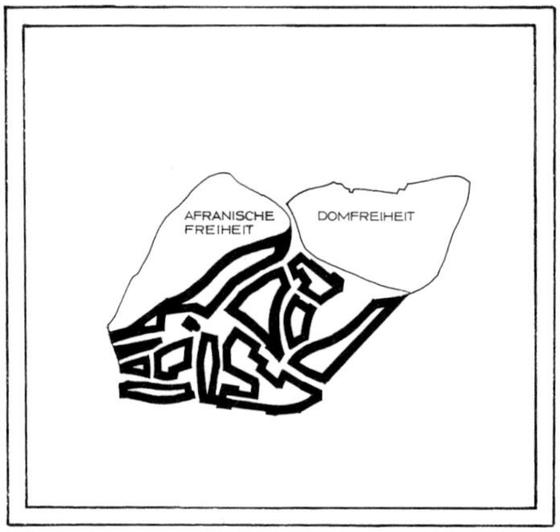

Meißen

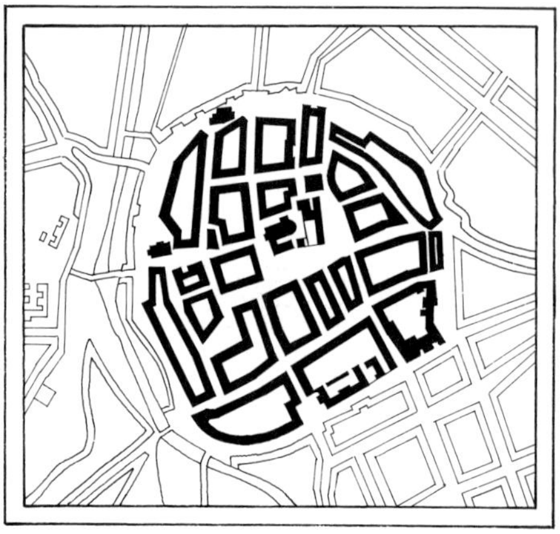

Chemnitz

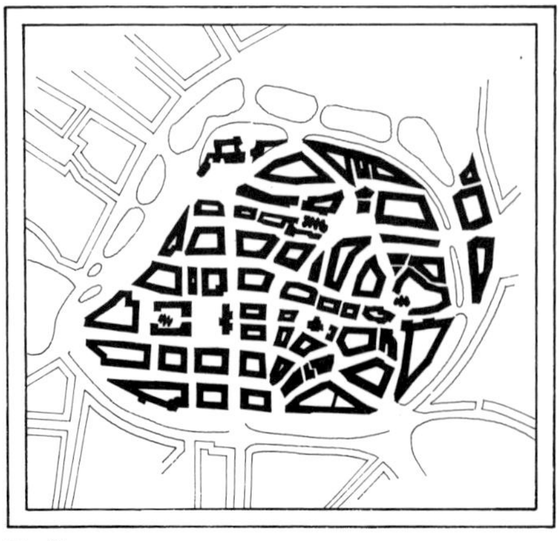

Freiberg

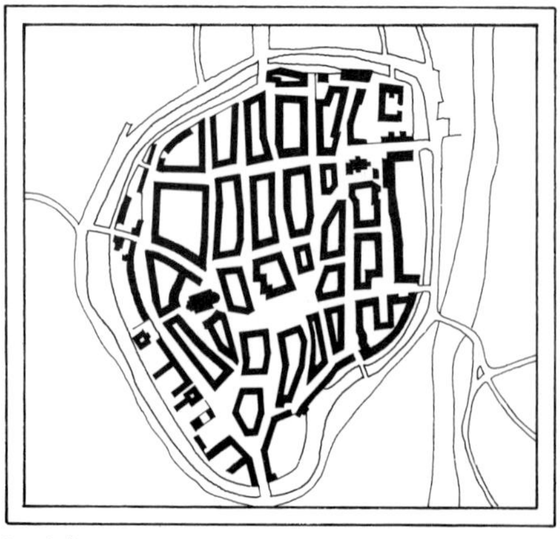

Zwickau

STÄDTE

Dresden
Blick über den Neumarkt nach Nordwesten mit Frauenkirche, Schloß, Katholischer Hofkirche, Zwinger, Semper-Oper und Altstadt (Aufnahme vor dem Zweiten Weltkrieg)

Meißen
Blick nach Norden auf Dom und Albrechtsburg (Aufnahme vor dem Zweiten Weltkrieg)

Schneeberg
Blick auf die Stadtkirche St. Maria und St. Wolfgang (Aufnahme vor dem Zweiten Weltkrieg)

Rochlitz
Blick auf die Altstadt mit Kunigundenkirche, Markt, Petrikirche und Schloß (Aufnahme vor dem Zweiten Weltkrieg)

WIRTSCHAFT

Andreas Schubert (1808-1870), Professor für Maschinenbau an der Technischen Bildungsanstalt Dresden, Erbauer der ersten in Deutschland hergestellten Lokomotive »Saxonia«.

Richard Hartmann (1809-1878), Lokomotivbauer, Gründer der sächsischen Maschinenfabrik

Dampfschiff Maria – von Schubert konstruiert (Städtische Sammlungen Dresden)

BILDUNG

Christian Thomasius (1655-1728), Jurist und Philosoph, Professor an den Universitäten Leipzig und Halle

Heinrich von Cotta (1763-1844), erster Direktor der Forstakademie Tharandt

Brühlsche Galerie mit dem Pavillon der Technischen Bildungsanstalt in Dresden

BILDENDE KUNST

Caspar David Friedrich: Ausblick in das Elbtal. Ölgemälde (Staatliche Kunstsammlungen Dresden, Gemäldegalerie)

Karl Schmidt-Rottluff: Frau in den Dünen, 1914. Holzschnitt (Altonaer Museum in Hamburg)

ARCHITEKTUR

Matthäus Daniel Pöppelmann und Balthasar Permoser: Wallpavillon des Dresdner Zwingers, um 1718

Gottfried Semper: erstes Opernhaus am Theaterplatz in Dresden, 1838-1841. Ansicht im Winter, links der Zwingerwall. Lithographie von W. Bässler um 1850

VOLKSKUNDE UND SPRACHE

Lausitzer Krug von Harry Schulze

Erzgebirgische Stockwerkspyramide

Die Dialekte in Sachsen

LITERATUR

Christian Fürchtegott Gellert (1715-1769)

Gottfried Ephraim Lessing (1729-1781)
Ölgemälde von G. O. May 1767

Johann Gottfried Seume (1763-1810)

Erich Kästner (1899-1974)

BUCHHANDEL UND PRESSE

Buchhändler Thomas Fritsch (1666-1726)

Buchhändler Johann Friedrich Gleditsch (1653-1716)

Buchdrucker Johann Gottlob Breitkopf (1719-1794)

Verleger Arnold Brockhaus (1772-1832)

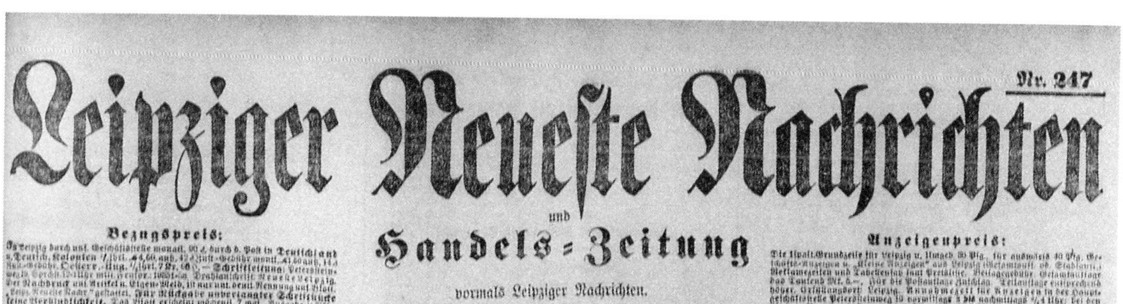

Nr. 247

Leipziger Neueste Nachrichten

und

Handels-Zeitung

vormals Leipziger Nachrichten.

Montag, den 6. September 1915.

Bezugspreis:

Anzeigenpreis:

Kopf der »Leipziger Neueste Nachrichten« vom Montag, dem 6. September 1915

MUSIK

Heinrich Schütz (1585-1672) Ölgemälde von Christoph Spetner

Johann Sebastian Bach (1685-1750) Ölgemälde nach Elias-Gottlob Haussmann

Der Dresdner Hofkapellmeister Johann Adolf Hasse (1699-1783) Ölgemälde von Balthasar Denner

Mezzo-Sopranistin Faustina Hasse-Bordoni (1700-1781) Gattin J. A. Hasses. Pastellgemälde von Rosalba Carriera